EDITH STEIN GESAMTAUSGABE

15

EDITH STEIN GESAMTAUSGABE

Herausgegeben im Auftrag der
deutschen Ordensprovinz des teresianischen Karmel
vom Internationalen Edith Stein Institut Würzburg

Unter wissenschaftlicher Mitarbeit von
Hanna-Barbara Gerl-Falkovitz
Lehrstuhl für Religionsphilosophie und
vergleichende Religionswissenschaft der
Technischen Universität Dresden

15

Schriften zu Anthropologie und Pädagogik 3

Was ist der Mensch?

Edith Stein

Was ist der Mensch?

Theologische Anthropologie

bearbeitet und eingeleitet von
Beate Beckmann-Zöller

HERDER

FREIBURG · BASEL · WIEN

Bibliographische Information der Deutschen Bibliothek
Die Deutsche Bibliothek verzeichnet diese Publikation
in der Deutschen Nationalbibliographie;
detaillierte bibliographische Daten sind im Internet über
⟨http://dnb.ddb.de⟩ abrufbar.

© Verlag Herder Freiburg im Breisgau 2005
www.herder.de
Satz: SatzWeise, Föhren
Einbandgestaltung: Finken & Bumiller, Stuttgart
Druck und Bindung: Difo-Druck, Bamberg 2005
Gedruckt auf umweltfreundlichem, chlorfrei gebleichtem Papier
ISBN 3-451-27385-3

Inhalt

Einführung
von Beate Beckmann-Zöller   IX

Abkürzungen   XXX

Siglen   XXXII

Editorische Hinweise   XXXIII

Danksagung   XXXIV

Edith Stein
Was ist der Mensch? Theologische Anthropologie (1933)
Das Menschenbild unseres Glaubens

Vorwort   3

I. Die Natur des Menschen als allen menschlichen Individuen
    gemeinsame Menschennatur   5
    A. *Gesamtbild:* Geschöpflichkeit, Einheit aus Leib und Seele,
       Erläuterung des scholastischen Formbegriffs, Entstehung
       des Leibes   5
    B. *Natur und Entstehung der Seele*   9
       1. Eigene Substanzialität   9
       2. Geschöpflichkeit des Intellekts und der ganzen Seele . . .   9
       3. Unmittelbare Erschaffung   9
       4. Frage der Prä- und Postexistenz   9
       5. Geistigkeit und Vernünftigkeit   10
       6. Substanzielle und wesenhafte Vereinigung mit dem Leib .   10
       7. Ethischer Charakter der Seele   11
       8. Leben nach dem Tode und Wiedervereinigung   12
    C. *Das soziale Sein des Menschen:* natürliche Eingliederung in die
       Gemeinschaft, Ungleichheit von Besitz und Macht
       entsprechend der Ungleichheit der Gaben   12
    D. *Überleitung* zu den Fragen nach der Individualität, der
       Menschheit, ihrem Ursprung und den verschiedenen „Ständen"   14

II. Erschaffung des ersten Menschen und Urstand   17
    A. Die biblischen Berichte über die Erschaffung des Menschen:
       Schöpfungsakte; Gottebenbildlichkeit   17
    B. Freiheit und Sündenlosigkeit als Naturgaben   19
    C. Die Frage des „reinen Naturstandes"   19
       1. Sterblichkeit   20
       2. Konkupiszenz   25
       3. Natürliche Erkenntnis   26
       4. Zusammenfassung   27
    D. Das übernatürliche Sein der ersten Menschen   27
       1. Übernatürliche Erhöhung; Klärung der Ideen „Natur" und
          „Gnade"   27
       2. Der Gnadenstand der ersten Menschen und sein Verhältnis
          zum Glorienstand: natürliche Gotteserkenntnis, Glauben,
          Schauen   31
    E. Der Anteil der Freiheit an Glauben und Schauen   43
       1. Ihre Bedeutung im Urstand   43
       2. Exkurs über die Freiheitslehre des hl. Augustin   44
       3. Anteil der Freiheit an Glauben und Schauen (Fortsetzung).   61
       4. Freiheit und Fall des ersten Menschen   62

III. Die gefallene Natur   64
    A. Der erste Mensch nach dem Fall   64
    B. Die Menschheit im Zustand des Falls   65
       1. Die Fortpflanzung der gefallenen Natur und die Erbsünde .   65
       2. Die gefallene Natur   67
          a. Der natürliche Verstand   67
          b. Der natürliche Wille   68

IV. Der Gottmensch   72
    A. Eine zusammenfassende Erklärung zur Erlösungslehre   72
    B. Die Stellung Christi in der Menschheit   73
    C. Bedeutung der Gottheit für das Erlösungswerk   76
    D. Bedeutung der Menschheit für das Erlösungswerk   77
    E. Die Vereinigung der beiden Naturen in der Person Christi . .   83
       1. Die Lehre von der hypostatischen Union   83
       2. Die Bedeutung dieser Lehre für die Theorie des
          menschlichen Individuums   86
       3. Bedeutung für die Einheit des Menschengeschlechts   90

V. Die Erlösung und der Stand der Erlösten   92
    A. Die Rechtfertigung des Sünders   92

B. Die Sakramente 103
 1. Allgemeine Sakramentenlehre 103
 2. Taufe 105
 3. Firmung 108
 4. Eucharistie 109
 5. Buße 122
 6. Sterbesakramente 133
 7. Ablaß 136
 8. Priestertum, Meßopfer, Kirche 138
 9. Ehe 149
C. Die Wirkungen der Gnade im Menschen 161
 1. Das Wesen der Gnade 161
 2. Neugestaltung der Seele durch die Gnade: die theologischen
    Tugenden 167
  a. Der Glaube 168
  ⟨b. Glaube und Vernunft⟩ 171
  ⟨c. Auseinandersetzung mit den Modernisten⟩ 173
   ⟨c. 1 Der Modernist als Philosoph⟩ 174
   ⟨c. 2 Der Modernist als Gläubiger⟩ 180
   ⟨c. 3 Verhältnis von Glauben und Wissenschaft für den
         Modernisten⟩ 182
   ⟨c. 4 Der Modernist als Theologe⟩ 184
   ⟨c. 5 Der Modernist als Historiker⟩ 193
   ⟨c. 6 Der Modernist als Kritiker⟩ 194
   ⟨c. 7 Der Modernist als Apologet⟩ 198
   ⟨c. 8 Der Modernist als Reformator⟩ 201
   ⟨c. 9 Ursachen der modernistischen Irrtümer⟩ 204

Literatur 210

Personenregister 216
Sachregister 218

Einführung

Beate Beckmann-Zöller

1. *Edith Steins Leben und Wirken zu Beginn der nationalsozialistischen Diktatur*

Im Januar des schicksalsschweren Jahres 1933 findet in Berlin eine Tagung statt mit dem Titel „Die katholische Pädagogik in ihren Grundlegungen und in ihrer Bedeutung für die deutsche Gegenwartsschule" (2.–5. 1. 1933)[1], an der Edith Stein referierend teilnimmt („Jugendbildung im Lichte des katholischen Glaubens"[2]) und durch die sie sich in ihrer Berufung bestätigt fühlt: Sie will aus der katholischen Weltanschauung heraus die wissenschaftliche Auseinandersetzung mit dem Nationalsozialismus auf sich nehmen – kämpferisch veranlagt, wie sie ist. Beispielsweise betont sie in ihrer Rezension „Katholische Kirche und Schule"[3], die sie wohl in Köln nach dem 14. 7. 1933 schreibt, die Dringlichkeit der Auseinandersetzung und der Sicherstellung der Rechtsansprüche der Kirche auf die Schule in einer „schulpolitisch so bewegten Zeit".[4] Gemeinsam diskutieren die Kollegen am „Deutschen Institut für wissenschaftliche Pädagogik" (in katholischer Trägerschaft) in Münster, an dem Stein seit Ostern 1932 als Dozentin arbeitet, wie man zu einer katholischen Pädagogik käme. Stein schreibt darüber an Hedwig Conrad-Martius:

In „den Vorbesprechungen für diesen Kursus [in Berlin] habe ich allen so heftig an ihren Grundbegriffen gerüttelt, daß sie nun entschlossen sind, nicht eher zu publizieren, bis wir alle Fragen miteinander geklärt haben. Das ist keine Kleinigkeit. Haben Sie einmal darüber nachgedacht, was Pädagogik ist? Man kann keine Klarheit darüber bekommen, wenn man nicht Klarheit in allen Prinzipienfragen hat."[5]

Diese „Prinzipienfragen" sind für Stein nicht nur wissenschaftlicher, sondern auch dogmatischer Art. Am 6. 2. 1933 schreibt Stein an Emmy Lüke, die einen Arbeitskreis oder ähnliches gründen wollte:

---

[1] Vgl. *Selbstbildnis in Briefen I (SBB I)*, ESGA 2, Freiburg 2000, Br. 245 an Hedwig Conrad-Martius (24. 2. 1933).
[2] *Bildung und Entfaltung der Individualität (BEI)*, ESGA 16, Freiburg ²2004, 71–90.
[3] Von Edgar Werner Dackweiler, in: *BEI*, 140–42, erstmals erschienen in der *Vierteljahresschrift für wissenschaftliche Pädagogik*, Münster, 9 (1933), 495 f.
[4] *BEI*, 140.
[5] *SBB I*, Br. 245.

„Vielleicht käme als Thema in Frage: Der Wert der Persönlichkeit auf Grund der katholischen Auffassung vom Menschen. Ich würde es für wichtig halten, wenn aus der Schulpraxis heraus die Schwierigkeiten dargestellt würden, die sich heute der Persönlichkeitsbildung in den Weg stellen. Ferner müßte wohl eine kritische Auseinandersetzung mit den kollektivistischen Auffassungen der Gegenwart erfolgen. *Als das Wichtigste aber* zur Grundlegung für Kritik und praktische Arbeit erscheint mir eine klare Herausarbeitung des individuellen Persönlichkeitswertes *aus Dogma und Schrift.*"[6]

Hierin deutet sich das Programm an, das Stein in ihrer theologischen Anthropologie durchführen wird, wie sie hier unter dem Titel *Was ist der Mensch?* (ESGA 15) vorliegt. Es sollte die Fortführung ihrer Vorlesung zur philosophischen Anthropologie sein, die sie im Wintersemester 1932/33 gehalten hatte (*Der Aufbau der menschlichen Person*, ESGA 14): Im „Sommer will ich es versuchen, die Probleme von der Theologie her in Angriff zu nehmen. Das sind alles Versuche, in Anknüpfung an meine älteren Arbeiten weiter- und zu einer Grundlegung der Pädagogik zu kommen."[7] Mit ungebrochenem Eifer geht Stein ans Studium der Dogmen in der Ausgabe von Heinrich Denzinger und Clemens Bannwart (1928), die sie bereits für ihre Ausarbeitung des Berliner Vortrags herangezogen hatte,[8] um ihre Vorlesung fürs Sommersemester zu konzipieren.[9] Der Aufsatz „Theoretische Begründung der Frauenbildung"[10] steht eng mit der vorliegenden theologischen Anthropologie in Zusammenhang; Stein stellt darin ein Programm für eine katholische Pädagogik vor, in der philosophische und theologische Anthropologie in wechselseitigem Verhältnis zusammenfließen:

„Unsere systematische Aufgabe ist es nun, uns in die Sachproblematik eines Albertus Magnus und Thomas von Aquin, Bonaventura und Duns Scotus einzuleben und aus ihr heraus die Auseinandersetzung mit der säkularisierten Wissenschaft der letzten Jahrzehnte zu führen, auf deren Boden die moderne Psychologie und Pädagogik erwachsen ist."[11]

Noch am 5. 4. 1933 schreibt sie an Conrad-Martius, daß sie für ihre „Stellung nichts zu fürchten habe." Das sollte sich leider kurz darauf ändern. Stein spürt deutlich den Zeitgeist aus übler Richtung wehen und reagiert auf Hitlers Machtergreifung auf aktive Weise: Zunächst betet sie um ihre Berufung, in den bedrängten Zeiten im geistigen Sinne „das Kreuz tragen" zu dürfen. Am 6. April 1933 unterbricht Stein ihre Fahrt nach Beuron, wo sie wie jedes

---

[6] *SBB I*, Br. 241 [Herv. von Verf.].
[7] *SBB I*, Br. 245 an Conrad-Martius (24. 2. 1933).
[8] *BEI*, 73.
[9] Denzinger, Heinrich / Bannwart, Clemens, *Enchiridion symbolorum, definitionum et declarationum de rebus fidei et morum*, Freiburg 1928.
[10] In: *Die Frau (F)*, ESGA 13, Freiburg 2000, 225 f., erstmals erschienen in der *Wochenschrift für Kath. Lehrerinnen*, Jg. 1933 (15. 4. 1933), 136.
[11] „Theoretische Begründung der Frauenbildung", in: *F*, 226.

Jahr die Kar- und Ostertage feiert, in Köln und hält in der Abendmesse im Karmel Köln-Lindenthal im Gebet geistige Zwiesprache mit Jesus; sie schreibt darüber rückblickend:

„Ich [...] sagte ihm, ich wüßte, daß es Sein Kreuz sei, das jetzt auf das jüdische Volk gelegt würde. Die meisten verstünden es nicht; aber die es verstünden, die müßten es im Namen aller bereitwillig auf sich nehmen. Ich wollte das tun, Er solle mir nur zeigen, wie. Als die Andacht zu Ende war, hatte ich die Gewißheit, daß ich erhört sei. Aber worin das Kreuztragen bestehen solle, das wußte ich noch nicht."[12]

Eine weitere Aktion unternimmt Stein, indem sie bereits um den 12. April 1933 herum einen Brief an Papst Pius XI. schreibt, der seit dem 15. 2. 2003 im Wortlaut bekannt ist und in dem sie um eine Stellungnahme zur beginnenden Judenfeindlichkeit bittet, die in eine allgemeine Christenfeindlichkeit umschlagen könne, befürchtet sie.[13] Eigentlich hat sie direkt nach Rom reisen wollen, doch man hat ihr wenig Chancen auf eine Privataudienz bei Pius XI. eingeräumt, so daß sie sich für den schriftlichen Weg der Bitte um eine Enzyklika entschließt. Sie betont, daß „die Verantwortung" auch auf die fällt, die zu den Ausschreitungen gegen Juden „schweigen".[14]

„Es wird nicht mehr lange dauern, dann wird in Deutschland kein Katholik mehr ein Amt haben, wenn er sich nicht dem neuen Kurs bedingungslos verschreibt."[15]

Diese Vorhersage sollte sich für sie selbst wenig später bewahrheiten. Als Stein am 19. 4. 1933 aus Beuron nach Münster zurückkehrt, wird ihr vom Geschäftsführer Rektor Bernhard Gerlach geraten, vorläufig keine Vorlesungen im Sommersemester anzukündigen. Man zahlt ihr allerdings weiterhin ihr Gehalt und beauftragt sie, still im Collegium Marianum zu arbeiten.[16] Das tut sie denn auch, indem sie die Vorlesung zur theologischen Anthropologie mit einem neuen Vorwort versieht und sie als Buchveröffentlichung weiterführt. Doch dann teilt Stein von sich aus mit, daß sie das Institut verlassen will. Josef Schröteler von der Zentralstelle der katholischen Schulorganisation Deutschlands in Düsseldorf bittet sie zwar am 28. 4. 1933, sie solle nichts übereilen, er hoffe und bete, „daß die Dinge [nicht] so verlaufen, wie sie in einer stürmischen Entwicklung der letzten Tage sich anzubahnen schienen."[17] Doch Stein denkt anders und sucht nach ihrer konkreten Berufung in Hinsicht auf das Gebet.

---

[12] „Wie ich in den Kölner Karmel kam", in: *Aus dem Leben einer jüdischen Familie und weitere autobiographische Beiträge (LJF)*, ESGA 1, Freiburg 2002, 348.
[13] Das Begleitschreiben des Erzabtes Raphael Walzers, Steins geistlicher Begleiter, datiert auf den 12. 4. 1933, ihr Brief selbst hat kein Datum.
[14] *SBB I*, Br. 251 (an Papst Pius XI.).
[15] Ebd.
[16] *LJF*, 349 f.
[17] *SBB I*, Br. 253 (28. 4. 1933).

„Unser Institut ist in die Krisis mit hineingezogen. Ich kann in diesem Semester keine Vorlesungen halten (wegen meiner jüdischen Abstammung)", so schreibt sie am 7. 5. an Elly Dursy, man hatte gehofft, „daß meine wissenschaftliche Arbeit doch noch der kath⟨olischen⟩ Sache zugute kommen wird. Ich glaube aber nicht mehr an eine Rückkehr an das Institut und überhaupt nicht mehr an die Möglichkeit einer Lehrtätigkeit in Deutschland. Ich bleibe vorläufig hier, bis die Situation klarer ist. ... *Der Herr weiß, was Er mit mir vorhat.*"[18] Stein erwägt zu dieser Zeit bereits den Karmeleintritt:

„Etwa zehn Tage nach meiner Rückkehr aus Beuron kam mir der Gedanke: Sollte es jetzt Zeit sein, in den Karmel zu gehen? Seit fast zwölf Jahren war der Karmel mein Ziel."[19]

Am 30. 4. 1933 betete sie in der Ludgerikirche um Klarheit hinsichtlich dieser Entscheidung, und sie erhielt das „Jawort des Guten Hirten".[20] Eine Kündigung vom „Deutschen Institut für wissenschaftliche Pädagogik" hat sie wohl nicht erhalten; sie schreibt, es war ihr „freier Entschluß", daß sie fortging.[21]

Statt über den negativen Geschehnissen der Zeit und den für sie persönlich enttäuschenden Konsequenzen zu verbittern, weil ihre öffentliche Tätigkeit schlagartig beendet war, sieht Stein vielmehr die positive Seite dieser Entwicklung: In ihrer für sie typischen aktiven Zugangsweise erlebt sie ihre Ausgrenzung aus dem Berufsleben als eine Befreiung zu ihrer eigentlichen Berufung und vertraut ihren Freunden an:

„Daß ich keine Vorlesungen mehr halte, ist nicht zu bedauern. Ich glaube, daß eine große und barmherzige Führung dahintersteht. Ich kann Ihnen heute noch nicht sagen, wo ich nun deutlich die Lösung für mich sehe. Voraussichtlich werde ich nicht mehr lange in Münster sein."[22] – „Es kommt dafür etwas viel Schöneres. Was, das kann ich Ihnen heute noch nicht sagen."[23] – „Wenn die Zeiten nicht sonst so traurig wären, – ich persönlich hätte ihnen nur zu danken, weil sie mir nun endlich diesen Weg geöffnet haben."[24] – „Ich bin dem Umsturz, der mir diesen Weg freimachte, sehr zu Dank verpflichtet."[25]

Ab dem 14. 7. 1933 wohnt Stein als Gast im Kölner Karmel, verbringt dann noch einige Zeit in Breslau bei ihrer Mutter (Mitte August bis Mitte Oktober) und tritt am 15. 10. als Postulantin in die Kölner Karmelfamilie ein. In

[18] *SBB I*, Br. 255 (Herv. d. Verf.).
[19] *LJF*, 350.
[20] Ebd.
[21] *SBB I*, Br. 270 an Werner Gordon (4. 8. 1033).
[22] *SBB I*, Br. 259 an Hedwig Conrad-Martius (5. 6. 1933).
[23] *SBB I*, Br. 260 an Sr. Callista Kopf (11. 6. 1933).
[24] *SBB I*, Br. 262 an Theodor Conrad (20. 6. 1933).
[25] *SBB I*, Br. 271 an Hilde Vérène Borsinger (4. 8. 1933).

Breslau beginnt sie am 21. 9. 1933 ihre Autobiographie *Aus dem Leben einer jüdischen Familie* (ESGA 1), um zu zeigen, daß eine jüdische Familie eine Familie wie jede andere auch sei. Es ist anzunehmen, daß Stein ihre theologische Anthropologie für diese neue Arbeit unterbrochen und nicht mehr aufgenommen hat.

Stein hat im Kampf gegen die nationalsozialistische Ideologie nicht etwa resigniert, sondern führt ihn mit der geistlichen Waffe des Gebets und des stellvertretenden Opfers weiter. Es bleibt allerdings ein Geheimnis, inwiefern sich Steins geistliches Mühen ausgewirkt hat. Von daher ist es müßig, die Frage zu stellen, ob sie vor ihrem späteren Untergang hätte bewahrt werden können.[26] Es hatte sich nämlich im Frühjahr 1932 eine Möglichkeit für eine Bewerbung in Cambridge für das Sarah-Smithon-Fellowship durch Ellen Sommer-von Seckendorff ergeben, eine Bekannte Steins aus Freiburger Zeiten.[27] Doch sagte Stein sofort ab, weil sie ihre Stelle erst frisch angetreten hatte und weil sie ihre Zukunft in Münster sah. Sie gab das Angebot an Conrad-Martius weiter, die allerdings leider nicht angenommen wurde.[28] „Gerettet" hätte das befristete Stipendium in Cambridge Edith Stein keinesfalls, und sie scheint sich zu diesem Zeitpunkt ihrer Berufung für die „katholische Pädagogik" zu sicher gewesen zu sein, um die Münsteraner Dozentenstelle für eine – allerdings international angesehene – Stipendiatenstelle einzutauschen.

2. Katholische Pädagogik oder: Der Mensch in der katholischen Glaubenslehre

Edith Steins Anliegen ist es, das Menschenbild herauszuanalysieren, das in der katholischen Glaubenslehre implizit enthalten ist. Sie möchte eine „dogmatische Anthropologie" verfassen, aus der philosophische und theologische Schlüsse gezogen werden können. Eingeordnet sieht sie ihre Untersuchung in Vorüberlegungen zu einer katholischen Pädagogik, ein Gemeinschaftsprojekt am Deutschen Institut für wissenschaftliche Pädagogik in Münster, das allerdings nie zustande kam.[29] Jede wissenschaftliche Pädagogik müsse sich Rechenschaft geben über ihre leitende Idee des Menschen,[30] um so mehr gilt das für katholische Pädagogen. Stein versteht den Glauben und seine Dog-

---

[26] Lammers, Elisabeth, *Als die Zukunft noch offen war. Edith Stein – das entscheidende Jahr in Münster*, Münster 2003, 140.
[27] Steins Adressbuch in C IX 5, ESAK; Korrespondenz zwischen Ellen Sommer und Hedwig Conrad-Martius: Archiv Bayerische Staatsbibliothek München, Nachlässe der Münchener Phänomenologen, darin ein Brief von Ellen Sommer vom 27. 5. 1932.
[28] Lammers, 139 f.
[29] Vgl. *SBB I*, Br. 245 an Conrad-Martius (24. 2. 1933).
[30] *Was ist der Mensch? (WIM)*, ESGA 15, Freiburg 2005, 3 (Vorwort).

men gerade nicht als die pädagogische Wissenschaft einengend, sondern als reinigend und klärend. Gleichzeitig müßten aber auch zusätzlich zu wissenschaftlichen Erkenntnissen ergänzende Antworten aus dem Glauben gefunden werden, die aus der Wissenschaft nicht zu entnehmen sind,[31] so Steins spezifisches Metaphysik-Verständnis:

> „Ich habe aber noch eine andere Idee von Metaphysik: als Erfassung der ganzen Realität unter Einbeziehung der offenbarten Wahrheit, also, auf Philosophie *und* Theologie begründet."[32]

Im Vordergrund dieses Bandes steht Steins einzigartige Zusammenstellung von anthropologisch relevanten Dogmen-Aussagen, die von ihr nach eigenem Konzept geordnet wurden[33] und die sie in unterschiedlicher Ausführlichkeit mit ihren philosophischen Erläuterungen versieht, im Druck durch den **Schriftwechsel** gekennzeichnet.[34] In dieser Abhandlung tritt erstaunlicherweise die phänomenologische Methode völlig zurück. Insgesamt bleibt die theologische Anthropologie Steins leider in einer frühen Fassung, die nicht druckreif wurde und mitten im Satz abbricht. Man spürt die fehlende Überarbeitung beispielsweise anhand der ungenauen Differenzierung, wenn Stein den philosophischen Akt-Begriff („freie geistige Akte",[35]) verwendet oder wenn sie auf die scholastisch-theologische Terminologie zurückgreift (göttliche Akte[36]). Außerdem fehlen ab dem Kapitel über „Glaube und Vernunft" (Kapitel V, C 2. b, S. 168 ff.) Steins Kommentare völlig; dennoch liegt uns auch hier eine bewußt gewählte, nicht willkürliche Dogmen-Anthologie vor. Wir haben es also mit einer Steinschen „Werkstatt"-Ausgabe zu tun, das wird bei der Beurteilung dieses Bandes zu berücksichtigen sein.

Stein sortiert und kommentiert die dogmatischen Ausführungen nicht nur, sondern sie kritisiert und trifft Unterscheidungen an Stellen, die ihr für den Leser unklar erscheinen. In den befremdlich erscheinenden Ausführungen über den spekulativen reinen Naturstand, in dem sich der Mensch vor dem Sündenfall befunden hat und dessen Einfluß von Natur und Gnade sie untersucht, bringt sie eine Kritik an Karl Adam ein.[37] Stein deckt Unklarheiten auf wie z. B. die Doppelbedeutung von „operationes" und unterscheidet einmal das Prinzip der Tätigkeit in Jesus und einmal die Wirkung des

---

[31] Vgl. *Endliches und ewiges Sein. Versuch eines Aufstiegs zum Sinn des Seins*, *(EES)*, ESW II, Freiburg 1986, „Sinn und Möglichkeit einer christlichen Philosophie", 12 ff.
[32] *SBB I*, Br. 230 an Hedwig Conrad-Martius (13. 11. 1932).
[33] Im ESAK finden sich 24 kleine Zettel mit der Überschrift „Glaubenslehren" unter P /A II P, die wahrscheinlich zum Entstehungsprozeß von Steins theologischer Anthropologie gehören.
[34] Stein selbst gibt in ihrem Vorwort den Wunsch an, daß ihre eigenen Erläuterungen in einer anderen Schriftart gesetzt werden, *WIM*, Vorwort, 4, Anm. 4.
[35] *WIM*, 29.
[36] *WIM*, 17.
[37] *WIM*, 28 f.

Heiligen Geistes.[38] Zudem kritisiert Stein Scheebens Gleichsetzung von Hypostase und individueller Substanz; „in sich Ruhen" und „Tragen" seien zu differenzieren.[39]

In ihren Kommentaren stützt sich Stein besonders auf Thomas, dessen *Untersuchungen über die Wahrheit*[40] sie gerade in den Jahren zuvor übersetzt hatte. Ihre „Thomas-Treue" läßt sich nicht nur aus der Zeitströmung, sondern sachlich begründen, da „seine markantesten Neuerungen und umstrittensten Thesen (Zweiturslächlichkeit, Einheit und Einzigkeit der substantiellen Form, sinnlich-geistige Naturtreue des Erkennens u. a.) [...] die *radikale* Wirklichkeitsgeltung Gottes im Alltag einerseits, und die total menschliche Existenz andererseits sicherstellen",[41] was auch zu Steins zentralen Anliegen für eine katholische Pädagogik zählt. Zudem greift sie zu Bernhard Bartmanns *Grundriß der Dogmatik*.[42] Für die Auslegung der Sakramente sind Engelbert Krebs[43], Jacques-Bénigne Bossuet[44], Eduard Eichmann[45] und Ludwig Eisenhofer[46] Steins Bezugsquellen. Zum Thema der Freiheit und Erkenntnis bei Augustinus zieht Stein neben den Quellen zwei Klassiker heran: Martin Grabmann[47] und Johannes Hessen[48].

Stein denkt in den drei Kategorien der Schöpfungsordnung, der Ordnung der gefallenen Natur und der Erlösungsordnung. Zunächst blickt sie auf den ersten Menschen und zieht dann den Vergleich zum erlösten Menschen, der das Hauptthema der Glaubenslehre und auch einer katholischen Pädagogik ist. Die Diskussion um einen reinen Naturstand,[49] um die natura pura,[50] erscheint allerdings für eine katholische Pädagogik wenig pragmatisch, da

---

[38] *WIM*, 81.

[39] *WIM*, 87; dazu existiert ein Exzerpt zu Scheeben, Matthias, *Handbuch der katholischen Dogmatik*, 8 Bände, Freiburg i. Brsg. 1873–1903, 126, 135 ff., insgesamt 183 S., von denen allerdings unklar ist, aus welchem der 8 Bände sie stammen (D II, ESAK).

[40] *QDV* I und II, erschienen in Breslau 1931/32.

[41] Silva-Tarouca, Amadeo, *Praxis und Theorie des Gottesbeweisens*, Wien 1950, 15.

[42] Freiburg i. Br. 1923. Im ESAK findet sich unter P / A II B ein Exzerpt zu „Bartmanns *Dogmatik*, I. Einleitung und Lehre von Gott, II. Die Schöpfung, III. Die Erlösung, IV. Die Heiligung, V. Sakramente, VI. Eschatologie".

[43] *Dogma und Leben*, Teil I: *Lehre von der Gottheit, der Schöpfung, der Sünde und der Erlösung. Mariologie*, Paderborn 1930 (1./2. Aufl. 1923–25), Teil II: *Fortwirken Christi durch die Kirche: im Lehramt, Priesteramt, Hirtenamt. Das Jenseits*, Paderborn 1925.

[44] *Betrachtungen über den Ablaß*, übersetzt u. herausgegeben von Balduin Schwarz, München 1925.

[45] *Lehrbuch des Kirchenrechts*, Bd. I und II, Paderborn 1929.

[46] *Handbuch der katholischen Liturgik*, Bd. I *Allgemeine Liturgik*, Freiburg 1932/33, Bd. II *Spezielle Liturgik*, Freiburg 1933.

[47] *Die Grundgedanken des Hl. Augustin über Seele und Gott: in ihrer Gegenwartsbedeutung dargestellt*, Köln 1916.

[48] *Augustin und seine Bedeutung für die Gegenwart*, Stuttgart 1924.

[49] *WIM*, 15; 19.

[50] Zur Entstehung der Lehre von einer natura pura vgl. Menke, Karl-Heinz, *Das Kriterium des Christseins*, Regensburg 2003.

es sich um theologisch-philosophische Spekulationen handelt. Dennoch ist für Stein dieser Zusammenhang für eine katholische Weltanschauung im Anschluß an Thomas unerläßlich.

Einige spezielle Themen sollen im folgenden herausgegriffen werden: Edith Stein bemüht sich einmal mehr darum, den Menschen in seiner *Einheit von Leib und Geist-Seele* darzustellen, – ähnlich wie in den anderen pädagogischen Schriften *Die Frau* (ESGA 13), *Der Aufbau der menschlichen Person* (ESGA 14) und *Bildung und Entfaltung der Individualität* (ESGA 16)[51] – in seinem individuellen als auch in seinem sozialen Sein (letzteres konnte nur noch angedacht, aber nicht mehr ausgeführt werden). Den Menschen kennzeichnen nach der katholischen Glaubenslehre zutiefst seine Geschöpflichkeit und seine Erlösungsbedürftigkeit: Er kommt von Gott her, wird von ihm erlöst und geht auf ihn zu. Zwischen der von Gott gegebenen Natur des Menschen und dem von Gott erlösten und begnadeten Menschen liegt für Stein das Hauptcharakteristikum des Menschen: seine *Freiheit*. Um sie philosophisch zu bedenken greift Stein auf Augustinus zurück. Ähnlich wie das Problem der Freiheit ist auch das der *Erkenntnis* (und wie diese zum Glauben und umgekehrt steht) für Stein ein Thema, das sich durch ihr Gesamtwerk zieht und auch hier vertieft wird. Hinsichtlich der Christologie, der Aussagen über Jesu Christi Gottheit und Menschheit, fragt Stein nach deren Auswirkungen auf die Anthropologie. Der Christ wird durch die Taufe in eine Lebenseinheit mit Christus gezogen; Stein weist hier auf den mystischen Aspekt einer neuen Geburt hin. Im Stand der „wiedergeborenen", d. h. erlösten Menschheit ist für Stein besonders die Heilswirkung der *Sakramente* auf den getauften Menschen interessant.

3. Der Mensch in seiner Leib-Seele-Einheit

Edith Steins Stärke ist seit ihrer Dissertation *Zum Problem der Einfühlung* (1917)[52] eine Leib-Phänomenologie, bei der Leib und Geist-Seele klar differenziert und dennoch wechselseitig aufeinander bezogen gedacht werden. In ihrer Abhandlung „Natur, Freiheit und Gnade"[53] (1921) hatte Stein deutlich zwischen dem beseelten „Leib" und dem unbeseelten „Körper" unterschieden, in der vorliegenden Anthropologie mischt sie diese Begriffe allerdings.[54]

---

[51] Freiburg ²2002, 2004, ²2004.
[52] München 1980 [ESGA 5].
[53] „Natur, Freiheit und Gnade", *(NFG)*, Titel fälschlich bisher im Druck: „Die ontische Struktur der Person und ihre erkenntnistheoretische Voraussetzung", in: *Welt und Person. Beitrag zum christlichen Wahrheitsstreben*, ESW VI, Freiburg/Louvain 1962, 137–197 [ESGA 9].
[54] *WIM*, 8 ff.

Edith Stein

Der Leib wird als materieller Körper verstanden, aber dadurch nicht minder bewertet, da die Seele durch den Leib vollendet wird, d. h. sie ist ergänzungsbedürftig durch den Leib. Die Seele gilt als „Form" des Leibes, als akzidentelle und vorübergehende, wie Stein im Anschluß an Thomas darlegt. Deutlich betont wird dogmatischerseits, daß der Leib nicht von bösen Geistern geschaffen ist, sondern daß er – im Gegenteil – in der katholischen Lehre hochgeschätzt wird. Der Vorwurf der Leibfeindlichkeit, den man wohl einzelnen Christen machen kann, ist doch hinsichtlich der christlichen Lehre nicht zu erheben, wie Stein verdeutlicht. Ebenso wenig wie der Leib unterschätzt, darf die Seele überschätzt werden: Sie ist weder ein Teil Gottes noch eine göttliche Substanz im Menschen, sondern eine des menschlichen Leibes bedürftige. Die Verbindung aus Leib und Seele ist nicht zufällig, denn die Seele wäre gar keine Seele, wenn sie nicht mit dem Leib verbunden wäre.

„Beim Menschen, wo nicht der Leib, wohl aber die Seele subsistenzfähig ist, muß das Sein der Seele ‚im Leibe' als ein Aufgenommensein der Leibesmaterie in die Subsistenz der Seele aufgefaßt werden, die eben damit zur Subsistenz des ganzen Menschen wird."[55]

Stein führt die oft verwendete Analogie an, in der die göttliche und menschliche Natur in Christus mit dem Verhältnis von Leib und Seele beim Menschen verglichen wird. Sie sieht aber den Unterschied darin, daß die göttliche Natur die menschliche nicht braucht, um sich zu entfalten, während umgekehrt die Seele allerdings den Leib benötigt.

Stein untersucht in einem Exkurs, ob der Tod, der als Trennung von Leib und Seele verstanden wird, naturnotwendig oder naturwidrig ist. Sie führt zwar dogmatische Festlegungen an,[56] fügt aber dennoch der Frage eine philosophische Klärung hinzu:

„Die Bindung des leiblich-seelischen Seins an eine bestimmte stoffliche Zusammensetzung ist als der Grund für die *Möglichkeit* des leiblichen Todes anzusehen. Sein Eintreten geschieht nach ‚Notwendigkeit des Zwanges' (= Naturnotwendigkeit im modernen Sinn), d. h. im Sinne der menschlichen Natur naturwidrig. So kann man von dem ersten Menschen sagen, daß sein Tod nicht durch seine Natur ausgeschlossen war, sondern daß durch die providentielle Ordnung des Naturlaufs ein ‚Unfall' ausgeschlossen war."[57]

Neben der Sterblichkeit als Folge des Ungehorsams gegen Gott wird vor allen Dingen auch das Problem der Begehrlichkeit des Menschen hervorgehoben, das in heutigen Anthropologien höchstens im Zusammenhang allgemeiner Sündhaftigkeit des Menschen thematisiert wird oder als moralisch

---

[55] *WIM*, 89.
[56] *WIM*, 20.
[57] *WIM*, 23.

neutrales sexuelles Begehren in der Psychoanalyse und der von ihr beein-
flußten Phänomenologie.[58] Dabei unterstreicht Stein, daß es im Paradies-
zustand um das Begehren von Angemessenem und noch nicht um ein un-
geordnetes Begehren wie nach dem Sündenfall ging. Zur gefallenen Natur
gehört zudem nicht allein – wie am Begehren abzulesen ist – der Leib, was
eine immer noch beliebte Häresie ist, sondern Leib und Seele zugleich. Weder vor der Begierde noch vor dem Tod wird der Mensch nach dem Sündenfall bewahrt.

Zum Thema der Erbsünde[59] und der Sünde überhaupt verfaßt Stein jeweils kleine eigene Einschübe, mit denen sie an ihren Vortrag von 1931 „Das
Weihnachtsgeheimnis" anknüpft, in dem sie ebenfalls die Menschheit als
solidarische Gemeinschaft, bzw. als „personähnliches Gebilde"[60] gefaßt hatte, um die Konzeption der Erbsünde verständlich zu machen.[61] Zum sozialen Sein hebt Stein die Gleichheit aller Menschen hervor, was ihr Wesen, ihr
Ziel, ihre Herkunft und ihre Zukunft im Jüngsten Gericht betrifft. Ungleichheit herrsche aber hinsichtlich von Recht, Macht und Besitz,[62] wie sie die
Dogmen gegen die sozialistische und kommunistische Ideologie wiedergibt.

Ausschlaggebend für eine theologische Anthropologie ist die Einheit von
Leib und Geist-Seele in Christus. Er besitzt die Menschheit Adams und damit die paradiesisch vollkommene. Allerdings nimmt er die Unvollkom-
menheiten von Tod und Leid freiwillig auf sich. Bedeutsam für die Anthropologie ist aus der Christologie vor allem der Person-Begriff. Die Person
darf nie als Mittel zum Zweck gebraucht werden, wie Stein betont, ohne
Kant direkt zu zitieren.[63] Denn die Person hat Würde, weil sie *bewußt* und
frei ist, die Schöpfung zu genießen und zu gebrauchen.

4. Freiheit zwischen den Vorgaben der Natur und der Gnade

Edith Steins großes Thema neben der „Wahrheit" ist in ihrem Gesamtwerk
die „Freiheit"[64]: Nicht nur, wenn etwas wahr ist, sondern wenn es den Men-

---

[58] Vgl. Seifert, Edith, *Was will das Weib? Zu Begehren und Lust bei Freud und Lacan*, Weinheim 1987; Walter, Armin, *Der Andere, das Begehren und die Zeit: ein Denken des Bezuges
im Grenzgang zwischen Emmanuel Levinas und der Dichtung*, Cuxhaven 1996; Deleuze,
Gilles, *Lust und Begehren*, Berlin 1996.
[59] *WIM*, 11.
[60] Vgl. „Weihnachtsgeheimnis", in: Herbstrith, Waltraud (Hg.), *Edith Stein. Wege zur inneren Stille*, Aschaffenburg 1987, 55–69; hier: 59 f.
[61] *WIM*, 66.
[62] *WIM*, 12 f.
[63] *WIM*, 88.
[64] Vgl. dazu Wulf, Claudia Mariéle, *Freiheit und Grenze: Edith Steins Anthropologie und ihre
erkenntnistheoretischen Implikationen; eine kontextuelle Darstellung*, Vallendar-Schönstatt
2002.

schen frei sein läßt, ist es für Stein anziehend und menschenwürdig.[65] 1921 vertiefte Stein ihren Schritt der Bekehrung zum katholischen Christentum theoretisch durch ihren religionsphilosophischen Aufsatz „Natur, Freiheit und Gnade".[66] Das Thema der Freiheit und deren Spannungsfeld zwischen Natur und Gnade ist in ihrer theologischen Anthropologie erneut von Interesse; Stein stellt gleich am Anfang die Frage nach dem freien menschlichen Willen. Zu Steins Natur- und Gnadenbegriff sind allerdings noch weitere Forschungen notwendig, inwieweit sie sich beispielsweise der Neuscholastik anschließt.[67]

Durch seine Schöpfung von Gott her ist der Mensch zum Mitschöpfer berufen, d. h. er soll die Welt gestalten, was aber nur möglich ist, wenn ihm der Auftrag dazu verständlich und Gehorsam möglich ist.[68] Daraus leitet sich für Stein die bewußte Erkenntnis und der freie Wille als Grundkonstanten des Menschseins ab. Der freie Wille ist durch die Sünde bzw. den Sündenfall allerdings gehemmt, „erst durch die Gnade wird die Freiheit zum Guten wieder hergestellt".[69] Der Mensch kann also nicht mehr aus eigener Kraft die Sünde meiden und Rechtfertigung erlangen, sondern benötigt die Gnade des Mittlers Jesus Christus.

Besonders interessiert sich Stein für Augustinus' Gnadenlehre im Verhältnis zum menschlichen Sein.[70] Die Gnade setzt jeweils die Natur voraus, d. h. die Gotteskindschaft ist nicht ohne die menschliche Freiheit zu denken, die wiederum die Gnade erfordert. Der Glaube hat jeweils einen Freiheitsanteil,

---

[65] Vgl. Beckmann, Beate, „‚An der Schwelle der Kirche' – Freiheit und Bindung bei Edith Stein und Simone Weil", in: *Edith Stein Jahrbuch* 1998, 531–548.

[66] Vgl. oben, Anm. 53.

[67] *WIM*, 27 ff.

[68] *WIM*, 30.

[69] *WIM*, 19.

[70] Im ESAK finden sich unter P / A II A verschiedene Exzerpte Steins zur Lehre Augustinus': 4 Zettel: Schneider, ⟨Wilhelm⟩, ⟨Die⟩ *Quaest*⟨*iones disputatae*⟩ *de ver*⟨*itate des Thomas von Aquin in ihrer philosophiegeschichtlichen Beziehung zu*⟩ *Augustin*⟨*us*, Münster i. W. 1930⟩. – Ein kleines Heftchen mit der Literatur-Angabe: Koch, A⟨nton⟩, „Die Autorität des Hl. Augustinus in der Lehre von der Gnade und Prädestination", *Theologische Quartalschrift*, Tübingen 1891. – Drei Zettel „Augustin über das div⟨inum⟩ off⟨izium⟩ in Ps 145, 1". – Ein Vortrags-Exzerpt „8. IX. 1930: P. ⟨Alois⟩ Mager: Augustin als Mystiker". – Zwei Zettel zu Müller⟨, Johann Baptist⟩, „Augustins Kritik an Ciceros Staatsphilosophie", ⟨in nicht zu ermittelnder Zeitschrift.⟩ Des weiteren finden sich unter derselben Archiv-Nummer verschiedene Augustinus-Übersetzungen Steins: Augustinus, *De gratia et libero arbitrio* (3 Blätter); *De libero arbitrio* (13 Zettel / Blätter); *De trinitate* (29 Blätter / Zettel). – 4 Zettel zu Troeltsch, ⟨Ernst⟩, *Augustin,* ⟨*die*⟩ *christliche Antike* ⟨*und das*⟩ *Mittelalter*⟨: *im Anschluß an die Schrift ‚De Civitate Dei'*, München 1915.⟩ – 1 Zettel zu Hessen, Johannes, *Augustin und seine Bedeutung für die Gegenwart*, ⟨Stuttgart 1924⟩. – 1 Zettel zu Grabmann ⟨, Martin⟩, *Die Grundgedanken des Hl. Augustin über Seele und Gott*⟨: *in ihrer Gegenwartsbedeutung dargestellt*, Köln 1916⟩. – Ein kleiner Zettel Exzerpt Augustinus [?]. – 1 Blatt: Erdmann, J⟨ohann⟩ E⟨duard⟩, „*Idee des Menschen bei Augustin*", ⟨in: *Grundriß der Geschichte der Philosophie*, Berlin 1930⟩.

sowohl das Glauben im Diesseits als auch das Schauen Gottes im Jenseits. In der Gnade hat man schon im Diesseits die Möglichkeit, nicht mehr zu sündigen; in der Glorie, d. h. der ewigen Herrlichkeit im Jenseits dagegen herrscht die Unmöglichkeit, sündigen zu können. Stein fragt, ob die Freiheit deshalb im Jenseits aufhören würde, und antwortet verneinend, daß eine Liebesvereinigung nie ohne Freiheit vor sich gehe.

Hier zieht sie eingehend Augustinus' Freiheitslehre heran: „Das Dringlichste für uns ist, Klarheit darüber zu bekommen, welche *Idee der Freiheit* den Definitionen zu Grunde liegt."[71] Die Freiheit als Selbstbestimmung des Willens könne zwar mißbraucht werden. Gottes Vorauswissen aber ändere an der Freiheit des Willens nichts. Dazu muß klar zwischen praedestinatio (Vorherbestimmung) und praescientia (Vorauswissen) bei Augustinus unterschieden werden. Gott weiß alles im voraus, nimmt aber dadurch dem Menschen nicht seine Freiheit.[72]

Augustinus wird von Stein – anders als breite Strömungen der katholischen und vor allem der protestantischen Tradition – als „Indeterminist" verstanden, für den Freiheit nicht mit Vorherbestimmung identisch sei, von dem jedoch die Linie zu Duns Scotus führt, der dann einen äußerst schwachen Begriff vom freien Willen des Menschen vertritt.[73] Stein verteidigt die augustinische Freiheitslehre; sie weist Vorwürfe zurück, daß Augustinus die Willensfreiheit preisgegeben habe. Diese Auffassung käme bei Theologen zustande, bei denen ein ungeklärter Freiheitsbegriff vorliege.[74] Dennoch spricht Stein auch kritische Momente in der Prädestinationsfrage unbefangen an, wie z. B. die alttestamentlichen Stellen, in denen deutlich wird, daß Gott den irdisch gerichteten Willen des Menschen lenkt. Letztlich – so Steins Lösung – wird das menschliche Wollen auf das Geheimnis des göttlichen Wollens zurückgeführt. Stein betont in einer Fußnote, daß sie damit eigene Ergänzungen zum augustinischen Gedankengang anführt.[75] Dazu legt sie eine pointierte Willensanalyse vor, die Anklänge an Schopenhauer[76], aber auch an den Phänomenologen Alexander Pfänder[77] hat: Der Wille ist für Stein die „unbezweifelbar gewisse Tatsache unseres Selbstbewußtseins".[78]

Es geht bei Augustinus – so betont Stein und erläutert damit auch ihr eigenes Vorgehen – um ein philosophisches Verfahren, um Selbstgewißheit und Einsicht, erst in zweiter Linie auch um die Lehre der Kirche und um Theologie. Augustinus nimmt keine seiner philosophischen Einsichten in

---

[71] *WIM*, 43.
[72] Daßmann, Ernst, *Augustinus: Heiliger und Kirchenlehrer*, Stuttgart 1993, 122.
[73] *WIM*, 50, 61.
[74] *WIM*, 59.
[75] *WIM*, 52.
[76] Schopenhauer, Arthur, *Die Welt als Wille und Vorstellung*, Berlin 1924.
[77] Pfänder, Alexander, *Phänomenologie des Wollens*, Leipzig 1900.
[78] *WIM*, 53.

den theologischen Ausarbeitungen zurück, argumentiert Stein gegen Windelband,[79] sondern unterwirft sich vielmehr philosophischen Maßstäben:

„So also wollen wir denken, auf daß wir erkennen, daß sicherer ist die Neigung, die Wahrheit zu suchen, als das Unerkannte für Erkanntes vorwegzunehmen."[80]

Der freie Wille – so schränkt Stein dann in ihren Ausführungen zur Gnade ein – führt allerdings nicht geradewegs zum Heil; er kann abgelenkt werden, aber durch die Gnade kann der Weg zum Guten frei werden.[81] Es sei eine Sache der Freiheit des Menschen, sich für die Gnade offen zu halten; die menschliche Freiheit wirkt also immer mit.[82] Die Gnade ist erfahrbar in Impulsen zu bestimmten Handlungen der Liebe, asketischen Übungen und Berufsentscheidungen.[83] Der persönliche Glaube hat Anteile von Gnade und Freiheit; immer ist es daher auch möglich, in den Unglauben zurückzufallen. Da das Heil auch verlierbar sei, könne man sich der Erwählung nicht sicher sein.[84] Grundsätzlich gibt die Gnade aber „Widerstandskräfte gegenüber den ungeordneten Neigungen",[85] so daß Begierden durch neue Maßstäbe geklärt werden können.

Durch die Taufe wird zudem der Verstand erneuert, d. h. gereinigt von Irrtümern; „totes Wissen" wird lebendig, was Stein unter erkenntnistheoretischen Gesichtspunkten besonders interessiert.[86] Stein unterscheidet einerseits die innewohnende Gnade, die der Gläubige durch die Taufe und die Sakramente empfangen hat, und andererseits den aktuellen Gnadenbeistand, beispielsweise durch eine Gebetserhörung in einer Notlage. Reizvoll ist das Kapitel zur Gnade, bzw. zum „Stand der Erlösten" durch versteckt biographische Anteile: Stein erläutert vor allem die Vorgänge der Wiedergeburt und der Rechtfertigung und führt auch das Beispiel eines Erwachsenen an, der anfängt zu glauben und sich dann taufen läßt.[87]

Stein stellt die Frage, ob man auch aus natürlicher Kraft ein „guter Mensch" sein könne; dazu unterscheidet sie „natürlich Gutes und übernatürlich Wertvolles".[88] Das Gute und die Liebe im allgemeinen seien auch aus natürlichen Kräften möglich, nur eben nicht verdienstvoll.[89] Aus Kräften der Natur gibt es bei aller Hochschätzung aber keine Erneuerung. Daher

---

[79] Ebd.
[80] *De trinitate* 9, 1, 1.
[81] *WIM*, 63.
[82] *WIM*, 102.
[83] Ebd.
[84] *WIM*, 101–103.
[85] *WIM*, 102.
[86] Ebd.
[87] *WIM*, 101, wie sie selbst 1922.
[88] *WIM*, 69.
[89] *WIM*, 67.

wird Christus als Mittler verstanden, der Erlösung bringt und die Erbschuld sühnt.

„Aber an dieser Leistung, die für alle vollbracht wurde, bekommen nur die Anteil, die zum Erlöser gehören. Diese Zugehörigkeit wird dadurch gewonnen, daß man an ihn glaubt, d. h. ihn für das nimmt, wofür er sich ausgibt, das Geschenk annimmt, das er darbietet, das hofft, was er verheißt, das tut, was er gebietet."[90]

In ihrem religionsphilosophischen Aufsatz „Natur, Freiheit und Gnade" (1921) gibt Stein eine ausführliche Phänomenologie der Mittlerschaft, deren Grenzen sie wiederum im Bereich der Freiheit findet:

„Von vornherein werden wir sagen, daß der freien Mittlertätigkeit nach zwei Seiten hin absolute Grenzen gesetzt sind: durch die Freiheit des Menschen, dessen Heil in Frage stehet, und durch die göttliche Freiheit."[91]

5. Erkenntnis und Glaube

Ein philosophisches Thema, das Stein in ihrer Analyse des Dionysius Areopagita[92] ab 1937 wieder aufgreifen wird, ist die erkenntnistheoretische Frage nach der Möglichkeit, ob und wie der Mensch trotz seines mangelhaften Erkenntnisvermögens von Gott wissen kann. Wege der Gotteserkenntnis und der Gottverbundenheit liegen zwischen dem Glauben im Diesseits und dem Schauen im Jenseits.[93] Die natürliche Gotteserkenntnis ist ein erster Schritt auf Gott zu; er erfolgt jedoch noch ohne jegliche „überwältigende Gewißheit", die dann für den Glauben kennzeichnend ist. Der Glaube als Tat „freien Gehorsams" ist weder durch Erfahrungserkenntnis noch durch natürliche Erkenntnis zugänglich.[94] Den Akt des Glaubens deutet Stein hier anders als später in ESGA 17 auch als Tugend, da er in einen Habitus übergeht. Den Glaubensakt und den Glaubensgegenstand legt Stein anhand von Thomas' Ausführungen in den *Untersuchungen über die Wahrheit* differenziert und engagiert aus: Glaube setzt nach Stein bereits Kenntnis Gottes voraus, nämlich die Selbstoffenbarung Gottes, die dann die Glaubensgewißheit vermittelt und damit die natürliche Gotteserkenntnis überschreitet.[95]

Glaube ist für Stein „Denken mit Zustimmung"[96] (wie auch das Wissen

---

[90] *WIM*, 73.
[91] *NFG*, 160; insgesamt: 160–65.
[92] Vgl. *Wege der Gotteserkenntnis. Studie zu Dionysius Areopagita und Übersetzung seiner Werke* (1940/41), ESGA 17, Freiburg 2003.
[93] Beckmann-Zöller, Beate, „Phänomenologie der Gotteserkenntnis und Gottverbundenheit", in: *Edith Stein Jahrbuch* 2005, Würzburg, 109–133.
[94] *WIM*, 168.
[95] *WIM*, 32 f.
[96] *WIM*, 34, hier ein Augustinus-Zitat.

und die Einsicht, aber anders als das Meinen), das möglich wird durch den Willen und das Willensziel (d. h. den Lohn), nicht aber durch den Verstand oder durch das Gerichtetsein auf den Erkenntnisgrund. Stein möchte den Glauben also sehr wohl als Erkenntnis verstanden wissen, aber nicht als ein Wissen, sondern im Sinne von „Kenntnisgewinnen", nicht „Kenntnishaben aufgrund von logischem Schließen".[97] Damit grenzt sie den Glaubensbegriff (Kenntnisgewinnen) vom Begriff der religiösen Erfahrung ab, den die Modernisten in diesem Zusammenhang verwenden.[98] Der „Anfang des Glaubens ist Kenntnisgewinnen von Gott, das aller Annahme von Wahrheiten über Gott zugrunde liegt."[99] Zugleich ist der Glaube „der Anfang des ewigen Lebens"[100], ein Zitat, das Stein auch in ihren pädagogischen Vorträgen verwendet.[101] Sie betont damit, daß er die Grundlage dessen ist, was Christen erhoffen: ein Geheimnis oder auch „Nicht-Erscheinendes", das aber Gegenstand des Willens und des Wahrhaltens sein kann.

In der geistigen Schau Gottes nach dem irdischen Tod findet die Begegnung von menschlichem Ich und göttlichem Du statt, ähnlich wie in zwischenmenschlichen Begegnungen. Stein nutzt diese Stelle zu Reflexionen über Selbsterkenntnis und Fremderkenntnis.[102] Sowohl in der Selbsterkenntnis als auch in der Erkenntnis fremder Personen sind trotz Aufrichtigkeit und Offenheit jeweils Möglichkeiten zu Selbsttäuschungen mitgegeben. Auch zur Erkenntnis von Menschen, nicht nur zur Gotteserkenntnis, gehört also „Glaube"; sie ist nie völlig zweifelsfrei. Stein sieht hier die Grenzen in der Sprache und auch im leiblichen Ausdruck gegeben, wodurch sich der andere einerseits offenbart; andererseits findet „unser Eindringen [...] eine Grenze in der Freiheit des Menschen, sich zu öffnen oder zu verschließen."[103] Daß Gesten im zwischenmenschlichen Bereich gedeutet werden müssen, führt Stein zu Überlegungen zum allgemeinen Problem der Symboldeutung und zur Rolle der Sprache.[104] Wenn Gott durch Menschen spricht, ist Vertrauen nötig, das Stein auch das „dunkle Spüren[105] oder das „dunkle Erfassen"[106] nennt.

Stein scheint in diesem Zusammenhang eine Revision ihrer Einfühlungstheorie vorzunehmen. Es geht ihr hier um Verstehen und Mitleben: Eine Freude allein zu erkennen, heißt noch nicht, sie zu verstehen; vielmehr muß der Grund für die Freude (worüber, warum, warum gerade so) erkannt

---

[97] *WIM*, 34 ff.
[98] *WIM*, 36, Anm. 150.
[99] *WIM*, 37.
[100] *Ver*, q 14 a 2 corp. (*Untersuchungen über die Wahrheit* II, 9, Breslau 1932).
[101] *BEI*, 77.
[102] Vgl. dazu auch *Einführung in die Philosophie (EPh)*, ESGA 8, Freiburg 2004, 149 ff.
[103] *WIM*, 41.
[104] Ebd.
[105] *Kreuzeswissenschaft (KW)*, ESGA 18, Freiburg 2003, 131.
[106] *EES*, 459.

werden. Das „Mit- und Nachvollziehen" der inneren Erlebnisse des anderen ist eine Lebenseinigung, weil das Erleben des anderen in das eigene aufgenommen wird. Den anderen lieben und ihn (er-)kennen sind zwei menschliche Akte, die eng zusammengehören – so Steins Fazit.[107]

Steins Interesse am Gegenstand der „Erkenntnis" zeigt sich auch in den Anklängen im Text, die an das „Cogito ergo sum" von Descartes[108] und der von ihm unbeabsichtigten Verwandtschaft mit ähnlichen Aussagen des Augustinus[109] erinnern:

„Ausgangspunkt alles Beweisens ist die *gewisseste aller Tatsachen:* die des eigenen Seins, Lebens, Erkennens. Das Erkennen steht höher als Sein und Leben, weil es beide in sich schließt. Und die Vernunft, mit der wir geistig erkennen, steht höher als die Sinne, weil sie von all dem Wissen gewinnt, was die Sinne erfassen, und überdies von sich selbst. Sie selbst ist das Höchste im Menschen, und wenn es etwas Höheres gibt, so muß es Gott sein. Und es muß ein Unwandelbares sein, während sie selbst in ihrem Streben nach Erkenntnis sich noch als ein Wandelbares erweist. Sie erkennt das Höhere durch sich selbst, nicht durch die Sinne, und erkennt es als ein Höheres und sich selbst als ein Niederes."[110]

Stein zieht die Linie wenig später in *Endliches und ewiges Sein* (1935–37) weiter bis zu ihrem Lehrer Edmund Husserl:

„Denn überall – in dem ‚Leben' Augustins, in dem ‚ich denke' Descartes', im ‚Bewußtsein' oder ‚Erleben' Husserls –, überall steckt ja ein *ich bin.*"[111]

„Glaube und Vernunft" ist Steins spezifisches Interesse, dem sie sich intensiver widmet, indem sie die Dogmen gegen die sogenannten modernistischen Irrtümer darlegt.[112] Stein geht von einer doppelten Erkenntnisordnung aus, d.h. Vernunft und Glaube widersprechen sich nicht, sondern sind sich gegenseitige Hilfe. Der Glaube befreit die Vernunft von Irrtümern; die Vernunft beweist die Grundlagen des Glaubens. Methodischer führt sie

---

[107] *WIM*, 41.
[108] Descartes, René, *Prinzipien der Philosophie,* I, 7; *Discours de la Méthode,* IV, 1.
[109] *De civitate Dei* XI, 26; *De trinitate* 15, 12, 21; *De vera religione* 39, 73; *De libero arbitrio* 2, 3, 20. Zur Ähnlichkeit der cogito-Lehre des Descartes zu Aussagen des Augustinus vgl. Horn, Christoph, *Augustinus,* München 1995, 162 f.
[110] *WIM*, 46.
[111] *EES*, 35 f.
[112] Stein notiert verschiedene Modernisten, von denen unklar ist, ob sie ihre Schriften selbst studiert hat (ESAK, B I 64b): „⟨Hauptvertreter Abbé Loisy⟨, Alfred,⟩ *L'Évangile et L'Église.* ⟨frz. 1902, dt. *Das Evangelium und die Kirche,* München 1904. Loisy, Alfred⟩ *Les évangiles synoptiques.* ⟨Amiens 1896.⟩ Auteur d'un petit livre. Baron v⟨on⟩ Hügel⟨, Friedrich, *Essays and Addresses on the Philosophy of Religion,* London 1921⟩. Tyrell⟨, George, *External Religion,* London 1900⟩. Foggazzaro⟨, Antonio, *Les ascensions humaines. Évolutionnisme et catholicisme,* Paris 1901⟩, Murri⟨, Romolo, *La vita cristiana al principio del secolo XX,* Rom ²1901; dt.: *Das christliche Leben zu Beginn des zwanzigsten Jahrhunderts,* Köln 1908⟩⟩. Anton Gisler, *Der Modernismus,* Köln 1912."

dieses Spannungsfeld in *Endliches und ewiges Sein* durch.[113] Aufgelöst wird diese doppelte Erkenntnisordnung in der Erkenntnistheorie der sogenannten modernistischen Wissenschaftler, deren Irrlehre sich Papst Pius X. bemühte aufzuklären. Innere Antriebe, Nötigungen und ein allgemeines Prinzip „Entwicklung", nicht die übernatürliche Offenbarung, werden von „Modernisten" als ausschlaggebend für den Glauben angesehen. Zudem wurde die im 20. Jh. üblich gewordene, heute jedoch wieder stark in Zweifel gezogene[114] Unterscheidung des historischen Christus vom Christus des Glaubens hier grundgelegt. Die historisch-kritische Methode und Textkritik, die im späten 20. Jh. als geläufige Methode der Exegese gilt, wird hier verurteilt.

An dieser Stelle führt Stein die Dogmen nahezu ausnahmslos chronologisch an, ohne sie zu kommentieren oder weiterführend zu analysieren. Es geht dabei um die Gefahr der religiösen Erfahrung, die allein auf religiöses Gefühl aufbaut und die von Gott erleuchtete Vernunft außer acht läßt. Hier zeigt sich eine Wende in Steins eigener Phänomenologie des religiösen Erlebnisses an. In ihrer Frühphase ging Stein selbst von der Möglichkeit religiöser Erlebnisse ohne die Rückbindung an die Offenbarung aus. Seit ihrer bewußten Hinwendung zum Christentum thematisiert sie die gegenseitige Abhängigkeit von Glaube und religiösem Erlebnis.[115] Neben der übernatürlichen Erkenntnis im Glauben ist vor allem das Leben im Glauben für die theologische Anthropologie von Bedeutung, wie es von Stein anhand der Sakramente dargelegt wird.

6. Leben aus übernatürlicher Kraft: die Sakramente

Der Mensch in der katholischen Glaubenslehre ist einer, dessen Leben durch die Sakramente als Zeichen der realen Präsenz Gottes verändert wird. Es geht hier um das Leben aus übernatürlicher Kraft, um die Frage nach der Spiritualität im Alltag. Das Kapitel über die Sakramente ist ein außergewöhnlich umfangreicher Teil, obwohl die anthropologischen Bezüge nicht immer so deutlich werden wie in den anderen Kapiteln. Stein zählt die verschiedenen Dienste in der Kirche auf, die allerdings in der Liturgie-Reform nach 1972 verändert wurden und im *Codex Iuris Canonici (CIC)*, dem Gesetzbuch der katholischen Kirche, 1983 niedergelegt sind. Historisch gesehen sind diese Kapitel interessant, man darf in ihnen jedoch wenig Gegen-

---

[113] *EES*, 12 ff.
[114] Berger, Klaus, *Jesus*, München 2004.
[115] Vgl. Beckmann, Beate, *Phänomenologie des religiösen Erlebnisses. Religionsphilosophische Untersuchung im Anschluß an Adolf Reinach und Edith Stein*, Würzburg 2003.

wartsbezug erwarten, besonders in Bezug auf den Diakonat und die Ehe-
bestimmungen.[116]

Leider hat Stein einen Entwurf zu Einwänden gegen Sakramente (Magie,
Versachlichung) und Befürwortung derselben (Heiligung, mystisches Ergriffenwerden des Menschen, Erlebnis von Gottes Gegenwart und der Kirche,
Teilnahme am Heilswerk Christi) der sich im Edith Stein Archiv (Köln)
befindet, nicht durchgeführt.[117] Der Notizzettel macht dennoch deutlich,
wie vielschichtig eine Steinsche Sakramentenlehre geworden wäre. Sakramente sind als „Schwellenriten"[118] wesentlich für das übernatürliche Leben
des Christen:

> „Wenn die Taufe den Beginn des Christenlebens bezeichnet, die Firmung die Stär-
> kung des heranreifenden jungen Christen zum Kampf, die Eucharistie das tägliche
> Brot, das sein inneres Leben beständig erneuert und vermehrt, so bedeutet das Sa-
> krament der Buße das wunderbare Heilmittel, um das erloschene Leben immer wie-
> der herzustellen."[119]

Zur Eucharistie äußert sich Stein besonders ausführlich, ergänzt die Dogmen
durch eigene Kommentare und betont die Gegenwart Christi bis ans Ende
aller Tage, wie sie es in ihrem Vortrag „Eucharistische Erziehung" (1930)[120]
bereits getan hat. Hinsichtlich der Beichtpraxis verwendet sie das vielsagende
Bild von der „mütterlichen Güte der Hl. Kirche"[121], die sich in der Ablehnung
von Rigorismus zeige: Der Beichtende nämlich erhält nicht erst dann die Lossprechung, wenn die Bußleistung erbracht ist, sondern bereits im voraus,
womit keine Droh-, sondern eine Frohbotschaft vermittelt wird.

---

[116] *WIM*, 149 ff.
[117] P / A II 5 (ESAK): 1 Zettel:
„Einleitung: Modernes Für und Wider der Sakramente
Contra:
1. Magie
2. Versachlichung des Religiösen, Aufhebung der persönlichen Verbindung mit Gott
Pro:
1. Heiligung des ganzen Menschen
2. Ergriffenwerden des Menschen von Gott, nicht menschliches Tun und Wollen
3. Gegenwart Gottes im objektiven Zeichen – Sammelpunkte der kirchlichen Gemeinschaft
4. S(akramente) als lebendige Teilnahme am Heilswerk Christi als innere *Lebens*form des
Christen.
S. (12) *Thomas:* 1. Herausarbeitung der *Wirkursächlichkeit* des Sakraments, dadurch enge
Verbindung zur *Heilstat Christi.* 2. (17) Sakrament als *Zeichen* fügt sich der *Gegebenheits-
auffassung* von *Leib-Seele*, wie sie Thomas dem Aristoteles verdankt. 3. Sakrament als *Kultus*-Gottesdienst-Verherrlichung Gottes, worin der Mensch Anteil am *Priestertum Christi*
gewinnt. S. *(20) Bedeutung dieses Bandes.*" ⟨Seitenangaben beziehen sich evtl. auf Bartmann.⟩
[118] Eliade, Mircea, *Das Heilige und das Profane*, Frankfurt a. M. 1998.
[119] *WIM*, 122.
[120] *BEI*, 63 ff.
[121] *WIM*, 131.

Stein betont, daß der Mensch nicht nur ein isoliertes Individuum, sondern immer Glied der Kirche als Gemeinschaft ist.[122] Leider ist sie nicht wie angekündigt zur Soziallehre der Kirche vorgedrungen, obwohl sie gerade das Problem des sozialen Seins des Menschen seit ihrer Habilitationsschrift „Individuum und Gemeinschaft" (1922) und auch in der Vorlesung *Der Aufbau der menschlichen Person* (1932/33) behandelt – in letzterer auch als Auseinandersetzung mit dem aufkommenden Nationalsozialismus.[123] Ehe und Priestertum zeigen, daß die Gemeinschaft der Kirche selbst sakramental begründet ist, „zur Leitung und Vermehrung der ganzen Kirche".[124] Das Ehesakrament fundiert die quantitative, das Priesterweihesakrament die qualitative Vermehrung der Kirche, indem die Leitung in die Tiefe der christlichen Existenz angestrebt wird. Den Zölibat erklärt Stein als ein Frei-Sein-von Ehe- und Familienpflichten und zugleich als ein Frei-Sein-für beispielsweise die Breviergebetspflicht.

Mit keinem Wort erwähnt sie die Möglichkeit des Priesteramts für Frauen, was erstaunlich scheint, nachdem sie in ihrem Vortrag „Beruf des Mannes und der Frau nach Natur- und Gnadenordnung" (1931) davon gesprochen hatte, daß dogmatischerseits nichts dagegen spräche.[125] Überhaupt wird das Thema „Frau" nicht gesondert hervorgehoben, es läßt sich auch nur schwerlich eine geschlechtsspezifische „Theologie von Frauen" aus Steins Vorlesung herauskristallisieren. Sie sieht von den anthropologischen Unterschieden von Mann und Frau – ob zu recht oder zu unrecht – hinsichtlich ihres Christseins völlig ab.

7. Zur Manuskript- und Quellenlage

Durch die tragischen Zeitverhältnisse einerseits und Steins Lebensberufung in den Karmel andererseits blieb ihre Münsteraner Vorlesung zur theologischen Anthropologie unvollendet. Unter dem Titel „Was ist der Mensch?"[126] entwarf Stein im Frühjahr 1933 das Konzept, das bisher als ESW XVII vorlag und nun ergänzt und bearbeitet als ESGA 15 erscheint.

In der Handschrift (A 13, ESAK) findet sich zunächst der Untertitel „Die Anthropologie der katholischen Glaubenslehre", dann die Überschrift

---

[122] *WIM*, 138.
[123] *WIM*, 160f.
[124] *WIM*, 138.
[125] In: *F*, 76f.
[126] Ähnlich titeln in den 90er Jahren: Lange, Günter, *Was ist der Mensch? Aktuelle Fragen der theologischen Anthropologie*, Bochum 1993. – Pannenberg, Wolfhart, *Was ist der Mensch? Die Anthropologie der Gegenwart im Lichte der Theologie*, Göttingen 1995. – Bröker, Werner, *Was ist der Mensch? Theologische Anthropologie aus dem Dialog zwischen Dogmatik und Naturwissenschaften*, Osnabrück 1999.

„Theologische Anthropologie"[127] über der Untergliederung in drei Kapitel: „I. Die Natur des Menschen, II. Erschaffung des ersten Menschen und Urstand, III. Die gefallene Natur". Die eigentliche Gliederung ist überschrieben: „Das Menschenbild unseres Glaubens". Es existieren also frühere Gliederungen, die nicht mit dem letzten und ausführlichen Inhaltsverzeichnis übereinstimmen, so daß man den Wachstumsprozeß des Werkes nachvollziehen kann.[128]

---

[127] Zum thematischen Umfeld gehören in Steins Nachfolge folgende Monographien: Kuhlmann, Gerhard, *Theologische Anthropologie im Abriß*, Tübingen 1935. – Köhler, Hans, *Theologische Anthropologie*, München 1967. – Hummel, Gert, *Theologische Anthropologie und die Wirklichkeit der Psyche: zum Gespräch zwischen Theologie und analytischer Psychologie*, Darmstadt 1972. – Pesch, Otto Hermann, *Frei sein aus Gnade: theologische Anthropologie*, Freiburg 1983. – Meis, Peter, *Studien zur theologischen Anthropologie: die Impulse Bonhoeffers für das christliche Menschenbild auf dem Hintergrund biblischer und lutherischer Tradition*, Leipzig 1994 (mikrofiche). – Schneider, Michael, *Theologische Anthropologie*, Köln 2001 (Bd. 1–4). Im weiteren Umfeld einer christlichen Anthropologie finden sich: Trillhaas, Wolfgang, *Vom Wesen des Menschen*, Stuttgart 1949. – Brunner, Emil, *Gott und sein Rebell*, Hamburg 1958. – Frey, Christofer, *Arbeitsbuch Anthropologie: christliche Lehre vom Menschen und humanwissenschaftliche Forschung*, Stuttgart 1979. – Moltmann, Jürgen, *Mensch: christliche Anthropologie in den Konflikten der Gegenwart*, Gütersloh 1983. – Beinert, Wolfgang, *Glaubenszugänge*, Bd. 1–3, Paderborn 1995. – Breid, Franz, *Der Mensch als Gottes Ebenbild: christliche Anthropologie*, Buttenwiesen 2001.

[128] Gliederung auf einem Zettel:

„I.
Die Natur des Menschen.
A. Charakter der *Dogmatik*. Sinn der Frage: Was ist der Mensch?   1–2
1.) *Die allen gemeinsame Menschennatur.*   2–13
Geschöpflichkeit. Einheit aus Leib und Seele   2–3
Entstehung des Leibes   3–4
Natur und Entstehung der Seele: eigene Substanzialität, Geschöpflichkeit des   4–10
Intellektes und der ganzen Seele; unmittelbare Erschaffung. Keine Präexistenz aber ewige Fortdauer. Geistigkeit und Vernünftigkeit. Substanzielle und wesenhafte Vereinigung mit dem Leib. Ethischer Charakter d⟨er⟩ Seele. Leben nach dem Tod und Wiedervereinigung.
Das soziale Sein des Menschen: natürliche Eingliederung in die Gemeinschaft.   11–12
Ungleichheit von Besitz und Macht entsprechend der Ungleichheit der Gaben.
2.) Überleitung zu den Fragen nach der Individualität, der Menschheit, ihrem Ursprung und den verschiedenen „Ständen".   13–18
3.) *Entstehung der 1. Menschen und Urstand.*   19-
die biblischen Berichte über die Erschaffung der 1. Menschen: 19–23
Schöpfungsakte; Gottebenbildlichkeit
Freiheit, Sündenlosigkeit als Naturgaben   23–25
Die Frage des „reinen" Naturstandes: 25–47
α) Sterblichkeit   25–41
β) Konkupiszenz   41–45
γ) Natürliche Erkenntnis   45–46
δ) Zusammenfassung   47
das übernatürliche Sein des ersten Menschen   48-
α) Übernatürliche Erhöhung des ersten Menschen. Klärung der Ideen „Natur" und „Gnade".   48–57

Stein entnimmt einige Seiten für das Vorwort, nachdem sie absehen konnte, daß daraus keine Vorlesung, sondern ein Buch-Manuskript werden sollte. Auch in Kapitel IV., E, 2. (Hs-S. 215, S. 89) entnimmt Stein einige Seiten; bis Hs.-S. 390 (Kapitel V., B, 8., S. 144 f.) finden sich verbesserte Seitenzahl-Angaben. Die These der vormaligen Herausgeber, daß nämlich ein weiterer Teil des Manuskripts verloren gegangen sei, läßt sich nicht bestätigen.[129] Vielmehr bricht das Manuskript mitten im Satz und mitten auf der Seite ab, sodaß Stein wahrscheinlich wirklich nie zu einer Vollendung kam.

Inhaltlich führt Stein ihre christliche Anthropologie dann zwei Jahre später auf stärker religionsphilosophische Weise weiter in ihrem Hauptwerk *Endliches und ewiges Sein*.[130] Das Projekt einer speziell aus der katholischen Dogmatik hergeleiteten Anthropologie mit Blick auf eine profilierte katholische Pädagogik bleibt damit weiterhin offen. Auch in Zeiten der Ökumene zwischen den Konfessionen und sogar Religionen ist es wünschenswert, Edith Steins Vorstoß hin zu einem Menschenbild, das aus der katholischen Glaubenslehre folgt, aufzugreifen. Was Stein in Zeiten des Nationalsozialismus angedacht hatte, gilt es heute in Zeiten des ideologischen Liberalismus und ungeahnter gentechnischer Manipulationsmöglichkeiten neu zu entdecken: wie das Leben mit und in Jesus Christus und der Kirche einen Menschen verändern und zur Freiheit, zur Erkenntnis der Wahrheit und zum Guten hin befähigen kann.

β) Der Gnadenstand der ersten Menschen und sein Unterschied vom
Glorienstand: 57–90
natürliche Gotteserkenntnis, Glauben, Schauen.
Der Anteil der Freiheit am Glauben und am Schauen; ihre Bedeutung im Urstand"

Eine weitere Gliederung auf einem einzelnen Zettel:
„**Das Bild des Menschen nach kath**(olischer) **Glaubenslehre**.

Was ist der Mensch?
der Einzelne
seiner Natur
seinem Ursprung
seinem gegenwärtigen Stande nach
Was ist die Menschheit?
Einheit in Adam
Einheit in Xs
Bestimmung des Menschen."

[129] „Das Abbrechen mitten im Satz und das Wissen um die stets zielbewußte Arbeitsweise Edith Steins machen es vielmehr wahrscheinlich, daß ein letzter Teil des Werkes, der abschließende Betrachtungen enthalten haben dürfte, in den Trümmern des Klosters zu Herkenbosch verloren ging". Aus den Trümmern hatte Pater Avertanus, der damalige Provinzial der niederländischen Provinz der Unbeschuhten Karmeliten, die Handschrift 1944 gerettet. Gelber, Lucy, in: Stein, Edith, *Was ist der Mensch?* ESW XVII, Freiburg 1994, 8.
[130] *EES*, 328 ff. „Das Abbild der Dreifaltigkeit in der Schöpfung".

Abkürzungen

a.	articulus = Artikel
a. a. O.	am angegebenen Ort
Anm.	Anmerkung
Bd.	Band
bzw.	beziehungsweise
c.	capitulum = Kapitel
CIC	Codex iuris canonici (lat.) = Gesetzbuch des kanonischen Rechts
cf.	confer (lat.) = vergleiche
d	distinctio (lat.) = Abschnitt
D	Denzinger-Bannwart
d. h.	das heißt
d. i.	das ist
dt.	deutsch
edit.	Edition
ep.	epistola (lat.) = Brief
ESAK	Edith Stein Archiv Köln
ESGA	Edith Stein Gesamtausgabe
evtl.	eventuell
f. / ff.	folgend(e)
frz.	französisch
gest.	gestorben
gr./griech.	griechisch
Hg., hg.	Herausgeber, herausgegeben
hl.	heilig
Hs-S.	Handschrift-Seite
i. folg.	im folgenden
i. W.	in Westfalen
Jh.	Jahrhundert
Kap.	Kapitel
lat.	lateinisch
Maur.	Mauriner-Ausgabe des Augustinus, Paris 1679–1700
OCD	Ordo Carmelitarum Discalceatorum/-arum = Orden der Unbeschuhten Karmeliten / Karmelitinnen
OFM	Ordo Fratrum Minorum = Franziskanerorden

OP	Ordo Praedicatorum = Dominikanerorden
Par.	Parallele
q.	quaestio = Frage
S. H.	Seine Heiligkeit
S. Th.	*Summa theologiae* = *Summe der Theologie* des Thomas von Aquin
S.	Seite
SJ	Societas Jesu = Gesellschaft Jesu, Orden der Jesuiten
SS	Sommersemester
u.	und
u. a.	und andere / anderswo
u. dgl.	und dergleichen
usw.	und so weiter
v.	von
vgl.	vergleiche
WS	Wintersemester
Xs	Christus
Z.	Zeile
z. B.	zum Beispiel

Siglen

de lib. arb.	Augustinus, Aurelius, *De libero arbitrio*
Ver	Thomas von Aquin, *Quaestiones disputatae de veritate*
In Sent.	*In IV Libros Sententiarum = Sentenzenkommentar des Thomas von Aquin*
STh	Thomas von Aquin, *Summa theologiae*
PL	*Patrologiae cursus completus. Series latina* (Migne-Ausgabe), Paris 1841–64
JPPF	*Jahrbuch für Philosophie und phänomenologische Forschung,* hg. v. Edmund Husserl u. a. (1913–1930)
ESGA	Edith Stein Gesamtausgabe
AMP	Stein, Edith, *Der Aufbau der menschlichen Person. Vorlesung zur philosophischen Anthropologie,* ESGA 14, Freiburg 2004
BEI	Stein, Edith, *Bildung und Entfaltung der Individualität,* ESGA 16, Freiburg 2001, ²2004
EES	Stein, Edith, *Endliches und ewiges Sein. Versuch eines Aufstiegs zum Sinn des Seins,* ESW II, Freiburg 1986 (ESGA 11/12)
EPh	Stein, Edith, *Einführung in die Philosophie,* ESGA 8, Freiburg 2004
F	Stein, Edith, *Die Frau. Fragestellungen und Reflexionen,* ESGA 13, Freiburg 2000, ²2002
KW	Stein, Edith, *Kreuzeswissenschaft,* ESGA 18, Freiburg 2003
LJF	Stein, Edith, *Aus dem Leben einer jüdischen Familie und weitere autobiographische Beiträge,* ESGA 1, Freiburg 2002
NFG	Stein, Edith, „Natur, Freiheit und Gnade" (1921), bisher fälschlich unter dem Titel „Die ontische Struktur der Person und ihre erkenntnistheoretische Problematik", in: Stein, Edith, *Welt und Person,* Freiburg 1962, ESW VI, 137–197 (ESGA 9)
SBB I	Stein, Edith, *Selbstbildnis in Briefen* I, ESGA 2, Freiburg 2000, ²2004
WIM	Stein, Edith, *Was ist der Mensch? Vorlesung zur theologischen Anthropologie,* ESGA 15, Freiburg 2005

Editorische Hinweise

Mit spitzen Klammern ⟨ ⟩ versehene Einfügungen im Text wie in den Fuß-
noten kennzeichnen editorische Hinweise, Ergänzungen oder Verdeutli-
chungen.

Die ausführliche Gliederung des Inhalts, die Stein an den Beginn des Do-
kumentes plazierte, wurde von der Bearbeiterin in den Textfluß eingearbeitet. Die Überschriften in spitzen Klammern wurden von der Bearbeiterin
eingefügt. Stein selbst gliederte den Text nur nach den Kapitel-Überschriften
(I–V). Die ausführlichen Untergliederungen wurden von Stein im hand-
schriftlichen Inhaltsverzeichnis mit Seitenzahlen ausgewiesen, so daß exakt
an den Stellen, die im Manuskript von Stein durch deutliche Absätze gekennzeichnet wurden, die Untergliederungen eingefügt werden konnten. In
der Gliederung wurden die Gliederungspunkte, für die Stein unter I. B. kleine griechische Buchstaben verwendete, in arabischen Zahlen wiedergegeben,
an Steins Gliederung unter II.C. angepaßt.

Eckige [ ] und runde Klammern ( ) wurden im Haupttext von Stein selbst
gesetzt.

Der zeitweilige **Schriftwechsel** im Haupttext entspricht dem Wunsch
Edith Steins und kennzeichnet ihre Erläuterungen (vgl. WIM, 4, Anm. 4).

Zeichensetzung und Rechtschreibung wurden stillschweigend bereinigt.

Wenn Stein das Symbol „=" verwendet, wird es mit „d. i." übersetzt, um
den Lesefluß nicht zu stören.

Steins Manuskript-Auszeichnungen durch Wellenlinien und durch glat-
tes Unterstreichen wurden ununterschieden als Kursivschrift wiedergegeben.

Steins Hervorhebungen durch Sperrung / Großbuchstaben wurden kursiv
übertragen.

Steins ersatzlose Manuskript-Durchstreichungen, korrigierende Formu-
lierungen über oder hinter durchgestrichenen Passagen sowie nachträgliche
Einfügungen wurden in den Drucktext übernommen, signifikante Ausnah-
men wurden gekennzeichnet.

Ziffern werden als Zahlworte wiedergegeben.

Die Handschrift-Seiten 148 (in ESW XVII vorhanden) und 565 fehlen
(auch in ESW XVII fehlend).

Lateinische und griechische Zitate wurden nicht übersetzt, wenn die Übersetzung aus dem Text hervorgeht.

Namen und Begriffe werden bei Erstnennung im Text erläutert, die Erstnennung läßt sich jeweils über das Register auffinden.

Danksagung

Ich bedanke mich sehr herzlich bei Sr. Maria Amata Neyer OCD (Köln) für die geduldige Beantwortung meiner Anfragen und bei Evi Hofmann (Dresden) für die unerläßliche Hilfe bei der Erstellung des Textes. Frau Dr. Claudia Mariéle Wulf sei herzlich gedankt für ihre inhaltliche Zuarbeit.

Was ist der Mensch?

Theologische Anthropologie
Das Menschenbild unseres Glaubens

Vorwort

Dieses Buch hat zum Ziel, das *Bild des Menschen* herauszustellen, das in unserer *Glaubenslehre* enthalten ist. Nach dem wissenschaftlichen Sprachgebrauch unserer Tage würde man das, was beabsichtigt ist, eine *dogmatische Anthropologie* nennen. Die Aufgabe hat sich mir bei meinen Bemühungen um eine Grundlegung der *Pädagogik* aufgedrängt. Daß jede Erziehungswissenschaft und Erziehungsarbeit von einer *Idee des Menschen* geleitet und entscheidend bestimmt ist, wird niemand leugnen. Es ist nur keineswegs gesagt, daß es immer eine geklärte, theoretisch durchgearbeitete Idee ist. Wenn aber die Pädagogik darauf Anspruch erheben will, Wissenschaft zu sein, wird es eine ihrer wesentlichsten Aufgaben sein, sich über diese leitende Idee Rechenschaft zu geben. Aus dieser Erwägung heraus habe ich als Dozentin am Deutschen Institut für Wissenschaftliche Pädagogik in Münster i. W. den Versuch gemacht, in meinen Vorlesungen im WS 1932/33 das Problem mit philosophischen Mitteln in Angriff zu nehmen.[1] Es war mir aber von vornherein klar, daß eine solche „philosophische Anthropologie", auch wenn sie viel weiter gefördert wäre, als es mir in jenem Rahmen möglich war, eine theologische Ergänzung fordere. Ich konnte meinen Hörern diese Ergänzungsbedürftigkeit an bestimmten Stellen aus der konkreten Problemlage heraus deutlich machen. Sie ergibt sich aber auch rein theoretisch aus dem *Verhältnis von Philosophie* (bzw. Wissenschaft überhaupt) *und Glauben*, wie es in unserer Kirche aufgefaßt wird. Danach hat der Glaube für die Wissenschaft die doppelte Bedeutung: einmal eines Maßstabs, an dem sie zu messen ist und der sie „von Irrtümern befreit und schützt"[2]; sodann einer Ergänzung, da die offenbarte Wahrheit die Antwort auf manche Fragen gibt, die für die natürliche Vernunft unlöslich ⟨sic⟩ sind. Von der Idee katholischer Wissenschaft her ist es also dringliche Aufgabe jedes katholischen Pädagogen, sich klar vor Augen zu stellen, was unser Glaube über den Menschen lehrt, um daran seine eigene Auffassung des Menschen zu prüfen sowie jede fremde, die an ihn herangetragen wird. Und weil „Anthropologie" heute die große Mode ist, weil von den verschiedensten Seiten Anthro-

---

[1] ⟨Vgl. Stein, Edith, *Der Aufbau der menschlichen Person. Vorlesungen zur philosophischen Anthropologie (AMP)*, ESGA 14, Freiburg 2004.⟩
[2] Vgl. D 1799 („D" bedeutet in allen Zitaten dieses Buches: Denzinger⟨, Heinrich⟩ – Bannwart⟨, Clemens,⟩ *Enchiridion symbolorum, definitionum et declarationum de rebus fidei et morum*, das unentbehrliche Hilfsmittel für jede dogmatische Untersuchung; letzte ⟨16./ 17.⟩ Ausgabe, Herder ⟨Freiburg⟩ 1928).

pologien auf den Markt geworfen und gerade der[3] Lehrerschaft in die Hände gelegt werden, darum war es mir besonders angelegen, die katholischen Lehrer und Lehrerinnen auf den Maßstab hinzuweisen, mit dem sie zu messen haben. Es war meine Absicht, diese Frage im SS 1933 in Vorlesungen zu behandeln. Da mir dies unmöglich gemacht wurde, bin ich an die literarische Ausarbeitung gegangen.

Da es mir rein um die Glaubenslehre zu tun war, habe ich mich im wesentlichen an die dogmatischen Definitionen gehalten, theologische Lehrmeinungen nur dort herangezogen, wo die allzu knappe Formulierung eine Erläuterung wünschenswert erscheinen ließ; philosophische Erklärungen nur, wenn in den Dogmen philosophische Fachausdrücke verwendet wurden, deren Verständnis nicht ohne weiteres vorausgesetzt werden konnte.[4] Bei der engen Zusammenarbeit von Philosophie und Theologie, wie sie gerade für die größten Zeiten der kirchlichen Wissenschaft charakteristisch ist, läßt sich – trotz prinzipieller Scheidung nach Gegenstand und Methode – im praktischen Wissenschaftsbetrieb eine völlige Trennung nicht durchführen.

---

[3] ⟨Durchgestrichen: „katholischen".⟩
[4] Was an Erläuterungen hinzugefügt wird, soll von dem, was reiner Gehalt der Glaubenslehre ist, durch andere Typen ⟨Schriftwechsel⟩ abgehoben werden.

I. Die Natur⁵ des Menschen als allen menschlichen Individuen gemeinsame Menschennatur

⁶*Was ist der Mensch?*

Die Frage hat einen dreifachen Sinn:
1. Was ist der *einzelne, individuelle Mensch:* dieser oder jener?
2. Was ist *der Mensch überhaupt?* D. h. welches ist die *Natur des Menschen,* die allen Menschen gemeinsam ist?
3. Was ist die *Gesamtheit aller Menschen,* die *Menschheit?*

A. Gesamtbild: Geschöpflichkeit, Einheit aus Leib und Seele, Erläuterung des scholastischen Formbegriffs, Entstehung des Leibes

Wir beginnen mit der zweiten Frage, der Frage nach der Natur des Menschen, die in jedem einzelnen Menschen verwirklicht ist.

Nach dem *Syllabus*⁷ Pius IX.⁸ vom 8. XII. 1864⁹ wird als einer der Hauptirrtümer unserer Zeit die Behauptung der Einheit von Gott und Natur (d. h.

---

⁵ „*Natur*" ist hier im scholastischen Sinne genommen, wonach es vielfach gleichbedeutend mit „*Essenz*" verwendet wird, d. h. für das, was der Mensch ist. Dies ist so weit gefaßt, daß der moderne Gegensatz von Natur und Geist davon umspannt wird. Darüber hinaus gehört dazu auch die *Hinordnung* auf das *übernatürliche Sein* des Menschen, wenn auch nicht dieses selbst.

⁶ ⟨Aussortierte Hs-S. 1 mit dem ursprünglichen Beginn, der durch das Vorwort ersetzt wurde, bis zum Ende des Absatzes: „Es soll in diesem Semester unsere Aufgabe sein, das Bild des Menschen zu zeichnen, das in unserer Glaubenslehre enthalten ist. Aufschluß über den Inhalt unseres Glaubens zu geben, ist Aufgabe der *Dogmatik.* Der Philosoph, der anfängt, sich mit Dogmatik zu beschäftigen, stößt sofort auf philosophische Probleme: Es reizt ihn, den wissenschaftstheoretischen Charakter dieser merkwürdigen Wissenschaft zu ergründen, den Fragen nach dem Verhältnis von Vernunft und Offenbarung, Wissen und Glauben nachzugehen. Wir werden diese Fragen nicht ausschalten dürfen. Aber ich will der Versuchung widerstehen, sie an den Anfang zu stellen. Sie sollen an der Stelle zur Sprache kommen, wo sie ⟨ab hier, Hs-S. 2, bis zum Absatzende durchgestrichen:⟩ Probleme der Anthropologie werden. Es ist ja jetzt nicht unsere Aufgabe, philosophisch-kritisch, sondern dogmatisch vorzugehen. Und so beginnen wir sofort mit der Frage:"⟩

⁷ ⟨*Syllabus* (gr.-lat.): Verzeichnis, Titel der päpstlichen Sammlungen kirchlich verurteilter religiöser, philosophischer und politischer Lehren von 1864 und 1907.⟩

⁸ ⟨(1792–1878), Papst von 1846–1878.⟩

⁹ D 1701.

der Monismus) bezeichnet und die daraus folgende Behauptung der Einheit der Substanz in Gott und dem Menschen. Er ist – nach dem ⟨I.⟩ Vatikanischen Konzil von 1870[10] – ein *Geschöpf Gottes,*[11] wie die gesamte Schöpfung von dem einen und wahren Gott geschaffen, und zwar als eine *Einheit aus Leib und Seele,*[12] die als zwei Substanzen und als von Gott unterschieden aufzufassen sind. Von dieser Einheit wird des weiteren gesagt, daß die *vernünftige* oder *geistige Seele* (anima rationalis sive intellectiva) die *Form des menschlichen Körpers sei* (vom Konzil von Vienne 1311/12 gegen Petrus Olivi[13], vom V. Laterankonzil 1513 gegen die „Neuaristoteliker"[14], von Leo XIII.[15] 1887 gegen Rosmini[16]).

Der Begriff der „Form" ist der aristotelisch-scholastischen Philosophie entnommen. Ihn zu erläutern ist notwendig, um das Wesen der Menschenseele, des menschlichen Körpers und der Einheit von Leib und Seele zu klären.[17] Im allgemeinsten Sinn des scholastischen Formbegriffs[18] kann Form als Prinzip eines Wirkens oder einer Tätigkeit bezeichnet werden, d. h. als das, was einem Wirken bestimmter Art zugrunde liegt: um Wärme ausstrahlen zu können, muß ein Ding warm sein; die Wärme ist also eine Form in dem eben bestimmten allgemeinen Sinn. Des näheren wird sie als *„akzidentelle Form"* bezeichnet, d. h. als etwas, was zum Sein des Dinges hinzukommt (ihm eventuell nur vorübergehend zukommt) und eine bestimmte Art des Wirkens begründet. Von diesen akzidentellen Formen, die ihr Sein *in* einem Ding haben, von denen jedem eine Mehrheit zukommt und die in ihm kommen und gehen können (worauf seine Veränderung beruht), ist die *substanziale*[19] Form unterschieden, die *allem* Wirken des Dinges zugrundeliegt,

---

[10] ⟨I. Vatikanum (1869–1870), unter Pius IX.⟩
[11] D 1783.
[12] D 295.
[13] D 481. ⟨Petrus Johannes Olivi OFM (1248/49–1298), spiritualistischer Theologe, 1285 Verbot seiner Schriften.⟩
[14] D 738.
[15] ⟨(1810–1903), Papst von 1878–1903.⟩
[16] D 1914. ⟨Conte Antonio di Rosmini-Serbati (1797–1855), italienischer Philosoph, Theologe, Ordensgründer und politischer Denker.⟩
[17] ⟨Durchgestrichen: „Wir finden darüber noch einige dogmatische Erklärungen bei der Behandlung der menschlichen Seele, kein weiteres Dogma." Es folgen die durchgestrichenen Hs-Seiten 2̶1̶4̶ bis 2̶1̶9̶, nun 3a bis 3f. Auf S. 2̶1̶4̶ wurde oben durchgestrichen: „⟨...⟩ vorausgeschickt würde."⟩
[18] Eine vorzügliche zusammenfassende Darstellung der scholastischen Anthropologie gibt ⟨Joseph⟩ Kleutgen in seiner *Philosophie der Vorzeit*, Bd. II, Innsbruck 1878, Abteilung 8, S. 453 ff. Sie schöpft hauptsächlich aus den Schriften des hl. Thomas von Aquin ⟨vgl. Anm. 23⟩, berücksichtigt aber seine zeitgenössischen und neueren Gegner und Kritiker. ⟨Stein fertigte 16 Zettel Exzerpt zu Kleutgens *Philosophie der Vorzeit* an, vgl. P / A II P, ESAK.⟩
[19] ⟨Steins Formulierung, die sie allerdings nicht durchgängig verwendet, weicht von der Übersetzung der deutschen Thomas-Ausgabe und ihrer eigenen Verwendung in *QDV* ab:

weil sie es ist, die sein *Sein* überhaupt möglich macht, die es als das bestimmt, *was* es ist, die es zu diesem Einen, von jedem anderen unterschiedenen Seienden macht. Weil sie es ist, die seine Einheit bestimmt, kann kein Ding mehr als *eine* substanziale Form haben. Es gibt Dinge, die einander in ihrer formalen Bestimmtheit gleichen und doch numerisch voneinander unterschieden sind, für uns als verschiedene erkennbar dadurch, daß sie an verschiedenen Orten im Raum sind; es gibt ferner eine Umwandlung von Dingen ineinander, einen Wechsel der formalen Bestimmtheit. Das zwingt uns, den Dingen außer der Form noch etwas anderes zuzuschreiben, etwas, was in sich unbestimmt, aber bestimmbar ist. Das, was hier und dort gleich bestimmt ist oder jetzt so und dann so bestimmt ist, nennen wir den *Stoff* oder die *Materie*. *Körper* sind geformte, raumfüllende Materie. Die Materie hat als ungeformte und darum völlig unbestimmte kein Sein. Sie erhält Sein und Bestimmtheit durch die Form. Die Dinge, die im Raum sind und deren Wirken ein Geschehen im Raum ist, haben Formen, deren Sein an eine räumliche Materie gebunden ist. Sie haben kein Sein außerhalb der Materie, der sie selbst Sein und Bestimmtheit geben. Darum werden sie *materielle Formen* genannt, obwohl sie nicht selbst materiell sind. Weil sie nicht für sich, sondern nur in ihrer Materie existieren können, kann man ihnen keine Subsistenz zusprechen. Das Ganze aus Form und Materie ist die *Substanz*, die subsistiert.

Anders ist es bei den Formen, die ein *geistiges* Sein und Wirken begründen. Gott und die geschaffenen „reinen Geister" haben ihr Sein nicht in einer räumlichen Materie[20], sondern sind in sich selbst: Sie *subsistieren*. Sie sind durch sich selbst, als diese bestimmten Formen, auch numerisch unterschieden, d. h. *Individuen*. Und was sie sind, ist *unmittelbar*: Es kann nicht eine Form in eine andere sich umwandeln. Weil ihr Sein und Wirken ein geistiges ist, sind diese subsistierenden Formen Personen.[21] Es ist also hier Subsistenz und Personalität der Form selbst eigen, als „Leerform" von der substanzialen Form abstraktiv abhebbar.

Der Mensch ist weder rein geistige Form noch bloßer Körper. Wir wissen, daß die Auffassung der Seele als substanzialer Form des Leibes in die dogmatischen Erklärungen der menschlichen Natur eingegangen ist.[22] Der

---

Dort heißt es „substanzielle Form". Thomas, *Ver,* q 14 a 5 ad 4 (*QDV* II, 20 f.) u. a., vgl. auch *AMP,* ESGA 14, 41.)

[20] Ob bei den geschaffenen Geistern auch noch ein Unterschied von Stoff und Form zu machen sei, darüber sind sich die Scholastiker nicht einig. Thomas ⟨vgl. Anm. 23⟩ lehnt es ab, während Bonaventura ⟨vgl. Anm. 368⟩ es annimmt. Aber der „geistige Stoff", von dem er spricht, ist von seiner Form nicht so realiter trennbar wie die räumliche Materie; er ist unausgedehnt und unvergänglich, nicht nacheinander durch verschiedene Formen bestimmbar. (*In Sent* II, d 17 q 1a; d 17 q 2 a 2 ad 6).

[21] Zu den Begriffen „Subsistenz" und „Person" vgl. i. folg. S. 208 ff. ⟨hier S. 86 ff.⟩

[22] D 481, Z 38, 1914, im Vorausgehenden S. 3 ff. ⟨hier S. 6 ff.⟩

Leib ist ein materieller Körper, aber ein Körper besonderer Art: ein lebendiges und empfindendes Wesen, und der menschliche Leib als Körper, als Lebe- und als Sinnenwesen von allen anderen Körpern, Lebe- und Sinnenwesen spezifisch verschieden. Diese spezifische Bestimmtheit verdankt er seiner substanzialen Form. Das Sein der Menschenseele erschöpft sich aber nicht, wie das der pflanzlichen und tierischen Lebensprinzipien, darin, den Leib zu formen und in und mit ihm zu wirken. Ihr Erkennen und Wollen ist ein rein geistiges Wirken; darum muß auch ihr Sein, dem dieses Wirken entspringt, ein geistiges sein. So gehört sie nicht zu den materiellen Formen. Sie gehört aber auch nicht den reinen Geistern zu, da sie wesenhaft Form des Leibes ist und seiner bedarf, um ihre volle Wirksamkeit zu entfalten – die auch, wenn auch nicht allein, eine leiblich-sinnliche ist. Als geistige Substanz ist sie subsistierende Form, aber durch ihre Hinordnung auf den Leib eine ergänzungsbedürftige Substanz, die durch den Leib erst vollendet wird. So ist vollendetes Individuum erst der ganze Mensch. Thomas[23] hat an vielen Stellen für die materiellen Dinge das Prinzip aufgestellt: individuum de ratione materiae.[24] D. h.: die „materia signata", die quantitativ-räumlich bestimmte Materie, die in ein Ding eingeht, macht es zu einem von jedem anderen numerisch verschiedenen. Er hat dieses Prinzip auch auf den Menschen angewendet.[25] Andererseits ist aus seiner ganzen Theorie der Form, die jeder substanzialen Form Individualität zuschreibt, und ganz besonders aus der Theorie der reinen Geister zu folgern, daß der Seele, der er Subsistenz und individuelles Fortleben zuspricht, auch als reiner Form bereits Individualität zukommt,[26] wenn sich auch ihre Individualität wie ihr ganzes Sein erst im Leib vollendet.

Über die Entstehung des menschlichen Körpers gibt es eine negative Erklärung:[27] In der Abwehr manichäischer[28] Irrtümer wird, wie für die gesamte Schöpfung, so speziell für die Bildung des menschlichen Leibes die Mitwirkung böser Geister abgelehnt.

[23] ⟨Thomas von Aquin (1224–1274), Philosoph und Theologe der Hochscholastik.⟩
[24] ⟨Lat.: „Das Individuum besteht nach Maßgabe der Materie". Thomas, Ver, q 2 a 5 ad c (QDV I, 58); STh, I q 77 a 2.⟩
[25] Z.B. STh, I q 76 a 2 ad 1.
[26] ⟨Joseph⟩ Kleutgen hat dies (a. a. O. S. 638 ff.) an der Hand eines gründlichst durchgearbeiteten Quellenmaterials dargetan. ⟨Vgl. Anm. 18.⟩
[27] D 242.
[28] ⟨Manichäismus, Lehre des Mani (216–274/277), persischer Religionsstifter, verstand sich in einer Linie mit Zarathustra, Buddha und Jesus; er verbreitete die gnostische Lehre, daß das Heil aus dem Wissen und der Erkenntnis käme; radikaler Dualismus zwischen dem Bösen: Welt, Materie und Mensch, und dem Guten: Geist und Gott.⟩

B. Natur und Entstehung der Seele

1. Eigene Substanzialität

Ausführlicher sind die dogmatischen Erklärungen über die *menschliche Seele*. Es wird von ihr noch einmal eigens hervorgehoben (schon in den Glaubensbekenntnissen des 5. Jhs),[29] daß sie *kein „Teil Gottes* noch Gottes Substanz"* sei. Gegenüber den Irrtümern *Eckharts*[30] wird festgestellt,[31] daß nicht für jeden „guten und göttlichen Menschen" daßelbe gelte wie für die menschliche Natur Christi und ihre Vereinigung mit der Gottheit.

2. Geschöpflichkeit des Intellekts und der ganzen Seele

Ferner, daß der *Intellekt* in der Menschenseele *nicht* als *etwas Ungeschaffenes* anzusehen sei.

3. Unmittelbare Erschaffung

Die Seele ist *von Gott geschaffen;*[32] sie wird nicht – wie der Körper – durch die Eltern erzeugt, sondern durch Gott, „der bis auf den heutigen Tag tätig ist" (Joh 5, 17), einem jeden einzelnen gegeben.[33]

4. Frage der Prä- und Postexistenz

Gegen *Origenes*[34] und die *Priszillianer*[35] wird eine *Präexistenz der Seele* und die Auffassung ihrer Verbindung mit dem Leibe als Strafzustand *abgelehnt.*[36] Die Seele ist *Substanz,* und zwar *nicht eine einzige in allen Menschen,*[37] sondern jedem einzelnen persönlich eigen: so viele Körper, so viele Seelen, auch

---

[29] D 20, D 31.
[30] ⟨Meister Eck(e)hart OP (um 1260–1328), Philosoph und Theologe.⟩
[31] D 511 ff. und D 527 ff.
[32] D 20.
[33] D 170, 533, 1910.
[34] ⟨Origenes (185–253/54), griechischer Kirchenschriftsteller, erste systematische Darstellung der christlichen Lehre und Apologie; trotz Verurteilung 553 durch das 5. Ökumenische Konzil von großem Einfluß auf frühe Theologie.⟩
[35] ⟨Benannt nach Priscillian (335/345–385), einem gebildeten spanischen Laien, Wortführer einer asketischen Bewegung.⟩
[36] D 203, D 236.
[37] D 285, D 295, D 738.

keinem mehr als eine zugehörig.[38] Es kommt ihr *ewiges Leben* zu auf Grund des Erlösungswerkes (oder ewige Pein).[39] An dem ewigen Leben werden auch die *Körper* Anteil haben.

5. Geistigkeit und Vernünftigkeit

Die Seele, die mit dem Körper als seine Form vereint ist, ist *geistig* und *vernunftbegabt;*[40] und das ist ihr von Anbeginn eigen; sie *wird es nicht* erst *durch Entwicklung* von einem unvollkommeneren, sinnlichen Zustand her. Sie ist *nicht bloß akzidentell mit dem Körper verbunden,* nicht bloß durch ihr Wirken (ihre innere Wahrnehmung), sondern *substanziell durch sich selbst* und *wesenhaft.* [41]

6. Substanzielle und wesenhafte Vereinigung mit dem Leib

Diese Darstellung der Verbindung von Leib und Seele ergänzt die Definition der „anima forma corporis"[42]. Um ganz in den Sinn einzudringen, müßte man über die bereits gegebene kurze Erläuterung des Formbegriffs hinaus den Bedeutungen der Termini „Form", „Substanz", „Akzidens" in der aristotelischen Philosophie und der an sie anknüpfenden scholastischen Diskussionen nachgehen; man müßte die großen Geisteskämpfe verfolgen, die die Übernahme des aristotelischen Begriffsapparates in das christliche Denken im 13. Jahrhundert ausgelöst hat und als deren Ergebnisse diese dogmatischen Definitionen anzusehen sind. Solche Erörterungen gehen über den Rahmen dessen, was wir uns hier als Aufgabe stellen können, hinaus.[43] Ich möchte nur eine kurze und einfache Sinnerklärung den Definitionen hinzufügen: Daß die vernünftige Seele die eine substanzielle Form des Körpers ist,

---

[38] D 338.

[39] D 16, D 40 (Athanasianum ⟨Dem Bischof von Alexandria Athanasius (295–373) zugeschriebenes Glaubensbekenntnis⟩), D 86 (Nicaeno-Constantinopolitanum ⟨Das Nizänisch-konstantinopolitanische Glaubensbekenntnis, 381⟩), D 738.

[40] D 1911/14 (gegen Rosmini ⟨vgl. Anm. 16⟩).

[41] D 480ff. (gegen Olivi ⟨vgl. Anm. 13⟩, D 738, D 1655 (gegen Günther ⟨, Anton (1783–1863), Philosoph und Theologe, Gründer einer einflußreichen Schule des 19. Jhs, erster katholischer Bekämpfer des Kommunismus, „ideelle" Weltanschauung, Semi-Irrationalismus.⟩).

[42] ⟨Lat.: Die Seele ist Form bzw. Gestaltung des Leibes; Thomas, *Ver,* q 13 a 4 c (*QDV* II, 343) u.a.⟩

[43] ⟨Auf einem Zettel mit längerer Gliederungsskizze (vgl. Einführung, S. XXVIII) notiert Stein zu dieser Handschrift-Seite, durchgestrichen: „S. 6 Weitere Fragen: die rationale und die intellektuelle Natur der Seele. Die Freiheit. Gute u⟨nd⟩ böse Akte nicht durch ursprüngliche Natur."⟩

Edith Stein

ihm wesenhaft und nicht akzidentell verbunden ist, das bedeutet einerseits, daß der Menschenleib das, was er als lebendiger Organismus und als *Menschenleib* ist, dieser ihm innewohnenden Seele verdankt; daß sie für den Menschen nicht nur Prinzip seines Denkens und seines geistigen Tuns überhaupt, sondern seines gesamten Seins und Lebens ist; es bedeutet andererseits, daß es für die Seele nichts Äußeres und Zufälliges ist, mit dem Leib verbunden zu sein, sondern daß es zu ihrem eigenen Wesen gehört, daß sie nicht mehr Seele wäre, wenn ihr nicht diese Einheit mit dem Leibe zukäme. Das hat scharf herausgearbeitet werden müssen gegenüber der platonischen Auffassung von der Präexistenz der Seele vor ihrer Verbindung mit dem Leibe und des Leibes als eines Kerkers und Verbannungsortes für die Seele[44] – eine Auffassung, die das christliche Denken stark beeinflußt hat, z. B. die Spekulation eines um die Ausbildung des Dogmas so hochverdienten Denkers wie *Origenes*. Mit dieser Auffassung des Verhältnisses von Leib und Seele hängen entscheidende Fragen über den ethischen Charakter der Seele zusammen.

7. Ethischer Charakter der Seele

Es mußte gegen Priscillian (Konzil von Braga 561) erklärt werden, daß keine Sünde der Menschenseele vor ihrem Erdendasein anzunehmen sei, um derentwillen sie auf die Erde verstoßen sei.[45] Ebenso entschieden wurde gegen *Hus*[46] die auf der Grundlage der Prädestinationslehre erwachsene Auffassung der Seelen als *von Natur aus gut* oder *schlecht*, wonach ihre Handlungen notwendig gut oder schlecht sein müßten, zurückgewiesen.[47] Mit dieser Frage der ursprünglichen Güte oder Schlechtigkeit der Seele hängt die Frage der Freiheit eng zusammen. Da die Freiheitslehre in den dogmatischen Definitionen unlöslich mit der Gnadenlehre verknüpft ist, möchte ich ihre Behandlung noch etwas zurückstellen und vorläufig nur erwähnen, daß die Freiheit nach der Glaubenslehre ein Wesenelement der Menschenseele ist.

Ich möchte nur ⟨sic⟩ das, was über die wesensmäßige Einheit von Seele und Leib gesagt ist, noch ergänzen durch die dogmatischen Erklärungen, die die *Trennung und Wiedervereinigung von Leib und Seele in Tod und Auferstehung behandeln.*

---

[44] ⟨Vgl. das orphische Wortpiel „soma" (= Leib) „sema" (= Kerker, Grab) in Platons Dialogen *Kratylos* 400 bf. und *Gorgias* 493 a; vgl. *AMP*, ESGA 14, 106.⟩
[45] D 236.
[46] ⟨Jan (Johannes) Hus (1370/71–1415), tschechischer Reformator.⟩
[47] D 642.

8. Leben nach dem Tode und Wiedervereinigung

Das IV. Laterankonzil hat 1215 gegen die Albigenser[48] festgestellt,[49] daß *Christus nur der Seele nach zu den Toten hinabgestiegen ist*, aber *mit dem Leibe auferstanden und zum Himmel gefahren*, und daß *alle Toten* so wie Er jeder *mit dem Leib*, der ihm *im Leben eigen* gewesen ist, auferstehen und zur ewigen Herrlichkeit oder zur ewigen Pein eingehen werden. Dies wurde (1336 durch Benedikt XII.[50]) ergänzt durch die Erklärung, daß *die abgeschiedenen Seelen unmittelbar nach dem Tode*, also *vor* dem jüngsten Gericht und *der Auferstehung des Leibes*, je nach ihrem Zustand in die ewige Anschauung Gottes, in die ewige Pein oder in den Reinigungsort eingehen.[51] – Was den *Zustand der abgeschiedenen Seelen betrifft*, so wurde die Auffassung Rosminis (1887) zurückgewiesen, das Sein einer Seele, die im Naturzustand stürbe – d. h. ohne Sünde und ohne Gnade – wäre so, als ob sie nicht existierte; sie könnte nicht über sich reflektieren, keinerlei Selbsterkenntnis haben, ihr Zustand sei als der einer ewigen Finsternis oder eines immerwährenden Schlafes anzusehen.[52] Aus der Verurteilung dieser Auffassung ist positiv zu entnehmen, daß die Seele getrennt vom Leibe noch eines gewissen geistigen Lebens fähig sei. Aus der Feststellung der wesenhaften Verbundenheit von Leib und Seele einerseits, der Möglichkeit eines Seins und Lebens der abgeschiedenen Seele andererseits ist der philosophisch-theologischen Spekulation das Problem erwachsen, das Wesen der Seele so zu fassen, daß sie als selbständige und doch ergänzungsbedürftige Substanz zu verstehen ist. Thomas von Aquino z. B. hat sich ausführlich mit diesen Fragen beschäftigt;[53] wir müssen es uns hier aber wieder versagen, ihnen nachzugehen.

C. Das soziale Sein des Menschen: natürliche Eingliederung in die Gemeinschaft, Ungleichheit von Besitz und Macht entsprechend der Ungleichheit der Gaben

Zu dem, was die Glaubenslehre als für jeden Menschen schlechthin gültig aussagt, gehören noch einige Erklärungen über das *soziale Sein*[54] des Men-

---

[48] ⟨Seit dem 12. Jh. Name für die Häretiker der Stadt Albi und der westlichen Languedoc 1145/55, Vertreter eines Radikaldualismus zwischen Materie und Geist.⟩

[49] D 429.

[50] ⟨(ca. 1285–1342), Papst von 1334–1342.⟩

[51] D 530.

[52] D 1913.

[53] Z.B. in den *Quaestiones disputatae de Veritate*, q 19 (In meiner Übertragung *Des hl. Thomas Untersuchungen über die Wahrheit*, Bd. II, 139 ff.; erschienen bei Borgmeyer, Breslau 1932).

[54] ⟨Auf einem Zettel mit längerer Gliederungsskizze (vgl. Anm. 43) notiert Stein dazu:

Edith Stein

schen.[55] Eine Reihe von Enzykliken Leos XIII. setzen sich mit individualistischen und sozialistischen Staats- und Gesellschaftstheorien auseinander und stellen fest, daß die Menschen von Natur aus *zur Gemeinschaft geboren* sind; daß der sogenannte *„Gesellschaftsvertrag"*[56] eine *leere Fiktion* sei und gar nicht die Kraft habe, der Staatsgewalt soviel Macht, Würde und Festigkeit zu verleihen, als der Schutz des Gemeinwesens und das Gemeinwohl der Bürger erfordere. Nur, wenn sie *von Gott* ausgeht, kann menschliche Herrschaft ausreichende Macht und Ansehen haben. – Von einer *Gleichheit der Menschen*[57] kann nur gesprochen werden, sofern alle dieselbe *Menschennatur* haben, zum selben *Ziel* der Gotteskindschaft berufen sind und nach demselben Gesetz im *Gericht* Lohn und Strafe erhalten sollen. Dagegen hat der Schöpfer der Natur, „von dem alle Vaterschaft im Himmel und auf Erden ihren Namen hat"[58], eine *Ungleichheit des Rechtes und der Macht* begründet. Dabei sind Rechte und Pflichten von Obrigkeit und Untertanen so abgegrenzt, daß der Herrschbegierde ein Maß gesetzt ist und der Gehorsam leicht wird, sicher begründet und der Menschenwürde durchaus angemessen ist.

Der Ungleichheit der körperlichen und geistigen Gaben entsprechend, erkennt die Kirche auch eine *Ungleichheit des Besitzes* an.[59] Sie erklärt das *Eigentum* als *Naturrecht* und beruft sich auf das Wort der Schrift, daß „Diebe und Räuber ebenso wie Ehebrecher und Götzendiener vom Himmelreich ausgeschlossen werden"[60].

Grundlage für das Verhalten des Menschen zu Herrschaft und Eigentum ist sein Verhältnis zu Gott: Er ist *von seinem Herrn und Schöpfer ganz und gar abhängig*[61] und darf sich von den Geboten Gottes nicht dispensieren.[62] Zurückgewiesen wurde die Häresie des Jansenisten[63] *Quesnel*[64] (1713), daß der Mensch sich um seiner Selbsterhaltung willen von dem Gesetz dispensieren dürfe, das Gott zu seinem Nutzen gegeben habe.

„S. 11. Das soziale Sein des Menschen? Übergang zu ausgezeichneten Menschen (Adam, Xs ⟨= Christus⟩, Maria) und zur Menschheit."⟩

[55] D 1856.

[56] ⟨Contrat social, frz., vgl.: Rousseau, Jean-Jacques, *Du contrat social ou principes du droit politique (Vom Gesellschaftsvertrag oder Grundlagen des politischen Rechts)*, Paris 1762.⟩

[57] D 1849.

[58] Eph 3, 15.

[59] ⟨D⟩ 1851.

[60] 1 Kor 6, 10.

[61] ⟨D⟩ 1789.

[62] ⟨D⟩ 1421.

[63] ⟨Anhänger des Cornelius Jansenius des Jüngeren (1585–1638), niederländischer Theologe; in Belgien, Frankreich, den Niederlanden, Italien und Deutschland verbreitete Lehre, die sich in Moraltheologie und Gnadenlehre auf Augustinus (vgl. Anm. 113) beruft.⟩

[64] ⟨Pasquier Quesnel (1634–1719), frz. Theologe.⟩

D. Überleitung zu den Fragen nach der Individualität, der Menschheit, ihrem Ursprung und den verschiedenen „Ständen"

So weit reicht das, was die Glaubenslehre über die Natur des Menschen sagt, die einem jeden unterschiedslos eigen ist. Wenn wir der konkreten *Beschaffenheit* des Menschen und seinem *Ursprung* nachfragen, so kann die Antwort nicht mehr in dieser unbeschränkten Allgemeinheit gegeben werden, es müssen vielmehr Unterschiede gemacht werden. Ich habe den Sinn der Frage: „Was ist der Mensch?" als einen dreifachen bestimmt: nach der Natur, die einem jeden einzelnen zukommt, nach der *Natur des Individuums* und nach der *Natur der Menschheit.* Wir sind bei der Beantwortung der ersten Frage auf Hinweise gestoßen, die zu den beiden andern führen: die dogmatisch anerkannte *Ungleichheit* der Menschen führt auf die Frage der Individualität;[65] die *soziale Bestimmtheit* des Einzelnen weist auf die Menschheit hin. Die Glaubenslehre gibt keine Theorie der Individualität und beschäftigt sich auch nicht mit allen menschlichen Individuen mit Rücksicht auf das, was ihnen als Individuen eigen ist. Aber sie handelt von einigen bestimmten einzelnen Menschen, deren Stellung in der Menschheit eine solche ist, daß ohne sie die Menschheit und ihre Geschichte nicht begreiflich wäre. Das sind vor allem *Adam* und *Christus, Eva* und *Maria.*

Wenn wir den Menschen als *Geschöpf* bezeichnen und damit etwas aussagen, was für alle Menschen unterschiedslos Geltung hat, so ist damit schon etwas über den *Ursprung* des Menschen gesagt. Es ist damit gesagt, daß es zur Natur des Menschen gehört, einen Anfang seines Daseins zu haben, und es wird dieser Anfang seines Daseins auf einen göttlichen Akt zurückgeführt. Wenn wir aber nach dem Wie? der Erschaffung des Menschen fragen, so bekommen wir für jeden der genannten ausgezeichneten Menschen eine andere Antwort und eine andere als für jeden andern Menschen. Mit der Art der Erschaffung hängt nahe zusammen der *Stand,* in den der Mensch durch seine Erschaffung hineinversetzt wird. Ursprungsfrage und Frage nach dem „Stande" sind darum in der Behandlung kaum zu trennen. Weil aber der Begriff des „Status" in der Glaubenslehre nicht definiert, sondern vorausgesetzt wird, möchte ich zum Verständnis des Folgenden kurz eine Sinneserklärung vorausschicken.[66] Man kann den Stand als die *Gesamtverfassung des Menschen im Verhältnis zu seinem Ziel* bezeichnen. Daß dem Menschen mit seiner Erschaffung zugleich ein Ziel gesetzt ist, wird in dem Begriff des „Standes" schon vorausgesetzt. Rein begrifflich werden von den Theologen sie-

---

[65] Wir sind außerdem bei der Erörterung der Seele und ihrer Bestimmung als Form des Leibes auf das Problem der Individualität gestoßen. Die Glaubenslehre enthält aber keine abschließende Definition der Individualität, sondern hat ihre Erörterung noch frei gelassen.
[66] Vgl. B⟨ernhard⟩ Bartmann, *Grundriß der Dogmatik*, Freiburg i. Br. 1923, S. 158 ff.

ben Stände unterschieden, von denen aber nicht alle als historische Wirklichkeit angesehen werden.

1. Unter dem *status naturae purae* (Stand der reinen Natur)[67] wird eine Verfassung der menschlichen Natur verstanden, bei der der Mensch im Vollbesitz seiner natürlichen Kräfte und dadurch ausgerüstet wäre zur Erreichung seines natürlichen Ziels; es wäre ihm nichts eigen, was über seine Natur hinausginge, und er wäre den Schwächen unterworfen, die in der sinnlich-geistigen Natur als solcher liegen: der *Konkupiszenz* (dem Begehren) und dem *leiblichen Tod*. Dieser Stand wird als ein *möglicher* bezeichnet, der niemals historisch wirklich war. (*Ob* er ein *möglicher* ist und in welchem Sinne, das könnte nur eingesehen werden, wenn näher erörtert würde, was unter „natürlichem Ziel", „natürlichen Kräften" und „natürlichen Schwächen" (= konnaturalen Defekten) zu verstehen ist. Diese Auseinandersetzung soll noch verschoben werden.[68]

2. Als *status naturae integrae* (Stand der unversehrten Natur) wird eine Verfassung bezeichnet, in der der Mensch von den „konnaturalen Defekten" (leiblichem Tod und Begehren) durch *außernatürliche Gaben* befreit wäre. Als außernatürliche Gaben werden solche bezeichnet, die den Menschen nur in den Grenzen seiner Natur vervollkommnen, nicht über seine Natur erheben wie die übernatürlichen. Nach thomistischer Auffassung war auch dieser Stand niemals verwirklicht. Nach Auffassung der Franziskanerschule wären die ersten Menschen für eine kurze Zeit der Vorbereitung auf die Erhebung in diesem Stand gewesen.

3. Im *status naturae elevatae* (Stand der erhobenen Natur) ist dem Menschen ein *übernatürliches Ziel*, die *Teilnahme am göttlichen Leben*, gesetzt, und er ist durch die *Gnade* für dieses Ziel ausgerüstet; nimmt also tatsächlich schon am göttlichen Leben teil, wenn auch nicht vollkommen. Der Stand der integren Natur ist in diesem eingeschlossen. Es ist der *wirkliche Urstand*, der Stand des ersten Menschen vor dem Fall. Weil es nicht der endgültige Stand des Menschen ist, wird er – ebenso wie die beiden folgenden – als ein *status viae* (Erdenpilgerstand) bezeichnet.

4. Der *status naturae lapsae sed reparandae* (der Stand der gefallenen, aber der Wiederherstellung fähigen Natur) ist der Sündenstand, der Stand der Menschen nach dem Fall und vor der Erlösung. Er ist von den drei vorhergenannten unterschieden.

5. Der *status naturae reparatae* (der Stand der Erlösten) ist gekennzeichnet durch die Wiedererlangung der Gnade und der Teilnahme am göttlichen Leben ohne Wiedererlangung der außernatürlichen Gaben.

---

[67] ⟨Vgl. die Weiterentwicklung in der Enzyklika *Humani generis* (12. 8. 1950).⟩
[68] D 101 verurteilt die Auffassung, daß Adam seiner Natur nach – ohne Sünde – den leiblichen Tod erfahren hätte. Vgl. im folg. S. 25 ff. ⟨hier S. 19 ff.⟩

6. Der *status naturae glorificatae* (der Stand der verherrlichten Natur) ist der *status termini*, das Endziel, auf das die Gnade den Menschen hinordnet, die *volle Teilnahme am göttlichen Leben* (darum status comprehensionis) im wiedererlangten Besitz der außernatürlichen Gaben.

7. Als entgegengesetzten *status termini* (der von Bartmann nicht erwähnt wird[69]) möchte ich den *status damnatorum* nennen, den Stand der Verdammnis in der ewigen Gottferne.

---

[69] Vielleicht, weil die Verdammnis kein Ziel ist, worauf der Mensch hingeordnet war. ⟨Zu Bartmann vgl. Anm. 66.⟩

Edith Stein

II. Erschaffung des ersten Menschen und Urstand

A. Die biblischen Berichte über die Erschaffung des ersten Menschen: Schöpfungsakte; Gottebenbildlichkeit

Was wir über die Entstehung des Menschen durch Erzeugung feststellen können, weist auf die Entstehung der ersten Menschen zurück. Über sie gibt uns die Genesis (Gen 2,3[70]; Gen 1,26–27) Auskunft. Über die Bewertung der ersten Kapitel der Genesis hat sich die päpstliche Bibelkommission gegenüber der liberalen Bibelkritik (1909) dahin geäußert, daß die darin enthaltenen Tatsachen, die die Grundlagen der christlichen Religion betreffen, nicht angezweifelt werden dürfen.[71] Zu diesen Tatsachen gehört die *Erschaffung des Menschen durch einen eigenen göttlichen Akt*, die Bildung der ersten Frau aus dem ersten Mann, die Einheit des Menschengeschlechts.[72] Es ist aber gestattet, diese Tatsachen, soweit keine feste und eindeutige Auslegung überliefert ist, nach sorgfältig erwogenem eigenen Urteil zu deuten.[73] Und es besteht keine Notwendigkeit, alle Ausdrücke, insbesondere die bildlichen und anthropomorphen, in wörtlichem Sinn zu nehmen.[74] Gehen wir, dieser Richtschnur folgend, an den Text der Schrift heran, so dürfen wir die Stelle Gen 2,7: „Da bildete Gott der Herr den Menschen aus dem Lehm der Erde und hauchte in sein Angesicht den Odem des Lebens, und der Mensch ward ein lebendes Wesen", dahin deuten, daß der *Leib aus materiellen Stoffen* gebildet wurde, die als solche zuvor schon bestanden, daß die *Seele* dagegen nicht aus einem bereits Vorhandenen entstand, sondern durch einen *Urschöpfungsakt*. Nehmen wir die bereits angeführten Definitionen hinzu, wonach die *Seele* als *Form des Leibes* anzusehen ist, so dürfen wir in der Hineinsenkung der Seele in den dafür ausersehenen Stoff den Akt sehen, wodurch dieser *Stoff zum Leib geformt* wurde und der *Mensch als ein lebendes Wesen* entstand. So wie dieser erste ist kein zweiter Mensch entstanden. Er wurde

---

[70] ⟨Stein zitiert „1 Mos".⟩
[71] D 2123. ⟨Im ESAK findet sich unter P/ A II B ein Zettel mit dem Titel „Dogmatische Feststellung über den Schöpfungsbericht (Denzinger 2123)".⟩
[72] ⟨Vgl. die Weiterentwicklung der Schöpfungstheologie in der Enzyklika *Humani generis* (12.8.1950), Denzinger / Hünermann (2004), 3898–3899.⟩
[73] D 2124.
[74] D 2125.

in die Welt gesetzt als der Erste des Menschengeschlechts, von dem in der Folge alles Menschendasein ausgehen sollte. Als Erstes die „ihm entsprechende Gehilfin" (Gen 2, 18–25)[75], die Gott aus Adams Fleisch und Bein bildete, damit er nicht allein sei unter all den Geschöpfen, über die er gesetzt war und deren keines ihm entsprach. Wie sie von ihm genommen war, so sollte sie mit ihm „ein Fleisch" sein, wie ein einziges Lebewesen, obgleich wie er eine in sich geschlossene Einheit aus Leib und Seele, und aus ihnen beiden sollte in der Folge alles Menschendasein hervorgehen. Alle Menschen sind Adams- und Evaskinder.

Um zu begreifen, was daraus für unser menschliches Sein folgt, müssen wir weiter fragen, als was die ersten Menschen geschaffen wurden. Wir holen uns die Antwort zunächst wiederum aus der Genesis und zwar diesmal aus dem ersten Bericht über die Erschaffung des Menschen (Gen 1, 26–30)[76], weil die Schrift positivere und reichere Angaben enthält als die dogmatischen Definitionen, die wir dann zur Deutung heranziehen müssen. „Gott schuf den Menschen nach seinem Bilde; nach dem Bilde Gottes schuf er ihn;[77] als Mann und Weib erschuf er sie." (Gen 1, 27) Was das Gottesbild im Menschen bedeutet, dafür haben wir einen ersten Anhaltspunkt in dem vorausgehenden und in dem folgenden Vers. „Lasset uns den Menschen machen zu unserm Bilde und unserer Ähnlichkeit; und er herrsche über die Fische des Meeres und über die Vögel des Himmels und über die Landtiere und über die ganze Erde und über alles kriechende Getier, das sich auf Erden regt." Und der Erschaffung folgend: „Seid fruchtbar und mehret euch und erfüllet die Erde und machet sie euch untertan und seid Herren über die Fische des Meeres und über die Vögel des Himmels und über alle Tiere, die sich auf der Erde regen." Die Aufgabe, Gottes Bild zu sein, und die Aufgabe, sich zu mehren und die Erde zu beherrschen, sind offenbar nicht ohne Zusammenhang. Als *Schöpfer* und *Herr* tritt uns Gott in der Genesis entgegen. An seinem Schöpfertum gibt er den Menschen Anteil, indem er sie mit dem Segen der Fruchtbarkeit begabt; an seiner Herrschaft, indem er ihnen die Erde als ihr Reich übergibt. Was *ihre* Fruchtbarkeit und *ihr* Herrentum auszeichnet und darum ihre Gottesebenbildlichkeit auszeichnet vor der der andern Geschöpfe, denen sie in einem gewissen Sinn auch eignet, das ist der *Auftrag*, der an sie ergeht und der nur Sinn hat, wenn sie ihn *verstehen* und ihm *gehorchen* können, d. h. wenn sie *bewußt* und *frei* ihn erfüllen können. *Erkenntnis* und *freier Wille* müssen dem Menschen eigen sein. *Darin* und *dadurch* gleicht er Gott wie kein anderes irdisches Geschöpf.

---

[75] ⟨Vgl. Anm. 70.⟩
[76] ⟨Vgl. Anm. 70.⟩
[77] ⟨Durchgestrichen: „sie". Heute in der Einheitsübersetzung: „sie".⟩

B. Freiheit und Sündenlosigkeit als Naturgaben

Wenn die Seele in früher angeführten Definitionen als *anima rationalis sive intellectiva*[78] bezeichnet wurde, als vernunftbegabt und geistig, so ist ihr damit Erkenntnis und Freiheit zugesprochen worden. Daß den ersten Menschen die *Willensfreiheit*, das *liberum arbitrium* eigen war, ist in einer ganzen Reihe von dogmatischen Definitionen ausgesprochen,[79] immer in dem Zusammenhang, daß durch die Sünde der Gebrauch des liberum arbitrium gehemmt sei, bei den ersten Menschen wie bei ihren Nachkommen, und daß erst durch die Gnade die Freiheit zum Guten wieder hergestellt wurde.

So kommen wir zur Scheidung verschiedener „*Stände*", beim ersten Menschen und in der Folge, zur Scheidung der *integren*, der *gefallenen* und der *wiederhergestellten Natur*. Der *Urstand* ist uns zunächst gekennzeichnet durch den ungeschmälerten Besitz des *liberum arbitrium*. Es darf als zur *reinen Natur* des Menschen gehörig bezeichnet werden. Da die Schwächung des liberum arbitrium als Folge der Sünde aufzufassen ist, so muß mit dem Vollbesitz der Freiheit die *Sündenlosigkeit* verbunden sein, weshalb der Urstand auch als *Stand der Unschuld* bezeichnet wird. „Der allmächtige Gott hat den Menschen ohne Sünde, rechtschaffen (rectus), mit dem liberum arbitrium geschaffen ... und gewollt, daß er in der Heiligkeit der Gerechtigkeit beharre", hat das Konzil von Chierzy[80] (853 gegen Gottschalk[81] und die Prädestinatianer[82]) festgestellt.[83] Die Sündenlosigkeit als tatsächliche Freiheit von Sünde und Fähigkeit, *nicht* zu sündigen, ist auch noch als eine *Naturgabe* anzusehen.

C. Die Frage des „reinen Naturstandes"

Ehe wir zu dem übergehen, was den ersten Menschen über ihre Natur hinaus verliehen war, möchte ich die früher angedeutete Frage aufnehmen, ob ein Zustand der *reinen Natur*, wie ihn Bartmann schildert, als möglich, wenn auch nicht historisch wirklich anzusehen sei. Die „Reinheit" der Natur bedeutet einmal die Freiheit von Sünde und Sündenfolgen; sie besagt außer-

---

[78] ⟨Lat.: die vernünftige oder geistige Seele; vgl. S. 6.⟩
[79] D 133, 186, 316, 793.
[80] ⟨In Chierzy erfolgte 849 und 853 die Verurteilung Gottschalks (vgl. Anm. 81), der im Anschluß an Augustinus (vgl. Anm. 113) eine Prädestination vertrat; Initiatoren der Verurteilung waren Hrabanus Maurus und Hinkmar von Hautevilliers.⟩
[81] ⟨Gottschalk von Orbais oder Gottschalk der Sachse oder Gottschalk von Fulda OSB (um 803–867/869), Prediger.⟩
[82] ⟨Prädestinatianismus: Lehre seit dem 5. Jh., daß Gott einen Teil der Menschheit von Ewigkeit her zur Seligkeit und einen anderen Teil zur Verdammnis vorausbestimmt habe; diese Bestimmung trete unfehlbar ein, unabhängig von der menschlichen Lebensführung.⟩
[83] D 316.

dem, daß dem Menschen in diesem Stande nichts eigen wäre, was über die Menschennatur hinausginge. Als die Schwächen, die in der sinnlich-geistigen Natur des Menschen als solcher und unabhängig begründet seien und beim ersten Menschen durch außernatürliche Gaben behoben waren, bezeichnet Bartmann den *leiblichen Tod* und die *Konkupiszenz*.

1. Sterblichkeit

Was den leiblichen Tod anbetrifft, so scheint auf den ersten Blick die einzige dogmatische Erklärung, die es darüber gibt[84] (418 vom Konzil von Karthago gegen die Pelagianer[85] aufgestellt), nicht für eine solche Auffassung des natürlichen Todes zu sprechen. Sie lautet: „Wer immer sagt, Adam, der erste Mensch, sei *sterblich* geschaffen, so daß er, ob er sündigte oder nicht, hätte leiblich sterben, d.h. den Körper verlassen müssen, nicht um der Sündenschuld willen, sondern nach Naturnotwendigkeit, der sei ausgeschlossen." Man wird zur Verteidigung des „natürlichen" Todes anführen, daß der Zustand, in dem Adam geschaffen wurde, nicht als reiner Naturstand aufzufassen sei, sondern daß durch außernatürliche Gabe die Naturnotwendigkeit des Todes aufgehoben war; darum konnte Adam, wie er geschaffen war, dieser Naturnotwendigkeit nicht anheimfallen, sondern erst, nachdem er ihr, zur Strafe für die Sünde, durch Entziehung der außernatürlichen Gabe ausgeliefert war. Die Frage der Naturnotwendigkeit des Todes ist offenbar dogmatisch nicht eindeutig entschieden und steht philosophischer und theologischer Diskussion offen. Für diese Diskussion ist erstes Erfordernis, daß man sich klar macht, was „Naturnotwendigkeit" und was „Tod" bedeutet.

Wenn ein Konzil des fünften Jahrhunderts von „Naturnotwendigkeit" spricht, so haben wir nicht mit Begriffen der modernen Naturwissenschaft zu rechnen, sondern mit der Gedankenwelt der griechischen Philosophie, in der die griechischen wie die lateinischen Väter heimisch waren und die in der Folge auch das scholastische Denken formen sollte. Danach haben wir unter *Natur* die *Essenz*, das Wesen einer Sache zu verstehen, sofern es Prinzip ihres *Wirkens*[86] ist, d.h. alles dessen, was durch sie geschieht. *Naturnotwendig* ist das Geschehen, das sich aus der Natur einer Sache ergibt. (Thomas unterscheidet davon die Notwendigkeit des *Zwanges*, wonach etwas einem Dinge von außen aufgenötigt wird.[87]) – Unter dem *leiblichen Tod* haben wir die Trennung von Leib und Seele zu verstehen. So hat es die angeführte

---

[84] D 101.
[85] ⟨Anhänger des britannischen Irrlehrers Pelagius (um 400), die eine Ablehnung der Erbsünde, Unabhängigkeit des freien Willens, Gnade nur als äußerliche Hilfe lehren.⟩
[86] ⟨Durchgestrichen: „und *Leidens*".⟩
[87] Vgl. *Ver*, q 22 a 5 (*QDV* II, 214 ff.). Was wir als „Naturnotwendigkeit" zu verstehen

Konzilsentscheidung ausgesprochen. Das ergibt sich auch aus dem, was wir über die Entstehung des Menschen festgestellt haben. Wenn der Mensch als ein lebendes Wesen durch Hineinsenkung der Seele (als der belebenden Form) in den toten Stoff entsteht, so kann der Tod als Ende des Lebens nur die Aufhebung dieser Einheit sein. Wir haben zu überlegen, was das für den Leib und für die Seele bedeutet. Für den Leib offenbar, daß er mit dem Moment des Todes aufhört, Leib zu sein. Denn Leib sein heißt lebendig sein und als Organismus funktionieren. Ohne Seele ist der Leib ein toter Körper, ein bloß stoffliches Gebilde. (Thomas hat wiederholt ausgesprochen, es sei eine bloße Äquivokation, wenn man das Auge des Toten noch „Auge", das Ohr noch „Ohr" nenne.) Die Folge ist, daß die Stoffe, aus denen der Körper aufgebaut ist, nun ihrer stofflichen Natur folgen und sich nach den Gesetzen des materiellen Geschehens voneinander trennen. Der Tod bedeutet für den Leib die Zerstörung, die Aufhebung seiner Natur. Unmöglich kann er als aus der Natur des Leibes notwendig folgend bezeichnet werden. Das hat schon darum keinen Sinn, weil ja der Leib gar keine eigene Natur hat, weil er das, was er ist, nur durch die Seele mit ihr vereint in der menschlichen Natur ist. Wenn von einer Naturnotwendigkeit des Todes sollte gesprochen werden können, so müßte sie in der Natur der Seele oder in dem Ganzen der menschlichen Natur begründet sein. Von der *Seele* haben wir als dogmatische Wahrheit gehört, daß sie *unsterblich* sei. Wenn von einem *Tod der Seele* gesprochen wird, so ist damit kein Aufhören ihres Daseins gemeint, wie der leibliche Tod das Ende des leiblichen Seins bedeutet, sondern ein Dasein in Abtrennung von Gott. Es besteht keine dogmatische Erklärung darüber, ob die Unsterblichkeit der Seele als eine außer- oder übernatürliche Gabe anzusehen sei oder als in der Natur der Seele begründet. Die christliche Philosophie hat aber, der platonischen Tradition folgend, niemals aufgehört, sich um natürliche Unsterblichkeitsbeweise zu bemühen. Der beliebteste Beweis, der aus der Immaterialität der Seele die Unmöglichkeit eines Zerfalls folgert, zeigt nur die Unmöglichkeit eines Todes nach Art des leiblichen, nicht daß ein Aufhören des Daseins schlechthin unmöglich sei.[88] Und eine solche Unmöglichkeit – positiv: die Notwendigkeit der ewigen Fortdauer – für die Seele zu behaupten, das scheint nur ihrem dogmatisch festgestellten Geschöpflichkeitscharakter zu widersprechen. Jedes Geschöpf hat sein Sein von Gott, und Fortdauer oder Ende des Seins steht wie der Anfang in Gottes Hand. Aber diese Erwägung geht schon über das hinaus, was für unseren Zusammenhang notwendig ist. Ob die Unsterblichkeit der Seele Naturnotwendigkeit oder übernatürliches Gottesgeschenk ist – sie steht als dogmati-

---

pflegen, die kausale Bestimmtheit, ließe sich als Ergebnis dieser beiden, von Thomas unterschiedenen Notwendigkeiten bezeichnen.
[88] (Vgl. Platon, *Phaidon*, 78bff.; Augustinus, *Soliloquia (Selbstgespräche)* II, 2 ff.; Augustinus, *De immortalitate animae (Über die Unsterblichkeit der Seele)* 1 ff.).)

sche Wahrheit fest, und so ist der leibliche Tod als Aufhebung der Einheit von Leib und Seele nicht durch ein Enden des seelischen Seins zu begründen. So könnte für eine Naturnotwendigkeit des Todes nur noch die Natur der *Einheit von Leib und Seele* als Begründung in Frage kommen. Von dieser Einheit aber haben wir gehört,[89] daß sie *wesenhaft und substanziell*, d. h. aber nichts anderes als in der Natur der Seele begründet sei. Daraus müssen wir den Schluß ziehen, daß der Tod nicht nur nicht naturnotwendig, sondern geradezu *naturwidrig* für den Menschen sei. Und die Erfahrung scheint mit dieser theologischen Konklusion im Einklang zu stehen, da sich ja die menschliche Natur gegen nichts so sträubt wie gegen den leiblichen Tod. Natürlich erhebt sich jetzt die Frage, wie denn mit dieser Naturwidrigkeit des Todes die tatsächliche Sterblichkeit aller Menschen (das logische Schulbeispiel eines allgemeinen Satzes![90]) vereinbar sei. Die Naturwidrigkeit darf jedenfalls nicht Unmöglichkeit des leiblichen Todes besagen. Denn eine solche Behauptung würde nicht nur der ausnahmslosen Erfahrung widersprechen, sondern auch der dogmatischen Wahrheit, wonach zur *gefallenen Natur* die Sterblichkeit gehört. Wäre der leibliche Tod überhaupt unmöglich, so wäre er auch als Strafe der Sünde unmöglich. Es muß also die Verbindung von Leib und Seele so gefaßt werden, daß sie trotz der wesenhaften Vereinigung eine Trennung gestattet, wie es ja auch die Lehre von einem abgetrennten Dasein der Seele und von der Wiedervereinigung mit dem Leibe notwendig macht. Einen Anhaltspunkt für eine entsprechende Konstruktion finde ich bei Thomas[91] in der Bemerkung, daß „der Mensch im Stand der Unschuld gegen ein inneres, körperliches Leiden durch die Wirksamkeit seiner Natur geschützt war, z. B. gegen das Fieber, gegen ein Leiden von außen aber, durch Schlag oder Verwundung, nicht durch eine innere Kraft, da er nicht die Gabe der Leidensunfähigkeit besaß, sondern durch göttliche Vorsehung, die ihn unversehrt von jedem Schaden bewahrte ..." (Die moderne Medizin[92] würde vielleicht gegen die Auffassung der „inneren" Krankheiten, die hier zugrundeliegt, Einspruch erheben. Aber auf dieses Bedenken brauchen wir hier nicht einzugehen. Wir haben uns den ersten Menschen als einen vollkommen gesunden Menschen zu denken, bei dem aber äußere Verletzungen möglich waren.) Danach kann dem Leib etwas von außen widerfahren, was seine körperliche Natur verändert, und er kann eben dadurch auch als Leib eine Veränderung erfahren. Wenn jemand durch einen Unfall die Augen verliert, so sind ihm damit nicht nur materielle Körperteile,

---

[89] S. 5 ⟨hier S. 9 f.⟩
[90] ⟨Logisches Schulbeispiel: Aus A (alle Menschen sind sterblich), verknüpft mit B (Sokrates ist ein Mensch), folgt C (Sokrates ist sterblich).⟩
[91] *Ver*, q 18 a 6 ad 7 (*QDV* II, 127 f.).
[92] ⟨In den 30er Jahren des 20. Jhs stand die psychosomatische Medizin noch zu sehr am Rande des Interesses, als daß Stein sie hätte wahrnehmen können.⟩

sondern leibliche Organe genommen und damit die Sehfähigkeit, die eine seelische Potenz ist. Es ist also die Verbindung von Leib und Seele und das Sein der Seele selbst vom Körperlichen her zu beeinträchtigen. Wir können das von der Eigentümlichkeit der Erschaffung des Menschen her verstehen: daß der Leib aus bereits vorhandenen Stoffen gebildet wurde. Offenbar haben wir das als eine Bindung des leib-seelischen menschlichen Seins an eine bestimmte Stoffzusammensetzung aufzufassen.[93] Wenn nun durch das Eingehen in den leiblich-seelischen Organismus die Stoffnatur nicht schlechthin aufgehoben wurde, sondern ihren eigenen Gesetzen unterworfen blieb, so wird es begreiflich, daß sie Veränderungen unterliegt, die nicht in der Seele und darum auch nicht im Leibe als solchem begründet sind, aber Folgen für das gesamte leiblich-seelische Sein haben. Und als den äußersten Grenzfall einer äußerlich bedingten Störung haben wir eine solche Veränderung des materiellen Körpers anzusehen, durch die er zum Leib untauglich wird und bei der die Trennung der Seele von dem so veränderten Körper eintritt. Die Bindung des leiblich-seelischen Seins an eine bestimmte stoffliche Zusammensetzung ist als der Grund für die *Möglichkeit* des leiblichen Todes anzusehen. Sein Eintreten geschieht nach „Notwendigkeit des Zwanges" (= Naturnotwendigkeit im modernen Sinn), d. h. im Sinne der menschlichen Natur naturwidrig. So kann man von dem ersten Menschen sagen, daß sein Tod nicht durch seine Natur ausgeschlossen war, sondern daß durch die providentielle Ordnung des Naturlaufs ein „Unfall" ausgeschlossen war.

Diese providentielle Ausschließung der prinzipiellen Möglichkeit kann als *„außernatürliche Gabe"* angesehen werden und als ein Unterscheidungsmerkmal des tatsächlichen Urstands von einem möglichen „reinen Naturstand".

Wir haben noch zu fragen, welche Bedeutung der leibliche Tod für die Seele im „reinen Naturzustand" hätte. Für den Leib bedeutet er das Aufhören seines Daseins als Leib, den Zerfall in die verschiedenen materiellen Aufbaustoffe. Für die Seele ist etwas Analoges nicht möglich. Sie muß als Seele fortexistieren (wenn sie nicht durch einen eigenen göttlichen Akt vernichtet würde oder von Gott zum Enden bei der Trennung vom Leibe bestimmt wäre). Wir haben sogar eine dogmatische Definition kennengelernt,[94] wonach ihr in einem solchen Zustand noch eine gewisse Tätigkeit zukäme, aber offenbar müssen ihr Sein und Wirken verändert sein im Vergleich zu ihrem Sein und Wirken im Leibe. Da sie in dieser Trennung nicht Form des Leibes ist, ihn nicht mehr belebt und zusammenhält, seines Lebens nicht mehr bewußtseinsmäßig inne wird und nicht mehr durch seine Organe

---

[93] ⟨Auf einem Zettel mit längerer Gliederungsskizze (vgl. Anm. 43) ist hierzu vermerkt, durchgestrichen: „S. 34. Nicht völlige Trennung von Leib u⟨nd⟩ Seele durch d⟨en⟩ Tod." Nicht durchgestrichen: „Nach der Konkupiszenz vielleicht vorbereitend etwas über das Verhältnis von Natur und Gnade."⟩

[94] D 1913.

Eindrücke empfangen und tätig sein kann, entbehrt sie die Seinsfülle, die ihr im natürlichen, leibverbundenen Leben eigen ist. (Wir müssen bedenken, daß eine solche Seele nicht durch die Gnade mit Gott vereint wäre, also nicht die Lebensfülle des göttlichen Lebens hätte.) Was für ein Leben könnte ihr überhaupt noch eigen sein? Thomas hat ausführliche Betrachtungen darüber angestellt, wie die Erkenntnis der Seele nach dem Tod zu denken sei.[95] Nach seiner Auffassung erschöpft sich das Sein der Seele nicht darin, Form des Leibes zu sein. Sie hat ein eigenes, geistiges Leben, das zwar, solange sie im Leib lebt, daran gebunden ist, von ihm zu empfangen, aber nicht schlechthin daran gebunden ist. Er unterscheidet für die vom Leib getrennte Seele drei verschiedene Erkenntnismöglichkeiten: Einmal kann die Seele die Erkenntnis der Dinge bewahren, die der Verstand auf Grund der sinnlichen Eindrücke erarbeitet hat (Thomas nennt sie „Spezies" oder „Formen" des Verstandes, wir dürfen hier wohl dafür „Begriffe" sagen, um anzudeuten, was gemeint ist); sie wird also ihren erworbenen Verstandesbesitz mit hinübernehmen. Sodann kann Gott, der die Seele mit dem Verstand als mit ihrem „natürlichen Licht" ausgestattet hat, dem Verstand auch unmittelbar Erkenntnis der Dinge verleihen, ohne Vermittlung durch die Sinne, so wie es Thomas für die Engel als ihre natürliche Erkenntnisweise annimmt.[96] Und schließlich besteht für den Geist die Möglichkeit, andere Geister zu erkennen, allerdings unter der Voraussetzung, daß sie sich ihm „öffnen". (Das freie „Sichöffnen" oder „Verschließen" bezeichnet Thomas als das „Sprechen" und „Schweigen" der reinen Geister.) Es müßten allerdings die zweite und dritte Form des Erkennens, die als etwas erst nach dem Tode Eintretendes aufgefaßt werden, für einen reinen Naturzustand (um den es sich bei Thomas nicht handelt) so gefaßt werden, daß sie keine Erhebung über die Natur der Seele hinaus, d. h. kein Gnadenleben bedeuteten.[97] – Thomas hat für die abgeschiedene Seele (mit Rücksicht auf den Zustand der Verdammten) nicht nur die Möglichkeit des Erkennens, sondern auch die des Leidens und sogar des körperlichen Leidens nachzuweisen gesucht.[98] Er führt aus, daß die Seele nicht nur als Form mit einem Körper verbunden sein könne, sondern noch auf andere – akzidentelle – Weise: z. B. wenn sie sich an einen bestimmten Ort versetzt, was in ihrer natürlichen Macht steht. Es ist nun auch denkbar, daß sie – allerdings nicht auf natürliche Weise – in eine bestimmte körperliche Umgebung (etwa das höllische Feuer) hineingebannt und dadurch in ihrer Wirksamkeit behindert würde, also in diesem Sinne „körperlich litte". Umso mehr ist die Möglichkeit rein geistiger Freuden und Leiden anzuneh-

---

[95] *Ver*, q 19 a 1/2 (*QDV* II, 137 ff.).
[96] ⟨Thomas, *Ver*, q 8/9 (*QDV* I, 175 ff., 223 ff.).⟩
[97] Man denke etwa an die Erscheinung des Erdgeists im *Faust* ⟨Goethe, Johann Wolfgang von, *Faust* I, 159 f.⟩, der sich zeigt, ohne den Menschen zu sich zu erheben.
[98] *Ver*, q 26 a 1 (*QDV* II, 363 ff.).

Edith Stein

men. – Es ist bei all dem zu bedenken, daß der „reine Naturstand" auch für die Seele, wie für den ganzen Menschen, ein fiktiver ist. Tatsächlich sind die abgeschiedenen Seelen entweder durch die Gnade erhöht oder in einem Strafzustand zu denken. Am nächsten käme jenem Zustand das jenseitige Dasein der ungetauften Kinder, wie ihn sich die gegenwärtige theologische Lehrmeinung (eine dogmatische Festlegung haben wir dafür nicht) denkt. Welche Art Leben wir aber der abgeschiedenen Seele auch zuschreiben mögen, es wird, so lange sie nicht Form des Leibes ist, nie ihr volles, natürliches Leben sein, sodaß zur Erlangung der Seinsfülle für sie die Wiedervereinigung mit dem Leib geradezu gefordert ist. Andererseits verstehen wir von hier aus die Unterwerfung unter den leiblichen Tod als Strafzustand.

2. Konkupiszenz

Wir kommen nun zum zweiten Merkmal des fiktiven „reinen Naturstandes": der *Konkupiszenz*. Wir müssen uns zunächst klar machen, was darunter zu verstehen ist. Nach Thomas[99] ist sie ein Vermögen der *Sinnlichkeit*, wobei er unter „Sinnlichkeit" das sinnliche *Streben* versteht. Er unterscheidet es von dem höheren Streben, dem Willen, und unterscheidet *innerhalb* des niederen oder sinnlichen Strebens eine *passive* und eine *aktive* Potenz. Die passive bezeichnet er als concupiscibile oder *Begehrungsvermögen* (das platonische ἐπιθυμητικόν): Es ist auf das gerichtet, was den Sinnen angemessen ist und ihnen Genuß bringt. Die aktive Potenz nennt er *irascibile* = Zornmut (Vermögen affektiver Reaktion, das platonische θυμοειδής[100]). Es richtet sich gegen das, was sich dem Begehren als Hindernis in den Weg stellt und überwunden werden muß. Uns beschäftigt jetzt die Frage, ob das Begehrungsvermögen etwas zur Natur des Menschen Gehöriges ist und auch dem ersten Menschen seiner reinen Natur nach eigen sein mußte, sodaß er nur durch eine außernatürliche Gabe davon befreit sein konnte. Thomas bezeichnet als Gegenstand des Begehrens das den Sinnen Angemessene und *darum* Genußbringende. Wenn etwas den Sinnen angemessen ist, so liegt darin ausgesprochen, daß eine gegenseitige Zuordnung besteht. Die Sinne sind Aufnahmeorgane; sie sind in sich etwas Ergänzungsbedürftiges, was seine Vollendung in dem findet, worauf es hingeordnet ist, und das ist das ihnen „Angemessene". Wenn sie das ihnen Angemessene finden, so erfahren sie darin Befriedigung: Das ist das Erlebnis des *Genusses*. Solange sie das Angemessene nicht gefunden haben, müssen sie danach streben: Das ist das *Begehren*. Diese Ergänzungsbedürftigkeit und Hinordnung auf ein Vollkommenheitsgebendes ist

---

[99] *Ver*, q 25 (*QDV* II, 337 ff.).
[100] ⟨Griech.: Leidenschaft.⟩

nicht bloß den Sinnen eigen, sondern der ganzen menschlichen Natur: Der Körper bedarf der entsprechenden Ernährungsstoffe, um sich immer neu aufzubauen, der Verstand ist auf das Wahre, der Wille auf das Gute gerichtet als auf das, was ihnen Erfüllung und Vollendung gibt. Die Sinne entsprechen diesem Gesamtbau des menschlichen Mikrokosmos; sie dienen dem Leib, indem sie ihm aufspüren helfen, was er braucht, und sie dienen dem Geist als Mittel zur Erkenntnis. Es ist kein Zweifel, daß auch die Natur der ersten Menschen in diesem Sinne eine „bedürftige" Natur war. Darum hat sie ja Gott in das „Paradies der Wonne" gesetzt und ihnen die Früchte des Paradieses zur Nahrung gegeben.[101] Ohne Zweifel hätten sie begehren müssen, wenn ihnen etwas von dem ihnen Angemessenen gefehlt hätte, und dieses Begehren wäre etwas Gutes, weil ihrer gottgeschaffenen Natur Entsprechendes gewesen. Wenn sie davon frei waren, so ist dies nur der besonderen Anordnung der göttlichen Vorsehung zu danken, eben dem Umstand, daß sie in der Paradiesesfülle lebten, in der ihnen nichts fehlte.

Aus dem Gesagten geht schon hervor, daß das Begehren, wie es dem reinen Naturstand entspricht, völlig *frei von Sünde* zu denken ist. Thomas erörtert an der angegebenen Stelle das *Verhältnis der Vernunft zur Sinnlichkeit* und stellt eine dreifache Über- bzw. *Unterordnung* fest: 1. die Vernunft selbst ist es, eine den Sinnen selbst innewohnende Vernunft, die dem Begehren etwas als genußbringend oder angemessen vor Augen stellt; 2. der vernünftige Wille hat die Herrschaft über das niedere Streben, er kann die Regungen des Strebens selbst lenken; 3. der Übergang vom Streben zu der dadurch geforderten äußeren Handlung ist Sache des Willens. Im reinen Naturstand ist in diesen drei Beziehungen das Verhältnis von Vernunft und Sinnlichkeit als völlig ungestört zu denken: Es hätte von innen her nichts begehrt werden können, als was vernunftgemäß und dem Wohl des Menschen angemessen war,[102] es wäre keine ungeordnete Regung möglich, darum kein hemmendes Eingreifen, sondern nur eine ausführende Willenstätigkeit nötig gewesen.

3. Natürliche Erkenntnis

Analog haben wir uns auch das Verhältnis von *sinnlicher Auffassung* und *Verstandeserkenntnis* zu denken.[103] Der Verstand hätte nicht von seiner Richtung

---

[101] Gen 2,8; Gen 1,29; 2,9. ⟨Vgl. Anm. 70.⟩
[102] Nach Analogie der äußeren Sinnestäuschungen, die Thomas für möglich, aber beim ersten Menschen als durch Gottes Hilfe ausgeschlossen ansah (vgl. folgende Anm.), müssen wir wohl in seinem Sinn auch eine Täuschung in der *sinnlichen* Schätzung des Angenehmen als möglich ansetzen.
[103] Vgl. *Ver*, q 18 a 6 (*QDV* II, 124 ff.).

auf das Wahre abirren, nichts Falsches für wahr halten können. Sinnestäuschungen von außen wären wohl möglich, aber durch Gottes Hilfe beim ersten Menschen ausgeschlossen gewesen.

Zur natürlichen Ausrüstung des ersten Menschen im Gegensatz zu allen späteren, auch im Gegensatz zu Kindern, die er vor dem Fall erzeugt hätte, rechnet Thomas[104] den Besitz alles dessen, was zur natürlichen Vollkommenheit gehört. Er brauchte keine Entwicklung durchzumachen, auch nicht fortschreitend Wissen zu erwerben, sondern hätte von Anfang an die Kenntnis aller Dinge besessen. (Einen Schriftbeleg dafür kann man in Gen 2,19–20[105] sehen: Gott führt alle Lebewesen zu Adam, damit er ihnen Namen gebe); dazu eine so vollkommene Gotteserkenntnis, wie sie aus den Geschöpfen zu gewinnen ist.

4. Zusammenfassung

So schließt sich uns jetzt das Bild des ersten Menschen, wie wir ihn uns seiner natürlichen Ausrüstung nach zu denken haben: von Gott selbst geschaffen in vollkommener Gesundheit des Leibes und des Geistes, frei von Sünde und von Irrtum, Herr seiner Akte; durch Gottes Vorsehung bewahrt vor allen äußeren Gefahren, die sein Leben bedrohen konnten, mit allem ausgestattet, dessen er zu seinem Wohl bedurfte und darum frei von Begehren, im Vollbesitz der natürlichen Erkenntnis und Herr über die niederen Geschöpfe im Verein mit der ihm entsprechenden Gefährtin. Zu dieser Begabung durch Schöpfung und Vorsehung kommt nun als Weiteres die *übernatürliche Erhöhung durch die Gnade.*

D. Das übernatürliche Sein der ersten Menschen

1. Übernatürliche Erhöhung; Klärung der Ideen „Natur" und „Gnade"

Wie schon erwähnt wurde, ist der „reine Naturstand" etwas, was niemals historisch verwirklicht war. Es ist kirchliche Lehre, daß den ersten Menschen von vornherein *mehr* mitgegeben wurde als das, was zur menschlichen Natur notwendig gehört: Es wurden schon die „außernatürlichen Gaben" der göttlichen Vorsehung genannt, die die „bloße Natur" zur „*integren Natur*" ergänzten: die Bewahrung vor Leiden, Tod und Begehren. Sie heißen „*außernatürlich*", nicht *übernatürlich*, weil das Wesen des Menschen dadurch nicht

---

[104] *Ver*, q 18 a 7 (a. a. O. S. 129 ff.).
[105] ⟨Vgl. Anm. 70.⟩

innerlich verändert wurde. Anders steht es mit dem, was die Glaubenslehre als *Erhöhung* des ersten Menschen bezeichnet: die Erhebung zur *Gotteskindschaft* (festgestellt gegen De Bay[106] 1567)[107] und die Berufung *zur ewigen Anschauung Gottes.* Sie ist *übernatürliche Gnade.*

Es ist zum Verständnis des Folgenden wesentlich, ja es ist vielleicht das Wesentlichste zum Verständnis des menschlichen Seins, sich das Verhältnis von Natur und Gnade recht klar zu machen. Ich sprach schon früher von der aristotelisch-scholastischen Idee der Natur, die das *Wesen* oder die *Substanz* einer Sache bezeichnet, sofern sie Prinzip ihres Wirkens ist. Es gehört zum Geschöpf als solchem, daß ihm vom Schöpfer ein eigenes Sein und etwas, das es in sich selbst ist, verliehen ist. Es ist ein in sich selbst Hineingesetztes und Begründetes, dem eigenes Sein und eigene Art zukommt (das eben besagt der Name „Substanz") und daß es seine *Eigenart* in einem ihm eigentümlichen *Wirken* betätigt. Speziell als Wirkendes wird es „Natur" genannt. Durch die Schöpfung werden die Geschöpfe nicht schlechthin von Gott abgeschnitten; es ist Glaubenslehre, daß der Schöpfungsakt sich fortsetzt im Akt der *Erhaltung:* Jedes Geschöpf bedarf in jedem Moment des göttlichen Beistandes, um sein und wirken zu können. Thomas hat das so formuliert, daß in allem geschöpflichen Wirken Gott als die *prima causa*[108] wirksam sei. Aber unbeschadet dieser Allgegenwart und Allwirksamkeit Gottes in allen Geschöpfen – die uns das Paulus-Wort verständlich macht: „In Ihm leben wir, bewegen wir uns und sind wir"[109] – läßt Er doch den Geschöpfen ein Eigensein und -wirken. In einem Bilde könnte man es so ausdrücken: Er trägt das ganze Weltall in Seiner Hand, aber Er läßt es seinen Gang gehen nach den Gesetzen, die Er selbst hineingelegt hat; allerdings mit dem Vorbehalt, daß Sein freies Eingreifen in dieses Geschehen an jedem Punkt und in jedem Augenblick möglich bleibt. Thomas hat die Eigenwirksamkeit der Geschöpfe in ihrem Verhältnis zur Allwirksamkeit Gottes ausgesprochen, indem er[110] sie als *causae secundae*[111] bezeichnete. Wenn man die Geschöpfe *Bilder Gottes* nennt, so darf man wohl sagen, daß sie es durch ihr Eigensein und -wirken sind, durch ihre Natur oder durch ihre Substanzialität und Kausalität. Es ist immer als ein besonderes Verdienst des hl. Thomas gerühmt worden, daß er diese Idee der Natur so rein und scharf herausgearbeitet hat. Heute wird vielfach dagegen polemisiert,[112] so als wäre durch die Lehre von einer relativ

---

[106] ⟨Michel de Bay oder Bajus, wallonischer Theologe, 1513–1589, Philosoph und Theologe in Löwen, Anhänger werden Bajanisten genannt.⟩
[107] D 1024.
[108] ⟨Lat.: erste Ursache.⟩
[109] Apg 17, 28.
[110] ⟨An dieser Stelle ist ein Blatt eingelegt: „Über Glauben, Wissen, Erkenn⟨en⟩. (Die Behandlung des Glaubens beginnt S. 58)".⟩
[111] ⟨Lat.: Zweitursachen.⟩
[112] Vgl. Adam, K⟨arl⟩, *Jesus Christus*, Augsburg 1932, bes. im V. Kapitel.

selbständigen Natur einer rein naturalistischen Weltbetrachtung und Wissenschaft der Weg bereitet worden. Welcher Wahrheitskern vielleicht in diesen Angriffen steckt, das können wir hier nicht nachprüfen. Es scheint mir, daß sie weit über das Ziel hinausschießen. Die Hervorhebung der causa prima und seine ganze Gnadenlehre schützt Thomas gegen den Vorwurf des Naturalismus.

In der Gnadenlehre folgt Thomas im wesentlichen den Spuren *Augustins*[113], dessen ewiger Ruhmestitel in der Geschichte der Kirche und der Dogmenbildung es bleiben wird, daß er die *Idee der Gnade* scharf herausgearbeitet und in ihre Konsequenzen ⟨sic!⟩ entwickelt hat. Es geschah dies in der Auseinandersetzung mit den Irrtümern des *Pelagius* und seiner Anhänger, die eine Notwendigkeit der Gnade für den Menschen leugneten; nach ihrer Auffassung wäre es möglich, daß durch rein natürliche, freie Akte der Glaube erlangt, gute Werke vollbracht, im Guten beharrt und der Himmel gewonnen würde. Eine Reihe von Konzilien[114] haben sich mit diesen Irrtümern befaßt und ihnen gegenüber die Lehre Augustins größtenteils zur Kirchenlehre erhoben. – Ich will an dieser Stelle die Gnadenlehre nicht bis in alle Einzelheiten entwickeln. Es kommt zunächst darauf an, ihren *Sinn* und ihr Verhältnis zum menschlichen Sein zu verstehen. Zu diesem Zweck möchte ich von einer Bemerkung Augustins[115] ausgehen: daß nur *Geistnaturen*, nicht Steine oder Tiere die Gnade empfangen können.[116] Wir sprachen schon davon, daß der Mensch in einem ausgezeichneten Sinn *Gottes Bild* ist, weil er ein geistiges Sein hat, weil er erkennen und frei wollen kann. Im Verhältnis dazu bedeutet die *Gotteskindschaft* noch etwas wesentlich Neues, aber sie wird durch die Geistnatur des Menschen ermöglicht. Thomas hat das später so formuliert, daß die Gnade die Natur voraussetze und zu ihrer Vollendung führe, und er hat die *Bereitschaft* der Natur zur Aufnahme der Gnade als *potentia oboedientialis*[117] bezeichnet. Wie können wir uns aber den Sinn der Gotteskindschaft und der Erhebung zu ihr verständlich machen? Wir bezeichnen wohl das innerste Wesen der Gotteskindschaft, wenn wir in ihr die *Liebesvereinigung des Menschen* mit Gott und aller Menschen *in* Gott sehen. Christus hat uns in Seinem hohenpriesterlichen Gebet (im 17. Kapi-

---

[113] ⟨Aurelius Augustinus (354–430), Kirchenlehrer, Philosoph und Theologe.⟩
[114] Carthaginiense ⟨Konzil von Karthago⟩ (418), Ephesinum ⟨Konzil von Ephesus⟩ (431), Arausicanum II ⟨Konzil von Orange⟩ (529).
[115] In seiner Schrift gegen den Pelagianer Julian ⟨Augustinus, Aurelius, *Contra Julianum libri VI*, Maur. X,1; PL 44. Mauriner-Ausgabe, nach der Abtei von St. Maur benannt: *Sancti Aurelii Augustini opera omnia*, Studio monachorum ordinis S. Benedicti, 11 Bände, Paris 1679–1700⟩
[116] Ich möchte anmerken, daß es sich dabei um die *übernatürliche Gnade* handle. Der heutige theologische Sprachgebrauch unterscheidet natürliche oder Schöpfungsgnade und übernatürliche oder Erlösungsgnade.
[117] ⟨Lat.: Fähigkeit zum Gehorsam.⟩

tel des Johannesevangeliums[118]) diese Vereinigung erbeten; um sie, die der erste Mensch besessen und verwirkt hatte, für uns wiederzugewinnen, ist der Sohn Gottes Mensch geworden und gestorben. Liebesvereinigung ist aber etwas Geistiges; es ist ein Ineinandersein, wie es nur für Geistwesen möglich ist; und es gehört dazu, daß zwei Personen sich einander schenken und dieses Geschenk wechselseitig annehmen. Das Schenken und das Annehmen sind freie, geistige Akte. Damit der Mensch sich Gott schenken könne, muß er ein freies, geistiges Wesen sein. Geistigkeit und Freiheit sind für die Gotteskindschaft vorausgesetzt. Sie gehören zur Natur des Menschen. So verstehen wir es, daß die Gnade die Natur voraussetzt, und auch, daß die Gotteskindschaft nicht ohne Mitwirken der menschlichen Freiheit erlangt werden kann. Aber ebenso einleuchtend ist es, daß der menschliche Akt nicht ausreicht: *Gott muß sich dem Menschen schenken.* Das bedeutet die Annahme an Kindesstatt. Gottes *freier Liebeswille* wird als *gratia increata*[119] bezeichnet. Er ist das Prinzip aller Gnadenwirkungen. Und in diesem Sinn gibt es nur *eine* Gnade. Aber von diesem schenkenden Liebeswillen wird das unterschieden, was auf Grund der Schenkung in den Menschen eingeht, das, wodurch er *mehr* ist als ein bloßes Geschöpf, wodurch er Gotteskind ist; und das wird *gratia creata*[120] genannt und ist so oft vorhanden, als es Menschen gibt, die die Gnade empfangen. (Ja, wenn wir nicht nur die *gratia gratum faciens*, die heiligmachende Gnade, ins Auge fassen, die *eine* für jeden Menschen ist, sondern die mannigfachen Gnaden*gaben* und den aktuellen Gnadenbeistand für einzelne Akte, so vervielfältigt sich die geschaffene Gnade noch. Aber ich möchte auf diese Unterscheidungen hier nicht näher eingehen.)[121] Wir können auch sagen, die Gnade sei der Geist Gottes, der uns gegeben ist. Wieviel der Mensch davon zu fassen vermag, das hängt ab von dem Maß des Seins, das ihm von Natur aus eigen ist, von seiner geistigen Fassungskraft, aber auch von dem Maß, in dem er sich der Gnade öffnet. Die Gnade ist ein *neues Prinzip des Wirkens* im Menschen. Sie kann darum als eine „neue Natur" bezeichnet werden, wie ja auch der Empfang der Gnade eine neue Geburt genannt wird.

Wir werden auf die Gnadenlehre in den verschiedensten Zusammenhängen immer wieder zurückkommen. Das Gesagte dürfte genügen, um den Unterschied von Natur- und Gnadenstand im ersten Menschen begreiflich zu machen. Es ist nun noch zu entwickeln, was der Gnadenstand des ersten Menschen einschließt und wie er sich zum Glorienstand verhält.

---

[118] ⟨Joh 17, 1–26.⟩
[119] ⟨Lat.: unerschaffene Gnade.⟩
[120] ⟨Lat.: erschaffene Gnade.⟩
[121] Vgl. im Folg⟨enden⟩ S. 426 ff. ⟨hier: 161 ff.⟩

2. Der Gnadenstand der ersten Menschen und sein[122] Verhältnis zum Glorienstand: natürliche Gotteserkenntnis, Glauben, Schauen

Der Stand der ersten Menschen ist noch als *status viae*[123], noch nicht als status termini[124] anzusehen. Das bedeutet einmal, daß sie sich im Gnadenstand erhalten mußten, und außerdem, daß ihnen noch eine weitere Erhöhung, die Erhebung in den *Glorienstand*, in Aussicht gestellt war. Wir betrachten dies Zweite zunächst. Was den Glorienstand vor dem Gnadenstand auszeichnet, ist einmal, daß er *status termini* ist. Es ist die ewige Vereinigung mit Gott, die nicht mehr verloren werden kann. Sie schließt die *Unmöglichkeit zu sündigen* ein, das non posse peccare, während zum Gnadenstand nur die Möglichkeit nicht zu sündigen, das posse non peccare, gehört. (Wir werden noch zu erwägen haben, was das im Hinblick auf die Freiheit bedeutet.) Der Glorienstand bedeutet aber auch eine andere Art der Vereinigung mit Gott, als sie uns im Gnadenstand gegeben ist. Das Leben der Seligen besteht in der *visio beatifica*, dem Schauen Gottes. Was haben wir uns darunter zu denken? Wir können es einmal negativ abgrenzen gegenüber den Wegen der Gotteserkenntnis und Gottverbundenheit, die in statu viae möglich sind: der natürlichen Gotteserkenntnis und dem Glauben.[125] Die *natürliche Gotteserkenntnis*, deren Möglichkeit das ⟨I.⟩ Vaticanum als Glaubenssatz festgestellt hat,[126] ist eine *mittelbare Erkenntnis*, eine Erkenntnis des Schöpfers aus seinen Werken, des Unsichtbaren durch das Sichtbare.[127] Gott steht darin nicht als gegenwärtige Wirklichkeit vor uns. Darum ermangelt diese Erkenntnis der überwältigenden Gewißheit, mit der ein Gegenwärtiges sich uns aufdrängt. Sie läßt bei uns Irrtum und Zweifel zu – bis zum vollkommenen Unglauben. Für die ersten Menschen haben wir allerdings den Irrtum auszuschalten und die Gotteserkenntnis aus den Geschöpfen als so vollkommen anzusetzen, wie sie überhaupt sein kann. Und wir haben außerdem zu bedenken, daß sie niemals auf diese Erkenntnis allein angewiesen waren, sondern daß sie zugleich Gottes im *Glauben* gewiß waren.[128] Damit kommen wir zum zweiten Weg der Gotteserkenntnis in statu viae, zum Glauben. Was Glauben ist, das möchte ich in unmittelbarem Anschluß an die Erklärungen des ⟨I.⟩ Vaticanums[129] erläutern, vorläufig auch nur in dem Umfang, in dem es nötig ist, um den Gnadenstand gegenüber der bloßen Natur einerseits, der Glorie andererseits, scharf abzugrenzen.

---

[122] ⟨sein: des Gnadenstands Verhältnis.⟩
[123] ⟨Lat.: Zustand des Unterwegsseins, „Erdenpilgerstand".⟩
[124] ⟨Lat.: Endzustand, „Endziel".⟩
[125] ⟨Vgl. Stein, Edith, *Wege der Gotteserkenntnis*, ESGA 17, Freiburg 2003.⟩
[126] D 1795.
[127] Röm 1,20.
[128] *Ver*, q 18 a 3 (*Untersuchungen üb⟨er⟩ die Wahrheit*, Bd. II, 113 ff.).
[129] D 1789 ff.

„Da der Mensch von Gott als seinem Schöpfer und Herrn ganz und gar abhängig ist und die geschaffene Vernunft der ungeschaffenen Wahrheit völlig unterworfen, so sind Verstand und Wille verpflichtet, dem offenbarenden Gott vollkommenen Gehorsam zu leisten. Die Kirche erklärt, daß dieser *Glaube*, der der Anfang des menschlichen Heils ist, eine *übernatürliche* Tugend ist, kraft derer wir, durch den Anhauch und unter dem Beistand der göttlichen Gnade, das von Ihm Offenbarte für wahr halten, nicht wegen der mit dem natürlichen Licht der Vernunft durchschauten inneren Wahrheit der Sachverhalte (rerum ⟨sic⟩), sondern *wegen der Autorität des offenbarenden Gottes selbst*, der weder getäuscht werden noch täuschen kann. Es ist aber, nach dem Zeugnis des Apostels ‚der Glaube die Grundlage dessen, was man hofft, die Bürgschaft (das Argument) für das, was nicht in Erscheinung tritt‘ (Hebr 11, 1)."[130]

Wir wollen nicht weitergehen, ohne uns das, was hier gesagt ist, klar zu machen. Es ist in dieser Erklärung die Rede von dem Glauben als *Tugend*, d. h. von der „fides, *qua* creditur".[131] Dazu gehört notwendig der *Glaubensakt*, in dem sich die Tugend betätigt, das *credere*, und das, worauf sich der Glaubensakt richtet, die *„fides, quae creditur"*.[132] Als das, was im Glauben für wahr gehalten wird, wird der *Inhalt der Offenbarung* bezeichnet. Wir glauben das, was Gott offenbart hat, und glauben es darum, *weil* es *Gott* offenbart hat, der weder getäuscht werden noch täuschen kann. Darin liegt beschlossen, daß für alles Glauben in diesem Sinn, weil es (nach Thomas) ein *credere Deo*, ein „Gott Glauben schenken" ist, schon eine Kenntnis Gottes vorausgesetzt ist. Wir müssen Gott als den Allwissenden und Wahrhaftigen[133] schon kennen, um Sein Wort als lautere Wahrheit anzunehmen. Diese Kenntnis kann kein bloßes Ergebnis natürlicher Gotteserkenntnis sein, denn auf einer solchen Grundlage kann niemals eine andere Gewißheit erwachsen als die ihr selbst eigen ist. Die Glaubensgewißheit ist aber eine ganz andere als die der natürlichen Erkenntnis, sie ist die festeste Gewißheit, deren wir in statu viae teilhaftig werden können, und wird von keiner natürlichen Erkenntnis erreicht. Sie ist auch nicht die Gewißheit des *Schauens*, die uns erst in der Glorie zuteil wird. So muß es selbst eine *Glaubensgewißheit* sein: das „credere Deo"[134] setzt ein *„credere Deum"*[135] voraus. So muß die erste Offenbarung, die Grundlage aller andern ist (mag sie den andern zeitlich vorausgehen oder in ihnen selbst enthalten sein), eine *Selbstoffenbarung Gottes* sein. In der Tat heißt es in der Definition der Offenbarung, daß Gott über die natürliche

---

[130] D 1789.
[131] ⟨Lat.: der Glaube, durch den geglaubt wird; d. h. die persönliche Gläubigkeit.⟩
[132] ⟨Lat.: der Glaube, der geglaubt wird; d. h. das objektive Glaubensbekenntnis.⟩
[133] ⟨Durchgestrichen: „Allmächtigen".⟩
[134] ⟨Lat.: Gott glauben.⟩
[135] ⟨Lat.: an Gott glauben.⟩

Edith Stein

Erkenntnis hinaus „auf einem andern, übernatürlichen Wege *sich selbst* und die ewigen Ratschlüsse Seines Willens dem Menschengeschlecht offenbare".[136]

Ich möchte die Erörterung der Offenbarung hier noch nicht einschalten. Es kam mir nur darauf an festzustellen, daß *Gott selbst der erste Gegenstand des Glaubens* ist. Ich muß aber noch erläutern, in welchem Sinne ich das meine, und das möchte ich in Auseinandersetzung mit der Glaubenstheorie des Hl. Thomas[137] tun, weil sie für die Dogmatik bis auf unsere Zeit von entscheidender Bedeutung gewesen ist. Daß Gott selbst oder die „erste Wahrheit" das spezifische Objekt des Glaubens sei, wird von Thomas im 8. Artikel der 14. Untersuchung über die Wahrheit ausgeführt. Der Glaube hat „Gott selbst zum hauptsächlichen Objekt, alles andere aber (d.h. alle Wahrheit über Geschöpfe) als in der Folge damit verbunden".[138] Er begründet es damit, daß der Glaube eine Tugend des Verstandes sei; den Namen „Tugend" verdient er nur dann, wenn sein Akt gut sei; das spezifische Gut des Verstandes aber ist die Wahrheit, und so kann der Glaubensakt nur gut sein, wenn er unfehlbar die Wahrheit aussagt. Das vermag er nicht auf Grund eigener Einsicht – denn es ist wesentlich für den Glauben, daß er nicht Einsicht ist –, sondern auf Grund eines Zeugnisses, dem unfehlbare Wahrheit eigen ist; die ist aber allein dem göttlichen Erkennen eigen. Gott ist es, der von sich selbst „Zeugnis gibt" (Joh 14,8). Dabei wird das Verhältnis des sich offenbarenden Gottes zum Glauben verglichen mit dem des Lichtes zum Sehen.[139] Und vom Licht wird gesagt, daß es in gewissem Sinne Objekt des Sehens sei und in gewissem Sinne nicht: Es wird uns nur faßbar durch die Körper, die es uns sichtbar macht; sofern aber nur durch das Licht die Körper sichtbar werden, wird es selbst sichtbar genannt. Dies Bild wird unmittelbar darauf noch auf eine unbildliche Weise geklärt.[140] Der Glaubensakt als Verstandesakt ist eine Zustimmung zu Urteilen, die etwas über Gott aussagen (den „Offenbarungswahrheiten"). Da aber das Urteil Urteil über einen Gegenstand ist, der außerhalb des Urteils Bestand hat – und dieser Gegenstand ist in unserem Fall Gott selbst –, so ist *Gott selbst Objekt des Glaubens*. Diesem Satz messe ich grundlegende Bedeutung zu für das, worum es mir hier geht. Wenn ich vorhin sagte, daß Gott der erste Gegenstand des Glaubens sei, so meinte ich damit nicht bloß, daß die Glaubenswahrheiten sich in erster Linie mit Gott beschäftigen und erst abgeleiteterweise mit Geschöpfen, sondern daß dem Glauben als Zustimmung zu einem Urteil über Gott eine andersartige Berührung mit Gott zu Grunde liege

---

[136] D 1785.
[137] *Ver*, q 14 (*QDV* II, 1 ff.).
[138] ⟨*QDV* II,⟩ a.a.O. S. 30 ff.
[139] ⟨*Ver*,⟩ q 14 a 8 ad 4 (⟨*QDV* II,⟩ a.a.O. S. 30).
[140] ⟨*Ver*,⟩ q 14 a 8 ad 5 (⟨*QDV* II,⟩ a.a.O. S. 31).

bzw. darin eingeschlossen sei (analog wie dem Wahrnehmungsurteil die Wahrnehmung zu Grunde liegt). Damit werden wir auf den *Glaubensakt* zurückverwiesen, dessen Analyse bei Thomas der Erörterung über das Objekt vorausgeht.[141] Es wird darin der Glaube (zunächst noch nicht im spezifisch religiösen, sondern in einem weiteren Sinn) abgegrenzt gegenüber *Meinen, Wissen* und *Einsicht*. Mit Wissen und Einsicht hat er, im Gegensatz zum Meinen, als Auszeichnendes die *Gewißheit:* Er ist ein „Denken mit Zustimmung".[142] Aber die Zustimmung (die immer auf einen Satz geht – auf ein „Zusammengesetztes" im Sinne des Aristoteles –) ergibt sich im Falle der Einsicht unmittelbar aus der Anschauung des Gegenstandes, über den etwas ausgesagt wird (in den Fällen, die Thomas im Auge hat, bei der Einsicht in die Prinzipien, als „Erkenntnis a priori"[143]); im Falle des Wissens durch logische Ableitung des Urteils, letztlich aus unmittelbar einsichtigen Sätzen. Beim Glauben dagegen erfolgt die Zustimmung zu den Glaubenssätzen nicht durch den Verstand und nicht auf einen Erkenntnisgrund hin, sondern durch den *Willen* und im Hinblick auf ein Willensziel. Im Fall des religiösen Glaubens ist es die Verheißung des ewigen Lohnes, die den Willen bestimmt, den Glaubenswahrheiten zuzustimmen. Nach dieser Bestimmung muß es überraschen, daß der Glaube als *Erkenntnis* in Anspruch genommen wird. Jedenfalls ist für das moderne Denken die Idee einer „Erkenntnis", die weder Wissen noch Einsicht ist, kaum vollziehbar; es findet sich darum sehr schwer in den dogmatischen Sprachgebrauch, der Thomas folgend, den Glauben als Erkenntnis, aber nicht als Wissen in Anspruch nimmt. Es scheint mir, daß dieses horrendum[144] zu überwinden ist, wenn man „Einsicht" und „Wissen" scharf in dem Sinne nimmt, in dem sie Thomas definiert hat und den Ausdrücken nicht andere Bedeutungen unterschiebt; wenn man außerdem die weitere Analyse des Glaubens heranzieht und sie durch eine Analyse des Willens ergänzt. – Wir sind gewohnt, „Wissen" in einem weiteren Sinn zu nehmen, als es Thomas in diesem Zusammenhang tut: für alles geistige „im Besitz haben". Ich will dafür jetzt den Ausdruck *„Kenntnis haben"* verwenden. Für unseren Geistestypus ist es notwendig, das, wovon wir Kenntnis haben, zuvor zu *erkennen*, d. h. Kenntnis zu *gewinnen*. Thomas hat in der Analyse des Glaubens verschiedene Wege, auf denen man Kenntnis gewinnen kann, gegeneinander abgegrenzt, aber keineswegs alle möglichen Wege berücksichtigt. Wissen ist in seiner Darstellung ein Kenntnishaben von Sachverhalten auf Grund logischer Ableitung, d. h. durch *Schließen* nach den Gesetzen der Logik. Alles Schließen setzt letztlich Sachverhalte voraus, die nicht mehr

---

[141] ⟨*Ver,*⟩ q 14 a 1 (⟨*QDV* II,⟩ a. a. O. S. 3 ff.).
[142] Augustin, *De praed*⟨*estinatione*⟩ *sanctorum*, ⟨*Über die Vorherbestimmung der Heiligen,* PL 44,⟩ Kap. 2.
[143] ⟨Lat.: vor der Erfahrung.⟩
[144] ⟨Lat.: Abschreckendes.⟩

Edith Stein

erschlossen, sondern *unmittelbar erkannt* sind. Und diese unmittelbare Erkenntnis sowie die daraus gewonnene Kenntnis bezeichnet Thomas als *Einsicht*. Auch sie aber weist noch zurück auf einen einfacheren Verstandesakt. Um einzusehen, daß das Ganze größer ist als der Teil oder daß Rot verschieden ist von Grün, muß ich „Ganzes" und „Teil" oder „Rot" und „Grün" schon kennen, ich muß den Sinn der Namen verstehen. Ein echtes und volles Verständnis von Worten habe ich nur dann, wenn ich die Sachen kenne, die mit den Worten bezeichnet werden. Thomas bezeichnet die Erkenntnis dessen, was etwas ist, ausdrücklich als einen der urteilsmäßig geformten Erkenntnis, der Einsicht in Sachverhalte, vorausgehenden Akt. Er nennt sie ein „Formen der einfachen Washeiten der Dinge".[145] Dieser einfache und für alle komplizierteren grundlegende Verstandesakt hat aber seinerseits ein Kenntnisnehmen zur Voraussetzung, das nicht mehr reiner Verstandesakt ist: Um den allgemeinen Sinn der Namen Rot und Grün zu verstehen und daraus die Einsicht ihrer Verschiedenheit zu gewinnen, muß ich *Rot* und *Grün sinnlich wahrgenommen* haben. Wahrnehmung ist Kenntnisnahme von realen Individuen. Alle höherstufige Erkenntnis weist letztlich auf Wahrnehmung zurück. Und die Wahrnehmung ist spezifisch verschieden je nach der Art der realen Individuen, deren Kenntnis sie erschließt: anders für Dinge als für einzelne dingliche Eigenschaften; verschieden für materielle Dinge, für Personen, für geistige Werke wie etwa eine Dichtung.

Wenn wir „Erkenntnis" in dem weiteren Sinne des Kenntnisgewinnens fassen, „Wissen" in dem engen Sinn des Kenntnishabens auf Grund eines logischen Verfahrens, dann erscheint ein Glaube, der Erkenntnis, aber nicht Wissen sein soll, nicht mehr als ein hölzernes Eisen.[146] Wir müssen nur ⟨sic⟩ versuchen, in der Mannigfaltigkeit dessen, was dieser weite Name „Erkenntnis" umspannt, den rechten Ort für den Glauben zu finden. Ich knüpfe zu diesem Zweck an die Analyse des Glaubens im religiösen Sinn an, die Thomas im 2. Artikel der XIV. Untersuchung über die Wahrheit gibt.[147] Er bezeichnet jene Stelle aus dem Hebräerbrief (⟨Hebr⟩ 11,1),[148] die auch in die früher zitierte dogmatische Erklärung des Glaubens aufgenommen ist, als eine vollständige Definition des Glaubens. Er behandelt zunächst den ersten Teil dieser Definition: fides substantia rerum sperandarum. Der Glaube ist die „Substanz", die „Unterlage" für das, was wir hoffen. Das, was wir hoffen, ist der Lohn, der uns verheißen ist, und das ist das ewige Leben. Es ist ein Gut, das alle natürlichen Kräfte des Menschen übersteigt. Wir sind nicht nur

---

[145] *Ver*, q 14 a 1 (⟨*QDV* II,⟩ a. a. O., 5).
[146] ⟨Anspielung auf ein Zitat aus Martin Heideggers Aufsatz „Phänomenologie und Theologie. I. Teil: Die nicht-philosophischen als positive Wissenschaften und die Philosophie als transzendentale Wissenschaft" (Vortrag Tübingen), in: *GA* 80.⟩
[147] A. a. O. ⟨*QDV* II,⟩ S. 7 ff.
[148] Ἔστι δὲ πίστις ἐλπιζομένων ὑπόστασις, πραγμάτων ἔλεγχος οὐ βλεπομένων.

unfähig, es uns selbst zu verschaffen, sondern auch außerstande, es uns auszudenken: „Kein Auge hat es gesehen, kein Ohr hat es gehört, in keines Menschen Herz ist es gekommen, was Gott denen bereitet hat, die Ihn lieben" (1 Kor 2, 9). Dieses Gut ist es, das der Wille sich als Ziel setzt, und weil der Glaube, d. h. hier das Fürwahrhalten dessen, was „uns zu glauben vorgestellt wird", der offenbarten Wahrheiten, der Weg zum Ziel ist, darum stimmen wir den Glaubenswahrheiten zu.[149] Wir würden uns das ewige Leben nicht als Ziel setzen, wenn wir nicht davon überzeugt wären, daß es ein Gut, ja das höchste Gut ist. Und wir würden nicht um dieses Gutes willen den Glaubenswahrheiten zustimmen, wenn wir nicht davon überzeugt wären, daß dies der Weg zum ewigen Leben sei. Kein Wille ist völlig blind, völlig ohne Erkenntnisgrundlage. Wir haben eine Kenntnis vom ewigen Leben und eine Kenntnis vom Glauben als Weg zum ewigen Leben durch Mitteilungen Gottes, d. h. durch Offenbarung, und wir nehmen diese Mitteilungen als wahr an und richten uns in unsern Willensentschlüssen darin ⟨sic!⟩, weil wir Gott Glauben schenken. So weist der ewige Lohn als Beweggrund der Zustimmung auf die göttliche Autorität als Beweggrund zurück. Um aber Gott Glauben zu schenken, müssen wir Gott kennen. So stehen wir wieder vor dem Satz: Gott selbst ist der erste Gegenstand des Glaubens; und der Anfang des Glaubens ist ein Kenntnisgewinnen von Gott, das aller Annahme von Wahrheiten über Gott zugrunde liegt.[150] Das kommt auch bei Thomas klar zum Ausdruck, wenn auch nicht in der Form, in der ich es eben entwikkelt habe. Er hat als das Ziel des Menschen das ewige Leben bezeichnet und fügt hinzu, daß die Hinordnung auf ein Ziel schon eine gewisse Angemessenheit an das Ziel bedeute, aus der das Verlangen nach dem Ziel entspringe; es müsse schon ein Anfang dessen, wonach er strebt, in dem Strebenden sein. So ist das Verlangen nach dem ewigen Leben schon ein Anfang des ewigen Lebens; und da (nach Joh 17,3) *das ewige Leben* darin besteht, *daß wir den einzigen wahren Gott erkennen*, „muß es einen *Anfang* einer solchen übernatürlichen Erkenntnis *in uns geben; und das* geschieht *durch den Glauben,* der auf Grund eines *eingegossenen Lichtes* das umfaßt, was von Natur aus unsere Erkenntnis übersteigt." Hier liegt für mich das Entscheidende und Wesentlichste in dieser Glaubensanalyse. Der *Glaube* ist *nicht blind*[151], er ist

---

[149] Die dogmatische Definition nennt als Beweggrund der Zustimmung die Autorität des offenbarenden Gottes. Wir werden bald zu überlegen haben, wie sich das zu der Darstellung des Hl. Thomas verhält.

[150] Dies „Kenntnisgewinnen" wird hoffentlich nicht verwechselt werden mit der religiösen „Erfahrung" der Modernisten, wie sie D 2081 (im folgenden S. 480 f. ⟨hier S. 180 f.⟩) dargestellt und zurückgewiesen wird: Der Glaubensakt gilt uns als ein übernatürliches Gnadengeschenk, nicht als ein natürlicher Akt des Menschen.

[151] Vgl. D 1791: „... die *Glaubenszustimmung* ist keine blinde Bewegung des Geistes; denn niemand kann ‚der evangelischen Predigt zustimmen', wie es zum Heil *notwendig* ist ‚ohne Erleuchtung und Einhauchung des Hl. Geistes' ..."

Edith Stein

der *Anfang des Schauens*, auf das er uns vorbereitet. Er ist eine Erkenntnis sui generis[152], nicht von geringerem Rang als die Erkenntnis, die durch den natürlichen Verstand gewonnen wird, sondern von höherem: das *lumen supranaturale*[153], das Gnadenlicht, das ihn ermöglicht, bedeutet eine *Seinssteigerung* des Verstandes; nur insofern steht er hinter der natürlichen Erkenntnis zurück, als er seinem Gegenstande noch weniger angemessen ist als die natürliche Erkenntnis dem ihren, noch mehr, als sie es tut, über sich selbst hinaus weist. Der Gott, der sich im Glauben offenbart, bleibt verhüllt und wird sich erst im höheren Licht der Glorie unserm geistigen Auge enthüllen. Und das wird nicht ein Schauen nach Art unseres natürlichen Sehens, auch nicht nach Art unserer geistigen Einsicht sein, sondern etwas sui generis. – Diese Bestimmung des Glaubens als Anfang des ewigen Lebens[154] ist für Thomas der Schlüssel, der ihm erst den vollen Sinn der apostolischen Definition eröffnet: Weil der Glaube der Anfang des Lebens ist, auf das wir hoffen, verdient er den Namen „Grundlage dessen, was wir hoffen".[155] Das, was wir glauben und hoffen, ist ein „Nicht-Erscheinendes", d. h. wir schauen es nicht so, wie wir es in der Glorie schauen werden; es steht aber in einer Weise vor uns, die es dem Willen möglich macht, es als Ziel zu setzen und das Nicht-Erscheinende als wahr anzunehmen; und so wird der Glaube als spezifischer Akt des Kenntnisgewinnens zum *argumentum non apparentium*[156], zum Beweismittel für etwas, was uns nicht vor Augen steht, und zur festen Überzeugung davon.

Mit dem „Nicht-Erscheinenden" ist der *Gegenstand* des Glaubens bezeichnet, mit dem „Beweismittel" der *Akt*, mit dem, was wir hoffen, das Ziel. Zu dem Akt gehört aber ein entsprechender *Habitus*, eine dauernde Bestimmtheit des *Geistes*: d. i. der Glaube als übernatürliche Tugend. Und so formt Thomas das Wort des Apostels in eine kunstgerechte Definition um:[157] *„Der Glaube ist der Habitus des Geistes, mit dem das ewige Leben in uns beginnt und der den Verstand bestimmt, Nicht-Erscheinendem zuzustimmen."* Ich hebe an dieser Definition noch einmal nachdrücklich hervor, daß darin *verschiedene Stufen des Glaubens beschlossen* sind: 1. die durch die Gnade bewirkte Verfassung des Geistes, die alle Glaubensakte möglich macht; ich verstehe darunter eine Kenntnis Gottes (eine habituelle Kenntnis, die jederzeit aktuell werden kann) und zugleich die Bereitschaft, jede Mitteilung Gottes als wahr anzunehmen; 2. die aktuelle Kenntnisnahme von einer göttlichen Mitteilung (etwa von dem ewigen Leben als höchstem Gut und verheißenem Lohn),

---

152 ⟨Lat.: eigener Art.⟩
153 ⟨Lat.: das übernatürliche Licht.⟩
154 ⟨*Ver*, q 14 a 2 corp. (*QDV* II, 9, Breslau 1932).⟩
155 ⟨Vgl. vorige Seite 36.⟩
156 ⟨Lat.: Argument des Nicht-Erscheinenden.⟩
157 A. a. O. ⟨*QDV* II,⟩ S. 10.

3. die Annahme anderer Offenbarungswahrheiten um des verheißenen Lohnes oder um der Wahrhaftigkeit Gottes willen. Es ist nicht nötig, daß diese Stufen in einzelnen Aktschritten nacheinander durchlaufen werden. Es müssen auch nicht alle genannten Momente in jedem einzelnen Glaubensakt enthalten sein.

Wir haben die ganze Betrachtung des Glaubens[158] nur angestellt, um uns den Urstand der ersten Menschen klar zu machen, der mehr als bloßer Naturstand und noch nicht Glorienstand ist. Zur Kennzeichnung des Unterschiedes von Gnade und Glorie mußten wir den von Glauben und Schauen heranziehen. Wir sahen: Wenn der Glaube ein Anfang des ewigen Lebens ist, so ist er Vorstufe des Schauens, das in der Erkenntnis Gottes besteht.

Vita aeterna[159] und *visio beatifica*[160] sind eins. Die kirchliche Lehre sagt darüber,[161] daß die Seelen, die im Stand der Gnade durch den Tod vom Leib getrennt werden, entweder sofort oder nach einer Zeit der Reinigung in den Himmel eingehen; das gilt für alle, die vor Christus oder während seines Erdenseins gestorben sind, seit der Himmelfahrt Christi, und gilt für alle, die seither gestorben sind oder sterben werden; sie sind „mit Christus im Himmel, im Himmelreich und himmlischen Paradies, der Gemeinschaft der heiligen Engel beigesellt, und schauen ...[162] das göttliche Wesen *intuitiv*, ja sogar von Angesicht zu Angesicht (visione intuitiva et etiam faciali); dabei bildet kein vermittelndes Geschöpf das Objekt des Schauens, sondern *das göttliche Wesen zeigt sich ihnen nackt, klar und offen;* und die es so schauen, genießen zugleich das göttliche Wesen, und durch solches Schauen und Genießen sind die Seelen der Abgeschiedenheit wahrhaft selig und haben ewiges Leben und ewige Ruhe ... Und dieses Schauen und Genießen des göttlichen Wesens *beendet in ihnen die Akte des Glaubens und der Hoffnung ...*" Und nachdem es begonnen hat, wird es niemals aufhören, sondern „wird sich fortsetzen bis zum letzten Gericht und von da an bis in Ewigkeit". Ergänzend heißt es später: Die Seligen „schauen in Klarheit den dreieinigen Gott, wie Er ist, aber nach der Verschiedenheit der Verdienste der eine vollkommener als der andere".[163] Zurückgewiesen wurden die Irrtümer *Rosminis*, daß Gott nur als Urheber Seiner äußeren Werke Gegenstand des Schauens sei, daß auch die Seligen noch auf die Spuren der göttlichen Weisheit

---

[158] Die Erörterung des Glaubens wird an späterer Stelle wieder aufgegriffen (im folg. S. 444 ff. ⟨hier S. 168 ff.⟩). Wenn vorläufig die subjektive Seite des Glaubens – die persönliche Annahme der göttlichen Wahrheit – etwas einseitig betont wurde, so soll dann auch die objektive – die offenbarte Wahrheit selbst und ihre Sicherung durch Tradition und kirchliches Lehramt – zu ihrem Recht kommen.
[159] ⟨Lat.: das ewige Leben.⟩
[160] ⟨Lat.: die glückselige Schau (Gottes) im Jenseits.⟩
[161] D 530.
[162] ⟨Durchgestrichen: „seit dem Leiden und Tod unseres Herrn Jesus Christus".⟩
[163] D 693.

und Güte in den Geschöpfen angewiesen seien und keinen unmittelbaren Zugang zum göttlichen Wesen hätten.[164] Wenn wir aus dieser Definition der visio herausheben, was an eigentlicher Charakteristik des Schauens darin enthalten ist, so ist es einmal die *Unmittelbarkeit:* das Schauen von Angesicht zu Angesicht, das Erfassen des göttlichen Wesens selbst, ohne Vermittlung von Geschöpfen. Es ist ferner das *Genießen*, die Beseligung, die unaufhebbar zum Schauen gehört. Und daß in diesem Schauen und Genießen ganz eigentlich das *ewige Leben* besteht. Wem Gott sich zeigt, dem teilt Er eben dadurch Sein Leben mit. Was das ewige Leben ist, das können erst die voll begreifen, die seiner teilhaftig geworden sind. Wenn wir versuchen wollen, im Verständnis so weit zu gelangen, wie es uns in statu viae[165] möglich ist, so kann dies nur ein *analogisches*[166] *Verständnis* sein, das heißt, wir können nur von etwas ausgehen, was wir jetzt schon haben und was in sich über sich hinaus in der Richtung der visio weist. Wir haben mancherlei Ausgangspunkte dafür. Es scheinen mir aber zwei von besonderer Wichtigkeit: einmal der *Glaube*, sofern er ja ein Anfang des ewigen Lebens ist und wie das Schauen Gott selbst zum Gegenstand hat; sodann die Erkenntnis der Geschöpfe, die unter allen irdischen Geschöpfen die größte Analogie mit Gott besitzen: Das sind die *Menschen*, und zwar sofern sie *geistige Personen* sind. Wenn uns die visio als ein Schauen Gottes von Angesicht zu Angesicht definiert wird, so dürfen wir dieses Schauen nicht nach Art einer sinnlichen Anschauung materieller Dinge denken. Gott ist *reiner Geist*, und so kann auch das Schauen Gottes nur ein rein geistiger Akt sein. Gott ist *Person*, und so kann eine Erkenntnis, die Ihn in Seinem Wesen trifft, nur eine solche sein, wie sie der Personalität als solcher entspricht. Wie in der natürlichen Gotteserkenntnis der Weg vom Sichtbaren zum Unsichtbaren geht, vom sinnenfälligen Geschöpf zum geistigen Schöpfer, so dringt auch unsere natürliche Erkenntnis von Menschen zunächst vom sinnenfälligen „Äußeren" zum „Inneren", „Geistigen" vor. Es ist der eigentümliche Typus des menschlichen Körpers, der eine „Mitauffassung" einer der meinen analogen „Innerlichkeit", einer personalen Struktur bedingt; und dieses Mitauffassen ist schon ein geistiges Auffassen von etwas Geistigem. Ich stoße damit auf ein dem meinen analoges Sein, auf ein *„Du"*, das ein *„anderes Ich"* ist. Dieses Stoßen hat aber nicht bloß den Charakter eines einseitigen Kenntnisnehmens, sondern eines *Begegnens*. In jedem Fall, in dem zwei Menschen einander anschauen, erkennen sie einander als ihresgleichen, und eben damit findet eine geistige Berührung statt, es stellt sich eine innere Verbindung her. Es steht aber dieses Analogon meiner selbst

---

[164] D 1928 ff.
[165] ⟨Lat.: Zustand des Unterwegsseins.⟩
[166] ⟨Steins Wortschöpfung; vgl. auch *AMP*, ESGA 14, 75.⟩

zugleich als ein „ganz anderes" vor mir, als eines, das nicht nur der Zahl nach, sondern qualitativ von mir verschieden ist, das eine individuelle Eigenart hat. In diese mir analoge und doch von mir radikal verschiedene Innerlichkeit einzudringen gibt es verschiedene Wege. Die Symbolik des menschlichen Körpers ist eine Ausdruckssprache. Gesichtszüge und Körpergestalt und ihr beständiger Wechsel in Bewegungen, Mienen, Gebärden „bedeuten" etwas, und es ist dem Menschen möglich, diese Formen zu deuten: auf das ständig bewegte Innenleben und auf dauernde „Charakterzüge", auf „allgemeine Züge", die sich in „typischen" Ausdrucksformen ausprägen, aber auch auf das schlechthin Individuelle, das eben dieser und keiner anderen Person eigen ist und das jedem ihrer Charakterzüge und jeder ihrer aktuellen Verhaltensweisen eine besondere Note gibt. Die Fähigkeit zu solcher Deutung ist nicht bei allen Menschen gleich; sie muß durch Erfahrung ausgebildet werden, und es gibt dafür eine mehr und minder große Begabung. Jeder einzelne ist in seiner Deutung Täuschungen unterworfen und stößt auf Grenzen, an denen seine Kunst versagt. Jedenfalls ist diese Symboldeutung unser erster Zugang zu den andern Menschen.

Unter den Ausdrucksphänomenen spielt die Sprache im spezifischen Sinn des Wortes, die Wortsprache, eine besondere Rolle. Einmal, weil sie nicht nur, wie das Mienenspiel und andere Ausdruckserscheinungen, seelische Regungen widerspiegelt, sondern sachlichen Zusammenhängen Ausdruck gibt und uns dadurch die Welt erschließt, in der der Sprechende lebt; ferner, weil die Aussagen des Menschen Aussagen über sich selbst und sein Inneres sein können, in denen er sich den andern frei erschließt.[167] Wenn damit eine neue Erkenntnisquelle für die fremde Innerlichkeit angegeben ist, so doch auch eine neue Fehlerquelle: Denn wir werden damit abhängig von der *Selbsterkenntnis* des Menschen und allen Täuschungsmöglichkeiten, die sie einschließt; überdies von seiner *Aufrichtigkeit* und *Offenheit*. Und diese letzten Momente spielen nicht nur für den sprachlichen Ausdruck, sondern für die ganze leibliche Symbolik eine Rolle. Denn nicht nur das Sprechen, sondern auch das normalerweise unwillkürliche Sichäußern in Mienen, Gebärden usw. ist prinzipiell vom Willen beherrschbar. Der Mensch kann durch einen „künstlichen" Ausdruck etwas anderes vortäuschen als wirklich innerlich in ihm vorgeht, und er kann durch Selbstbeherrschung seinen Ausdruck hemmen und damit den andern den Einblick in sein Inneres verschließen. So ist die fremde Innerlichkeit nicht etwas, dessen wir uns einfach erkennend bemächtigen können, sondern unser Eindringen findet eine Grenze in der

---

[167] Als weiteres Charakteristikum der Wortsprache ist hervorzuheben, daß sie als vom lebendigen Sprechen losgelöstes Gebilde objektiven Bestand hat. Darin bildet sie eine Vorstufe zu den planmäßig geschaffenen *Werken* des Menschen, die ebenfalls ein Mittel sind, um von Eigenart und Innenleben ihrer Schöpfer Kenntnis zu gewinnen.

Edith Stein

Freiheit des Menschen, sich zu öffnen oder zu verschließen. Das „Eindringen", das uns gestattet oder verwehrt werden kann, ist keine bloße Kenntnis davon, daß der andere sich freut oder verstimmt ist, analog der Kenntnis, daß die Rose rot ist. Das Deuten des Ausdrucks ist nur der erste Schritt in der Erkenntnis fremdpersönlichen Lebens und fordert zu weiteren Schritten auf: zum *Verstehen* und *Mitleben* dessen, was in dem andern vorgeht. Wenn ich es dem andern ansehe, daß er sich freut, so verstehe ich seine Freude noch nicht, und die unverstandene Freude ist auch eine unvollständig erkannte. Verstanden ist die Freude erst, wenn ich weiß, *worüber* er sich freut, und *warum* er sich darüber freut und gerade *so* und nicht anders freut. Das ist aber nur möglich, wenn ich ihn und seine ganze Erlebnissituation kenne, wenn ich mich in ihn „hineinversetze" und seine Erlebniszusammenhänge mit- und nachvollziehe. Und solches Mit- und Nachvollziehen bedeutet eine eigentümliche Lebenseinigung, ich gewinne damit Anteil an dem fremden Leben, nehme es in mich selbst auf. Es ist aber daran gebunden, daß der andere sich mir öffnet: daß er mir nicht nur sprachliche Mitteilungen macht, sondern sich ganz so gibt, wie er ist, mit nichts zurückhält, was in ihm ist. Ein solches rückhaltloses Sichanvertrauen ist nur möglich aus einem restlosen Vertrauen heraus, das seinerseits die Frucht der Liebe ist. Wie andererseits nur die Liebe zu jener restlosen Hingabe an einen andern befähigen wird, die ein volles Sich-in-ihn-Versetzen bedeutet. So hängen im Verhältnis von Personen *Liebe und Erkenntnis*[168] aufs engste zusammen.

Die Analyse der Erkenntnis menschlicher Personen mußte so weit geführt werden, um nun von hier aus zu einem analogischen[169] Verständnis der Gottesschau vordringen zu können. Der mittelbaren Erkenntnis von Menschen aus ihren Werken ist die Erkenntnis des Schöpfers aus den Geschöpfen zu vergleichen. Der Deutung der Ausdruckssymbolik des menschlichen Leibes können wir das Erfassen der Gottheit in der menschlichen Person Christi[170] und auch in den lebendigen Gliedern seines Leibes an die Seite stellen, der sprachlichen Mitteilung die Offenbarung Gottes im Wort Gottes, dem verstehenden Eindringen das Mitleben des göttlichen Lebens. Etwas davon haben wir schon im Glauben. Es gehört zum Glauben, daß nicht nur auf Grund natürlicher Gotteserkenntnis ein *Wissen* um die Existenz einer ersten Ursache und zwar eines personalen Urhebers vorhanden ist, sondern daß man selbst vor dem persönlichen Gott steht als Ich vor einem Du, zu dem man sprechen kann und von dem man gehört wird. Allerdings ist die göttliche Person „verhüllt", sie hat keinen Leib wie eine menschliche Person. Und wenn sie durch Menschen zu uns spricht – durch menschliches Wort oder

---

[168] (Evtl. Anspielung auf Max Schelers Aufsatztitel in *Krieg und Aufbau*, Leipzig 1916.)
[169] (Vgl. Anm. 166.)
[170] Vgl. Joh 14,9 („Wer mich sieht, sieht den Vater").

durch die eigentümliche Prägung, die das ganze Menschentum durch das Einwohnen der Gottheit bekommt –, so spüren wir wohl durch dieses Sprechen ein „ganz anderes", aber dieses Spüren ist keine so zweifelsfreie Bezeugung, daß es unmöglich wäre, daran irre zu werden. Es bedarf des *Vertrauens*, um sich auf dieses dunkle Spüren[171] zu verlassen. (Ich möchte hier darauf hinweisen, daß auch das Erfassen des menschlichen Innenlebens durch das Deuten der Leibessymbolik niemals zweifelsfrei verifiziert werden kann; auch zur Erkenntnis von Menschen gehört „Glauben".) Das göttliche Wort enthüllt uns manches von Gottes Wesen, Wollen und Wirken. Und auf Grund solcher Mitteilungen ist uns ein gewisses *Verstehen* Gottes möglich: z. B. des Schöpfungs- und Erlösungswerkes aus einer sich selbst verschwendenden Güte und Liebe heraus. Wenn wir uns durch hingebendes Bemühen in das göttliche Leben hineinzuversetzen suchen, so werden wir darin schon einen Anteil am göttlichen Leben gewinnen; indem sich Gott uns eröffnet, schenkt Er uns göttliches Leben. Die *visio beatifica*[172] aber wird uns ganz in dieses göttliche Leben hineinziehen. Wir werden nicht von außen tastend an Gott herankommen wie an menschliche Personen in dieser Welt. Wir werden nicht durch eigene falsche Deutungen oder durch Verschlossenheit und Heuchelei der andern gehemmt und getäuscht werden, sondern Gott wird sich uns rückhaltlos schenken. Und weil auch wir uns Ihm rückhaltlos schenken werden, weil nichts außer Ihm uns mehr beschäftigen wird, darum werden wir ganz von Seinem Leben erfüllt werden. So sind Liebe und Erkenntnis und göttliches Leben in der visio beatifica eins.

Die letzten Ausführungen über Glauben und Schauen führen uns zu einer Frage zurück, die schon wiederholt auftauchte, aber immer zurückgestellt werden mußte: den Anteil der *menschlichen Freiheit* am Glauben und am Schauen und ihre Bedeutung im menschlichen Urstand. Es wurde früher gesagt, der Glorienstand schließe ein *„non posse peccare"* ein, und das könnte als ein Aufhören der Freiheit gedeutet werden. Andererseits fordert die Deutung der visio als Liebesvereinigung mit Gott durch wechselseitige Hingabe einen freien Akt von Seiten des Menschen. Zur Lösung kann nur eine Klärung dessen, was unter Freiheit zu verstehen ist, führen.

---

[171] ⟨Vgl. „Spüren" (Stein, Edith, *Kreuzeswissenschaft*, Freiburg 2003, ESGA 18, 131) oder „dunkles Erfassen" (Stein, Edith, *Endliches und ewiges Sein (EES)*, ESW II, Freiburg 1986, 459).⟩
[172] ⟨Lat.: glückselige Schau (Gottes im Jenseits).⟩

E. Der Anteil der Freiheit an Glauben und Schauen

1. Ihre Bedeutung im Urstand

Wir beginnen wieder mit dem, was die Glaubenslehre selbst über die Freiheit sagt. Die menschliche Freiheit wird (gegen Bonnetty, 1855)[173] als etwas durch die natürliche Vernunft Beweisbares (gegen Bajus, 1567)[174] als durch die Schrift bezeugt hingestellt. Das liberum arbitrium[175] war dem ersten Menschen eigen,[176] ist aber durch den Sündenfall bei Adam und allen seinen Nachkommen geschwächt, so daß sie nicht aus eigener Kraft die Sünde meiden und zur Rechtfertigung gelangen können,[177] aber auch nach der Rechtfertigung des ständigen Gnadenbeistandes zum Guten bedürfen. Wenn aber auch alles, was der Mensch Gutes tut, der göttlichen Gnade zuzuschreiben ist, so geschieht es doch durch freie Mitwirkung mit der Gnade,[178] die vom freien Willen angenommen oder abgelehnt werden kann. Selbst in dem Sünder *vor* der Rechtfertigung ist das liberum arbitrium nicht erloschen.[179] Auch der Sünder ist zu guten (wenn auch nicht verdienstlichen) Werken fähig, ja sogar – unter aktuellem Gnadenbeistand – zu Akten von übernatürlicher Bedeutung (dahin gehört alles, was der Vorbereitung auf die rechtfertigende Gnade dient),[180] wie andererseits das Böse, das er tut, ihm und nicht etwa Gott zuzuschreiben ist.[181]

Wie ersichtlich, ist es in diesen Definitionen darum zu tun, die *Tatsache* der menschlichen Freiheit festzustellen und ihr *Verhältnis zur Gnade* zu bestimmen. Was unter Freiheit zu verstehen ist, wird nicht auseinandergelegt, sondern vorausgesetzt. Sodann ist über die Art des Zusammenwirkens von Freiheit und Gnade nichts festgelegt, so daß die philosophische und theologische Spekulation in diesem Punkte bis heute freies Spiel hat.[182] Das Dringlichste für uns ist, Klarheit darüber zu bekommen, welche *Idee der Freiheit* den Definitionen zu Grunde liegt. Die Entscheidungen des 5. Jhs., die gegenüber der Überbetonung der Freiheit seitens der Pelagianer den Anteil der Gnade an den menschlichen Werken herausarbeiten, stützen sich

---

173 〈Augustin Bonnetty (1798–1879), frz. Philosoph.〉 D 1650.
174 D 1041.
175 〈Lat.: der freie Wille.〉
176 D 133.
177 D 134 ff.
178 D 814.
179 D 793.
180 D 814.
181 D 816.
182 Er bildet einen Hauptstreitpunkt zwischen Thomisten und Molinisten. 〈Anhänger des Luis de Molina SJ (1535–1600), spanischer Theologe, Vertreter eines Gnadensystems, in dem die menschliche Freiheit zuungunsten der göttlichen Gnade gesteigert wurde.〉

im wesentlichen auf die Lehre Augustins, und so werden wir uns an ihn um Aufschluß wenden müssen.

2. Exkurs über die Freiheitslehre des Hl. Augustin

Windelband[183] sagt in einem guten Bilde: „Die Gedankenwelt Augustins gleicht einem elliptischen System, das sich durch die Bewegung um zwei Mittelpunkte konstruiert ..."[184] (Wenn er den einen Brennpunkt in dem *Begriff der Kirche* sieht, der für den Theologen richtunggebend ist, den andern in dem philosophischen *Prinzip der Selbstgewißheit* des Bewußtseins,[185] so ist dies wohl eine zu große Vereinfachung, da weder das philosophische noch das theologische Denken Augustins sich von einer einzigen Idee her begreifen läßt.)

Ich möchte die Darstellung der augustinischen Freiheits- und Gnadenlehre anschließen an zwei Schriften, die am Anfang und Ende seiner lebenslangen Beschäftigung mit diesen Fragen stehen: *de libero arbitrio* und *de gratia et libero arbitrio.*[186]

Die Abfassung der ersten Schrift wird in die Jahre 388–95 verlegt, d. h. in eine Zeit, in der seine Konversion noch nicht lange zurücklag und die vorausgehenden inneren Geisteskämpfe noch nachwirkten. Aus der radikalen Stellungnahme gegen den manichäistischen Irrtum, dem er selbst entronnen war, ist es zu verstehen, daß ihn das *Problem des Bösen* zur Beschäftigung mit der Willensfreiheit führt. Die drei Fragen, die in den drei Büchern *de libero arbitrio* behandelt werden, lauten: 1. Was heißt: Böses tun? 2. Ist der freie Wille ein von Gott verliehenes Gut? 3. Woher kommt die Abwendung vom höchsten Gut?

Es ist seinem Kern nach eine *Theodizee,* deren Gedankengang die Behandlung des freien Willens erfordert.

Böses tun heißt etwas tun, was der *libido* entspringt, der schlechten Begierde, d. i. dem Verlangen nach Dingen, die man gegen seinen Willen verlieren kann. Das, was nach menschlichen Gesetzen erlaubt und verboten ist, entspricht nicht ganz diesem Maßstab. Aber menschliche Gesetze (wie z. B. die wechselnden Staatsverfassungen) sind etwas Veränderliches und werden

---

[183] (Wilhelm Windelband (1848–1915), deutscher Philosoph, mit Heinrich Rickert Begründer der südwestdeutschen (badischen) Schule des Neukantianismus.)

[184] *Lehrbuch der Geschichte der Philosophie*, Tübingen 61912, S. 230.

[185] (Ab hier durchgestrichen: „Für das Problem, das uns hier beschäftigt, ist es wohl noch besser, an Stelle des Begriffs der Kirche die *Gottesidee* unseres Glaubens zu setzen.")

[186] (Augustinus, Aurelius, *De libero arbitrio, Über den freien Willen*, Maur. I, PL 32; Augustinus, Aurelius, *De gratia et libero arbitrio, Über die Gnade und den freien Willen.* Maur. X, 1; PL 44.)

selbst gemessen an einem *ewigen Gesetz*, das wir in uns tragen. Der Inhalt dieses Gesetzes ist: Es ist gerecht, daß alles aufs beste geordnet sei. Der *Mensch* ist am besten geordnet, wenn das Beste in ihm, die Vernunft oder der Geist, über das andere herrscht. Der Geist ist berufen, über die Begierden zu herrschen und ist mächtiger als sie. Je tugendhafter eine Seele ist, desto größer ist ihre Kraft. Darum kann keine lasterhafte Seele eine tugendhafte überwinden. Außer Gott gibt es nichts Höheres als ein geistiges Geschöpf,[187] in dem die Vernunft herrscht (worin die Weisheit besteht). Eine Natur, in welcher der Geist herrscht, kann weder von einer gleichen oder höheren zur Unterwerfung unter die Begierde gezwungen werden (das ist durch die Gerechtigkeit dieser Geistnaturen ausgeschlossen), noch von einer niederen (die es ihrer Schwäche wegen nicht vermag), sondern nur *durch den eigenen Willen und seine freie Entscheidung*. Wenn das geschieht, so ist es die gerechte Strafe, daß ein solcher Geist nun der Herrschaft der Begierden, dem Irrtum und der Täuschung, dem Hin- und Hergerissenwerden zwischen Furcht und Verlangen, der ständigen Unrast ausgeliefert wird. Das ist der Zustand, in dem wir uns vom Beginn unseres irdischen Lebens an befinden. Aber auch wir sind nicht gezwungen, darin zu verharren, und verdienen Strafe, wenn wir uns den Begierden unterwerfen. Denn *auch wir haben einen Willen*. Und wir haben *guten Willen*, wenn wir recht leben und weise werden wollen. Und wenn wir diesen guten Willen haben, so haben wir etwas Besseres als all die Güter, die uns gegen unsern Willen entrissen werden können. *Nichts liegt aber so im Bereich des Willens als der Wille selbst.* Und so liegt es an uns, ob wir ihn haben oder nicht. Und wir verdienen Strafe, wenn wir ihn nicht haben.

Wer guten Willen hat und ihn über alles schätzt, der besitzt eben dadurch auch die *vier Kardinaltugenden:* Er besitzt *Klugheit* als das Wissen um das, was man erstreben und was man meiden muß (zu meiden ist alles, was einem wider Willen entrissen werden kann); *Tapferkeit* als Verachtung des Verlustes aller solchen Güter; *Mäßigkeit* als Beherrschung des Verlangens nach Gütern, die man nicht in Ehren besitzen kann; *Gerechtigkeit*, die jedem das Seine zuerteilt – da der Mensch, der guten Willens ist, niemandem Böses will. Wer aber im Besitz der Tugenden ist, der führt das rechte Leben. *So genügt es, guten Willen zu haben* und ihn über alles zu schätzen, *um sein Ziel*, das rechte Leben, zu erreichen.

So ist die Frage des ersten Buches beantwortet: Böses tun heißt sich von den ewigen Gütern abwenden, die der Geist durch sich selbst erfaßt und genießt und die ihm nicht genommen werden können, und zeitlichen Gütern nachjagen.

Wir heben noch heraus, was über den Willen festgestellt wurde: Wir

---

[187] ⟨Durchgestrichen: „Wesen".⟩

haben einen Willen, und der Wille ist durch sich selbst bestimmt: Das ist der Sinn der Freiheit. Es liegt im Bereich der Freiheit, sich auf das Gute zu richten.

Das wird am Anfang des II. Buches sofort näher ergänzt: Der Mensch ist etwas Gutes, weil er die Möglichkeit hat, recht zu handeln. Er hat diese Möglichkeit dadurch, daß er frei ist (und hat dadurch zugleich die Möglichkeit zu sündigen). So ist auch die *Freiheit ein Gut*. Die Tatsache der Freiheit ist auch daraus zu erschließen, daß Gottes Gerechtigkeit ihm Lohn und Strafe für seine Taten zumißt.

Daß die Freiheit ein Gut ist, das ist noch auf andere Weise zu zeigen: Wenn gezeigt werden kann, daß sie von Gott stammt, dann muß sie gut sein, denn von Gott kann nur Gutes stammen. Um es zu zeigen, muß man erst Gottes Existenz beweisen. (Wenn sie auch durch den Glauben gewiß ist, so scheidet doch Gott selbst zwischen Glauben und Verstandeseinsicht und fordert zum Suchen nach Einsicht auf.)

Ausgangspunkt alles Beweisens ist die *gewisseste aller Tatsachen:* die des eigenen Seins, Lebens, Erkennens.[188] Das Erkennen steht höher als Sein und Leben, weil es beide in sich schließt. Und die Vernunft, mit der wir geistig erkennen, steht höher als die Sinne, weil sie von all dem Wissen gewinnt, was die Sinne erfassen, und überdies von sich selbst. Sie selbst ist das Höchste im Menschen, und wenn es etwas Höheres gibt, so muß es Gott sein. Und es muß ein Unwandelbares sein, während sie selbst in ihrem Streben nach Erkenntnis sich noch als ein Wandelbares erweist. Sie erkennt das Höhere durch sich selbst, nicht durch die Sinne, und erkennt es als ein Höheres und sich selbst als ein Niederes.

Der Geist des Menschen, mit dem er die Wahrheit erkennt, ist dieses einen Menschen Geist und ist wandelbar. Die *Wahrheit*, die er erkennt, ist *eine für alle* und ist *unwandelbar*, und nach ihr werden die wandelbaren Geister beurteilt. Darum steht sie höher als die Geister.

Durch den Besitz der Wahrheit, durch die wir alle Güter erkennen, werden wir *glücklich und frei. Dies ist unsere Freiheit, wenn wir der Wahrheit unterworfen sind.*[189] Mit welchem Recht wird hier von „Freiheit" gesprochen? Darüber erhalten wir sogleich Aufschluß: *Mit Freiheit genießen wir nur, was uns nicht gegen unseren Willen entrissen werden kann.* Das gilt von der Wahrheit: Denn sie kann von allen gemeinsam besessen werden, keiner braucht den andern aus ihrem Besitz zu vertreiben. Sie wird auch nicht durch äußere Umstände (wie die sinnliche Wahrnehmung durch Entfernung und Dunkelheit) gehindert.

---

[188] ⟨Vgl. dazu Stein, Edith, *Potenz und Akt*, ESW XVIII, Freiburg 1998, 19; *EES* 35 f.: „Denn überall – in dem ‚Leben' Augustins, in dem ‚ich denke' Descartes', im ‚Bewußt-sein' oder ‚Erleben' Husserls –, überall steckt ja ein *ich bin*."⟩
[189] ⟨Augustinus,⟩ *De lib. arb.*, II, XIII.

Überlegen wir, ob „Freiheit" hier im selben Sinne genommen ist wie im I. Buch. Dort war sie verstanden als die Selbstbestimmung des Willens. Von ihr hängt die Zuwendung zum unwandelbaren Gut oder zu den vergänglichen Gütern ab. Wenn wir besitzen, was wir besitzen wollen, und wenn es uns nicht gegen unsern Willen entrissen werden kann, dann ruht der Wille in dem Besitz; und dann sind wir glücklich. Und der Wille war *gut* genannt worden, der sich den Gütern zuwendet, die uns nicht gegen unseren Willen entrissen werden können. Dahin gehören die irdischen Güter nicht, weil sie nicht von allen gemeinsam besessen werden können und weil darum der Wille anderer Menschen sich darauf richten und sie uns entreißen kann. Diese Gefahr besteht bei der Wahrheit nicht. Kein Mensch kann sie uns nehmen, wenn wir sie nicht selbst preisgeben. So können wir in ihrem Besitz ruhen und glücklich sein. Und der Besitz kann frei genannt werden, weil er von unserem Willen abhängt.[190]

Die unwandelbare Wahrheit, die höher steht als alle wandelbaren Geister, die sie erfassen, ist Gott selbst. Sie begegnet allen, die sie suchen, in den Spuren, die sie ihren Werken eingeprägt hat. Alles Veränderliche hat eine Form und kann nicht sich selbst formen, sondern muß durch eine *unwandelbare Form* geformt werden; so auch Leib und Seele. Die Form, durch die alles geformt und geleitet wird, ist die *Vorsehung*. Ohne sie ist nichts; das größte wie das geringste Gut kann nur aus Gott stammen.

So ist festgestellt, daß der freie Wille, wenn er ein Gut ist, von Gott stammen muß. Daß er ein Gut sei, wurde damit begründet, daß er notwendig ist zum rechten Leben. In der Stufenreihe der Güter, die Augustin unterscheidet, gehört der Wille unter die mittleren. Große Güter werden die genannt, von denen man keinen schlechten Gebrauch machen kann (so die Tugenden, in denen die rechte Vernunft lebt); kleine Güter diejenigen, ohne die ein rechtes Leben möglich ist (wie körperliche Vorzüge); mittlere die zum rechten Leben notwendigen (die geistigen Fähigkeiten), die einen Mißbrauch zulassen. Dahin gehört der Wille. Daß er sich selbst gebrauchen kann, das hat er mit der Vernunft gemeinsam, die nicht nur anderes, sondern auch sich selbst erkennt, und mit dem Gedächtnis, das sich auf sich selbst besinnen kann.

Der Gebrauch, den der Wille von sich selbst macht, ist die Hinwendung auf ein Gut. Ist dies das ⟨sic⟩ unwandelbare Gut, das ein allgemeines ist, nicht einem Menschen ausschließlich eigen, so gelangt er zum seligen Leben; und dies ist nun ein „proprium", dem Einzelnen ausschließlich eigen, wie auch die

---

[190] ⟨Zu dieser Hs-S. 102 vermerkt Stein auf einem kleinen Notizzettel, auf dem sich auch eine kleine Gliederung befindet (s. Einführung, S. XXVIII): „Thomas von Aquin, *Die Vollkommenheit des geistlichen Lebens*, Albertus Magnus Verlag, Vechta ⟨1933,⟩ 10. ⟨S. 102 Hängt d⟨er⟩ Besitz d⟨er⟩ Wahrheit *allein* von unserem Willen ab.⟩

Tugenden „propria" sind. So ist der Wille, der selbst ein mittleres Gut ist, imstande, die größten Güter für den Menschen zu gewinnen. Wendet er sich aber von dem allgemeinen Gut ab und entweder einem *proprium* zu (so, wenn er sein eigener Herr sein will) oder einem *fremden* Gut (wenn er z. B. etwas zu erkennen sucht, was einem andern eigen ist, oder überhaupt etwas, was ihn nichts angeht) oder einem *niederen* (körperlichem Genuß), dann sündigt er. Und der Stolze (superbus) oder Vorwitzige (curiosus) oder Zügellose (lascivus) verfällt einem Leben, das im Verhältnis zum höheren Leben Tod ist. Böse sind aber weder die begehrten Güter noch der freie Wille, sondern die Abwendung vom unwandelbaren Gut. Sie steht in der Macht des Willens; es steht aber auch in seiner Macht, das andere Leben zu wählen, jenes *sichere Leben*, in dem uns nichts geschehen kann, was wir nicht wollen. Freilich gehört dazu, daß wir Gottes ausgestreckte Gnadenhand ergreifen, da wir uns nicht aus uns erheben können, wie wir aus uns gefallen sind. Hier (am Ende des II. Buches) wird zuerst vordeutend auf die Zusammenhänge von Freiheit und Gnade hingewiesen. Zuvor aber wird noch eine Frage behandelt, die sich im Anschluß an die zuletzt behandelten unmittelbar aufdrängt – die Kernfrage des III. Buches:

Woher kommt es, daß der Wille sich vom unwandelbaren Gut abwendet? Die Abwendung kann *nicht naturnotwendig* sein wie der Fall des Steins, sonst könnte man sie nicht als schuldhaft verurteilen. „Nichts empfinde ich so fest und innerlich, wie daß ich einen Willen habe und durch ihn zu einem Genuß bewegt werde. Was ich mein nennen sollte, wenn der Wille, durch den ich will und nicht will, nicht mein ist, das ist mir völlig unerfindlich. Wem anders also als mir ist es zuzuschreiben, wenn ich durch ihn schlecht handle? Denn da der gute Gott mich gemacht hat und da ich nichts Gutes tue außer durch meinen Willen, so ist es klar genug, daß er mir dazu vom guten Gott gegeben ist. Wenn aber die Bewegung, die den Willen dahin oder dorthin wendet, nicht freiwillig oder in unserer Macht wäre, so verdiente der Mensch nicht Lob oder Beschuldigung für die Drehung der Angel des Willens zum Höheren oder Niederen; und es hätte keinen Sinn ihn zu ermahnen, er solle das Irdische geringschätzen und das Ewige zu erlangen streben ..."[191]

Daß Gott die Sünde voraussieht, ist kein Einwand gegen ihren freien Vollzug. Wenn er unseren *Willen* voraussieht, dann muß es ein *freies* Wollen sein, sonst wäre es überhaupt keines. „Denn wir können nur dann sagen, daß etwas nicht in unserer Gewalt sei, wenn uns nicht zur Verfügung steht (adest), was wir wollen: Wenn uns aber der Wille, während wir wollen, fehlt (deest), dann wollen wir überhaupt nicht. Wenn es aber unmöglich ist, daß wir wollend nicht wollen, dann steht in der Tat der Wille den Wollenden zur Verfügung: Denn nichts anderes steht in ihrer Gewalt, als was den Wollen-

---

[191] *De libero arbitrio*, Buch III, Kap. I.

den zur Verfügung steht. Unser Wille wäre also kein Wille, wenn er nicht in unserer Gewalt wäre. Weil er aber in unserer Gewalt ist, ist er für uns frei."[192]

Gottes Vorauswissen ändert an der Freiheit nichts, wie ja auch ein Mensch die Sünde eines andern voraussehen kann, ohne damit ihr Urheber zu werden.

Und wie unter dem, woran sich ein Mensch erinnert, vieles ist, was nicht er selbst getan hat, so sieht Gott alles voraus, dessen Urheber Er ist, ist aber nicht Urheber alles dessen, was Er voraussieht.

Sünden können aus eigener Überlegung geschehen oder auf Überredung durch andere hin. Freiwillig sind beide, schwerer die aus eigenem Antrieb, am schwersten die Verführung anderer. Dieses ist der Fall des Teufels.[193] Auf seine Überredung hin sündigte der Mensch. Aber weil er sich freiwillig dem Teufel unterworfen hatte, war es gerecht, daß er ihm unterworfen blieb und ihm nicht gewaltsam entrissen wurde, sondern durch freie Hinwendung zu dem, der um des Menschen willen ertrug, was Er nicht verdient hatte. Daß der Mensch überhaupt frei wurde, ist gerecht, weil seine Einwilligung keine so schwere Sünde war wie die Überredung des Verführers.

Wo ist nun der Ursprung der Sünde zu suchen? *Jede Natur ist an sich gut.* (Um verderbt werden zu können, d. h. minder gut zu werden, muß sie gut sein.) Wenn wir etwas an einem Ding tadeln, so bezeichnen wir es damit als einen *Fehler*, und das ist immer etwas *gegen die Natur*. (Sodaß im Tadel des Fehlers noch die Natur und ihr Urheber gepriesen wird.) Wenn aber etwas durch ein anderes verderbt wird, so kann es nur durch dessen Fehler verderbt werden. Denn nur, wessen Natur verderbt ist, das kann ein anderes verderben. Ein Höheres kann von einem Niederen oder Gleiches von Gleichem nur mit seinem Willen verderbt werden; nur ein Niederes kann von einem Höheren allein durch dessen Schuld verderbt werden. Wenn die Sünden, wie es sich gebührt, getadelt werden, so geschieht es, *weil die sündige Natur nicht so ist, wie sie sein sollte.* Gott, von dem sie die Gabe empfangen hat, recht zu tun, wenn sie es will, ist sie es schuldig, recht zu tun; elend zu sein, wenn sie nicht recht tun will, und selig zu sein, wenn sie es tut. Diese Gesetze des allmächtigen Schöpfers kann die Seele auf keinen Fall überschreiten.

Würde jemand durch seine eigene Natur gezwungen zu sündigen, so wäre es keine Sünde. Wird man aber weder durch seine eigene noch – wie gezeigt wurde – durch eine fremde Natur gezwungen zu sündigen, so kann die Ursache nur im eigenen Willen liegen. So ist auch die Ursache dafür, daß von

---

[192] A. a. O., Buch III, Kap. III.
[193] (Unter P / A II B findet sich im ESAK ein Zettel mit der Überschrift „Das Dogma vom Teufel".)

den vernunftbegabten Geschöpfen manche niemals sündigen, andere immer in der Sünde verharren, eine dritte Gruppe sich wechselnd verhält, nirgends anders als im Willen zu suchen. Wollte man nun weiter nach der Ursache des Willens fragen, so käme man an kein Ende mit Fragen. Außerdem kann die Ursache der Sünde nicht außerhalb des Willens liegen, somit wäre es keine Sünde.

Bis zu diesem Punkt der Untersuchung ist Augustin so radikaler „Indeterminist", wie nur je einer in der Geschichte der Philosophie hervorgetreten ist. Es führt von hier ein gerader Weg zu Duns Scotus.[194] Und das Verfahren war in seinem Hauptgedankengang ein rein philosophisches, geleitet von den Prinzipien der Selbstgewißheit des geistigen Lebens sowie der Gewißheit einsichtiger Zusammenhänge. Theologische Erwägungen wurden ausdrücklich als Seitenbetrachtungen gekennzeichnet. Im folgenden dagegen erhält der „zweite Brennpunkt der Ellipse" maßgebende Bedeutung. Alles, was bisher über den freien Willen gesagt wurde, hatte die *Natur in ihrem ursprünglichen Zustande* zur Voraussetzung. Wenn wir die tatsächlichen Verhältnisse betrachten, so läßt sich nicht leugnen, daß Menschen *aus Unwissenheit Unrecht tun*[195] oder das Böse *tun, das sie nicht wollen*.[196] Aber das ist in dem *Strafzustand* begründet: Da der Mensch das Rechte wußte und nicht tat, hat er die Gabe verloren zu wissen, was recht ist; und da er das Rechte nicht tun wollte, als er es konnte, hat er die Gabe verloren, es zu können, wenn er es will. „Natur" ist doppelsinnig geworden, wenn wir die ursprüngliche und die gefallene Natur so bezeichnen. Doch auch wenn wir die gefallene Natur ins Auge fassen, bleibt die Freiheit des Willens bestehen. Wir brauchen nicht in Unwissenheit und Gehemmtheit (difficultas) zu beharren; denn es gibt Einen, der uns belehrt und heilt, wenn wir nur von der Freiheit Gebrauch machen, Belehrung und Heilung zu suchen.

Die Tatsache der Erbsünde – daß die Nachkommen des ersten Menschenpaares im Zustand der Unwissenheit und Gehemmtheit zur Welt kommen – verteidigt Augustin gegen den Vorwurf der Ungerechtigkeit: Gott nahm den Stammeltern nicht die Gabe der Fruchtbarkeit; aber es wäre nicht angemessen gewesen, wenn sie bessere Menschen erzeugt hätten, als sie selbst waren. Von den vier Wegen, die er für die Entstehung der Seelen als möglich in Betracht zieht, brauchen wir hier nur den einen zu berücksichtigen, für den sich seither die Kirche entschieden hat: daß jede einzelne Seele unmittelbar von Gott erschaffen wird.[197] Den Vorrang, den sie als Seelen vor den Körpern haben, findet Augustin darin angezeigt, daß sie ihr Dasein auf der Stufe beginnen, wo die Eltern geendet haben. Und sie haben den weiteren Vorzug,

---

[194] ⟨Johannes Duns Scotus OFM (1265–1308), schottischer Theologe.⟩
[195] 1 Tim 1,13; Ps 25,7.
[196] Röm 7,19.
[197] D 170.

Edith Stein

daß sie sich mit Gottes Hilfe ausbilden und durch frommes Bemühen die Tugenden erlangen können, die sie von Unwissenheit und Gehemmtheit freimachen. Wenn sie das nicht wollen, so ist es ihre persönliche Schuld. „Nur der allmächtige Gott konnte Schöpfer solcher Seelen sein, die er ⟨von ihnen⟩ ungeliebt schafft, liebend wiederherstellt, geliebt vollendet."[198]

Es ist also nicht des Menschen Schuld, wenn er unwissend und gehemmt zur Welt kommt. (So wenig, wie man von einem jungen Baum, ehe er ertragfähig wird, Früchte verlangen kann.) Aber es steht in seiner Macht, fortzuschreiten bis zum seligen Leben. Und wenn er das nicht tut, so ist es seine persönliche Schuld, und die Strafe ist der Sturz in noch größere Unwissenheit und Gehemmtheit. Beim Fortschreiten geht der höhere Teil voraus in der Erkenntnis des Rechten; der fleischliche Teil ist träger und folgt nicht entsprechend nach. Das ist aber nur ein Ansporn, die Hilfe dessen anzurufen, der den Anfang gegeben hat und zur Vollendung führen kann und der einem „umso lieber wird, als man nicht aus eigener Kraft, sondern durch Seine Güte das Sein hat und durch Seine Barmherzigkeit zum Seligsein erhoben wird"[199].

Eine Preisgabe der philosophischen Willenstheorie ist in der bisherigen Behandlung der Offenbarungstatsachen nicht zu finden. Beim gefallenen Menschen ist das Verhältnis zur verderbten Natur ein analoges wie beim integren Menschen das zur unversehrten Natur: Er kann sich in ihrem Sinne und gegen sie entscheiden. Und entsprechend ist das Verhältnis zur Gnade: Er kann mit ihr oder gegen sie wirken. So heben weder Erbsünde noch Gnade die Freiheit auf.

Um aber den Ursprung des Bösen aufzudecken und den gegenwärtigen Zustand der Unwissenheit und Gehemmtheit zu begreifen, müssen wir erwägen, in welchem Zustand *der erste Mensch* geschaffen wurde. Augustin ist der Auffassung, daß Adam nicht von vornherein weise oder töricht sein mußte (dabei ist unter Torheit die schuldhafte Unwissenheit um das, was zu erstreben oder zu meiden ist, verstanden);[200] er konnte sich auch in einem *mittleren Zustand* befinden: noch nicht weise, aber fähig, Weisheit zu empfangen durch die Vernunft, die ihn instand setzte, Gottes Gebot zu empfangen; dem Gebot schuldete sie Glauben, um zu tun, was es vorschrieb. Wie aber der Vernunft das Gebot zuteil wird, so der Beobachtung des Gebotes die Weisheit. Mit der Fähigkeit, die Vorschrift zu fassen, bekam der Mensch zugleich die Möglichkeit zu sündigen: *Vor* dem Empfang der Weisheit sündigt er, indem er sich nicht bereit macht, das Gebot zu empfangen oder

---

[198] *De lib. arb.*, Buch III, Kap. XX.
[199] A. a. O., Buch III, Kap. XXII.
[200] Thomas ist hierin anderer Auffassung: Nach ihm war der Stammvater von Anbeginn in Besitz aller natürlichen Vollkommenheit, die überhaupt dem Menschen erreichbar ist. Vgl. *Ver*, q 18 a 7 (*QDV* II, 129 ff.).

dem empfangenen nicht gehorcht. Der Weise aber sündigt, indem er sich von der Weisheit abwendet. So konnte der erste Mensch auch verführt werden, wenn er ursprünglich weise war, und es gebührte ihm Strafe, weil es freiwillig geschah. In der Abweisung dialektischer Einwände gegen die Möglichkeit des Töricht*werdens* wird darauf aufmerksam gemacht, daß es sich um einen echten *Übergang* von der Weisheit zur Torheit handelt, der weder das eine noch das andere ist (wie das Einschlafen ein Übergang vom Wachen zum Schlaf und als solcher weder Wachen noch Schlaf ist): Um töricht zu werden, muß man weise sein, aber das Törichtwerden ist weder als Weisesein noch als Törichtsein anzusprechen.

Wie ist es aber möglich, daß der Wille sich „in seinen Angeln dreht?" Er muß durch etwas *angelockt* werden; und um ihn anlocken zu können, muß es zuerst *gesehen* werden. Es anzunehmen oder abzulehnen steht in der Macht des Willens; davon berührt zu werden, steht nicht in seiner Macht. Die Seele kann von Höherem und Niederem berührt werden: vom Gebot Gottes und von der Einflüsterung des Teufels. Wie leicht es für den Menschen vor dem Fall war, die Versuchung abzuweisen, beweist die Tatsache, daß selbst für den Toren noch der Übergang zur Weisheit möglich ist.

Wenn der Fall des Menschen auf die Einflüsterung des Teufels zurückgeführt wird, dann erhebt sich die weitere Frage, wer denn dem Teufel den Rat gab, durch den er fiel. Denn auch er mußte *etwas* wollen, und dies Etwas mußte ihm in den Sinn gekommen sein. Als „Gesehenes", das den Willen anlocken kann, kommt Dreierlei in Betracht: etwas, was vom Willen eines Ratenden ausgeht (das schaltet ⟨sic⟩ beim Fall des Teufels aus, weil niemand da war, der zum Bösen raten konnte); etwas, das von den körperlichen Sinnen erfaßt wird (auch das kommt bei einem reinen Geist nicht in Frage), und etwas, worauf sich eine geistige Intention richten kann.[201] Der geistigen Intention unterliegt – außer der Trinität, die ihr freilich nicht sowohl ⟨sic⟩ unterliegt als sie überragt – das geistige Geschöpf selbst (Augustin sagt hier: die Seele selbst und der Leib, den sie bewegt). Wenn der geschaffene Geist in der Betrachtung der ungeschaffenen Weisheit sich selbst in den Sinn kommt, so geschieht es durch den Unterschied: daß er nicht ist, was Gott ist, und doch etwas, was nächst ⟨sic⟩ Gott gefallen kann. Besser ist es, sich selbst vor lauter Gottesliebe zu vergessen oder im Vergleich mit Gott zu verachten. „Wenn er aber sich selbst gefällt, als stünde er sich selbst gegenüber, um Gott in verkehrter Weise nachzuahmen und seine eigene Macht zu genießen, so wird er umso kleiner, je größer er zu sein begehrt. Und darum

---

[201] Augustin spricht hier von „Intention der *Seele*", weil er die ganze Erwägung – trotz der vorausgestellten Frage – für den Menschen durchführt. Mit Rücksicht auf diese Fragestellung wandle ich den Gedankengang ab. So sind auch die eingeklammerten Bemerkungen nicht Darstellung, sondern eigene Ergänzung des augustinischen Gedankengangs.

Edith Stein

ist ‚der Anfang aller Sünde der Hochmut und der Anfang des … Hochmuts der Abfall von Gott'.[202] Zum Hochmut des Teufels kam aber der böswillige Neid hinzu, den Menschen zu diesem Hochmut zu überreden, durch den er gefallen war.“[203]

Die Strafe des Menschen war mehr zu seiner Besserung als zu seinem Tode bestimmt: dem sich der Teufel als Beispiel des Hochmuts dargeboten hatte, dem bot sich zur Nachahmung der Demut der Herr dar, durch den uns das ewige Leben verheißen wird; daß uns das Blut Christi angerechnet werde und wir nach unaussprechlichen Mühen und Leiden mit solcher Liebe unserm Befreier anhangen und durch seine so große Liebe zu Ihm hingerissen werden, daß nichts, was wir von Niederem sehen, uns mehr vom Anblick des Höheren abwenden kann: Und wenn auch unserer Intention noch etwas von Niederem nahegebracht würde, so würde uns die ewige Verdammnis des Teufels und seine Marter zurückrufen.“[204]

Um die Antwort auf die gestellten Fragen noch einmal scharf hervorzuheben: Der Ursprung des Bösen ist die Abwendung von Gott. Des Menschen Abwendung von Gott ist motiviert durch die Einflüsterung des Teufels. Des Teufels Abwendung ist dadurch motiviert, daß sein eigenes Wesen den Blick auf sich lenkt. In beiden Fällen aber ist die Abwendung nicht erzwungen, sondern frei gewollt. Andererseits ist auch dann, wenn die Gnade uns „unwiderstehlich“ zieht, die Hinwendung und das unbeirrte Festhalten am höchsten Gut nicht erzwungen, sondern frei.

Wenn wir uns besinnen, aus welchen Prinzipien diese Ergebnisse gewonnen sind, so finden wir: die unbezweifelbar gewisse Tatsache unseres Selbstbewußtseins, daß wir Willen haben; und das einsichtige Wesen des Willens, zu dem es gehört, sich selbst zu bewegen, als philosophische Grundlagen, die den Ursprung aller menschlichen Akte aus dem Willen erweisen. Die Gottesidee und das Verhältnis von Gott und Geschöpfen als natürlich-theologische Grundlagen, die einen Ursprung des Bösen aus Gott oder einer gottgeschaffenen Natur als unmöglich erweisen. Die Offenbarungstatsachen von Sündenfall, Erbsünde und Erlösung, ewigem Lohn und ewiger Strafe, die den Gegensatz von Gut und Böse wie die Verantwortlichkeit des Menschen unausweichlich vor uns hinstellen. Daß die Rücksicht auf die Offenbarungstatsachen Augustin dahin geführt haben, etwas von seinen philosophischen Einsichten preiszugeben,[205] kann auf Grund dieser Abhandlung nicht behauptet werden. Die philosophischen Einsichten werden durchaus festgehalten und dienen dazu, die Glaubenswahrheiten, so weit möglich, begreiflich

---

[202] Koh 10, 14.
[203] *De lib. arb.*, Buch III, Kap. 25.
[204] A. a. O.
[205] Wie Windelband es an der früher zitierten Stelle behauptet. ⟨Vgl. Anm. 184.⟩

zu machen. Allerdings bleibt das mysterium iniquitatis[206] ein Mysterium. Und auch das Wesen des Willens ist etwas, was wir hinzunehmen haben und nicht mehr auf Gründe zurückführen können.[207]

Daß ein Philosoph, der mit so schneidender Schärfe das liberum arbitrium als Wesensmoment des Willens herausgearbeitet hat wie Augustin, es jemals wieder sollte preisgegeben haben, ist schwer zu glauben. Die Auffassung, daß es geschehen sei, stützt sich auf die Schriften der späteren Zeit, in denen Augustin im Kampf mit den pelagianischen Irrtümern der Überschätzung des freien Willens und Verkennung des Anteils der Gnade entgegentrat. Die kleine Schrift de gratia et libero arbitrio wird in das Jahr 426 oder 427 verlegt. Die vorausgeschickten Briefe an Valentinian und die Mönche des Klosters Hadrumetum[208] zeigen die Situation, in der die Schrift entstanden ist, und geben ihren Zweck an: In jenem Kloster ist ein Streit über das Verhältnis von Freiheit und Gnade entstanden; ein Teil der Mönche leugnet das liberum arbitrium ganz und behauptet, es werde im Gericht nicht nach Verdienst gelohnt; andere haben sich der pelagianischen Auffassung angeschlossen, die nicht nur den Lohn, sondern schon die Gnade nach menschlichem Verdienst erteilt werden läßt. Einige Mönche haben Augustin persönlich aufgesucht, um bei ihm Klarheit zu gewinnen. Er spricht das ganze Problem mit ihnen durch, legt seine Lösung in der vorliegenden Schrift nieder und gibt sie ihnen mit den beiden Begleitschreiben für ihren Abt und die ganze Kommunität mit. Sein Standpunkt ist in zwei kurzen Leitsätzen des ersten Briefs zusammengefaßt: Christus ist gekommen, um die Menschen zu retten (Joh 3, 17) – das zeugt für die Gnade. Er wird wiederkommen zum Gericht (Röm 3, 6) – damit wird das liberum arbitrium vorausgesetzt. Dazu kommt im zweiten Brief die Berufung auf den katholischen Glauben, wie ihn die letzten Konzilien und päpstlichen Entscheidungen gegenüber den Pelagianern festgestellt hatten: „der weder das liberum arbitrium leugnet, sowohl zum guten als zum schlechten Leben; noch ihm soviel zuerteilt, daß er ohne die Gnade Gottes etwas vermöchte: sei es die Bekehrung vom Schlechten zum Guten oder ausharrendes Fortschreiten im Guten oder das Gelangen zum ewigen Gut, wo er keinen Abfall mehr fürchtet."

Diese Leitsätze zeigen zugleich die Methode des Schriftchens: Sie ist vorwiegend theologisch-exegetisch. Es wird mit vielen Schriftstellen aus dem AT

---

[206] ⟨Lat.: Geheimnis der Ungerechtigkeit / des Unrechts.⟩

[207] Damit soll nicht gesagt werden, daß Augustins Willensanalyse erschöpfend sei: Das so wesentliche Problem der Motivation z.B. ist nur gerade angedeutet, aber nicht eigentlich behandelt. ⟨Vgl. Stein, Edith, „Psychische Kausalität", in: Dies., Beiträge zur philosophischen Begründung der Psychologie und der Geisteswissenschaften, Tübingen 1970, S. 1–116 (Orig.: JPPF V, Halle 1922).⟩

[208] In der Maurinenausgabe der Werke ep. 214 u. 215. ⟨Augustinus, Aurelius, Epistulae, 28, 214, 215, Maur. II; PL 33.⟩

und NT bewiesen, daß sowohl das liberum arbitrium als die Gnade Offenbarungstatsachen seien. Sowohl um etwas Gutes zu vollbringen als um das Böse zu überwinden, sind Freiheit und Gnade notwendig. Als schlagendster Beweis dafür, daß die Gnade nicht nach Verdienst erteilt werde, wird das Beispiel der Bekehrung des Hl. Paulus angeführt und sein eigenes Wort: Durch die Gnade Gottes bin ich, was ich bin (1 Kor 15,9). Erst mit der Gnade beginnt die Möglichkeit, Verdienste zu erwerben. Und wenn sich die Pelagianer darauf zurückziehen, daß wohl nicht die Sündenvergebung, dagegen doch der ewige Lohn den Verdiensten entspreche, so darf man das zugeben, vorausgesetzt, daß die Verdienste selbst als Gottesgaben angesehen werden (Jak 1,17; Joh 15,5). Von Gott stammen die guten Gedanken, die zum guten Werk anregen (2 Kor 3,5); Er verleiht die Kraft zum „guten Kampf" (Dtn 8,17) und verleiht den Sieg (1 Kor 15,57). Seiner Barmherzigkeit ist es zu verdanken, wenn wir den Glauben bewahren (2 Tim 4,7), wie der Glaube überhaupt Gottes Geschenk ist (Eph 2,8). Weil unsere guten Werke selbst Gnade sind, können wir es verstehen, daß das ewige Leben zugleich Lohn für unsere Verdienste und doch Gnade ist; daß Gott uns „Gnade um Gnade gibt" (Joh 1,16) und daß „es Gott ist, der in uns das Wollen und das Vollbringen wirkt, entsprechend unserem guten Willen" (Phil 2,13). Der letzte Zusatz zeigt, daß dadurch das liberum arbitrium nicht ausgeschaltet werden soll. Und ebenso zeigt es der vorausgehende Vers: Wirkt euer Heil mit Furcht und Zittern.[209] *Wirket* es – denn ihr habt die Freiheit. Aber: *mit Furcht und Zittern* – schreibt nicht euch selbst das Verdienst zu.

Es ist grundverkehrt, wenn die Pelagianer das *Gesetz* Gottes Gnade nennen; denn die menschliche Gerechtigkeit, die wir aus eigener Kraft haben, reicht nicht aus, das Gesetz zu erfüllen, d.h. nicht zu sündigen (Röm 10,3). Durch den Glauben an Christus aber gewinnen wir Gottes Gerechtigkeit (Phil 3,8) und werden Gottes Kinder.

Ebenso verkehrt ist es, die Gnade mit der menschlichen Natur gleichzusetzen, d.h. mit dem vernunftbegabten Geist, der berufen ist, die niedere Natur zu beherrschen. Denn wären wir durch unsere Natur – die wir ja mit den Sündern gemeinsam haben – imstande, das Gesetz zu erfüllen, so wäre Christus umsonst gestorben. Und wollte man der Gnade aus dem Glauben nur die Sündenvergebung zuschreiben, nicht aber die Stärkung gegen künftige Sünden, so wäre die Bitte: „Führe uns nicht in Versuchung" sinnlos. (Ein Gedanke aus Cyprians[210] Auslegung des Vaterunsers.)

---

[209] ⟨Phil 2,12.⟩
[210] ⟨Caecilius Cyprianus, Beiname Thascius, Bischof von Karthago und Kirchenschriftsteller (200/210–258), *De dominica oratione* (251/252), PL 4, mit der Erklärung des Vaterunsers.⟩

Durch Gottes Gnade, mit der wir mitwirken müssen, werden wir *innerlich umgeschaffen:* Gott fordert uns auf, unser Herz nicht zu verhärten (Ps 95, 8) – aber Er ist es, der das „steinerne Herz" hinwegnimmt (Ez 11, 19 ff.). Und Er tut es „um Seines Namens willen", nicht unserer Verdienste wegen. Bitten wir ihn: Geheiligt werde Dein Name,[211] so kann es sich nur um die Heiligung durch die Menschen handeln, da ja, in sich genommen, Gottes Name immer heilig ist. Es ist kein Widerspruch, wenn uns erst befohlen wird: „Machet euch ein neues Herz und einen neuen Geist" (Ez 18, 31), und wenn es bald darauf heißt: „Ich werde euch ein neues Herz geben und einen neuen Geist werde ich euch geben." (Ez 36, 26) Denn Gott „gibt, was er befiehlt, indem er dem zu tun hilft, dem er befiehlt. *Immer ist aber in uns der Wille frei,*[212] doch nicht immer ist er gut. Entweder ist er nämlich von der Gerechtigkeit frei, wenn er der Sünde dient, und dann ist er schlecht: Oder er ist von der Sünde frei, wenn er der Gerechtigkeit dient, und dann ist er gut. Durch die Gnade Gottes aber ist er immer gut, und durch sie wird der Mensch guten Willens, der vorher schlechten Willens war. Durch sie wird auch der gute Wille, der schon angefangen hat, vermehrt und wird so groß, daß er die göttlichen Gebote erfüllen kann, die er will, wenn er sehr vollkommen will. Dazu dient es nämlich, wenn geschrieben steht: ‚Wenn du willst, wirst du die Gebote halten' (Sir 15 ⟨, 15⟩ nach der Sept⟨uaginta⟩)[213] damit der Mensch, wenn er will und nicht kann, erkenne, daß er noch nicht vollkommen wolle, und darum bitte, einen so großen Willen zu haben, wie er zur Erfüllung der Gebote genüge. So wird ihm geholfen, daß er tun könne, was ihm befohlen wird. Denn dann ist es nützlich zu können, wenn wir wollen; und dann ist es nützlich zu wollen, wenn wir können: denn, was nützt es, wenn wir wollen, was wir nicht können, oder können, was wir nicht wollen?"[214] Gott gebietet manches, was wir nicht können, damit wir erkennen, worum wir bitten müssen. Wir können, wenn wir wollen, wenn *der Wille von Gott bereitet* wird (Weish 8 ⟨, 17–21⟩). „Freilich wollen wir, wenn wir wollen: Doch Er macht es, daß wir Gutes wollen ... Freilich tun wir, wenn wir tun: doch Er macht es, daß wir tun, indem Er unserem Willen die wirksamsten Kräfte gibt ..."[215] Wenn jemand das Gebot Gottes halten will, aber es nicht kann, so ist sein *Wille gut, aber klein* und *schwach.* Er wird *groß und stark durch die Liebe,* d. h.

---

[211] ⟨Mt 6, 9.⟩
[212] Von mir gesperrt ⟨jetzt kursiviert⟩.
[213] ⟨Griech.: „siebzig", Übersetzung des AT unter Ptolemaios Philadelphos II. (285–246 v. Chr.), nach den etwa 70 Übersetzern benannt.⟩ Sir 15, 15 heißt nach dem Vulgatatext: „Wenn du die Gebote halten willst, so *werden sie dich* erhalten ...". ⟨„Vulgata", lat.: die „allgemeingebräuchliche" (Übersetzung) der Bibel in Latein seit dem 4. Jh. Nach der Einheitsübersetzung: „Wenn du willst, kannst du das Gebot halten; Gottes Willen zu tun ist Treue."⟩
[214] *De gratia et libero arbitrio,* ⟨PL 44,⟩ Kap. XV.
[215] A. a. O., Kap. XVI.

durch Gott, der „anfangend wirkt, damit wir wollen, der vollendend mit den Wollenden mitwirkt ... Damit wir also wollen, wirkt Er ohne uns; wenn wir aber wollen und so wollen, daß wir tun, dann wirkt er mit uns: Doch ohne daß Er unser Wollen wirkt und mit unserem Wollen mitwirkt, vermögen wir nichts zu guten Werken der Frömmigkeit"[216].

Während bisher (wie ich bald zeigen will) alles im Sinn der älteren Ausführungen und zugleich im Sinn der kirchlichen Entscheidungen ist (die sich ja auf Augustins Untersuchungen stützen), kommt nun eine neue Wendung: *Gott lenkt* nicht nur den guten Willen der Menschen zu guten Taten und zum ewigen Leben, sondern *auch den irdisch gerichteten Willen*: Er bewegt z. B. die Feinde Israels zum Kampf gegen Sein Volk (Jos 11, 20), den Sohn Jeminis[217] zu seinen Schmähreden gegen David (2 Sam 16, 10 f.). Gott bewegt die Herzen der Menschen, wohin er will, manchmal zur Bestrafung anderer, manchmal zu ihrer eigenen. Aber immer ist es *auch ihr eigener Wille*. Beides trifft zu: daß sie aus eigenem Willen handeln und daß Gott ihren Geist erweckt. „Ob Er sie aber nach Seiner Barmherzigkeit zum Guten lenkt oder zum Schlechten nach ihren Verdiensten, es geschieht nach Seinem manchmal offenkundigen, manchmal verborgenen, aber immer gerechten Urteil."[218]

Nach Gottes verborgener Vorsehung erlangen mitunter die Kinder von Ungläubigen die Gnade der Taufe, während bei Kindern von Gläubigen manchmal äußere Hindernisse die Taufe vereiteln: wie die Heiden Barmherzigkeit erlangten und die Juden im Unglauben beschlossen wurden (Röm 11, 30). Warum Gott von allen, die mit der Erbsünde behaftet sind, die einen zur Taufe gelangen läßt, die andern nicht, von den Getauften die einen fallen läßt, die andern zu ihrem Heil *vor* dem Fall hinwegnimmt – das sind seine verborgenen Gerichte. Jedenfalls wird er denen, die ihren Willen auf das Gute richten, nach Verdienst lohnen. „Gott wird Böses mit Bösem vergelten, weil Er gerecht ist; und Böses mit Gutem, weil Er gut ist; und Gutes mit Gutem, weil Er gerecht und gut ist. Nur Gutes wird Er nicht mit Bösem vergelten, weil Er gerecht ist."[219]

Ich möchte bei der Deutung dieser Schrift zunächst die letzten Ausführungen, in denen die augustinische Prädestinationslehre hervortritt, ausschalten und nur das berücksichtigen, was über das Verhältnis von Freiheit und Gnade in den Akten des Menschen gesagt wird. Der Wortlaut scheint mir keinen Zweifel darüber zu lassen, daß Augustin keineswegs die Absicht hatte, seine alte Willenslehre preiszugeben: Der Philosoph hatte sie als Schüler Platos herausgearbeitet. Nun stützt sie der Theologe mit johanneischer und paulinischer Weisheit, benützt sie anderseits, um den Sinn der

---

[216] A. a. O., Kap. XVII.
[217] ⟨Einheitsübersetzung: Schimi.⟩
[218] A. a. O. Kap. XXI.
[219] A. a. O. Kap. XXIII.

Schriftstellen aufzuschließen. Die media aurea[220] zwischen Manichäismus und Pelagianismus wird keineswegs durch eine Verkoppelung unvereinbarer Widersprüche gewonnen, sondern durch eine Wesensanalyse des Willens. Ich stelle die Hauptthesen zusammen:

1. Der Willensakt wird von einem Angelpunkt her gelenkt, der in ihm selbst liegt. Das ist die Tatsache des liberum arbitrium.

2. Die Willensbewegung setzt einen Anreiz voraus, auf den sie antwortet.

3. Es muß dem Willen etwas vor Augen stehen, wovon der Anreiz ausgeht (ein „Motiv").

4. Die Willensantwort erfolgt mit größerer oder geringerer Kraft. Von ihr hängt es ab, ob der Wille in die Tat umgesetzt wird.

5. Ob das Ziel der Handlung erreicht wird, das hängt noch von andern Umständen als von der Richtung und Kraft der Willensbewegung ab. (Diese These erschließe ich aus der Anführung der Zeugnisse dafür, daß Gott zum guten Werk die Gedanken, die Kraft und das Gelingen gebe.)

Ich prüfe jetzt, an welchem der genannten Punkte nach Augustins Auffassung die Gnade einsetzt und ob danach noch eine Stelle für die freie Entscheidung bleibt.

Das Erste, was für einen Willensakt vorausgesetzt ist – abgesehen von der Vernunftnatur, ohne die überhaupt kein Akt möglich wäre –, ist offenbar, daß etwas den geistigen Blick auf sich lenkt (Augustin sagt: die Intention der Seele). Damit dieses Etwas zu einem guten Werk führen könne, muß es ein guter Gedanke sein, und die guten Gedanken sind nach Augustin als ein Geschenk der Gnade anzusehen. Es ist nicht gesagt, daß der Freiheit prinzipiell kein Anteil an guten Gedanken zukomme: Es ist sicher im Sinne Augustins, um gute Gedanken zu bitten, und Bitten ist ein freier Akt. Aber um so bitten zu können, muß man mit guten Gedanken und ihrer Bedeutung schon vertraut sein. Darum steht jedenfalls am Anfang aller guten Werke ein Gnadengeschenk Gottes, dem keine freie Entscheidung des Menschen vorausgeht.

Dieser Gedanke „reizt" nun den Willen, sich ihm entsprechend zu verhalten: z. B. das 4. Gebot, im konkreten Fall den Eltern Ehrfurcht zu erweisen, indem man ihrem Befehl gehorcht.[221] Was besagt dieser „Reiz"? In dem Augenblick, wo ich vor die Entscheidung gestellt werde, einem elterlichen Befehl zu gehorchen oder nicht, fällt mir das Gebot ein und ich *fühle*: Es ist das Richtige zu gehorchen. Was hier als „Fühlen" bezeichnet wird, ist eine Kenntnisnahme von dem, was uns in diesem Fall recht ist, was ich tun soll. Und ein solches Fühlen oder Erleben dessen, was ich soll, hat in sich die

---

[220] ⟨Lat.: goldene Mitte.⟩
[221] ⟨Ex 20, 12: Ehre deinen Vater und deine Mutter, damit du lange lebst in dem Land, das der Herr, dein Gott, dir gibt." Par. Dtn 5, 16.⟩

Edith Stein

Tendenz, in eine *Willensstellungnahme* überzugehen: Ich will das tun, was ich soll. Es kann aber sein, daß dem erlebten Sollen vor dem Übergang zum Wollen etwas in den Weg tritt, was den Übergang hemmt. (Z. B. wenn die Eltern etwas von mir verlangen, was mir widerstrebt.) Das Ergebnis kann sein: Ich sollte wohl, aber ich will nicht. Es kann auch sein: Ich will, aber ich kann nicht. Dieses Wollen ist kein vollkräftiges, das zum Handeln führt. Es ist, mit Augustin gesprochen, „klein und schwach". Was fehlt ihm, damit es ein Wollen im vollen Sinne des Wortes wäre und unmittelbar zur Tat schreiten könnte? Hier müssen wir eine Unterscheidung einführen, die von Augustins Willenslehre gefordert, aber von ihm noch nicht analytisch herausgearbeitet und in Worten zum Ausdruck gebracht ist: die Unterscheidung zwischen *Willensstellungnahme* und eigentlicher *Willensentscheidung*, dem Fiat![222], das den Akt erst perfekt macht.[223] Die Willensstellungnahme geht aus dem Erlebnis des Sollens unwillkürlich hervor und ist stärker oder schwächer. Und wenn es heißt, daß Gott die Kraft zum Vollbringen gebe, so kann damit nur gemeint sein, daß die Gnade in der Willensstellungnahme wirksam sei. Das Fiat! aber ist die eigentliche freie Entscheidung, das liberum arbitrium, das den Willensakt abschließt und den Übergang zur freien und bewußten Tat möglich macht. Hier ist der eigentliche und einzige Ort der Freiheit, und wenn der konkrete Willensakt (der Stellungnahme und Entscheidung einschließt) und in der Folge auch die von ihm geleiteten Akte frei genannt werden, so geschieht es um dieses Momentes willen. Diese Freiheit aber ist an keinem Punkt bei Augustin angetastet. Wenn am Ende der älteren Untersuchung *(de libero arbitrio)* von einer Liebe gesprochen wird, die so groß ist, daß nichts uns mehr von Gott ablenken kann, so ist offenbar an die Kraft der Willensstellungnahme gedacht, zu der das liberum arbitrium unfehlbar Ja sagt: nicht mechanisch gezwungen, sondern frei. Wie Augustin auch an einer früheren Stelle ausdrücklich gesagt hat, daß die vita beata[224] uns mit unserer freien Zustimmung gegeben werde (Buch III, Kap. III). Wenn Augustin eine Preisgabe der Willensfreiheit vorgeworfen wird, so geschieht es offenbar auf Grund eines ungeklärten Freiheitsbegriffs. Das *freie* Wollen

---

[222] ⟨Lat.: „Es geschehe." Marias Zustimmung zur Verkündigung der Geburt Jesu in Lk 1, 38.⟩

[223] Vgl. die *phänomenologischen* Willensanalysen, besonders in A⟨lexander⟩ Pfänders Abhandlung über „Motiv und Motivation" (*Münchner Philosophische Abhandlungen, Festschrift zu Th⟨eodor⟩ Lipps' 60. Geburtstag*, Leipzig 1911), D⟨ietrich⟩ v⟨on⟩ Hildebrands „Idee der sittlichen Handlung" (in ⟨Edmund⟩ Husserls *Jahrbuch für Philosophie und phänomenologische Forschung*, Bd. III), sowie in meinen Arbeiten im V. ⟨*Beiträge zur philosophischen Begründung der Psychologie und der Geisteswissenschaften*, „Psychische Kausalität", 1–116; „Individuum und Gemeinschaft", 116–283; Halle 1922, Tübingen 1970; ESGA 6⟩ und VII. Band ⟨*Untersuchungen über den Staat*, 285–407; Halle 1925, Tübingen 1970; ESGA 7⟩ desselben Jahrbuchs.

[224] ⟨Lat.: Glückseliges Leben.⟩

ist kein *voraussetzungsloses* Wollen. Der Wille schafft sich nicht selbst, sondern ist – als Potenz, als Fähigkeit zu wollen – in die Menschennatur gelegte Gabe des Schöpfers; und als einzelner Akt verstanden, ist er nicht motivlos, sondern setzt gegebene Erkenntnisgrundlagen und Triebfedern voraus. Das freie Wollen ist ferner kein *allmächtiges* Wollen, von dem allein das Gelingen abhinge: Es kann eine Handlung einleiten, aber ob sie zum Ziel führt, das ist mitbedingt durch Umstände, die nicht in seiner Macht stehen. Gottes Gnade kann sie so fügen, wie es zur Erreichung des Ziels notwendig ist.

Um herauszufinden, wo die Schwierigkeiten in der augustinischen Gnadenlehre liegen, die auch die Kirche bestimmten, ihm nicht in allen Punkten zu folgen,[225] müssen wir an einer anderen Stelle einsetzen. Wir haben bisher nur das Zusammenwirken von Freiheit und Gnade in den Handlungen betrachtet, die auf das ewige Ziel des Menschen gerichtet sind. Augustin berücksichtigt aber auch die andern und sagt (De gratia et libero arbitrio, Kap. XX.ff.), Gott lenke auch den irdisch gerichteten Willen und bewege die Herzen der Menschen, wohin Er wolle. Auch hier will er das liberum arbitrium nicht ausschalten. Aber es läßt sich nicht leugnen, daß nach dieser Auffassung alle Akte des Menschen als von Gottes positiver Anordnung gelenkt erscheinen. Die Vereinbarkeit von Prädestination in diesem Sinn mit dem liberum arbitrium im augustinischen Denken wird nur verständlich aus seiner Erkenntnislehre, die den menschlichen Intellekt völlig an den göttlichen bindet: Wenn alles Wollen eine Erkenntnisgrundlage voraussetzt und wenn kein Gedanke des Menschen möglich ist, der ihm nicht von Gott eingegeben wäre, so wird trotz der freien Entscheidung jeder konkrete Willensakt durch seine Motivationsgrundlage von Gott abhängig. Der Gefahr, Gott damit zum Urheber des Bösen zu machen, entgeht Augustin nur, indem er den schlechten Handlungen eine positive Bedeutung im universalen Zusammenhang des Geschehens zuschreibt. Ebenso bedeutsam für das Zustandekommen und die Beschaffenheit des menschlichen Wollens wie die Erkenntnisgrundlage sind die äußeren Lebensumstände und die innere Kraft der Willensstellungnahme, die beide auch als von Gottes Gnade abhängig erscheinen: Wer nicht wiedergeboren ist durch die Taufe, für den ist überhaupt kein verdienstlicher Akt möglich. Warum werden die Lebensumstände so gefügt, daß der eine zur Wiedergeburt gelangt, der andere nicht? Und warum verleiht die helfende Gnade dem einen ein kraftvolles Wollen, während das des andern schwach bleibt? Es kann Lohn für Verdienst sein, z. B. Erhörung des demütigen Gebets um Gnadenstärkung, also Berücksichtigung freier menschlicher Tat. Letztlich führen aber doch die Rätselfragen des menschlichen Wollens auf das Geheimnis des göttlichen Willens zurück.

---

[225] Die Kirche schließt eine Prädestination zum Bösen in aller Schärfe aus (D 200).

Augustin geht in der Analyse des göttlichen Willens nicht so weit wie Duns Scotus.[226]

Er bleibt vor der Unerforschlichkeit der göttlichen Ratschlüsse als vor einem Geheimnis stehen, das sich uns erst in der Ewigkeit enthüllen wird.[227]

3. Anteil der Freiheit an Glauben und Schauen (Fortsetzung)[228]

Wir kehren jetzt zu dem Problemzusammenhang zurück, der uns die Klärung der Freiheitsidee notwendig machte: den Anteil der Freiheit am Glauben und am Schauen und ihre Bedeutung im Urstand. Für das Schauen haben wir die Antwort bereits bei Augustin (*de libero arbitrio*, Buch III, Kap. III) gefunden: die visio beata ist Gottes Geschenk, das wir mit freier Zustimmung annehmen. Sie hat außerdem ein Leben der freien Hingabe des eigenen Willens an den göttlichen Willen zur Voraussetzung.

Für den Glauben finden wir die Antwort in den bereits zitierten Definitionen sowie in der Glaubenstheorie des hl. Thomas. Indem (D 1789) von einer *Pflicht* zu glauben gesprochen und der Glaube als *Tugend* bezeichnet wird, ist der *Glaubensakt* als *freie Annahme* der offenbarten Wahrheit gekennzeichnet. Thomas[229] bezeichnet den Glauben als *Zustimmung* zu gewissen Urteilen über Gott und zwar ausdrücklich als *Willens*zustimmung. Diese Willenszustimmung ist aber,[230] wie wir sahen, keine blinde, sondern stützt sich (nach D 1710) auf „eine Erleuchtung und Einhauchung des Hl. Geistes".

---

[226] Vgl. Duns Scotus⟨, Johannes⟩, *De rerum principio*, q 4. Es scheint mir der Tiefe der skotistischen Willensanalyse nicht zu entsprechen, wenn man ihn so auffaßt, als wäre Gottes Willkür das Letztentscheidende. Wie Thomas (vgl. die folgende Anm.) wahrt er die menschliche Freiheit durch Scheidung von Vorher*wissen* und Vorher*bestimmung*. Aber radikaler als Thomas arbeitet er die Freiheit des göttlichen Willens heraus.

[227] *Thomas von Aquino*, der in seiner Freiheits- und Gnadenlehre weitgehend von augustinischen Gedankengängen bestimmt ist, entgeht den Schwierigkeiten Augustins einmal durch seine schärfere Scheidung von Natur und Gnade und die größere Selbständigkeit und Eigenwirksamkeit der geschöpflichen Natur, die auch in der Erkenntnislehre zur Geltung kommt; ferner wird durch die Unterscheidung von Gebot, Verbot, Rat und Zulassung im Verhältnis vom göttlichen zum menschlichen Willen, sowie durch die Scheidung eines vorausgehenden und nachfolgenden (die menschlichen Akte berücksichtigenden) Willens und die scharfe Abgrenzung von Vorher*sehen* und Vorher*bestimmen* der Bereich der Prädestination eingeschränkt. (Vgl. in den *Quaestiones de Veritate*, qq 6, 23 und 24 über die Prädestination, den Willen Gottes und das liberum arbitrium; dazu in meiner Übertragung: *Des Hl. Thomas Untersuchungen über die Wahrheit*, Breslau 1931/32, die Zusammenfassungen Bd. II, 276f. und 333ff.). Dafür ergeben sich bei Thomas neue Probleme im Verhältnis von Intellekt und Willen.

[228] ⟨Die ganze Überschrift ist eingeklammert.⟩

[229] Vgl. im Vorausgehenden S. 66 ⟨hier S. 34.⟩

[230] ⟨Die folgende Hs.-S. 148 fehlt im Manuskript bis *, wurde aber in ESW XVII (1995) eingearbeitet; 13.9.2003, M. Amata Neyer, ESAK.⟩

Es wirken also auch am Glaubensakt Freiheit und Gnade zusammen. Und wenn wir jetzt die Ansatzpunkte für beide heranziehen, die uns Augustin aufgewiesen hat, so kann die Gnadenhilfe, die den Glauben möglich macht, einmal in der Darbietung der Wahrheit und in der Stärkung des Verstandes zum Erfassen der Wahrheit bestehen, aber auch in der Verleihung einer kraftvollen Willensstellungnahme; zu beidem muß jedoch die Zustimmung des liberum arbitrium kommen, damit der Glaubensakt perfekt werde. Weil aber weder das, was der Glaube an Erkenntnis in sich enthält, noch die unwillkürliche Wertantwort dem höchsten Gut gegenüber sich mit dem messen können, was die visio beatifica an Erkenntnis und Liebe in sich schließt, darum ist die Zustimmung* im Glauben keine so selbstverständliche und unfehlbare wie in der visio. Sie kann durch andere Verstandes- und Willensmotive abgelenkt werden. Und darum besteht für den Menschen in statu viae immer die Möglichkeit des Abgleitens vom Glauben zum Unglauben.

4. Freiheit und Fall des ersten Menschen

Wir kommen nun zur Frage der Bedeutung der Freiheit im Urstand. „Der allmächtige Gott hat den Menschen ohne Sünde, fehlerfrei (rectum), mit der Gabe der freien Entscheidung (cum libero arbitrio) geschaffen ...“[231] Der Mensch hat durch schlechten Gebrauch des liberum arbitrium gesündigt und ist gefallen ...“[232] Doch obwohl seitdem alle Menschen „Knechte der Sünde waren (Röm 6,20) und in der Gewalt des Teufels und des Todes ... war doch das liberum arbitrium in ihnen keineswegs erloschen, wenn auch an Kräften geschwächt und geneigt“.[233]

Allerdings so geneigt und geschwächt, „daß niemand seitdem Gott lieben kann, wie es sich gebührt, oder an Gott glauben oder um Gottes Willen etwas Gutes tun, wenn ihm nicht die Gnade der göttlichen Barmherzigkeit zuvorkommt“.[234] „Die Willensentscheidung, die im ersten Menschen geschwächt wurde, kann nur durch die Gnade der Taufe wiederhergestellt werden: Was verloren ward, kann nur durch den, der es geben konnte, zurückgegeben werden. Darum sagt die Wahrheit selbst: Wenn der Sohn euch befreit hat, dann werdet ihr wahrhaftig frei sein (Joh 8,36).“

Die vorausgeschickte Willensanalyse soll uns nun helfen zu verstehen, was Mißbrauch der Freiheit und was Schwächung des liberum arbitrium bedeutet. Augustin hat uns bereits Aufschluß darüber gegeben. Der Mensch hatte

---

[231] D 316.
[232] D 793.
[233] D 199.
[234] D 186.

in Freiheit zu wählen zwischen dem göttlichen Gebot und der Einflüsterung des Teufels: eritis sicut Deus.[235] Er folgte dem teuflischen Rat und wandte sich von Gott ab. Das war der Mißbrauch der Freiheit. Was nun die Strafe anlangt, so haben wir bei der Scheidung von Willensstellungnahme und Willensentscheidung gesehen, daß Stärke und Schwäche nicht eigentlich der Entscheidung, sondern der Willensstellungnahme zukommt und von daher dem ganzen Akt. Augustin sagte: Weil der Mensch das Gute nicht tun wollte, da er es konnte, hat er nun die Fähigkeit verloren, es zu tun, wenn er es will. Dieses „wollen und nicht können" ist kein Wollen im vollen Sinn: Es ist eine schwache Willensstellungnahme, zu der das Fiat![236] noch nicht hinzugetreten ist. Und das Nichtkönnen ist kein absolutes Nichtkönnen. Der Mensch kann auch bei schwacher Stellungnahme sein Fiat! vollziehen, er kann nur die Stellungnahme aus sich heraus nicht stärken (nur durch Anrufung der Gnade), und es ist das Gewöhnliche, daß das liberum arbitrium der jeweils stärkeren Stellungnahme nachgibt, statt sich gegen sie zu stellen. Augustin hat aber noch auf eine andere „difficultas" aufmerksam gemacht, die dem Menschen das Rechttun erschwert: Weil der Mensch das Gute, das er *erkannte*, nicht tun wollte, darum hat er die Fähigkeit verloren, das Rechte zu erkennen. Auch das ist kein absoluter Verlust: Der Mensch ist nicht völlig unvermögend zur Erkenntnis des Guten. Er hat die Freiheit, es zu suchen, und dem Suchenden ist die Verheißung gegeben, daß er finden wird. So ist auch die Unwissenheit schuldhaft. Nun verstehen wir, was der „Verlust der Freiheit"[237] bedeutet: Wir haben das liberum arbitrium nicht verloren, aber es kann nicht geradewegs und unaufhaltsam dem höchsten Gut zustreben, weil Täuschungen über das, was gut und recht ist, die Willensstellungnahme ablenken. Die Befreiung durch die Gnade bedeutet, daß der Weg zum Guten frei wird: Es wird wieder klarer erkannt und zieht die Willensstellungnahme wieder stärker zu sich hin.

---

[235] ⟨Lat.: „Ihr werdet sein wie Gott." Gen 3, 5.⟩
[236] ⟨„Es geschehe", vgl. Anm. 222.⟩
[237] D 317 heißt es geradezu: „Libertatem arbitrii in primo homine perdidimus ..." ⟨Lat.: „Wir haben die Willensfreiheit im ersten Menschen verloren."⟩

III. Die gefallene Natur

A. *Der erste Mensch nach dem Fall*

Freiheit und Fall des ersten Menschen haben schon zur Betrachtung des *status naturae lapsae*[238] hingeführt. Nach der Abwendung Adams von Gott ist „der ganze Mensch, d.h. nach Leib und Seele, zum Schlechteren verändert"[239] ... nicht etwa „nur der Leib der Verderbnis verfallen" (der pelagianische Irrtum), da es in der Schrift (Ez 18,20) heißt: „Die Seele, die gesündigt hat, wird selbst sterben." Er hat „sofort nach der Übertretung des göttlichen Gebotes die Heiligkeit und Gerechtigkeit verloren, in der er geschaffen war, und durch die Beleidigung dieser Übertretung sich Gottes Zorn und Entrüstung zugezogen und dadurch den Tod, den ihm Gott vorher angedroht hatte, und die Gefangenschaft unter der Gewalt dessen, der damals die Herrschaft über den Tod hatte, d.i. des Teufels ...".[240]

Die Veränderung, die sich im Augenblick des Falls vollzog, ist also eine vierfache:

1. Das *Verhältnis des Menschen zu Gott* ist ein anderes geworden: Gott hält nicht mehr Seine Hand über ihn, sondern überläßt ihn allen Einwirkungen, die seiner Natur nach an ihn herantreten können, den Gefahren, denen sein Körper durch den Gang des Naturgeschehens ausgesetzt ist und seine Seele durch die Einflüsterungen des Teufels. (Über die Art der diabolischen Einwirkungen ist wenig dogmatisch festgelegt: Es ist nur in der Abwehr häretischer Irrtümer erklärt worden, daß der Teufel nicht durch physische Mittel – Steine, Pflanzen, Früchte – Macht über den Menschen bekommen und ihn nicht gegen seinen Willen zu äußeren Handlungen zwingen könne.[241]

2. Die Abwendung Gottes vom Menschen bedeutet das *Erlöschen des übernatürlichen Lebens* in ihm.

3. Sie bedeutet den Verlust der übernatürlichen Gaben: der Bewahrung vor dem Tod und der bösen Begierde.

4. Er sinkt unter den reinen Naturstand herab. Was das bedeutet, erör-

---

[238] ⟨Lat.: Zustand der gefallenen Natur.⟩
[239] D 174.
[240] D 788.
[241] D 383, 1261, 1923.

Edith Stein

tern die dogmatischen Definitionen nicht eigens für den ersten Menschen, sondern für die ganze Menschheit.

B. Die Menschheit im Zustand des Falls

1. Die Fortpflanzung der gefallenen Natur und die Erbsünde

Die gefallene Natur braucht nicht für den ersten Menschen gesondert, sondern kann für die gesamte Menschheit gemeinsam behandelt werden, weil sie sich von Adam auf alle seine Nachkommen fortgepflanzt hat. „In der Übertretung Adams haben alle Menschen die *natürliche Befähigung* (possibilitas) *und Unschuld* verloren ...“[242] und es ist „nicht nur der leibliche Tod, der die Strafe der Sünde ist“,[243] sondern auch „die Sünde, die der Tod der Seele ist, von *einem Menschen auf das ganze Menschengeschlecht* übergegangen“. Als Beleg dafür wird die Schriftstelle (Röm 5, 12) angeführt: *„Durch einen Menschen ist die Sünde in die Welt eingetreten, und durch die Sünde der Tod, und so ist auf alle Menschen der Tod übergegangen, weil in ihm alle gesündigt haben“*, „... diese Sünde Adams, die dem Ursprung nach eine ist“, ist „durch Fortpflanzung, nicht durch Nachahmung, *auf alle übergeflossen und einem jeden persönlich eigen“.*[244] Ein jeder hat an der *Schuld* Adams teil.[245] Von der Erbsünde ist die *Konkupiszenz* zu scheiden, die in den Getauften bestehen bleibt, während sie von der Erbsünde frei werden: Sie „rührt von der Sünde her und macht zur Sünde geneigt“, ist aber nicht selbst Sünde.[246] In den Erklärungen über die Kindertaufe ist in aller Schärfe hervorgehoben worden, daß auch sie, „die noch nichts von Sünden in sich selbst begehen konnten, darum wahrhaft zur Vergebung der Sünden getauft werden, damit in ihnen durch die Wiedergeburt gereinigt werde, was sie sich durch die Geburt zugezogen haben“.[247] Der Unterschied zwischen der Erbsünde und der aktuellen Sünde ist, daß man sich die eine ohne Einwilligung zuzieht, die andere mit Einwilligung begeht.[248] „Die Erbsünde also, die man sich ohne Einwilligung zuzieht, wird ohne Einwilligung durch die Kraft des Sakraments vergeben; die aktuelle aber, die man sich mit Einwilligung zuzieht, wird keineswegs ohne Einwilligung erlassen ... Die *Strafe für die Erbsünde* ist das Entbehren der Anschauung Gottes, die Strafe für die *aktuelle*

---

[242] D 130.
[243] D 175.
[244] D 790.
[245] D 376.
[246] D 792.
[247] D 102.
[248] D 410.

aber ist die ewige Höllenqual." An der Erbsünde haben die Kinder der Christen ebenso wie die der Ungetauften teil.[249]

Die Schwierigkeit, die im Begriff der Erbsünde und besonders in dem Anteil der Kinder daran gefunden wurde, ist die, daß zur *Sünde* als solcher Freiwilligkeit gehört, daß aber die *Erb*sünde auf die übergeht, die noch gar nicht imstande sind, mit ihrem Willen dazu Stellung zu nehmen. Die kirchliche Auffassung ist die, daß die Kinder wohl ohne Willenszustimmung mit der Erbsünde behaftet sind, daß der Charakter der Freiwilligkeit ihr aber von ihrem Ursprung, der Übertretung der ersten Menschen, her anhaftet.[250] Zum Verständnis dieser Auffassung ist es notwendig, sich den dogmatischen Begriff der *Sünde* klar vor Augen zu stellen. Die Sünde im vollen und eigentlichen Sinn des Wortes, die den Tod der Seele bedeutet, ist „die freie Übertretung eines göttlichen Gebotes",[251] darum eine *„Beleidigung Gottes"*, die „die Freundschaft mit Gott auflöst" und „ewige Strafe verdient". Daher ist es nicht möglich, eine Todsünde zu begehen, ohne darum zu wissen.[252] Es ist eine Übertretung auch nur dann als Sünde anzusehen, wenn das Gebot bekannt oder die Unkenntnis selbst verschuldet war.[253] Diese Übertretung muß *frei* vollzogen sein, d. h. *ohne Zwang* und *ohne Notwendigkeit*.[254] Zur *aktuellen* Sünde gehört außerdem der *persönliche* Vollzug von Seiten dessen, dem die Sünde zugeschrieben wird.[255] Von dem sündhaften Akt der Übertretung ist der daraus folgende *Zustand der Schuld* (reatus culpae = peccatum habituale[256]) zu unterscheiden, der mehr bedeutet als Straffälligkeit.[257]

Es ist schließlich noch hinzuzufügen, daß die Auffassung, als könnte nicht nur die erste Übertretung, sondern jede persönliche Sünde auf die Nachkommen übergehen, als Irrtum zurückgewiesen worden ist.[258]

Wenn nach diesen Definitionen die Erbsünde als Sünde im vollen Sinne des Wortes aufgefaßt werden soll, wenn auf der andern Seite die Kinder, denen sie zugeschrieben wird, weder zur Erkenntnis des göttlichen Gebotes noch zu freier Übertretung fähig sind, so bleibt keine andere Lösung, als daß *Ursünde und Erbsünde* als *eine Einheit* aufzufassen sind. Dieses Ganze kann als freiwillig bezeichnet werden auf Grund der Übertretung der Stammeltern. Dieser Akt wird von den Nachkommen nicht mitvollzogen, aber sie werden von dem Zustand, der daraus folgt, der Verschuldung, mit ergriffen. Dieses

---

[249] D 534.
[250] D 1046/48.
[251] D 1290.
[252] D 775.
[253] D 1068.
[254] D 1094, 1039, 1041, 1066 ff.
[255] D 1291.
[256] ⟨Lat.: der Anklagezustand der Schuld = gewohnheitsmäßiges Vergehen.⟩
[257] D 1056 ff.
[258] D 1052.

Edith Stein

wiederum ist nur begreiflich, wenn die Menschheit nicht als eine Summe selbständig und gesondert existierender Einzelpersonen aufzufassen ist, sondern selbst als ein personähnliches Gebilde, eine solidarische Gemeinschaft. Und wenn keine spätere Übertretung dieselbe Folge hat wie die Adams, so ist daraus weiter zu schließen, daß er zu allen andern „Gliedern" des „Menschheitskörpers" in einer andern Beziehung steht als diese Glieder untereinander, daß er allein im Namen aller handelt und alle andern in die Folgen seines Handelns hineinzieht.

2. Die gefallene Natur

a. Der natürliche Verstand

Aus der Allgemeinheit der Verschuldung folgt dann die Allgemeinheit des Strafzustandes: Alle Menschen seit Adams Fall entbehren von Geburt an Gottes Freundschaft und damit das übernatürliche Leben. Alle sind dem leiblichen Tod verfallen. Und alle sind an Leib und Seele schlechter als es Adam vor dem Fall war. Gemindert ist die natürliche Kraft des *Verstandes:* „Von Stolz oder besser Torheit des Menschen zeugt es …, wenn er unserer Vernunft vertraut, die durch den Zustand der menschlichen Natur gebrechlich und schwach ist."[259] „Von sich aus hat jeder nur Lüge und Sünde."[260] Das ist aber nicht so zu verstehen, als sei der Mensch von Natur aus überhaupt unfähig zur Erkenntnis der Wahrheit: „So schwach und verdunkelt auch die Vernunft durch die Erbsünde ist, es ist doch in ihr *genügend Klarheit und Kraft* geblieben, um mit Gewißheit die Existenz Gottes zu erkennen und die Tatsache der Offenbarung an die Juden durch Moses und an die Christen durch unsern anbetungswürdigen Gottmenschen."[261] Allerdings ist ihr allein nicht so viel zu vertrauen, als könnte sie ohne Hilfe des Glaubens oder gar im Widerspruch zu ihm die Wahrheit finden. Vielmehr sind beide berufen, einander wechselseitig zu helfen, sodaß die *richtig denkende Vernunft die Wahrheit des Glaubens beweist,* schützt und verteidigt; *der Glaube aber die Vernunft von allen Irrtümern befreit* und sie in der Erkenntnis der göttlichen Dinge wunderbar erleuchtet, stärkt und vollendet".[262] Und keineswegs sind beide einander gleichzustellen, da nichts fester und sicherer ist als die Glaubenswahrheiten, dagegen „nichts unsicherer als die Vernunft, die verschieden ist nach der Verschiedenheit der Geister, in unzählige Irr-

---

[259] D 1616.
[260] D 195.
[261] D 1627.
[262] D 1635.

tümer und Blendwerk verstrickt".[263] Die die menschliche Vernunft als eine zuverlässige Führerin betrachten, vergessen, wie schwer die Verwundung der menschlichen Natur ist, daß „der Geist in Finsternis und der Wille zum Bösen geneigt ist. Darum haben von der ältesten Zeit her die berühmtesten Philosophen wohl vieles hervorragend geschrieben, jedoch ihre Lehren mit den schwersten Irrtümern befleckt".[264]

b. Der natürliche Wille

Wie der menschliche Verstand seiner natürlichen Kraft nicht zutrauen darf, daß er den Irrtum meiden und die Wahrheit finden könnte, so ist der natürliche Wille aus sich allein nicht imstande, die Sünde zu meiden und das Rechte zu tun. „Pelagianischer Irrtum ist es zu meinen, wir könnten, was wir kraft freier Entscheidung tun sollen, durch die Gnade *leichter* erfüllen, gleich als ob wir, auch wenn uns die Gnade nicht gegeben würde, zwar nicht leicht, aber doch ohne sie die göttlichen Gebote erfüllen könnten. Denn von den Früchten der Gebote sprach der Herr da, wo er nicht sagte: *Ohne mich könnt ihr* schwerer [etwas] tun, sondern sagte: ,*Ohne mich könnt ihr nichts tun*' [Joh 15, 5]."[265] Ebenso wird in aller Schärfe das salomonische Wort festgehalten: *Es gibt keinen Menschen, der nicht gesündigt hat* (Koh 7, 20) und die Meinung zurückgewiesen, als könne jemand ohne Gottes Hilfe die Sünde meiden und bedürfe für seine Person keiner Sündenvergebung.[266] Wollte jemand behaupten, daß die Heiligen das „Und vergib uns unsere Schuld" nur aus Demut, nicht in eigentlichem Sinn (veraciter) sprächen, der ließe „den Betenden nicht nur den Menschen, sondern Gott selbst ⟨an⟩lügen, wenn er mit den Lippen sagte, er wolle, daß ihm vergeben würde, und im Herzen sagte, er hätte keine Schuld, die ihm zu vergeben wäre".[267]

So ist es auch unmöglich, kraft eigenen Willens, ohne vorbereitende Gnadenhilfe, zur Rechtfertigung zu gelangen. „Wenn jemand behauptet, es könnten *einige durch Barmherzigkeit, andere aber durch das liberum arbitrium*, von dem feststeht, daß es bei allen, die seit der Übertretung Adams geboren sind, *mangelhaft* geworden ist, zur Gnade der Taufe gelangen, so weicht er vom rechten Glauben ab. Er behauptet nämlich, daß *nicht aller liberum arbitrium* durch die Sünde des ersten Menschen geschwächt sei oder jedenfalls nur so weit verwundet sei, daß manche trotzdem ohne Offenbarung zum Mysterium des ewigen Heils gelangen könnten. Wie verkehrt dies sei, beweist der Herr (selbst), der bezeugt, nicht manche, sondern

---

[263] D 1642.
[264] D 1643.
[265] D 105.
[266] D 106 ff.
[267] D 108.

Edith Stein

niemand könne zu Ihm kommen, *wenn nicht der Vater ihn zöge* [Joh 6,44], wie Er auch zu *Petrus* sagt: ‚Selig bist du, Simon Bar-Jona, weil nicht Fleisch und Blut es dir offenbart hat, sondern mein Vater, der im Himmel ist‘ [Mt 16,17]; und der Apostel sagt: ‚Niemand kann sprechen: Herr Jesus (Christus), es sei denn im Heiligen Geist‘ [1 Kor 12,3].“ [268]

„Göttliches Geschenk ist es, sowohl wenn wir richtig denken, als wenn wir unsere Füße von Falschheit und Ungerechtigkeit fernhalten; denn so oft wir Gutes tun, wirkt Gott in uns und mit uns, damit wir wirken.“ [269]

„Den Starkmut der Heiden bewirkt weltliche Begierde, den Starkmut der Christen dagegen Gottes *Liebe*, die ‚ausgegossen ist in unseren Herzen‘, nicht durch Willensentscheidung, die von uns kommt, sondern ‚durch den Heiligen Geist, der uns gegeben ist‘. [Röm 5,5].“ [270]

„Viel Gutes tut Gott im Menschen, was *nicht der Mensch tut*. Dagegen tut der Mensch nichts Gutes, was *Gott* nicht *gewährt*, daß der Mensch es tue.“ [271]

Andererseits ist es auch irrig zu meinen, „daß *der Ungläubige in jedem Werk sündige*“ [272] und daß „der Sünder ohne die Gnade des Befreiers nur zum Bösen frei sei“; [273] daß „der Mensch keiner Versuchung ohne Hilfe der Gnade widerstehen könne, so daß er nicht dazu verführt und von ihr überwunden würde“. [274] Es wird die Scheidung einer doppelten Liebe verteidigt, „nämlich einer natürlichen, wodurch Gott als Urheber der Natur geliebt wird, und einer aus Gnade, wodurch Gott als Seligmacher geliebt wird“. [275] Es ist nicht pelagianischer Irrtum, „etwas natürlich Gutes anzuerkennen, d. h. etwas, was nur aus natürlichen Kräften seinen Ursprung herleitet“. [276] Es ist nicht „jede Liebe (amor) des vernunftbegabten Geschöpfs entweder schlechte Begierde, womit die Welt geliebt wird …, oder jene lobwürdige Liebe (caritas), die durch den Hl. Geist in unserm Herzen ausgegossen ist und womit Gott geliebt wird“. [277] Es wird nicht anerkannt, daß „der Sünder in allen seinen Akten der herrschenden Leidenschaft (cupiditas) diene“. [278]

Es verstößt nicht gegen die Gnadenlehre zuzugeben, „daß es einen guten oder nicht schlechten Gebrauch des *liberum arbitrium* gebe“. [279] Es ist nicht richtig, daß der Seele, „die Gott und seine *Gnade* verloren hat, nichts bleibt als Sünde und Sündenfolgen, stolze Armut und träge Bedürftigkeit, d. i. all-

---

[268] D 181.
[269] D 182.
[270] D 190.
[271] D 193.
[272] D 1298.
[273] D 1388.
[274] D 1030.
[275] D 1034.
[276] D 1037.
[277] D 1038.
[278] D 1040.
[279] D 1065.

gemeines Unvermögen zur Arbeit, zum Gebet und zu jedem guten Werk".[280] Ebenso ist es abzulehnen, daß ohne Gnade nicht nur tatsächlich nichts Gutes geschieht, sondern nichts geschehen könne.[281] Ferner, daß „wenn Gott nicht das Herz durch die innere Salbung seiner Gnade erweiche, Ermahnungen und äußere Gnaden nur dazu dienten, es noch mehr zu verhärten".[282]

Es wird ausdrücklich anerkannt, daß es Affekte gibt, „die von der Natur selbst eingepflanzt und durch ihre eigene Natur lobwürdig sind, die zusammen mit der Liebe zur Seligkeit und der natürlichen Geneigtheit zum Guten *als die letzten Linien und Überreste des Gottesbildes geblieben sind* (aus S⟨ankt⟩ August⟨inus⟩, *De spir⟨itu⟩ et litt⟨era⟩*[283] c. 28)". Und es gibt „zwischen der göttlichen Liebe (dilectio), die uns zum Himmelreich führt, und der unerlaubten menschlichen Liebe, die verurteilt wird", „eine *erlaubte menschliche Liebe*, die nicht getadelt wird" (aus S⟨ankt⟩ August⟨inus⟩, serm⟨ones⟩ de car⟨mine⟩; edit⟨io⟩ Maurin).[284]

Wenn es in früher angeführten Erklärungen, die sich mit dem Willen beschäftigten, darum zu tun war, *Freiheit und Gnade* im rechten Verhältnis zu bestimmen, so daß keiner zuviel und keiner zuwenig eingeräumt würde, so zielen die eben wiedergegebenen auf die rechte Abgrenzung von *Natur und Gnade* ab. Es handelt sich jetzt nicht so sehr um das liberum arbitrium als die eigentliche Willens*entscheidung*, sowie um die Willens*stellungnahme* und im weiteren Sinn um alles das, was wir als Stellungnahmen, Gemütsbewegungen, Regungen des Herzens bezeichnen. Gibt es natürlich gute Regungen, die dann, unter der Mitwirkung des liberum arbitrium, zu natürlich guten Handlungen führen? Oder müssen schon die inneren Antriebe von der Gnade eingegeben sein, damit das Handeln gut sein könne? Findet das liberum arbitrium in der gefallenen Natur ohne Mitwirkung der Gnade überhaupt keine Motivationsgrundlage für eine gute Tat vor? Es läßt sich nicht leugnen, daß manche Definitionen, die in der Abwehr des Pelagianismus formuliert wurden, wie eine Ablehnung alles natürlich Guten klingen und nicht recht vereinbar scheinen mit den späteren, die – hauptsächlich in der Auseinandersetzung mit den Reformatoren und später Bajus und Quesnel – die Übersteigerung der Gnadenwirkung abweisen und den Anteil der Natur sicherstellen wollten. Die Lösung der scheinbaren Widersprüche ist wohl einmal darin zu finden, daß man zwischen *natürlich Gutem* und *übernatürlich Wertvollem* zu scheiden hat. Das Erste ist ohne Gnade möglich, das Zweite nicht. Sodann muß unterschieden werden zwischen dem, was prinzipiell möglich ist, und zwischen dem, was tatsächlich geschieht. Der gefallene

---

[280] D 1351.
[281] D 1352.
[282] D 1355.
[283] ⟨*Über den Geist und den Buchstaben*, Maur. X, 1; PL 44.⟩
[284] ⟨Augustinus, *Sermones de carmine, Sermones*, Maur. V; PL 38–39.⟩

Mensch ohne Hilfe der Gnade hat noch die natürliche Grundrichtung auf das Gute. Aber er hat keine unfehlbare Erkenntnis mehr, was im einzelnen Fall recht und nicht recht ist, und es sind Antriebe zum Bösen in ihm. So steht er zwischen verschiedenen Möglichkeiten und hat kraft seines liberum arbitrium zwischen ihnen zu wählen. Es besteht in keinem einzigen Fall für ihn die Notwendigkeit zu sündigen und die Unmöglichkeit, die Sünde zu meiden. Aber die Gefahr zu sündigen ist so groß, daß der mit der Erbsünde Behaftete sich tatsächlich nicht während seines ganzen Lebens frei von schwerer Sünde halten kann.[285]

Es war nicht möglich, den Urstand und den Stand des gefallenen Menschen zu behandeln, ohne schon die Gnade mit hereinzuziehen. Der status viae, in dem sich alle Menschen während ihres Erdenlebens befinden, ist entweder Urstand oder Stand der gefallenen oder der erlösten Natur. Um aber die erlöste Natur zu verstehen, ist es zunächst erforderlich, die Natur des Erlösers ins Auge zu fassen und damit eine einzigartige Menschennatur, die sowohl von der aller andern im Stand der Sünde geborenen wie auch von der des ersten Menschen vor dem Fall unterschieden ist.

---

[285] Analog gilt von den Menschen im Gnadenstand, daß sie prinzipiell imstande sind, in jedem einzelnen Fall die läßliche Sünde zu meiden, daß es ihnen aber tatsächlich nicht in allen Fällen gelingt, es sei denn durch einen besonderen Gnadenvorgang (wie er bei der allerseligsten Jungfrau vorlag). Vgl. dazu D 833 und für die ganze Frage Thomas von Aquino, *Ver,* q 24 a 7/9 und a 12/13. Ich habe die läßliche Sünde im Text vorläufig nicht behandeln wollen, weil dies zur Problematik der *erlösten* Natur gehört.

IV. Der Gottmensch

A. *Eine zusammenfassende Erklärung zur Erlösungslehre*

„Wie durch einen Menschen die Sünde in die Welt eingetreten ist und durch die Sünde der Tod und so der Tod auf alle Menschen übergegangen ist, weil in ihm alle gesündigt haben", wie also, „durch den Ungehorsam eines Menschen die vielen zu Sündern geworden sind: So werden auch durch den Gehorsam eines Menschen die vielen zu Gerechten werden." Dieses Apostelwort (Röm 5,12–19), auf das sich die Erbsündenlehre stützt, enthält zugleich den Kern der Erlösungslehre.

Die Frage nach der Beschaffenheit der menschlichen Natur führte zu der Notwendigkeit, bestimmte einzelne Menschen ins Auge zu fassen, deren Stellung in der Menschheit eine solche ist, daß durch sie eine Änderung in der Beschaffenheit der menschlichen Natur herbeigeführt wurde und daß wir die gegenwärtige Verfassung der Menschheit nicht begreifen können, ohne ihre Beziehung zu diesen ausgezeichneten Menschen zu berücksichtigen. Das freie Verhalten des ersten Menschen bedingte den Übergang vom Urstand zum Sündenstand. Durch das Verhalten des Gottmenschen wurde der Übergang zum Stand der erlösten Natur herbeigeführt. Um diesen Übergang zu verstehen, muß man die Natur des Gottmenschen und seine Stellung in der Menschheit zur Klarheit bringen.

„... Da alle Menschen in der Übertretung Adams die *Unschuld verloren hatten* [Röm 5,12; 1 Kor 5,22], *unrein geworden waren* [Jes 64,6] und ... *,von Natur aus Söhne des Zornes'* [Eph 2,3] ..., so sehr *Knechte der Sünde* [Röm 6,20] und unter der Gewalt des Todes und des Teufels, daß nicht nur nicht die Heiden durch die Kraft der Natur ..., sondern nicht einmal die Juden durch den Buchstaben des Gesetzes Mosis davon befreit werden oder sich erheben konnten ...", hat „der himmlische Vater, ,der Vater der Erbarmungen und Gott alles Trostes' [2 Kor 1,3], Christus Jesus ..., Seinen Sohn, der sowohl vor dem Gesetz als zur Zeit des Gesetzes vielen heiligen Vätern erklärt und verheißen war [cf. Gen 49,10; 18], da jene selige *Fülle der Zeit* [Eph 1,10; Gal 4,4] kam, zu den Menschen geschickt, damit er die Juden, die unter dem Gesetz waren, erlöse und damit die *Heiden, die nicht nach Gerechtigkeit strebten, Gerechtigkeit erlangten* [Röm 9,30] und alle die Annahme an Kindesstatt erlangten. Ihn hat *Gott dargestellt als Versöhner durch den*

Glauben in Seinem Blut für unsere Sünden [Röm 3,25], *nicht aber nur für die unsern, sondern auch für die der ganzen Welt* [1 Joh 2,2]."[286]

In dieser gedrängten Erklärung haben die tridentinischen[287] Väter die Erlösungslehre zusammengefaßt. Folgendes ist darin enthalten:

1. Die Menschheit konnte aus der Knechtschaft des Todes und der Sünde weder durch ihre Natur noch durch das Gesetz befreit werden.

2. Gottes Barmherzigkeit hatte einen Erlösungsweg vorgesehen und schon vor der Verkündigung des Gesetzes wie auch später für einen bestimmten Zeitpunkt einen Erlöser verheißen.

3. Der Erlöser ist zur vorgesehenen Zeit gesandt worden, um die ganze Menschheit in die Gotteskindschaft zurückzuführen.

4. Der Erlöser ist Gottes Sohn.

5. Er hat die Erlösung vollbracht, indem Er mit Seinem Blut für die Sünden der ganzen Menschheit Sühne leistete.

6. Zur Erlösung ist Glauben erforderlich.

Für unsere Fragestellung haben vor allem die 3.–6. These Bedeutung: Wenn der Erlöser für alle Sühne leisten und alle zur Gotteskindschaft führen sollte, so mußte Er zur Menschheit in einem ähnlichen Verhältnis stehen wie der Mensch, durch den alle gefallen sind.

Er ist Gottes Sohn – Er kam in die Welt und leistete Sühne durch Sein Blut: Darin haben wir eine Andeutung der beiden Naturen Christi.

Die Versöhnung geschieht „durch den Glauben": Darin kündigt sich der Weg der Vereinigung mit dem Gottmenschen an.

In dieser Reihenfolge wollen wir nun den Fragen nachgehen.

B. Die Stellung Christi in der Menschheit

Christus ist *Mittler* zwischen Gott und den Menschen.[288] So wie „die Menschen, wenn sie nicht durch Abstammung aus dem Samen Adams geboren wurden, nicht als Ungerechte geboren würden, da sie, durch diese Abstammung, indem sie durch ihn empfangen werden, sich *persönliche Ungerechtigkeit* (propriam iniustitiam) zuziehen: So würden sie niemals gerechtfertigt, wenn sie nicht in *Christus* wiedergeboren würden ..., da ihnen durch diese Wiedergeburt durch das *Verdienst seines Leidens* die Gnade, wodurch sie Gerechte werden, zuerteilt wird".[289] „... Christus Jesus läßt wie das *Haupt in die Glieder* [Eph 4,15] und wie der *Weinstock in die Reben* [Joh 15,5] in die

---

[286] D 793/94.
[287] (Konzil von Trient / Tridentinum (1545–1552/1562–1563), 19. allgemeines Konzil, Reaktion auf die Reformation und Beginn der Gegenreformation.)
[288] D 711.
[289] D 795.

Gerechtfertigten beständig Seine Kraft einfließen; diese gute Kraft geht stets ihren Werken voraus und begleitet sie und folgt ihnen, und ohne sie könnten sie auf keine Weise Gott angenehm und verdienstlich sein ...[290] So wird *unsere persönliche Gerechtigkeit* nicht, als ob sie aus uns stammte, als *unsere eigene in Anspruch genommen*, und es wird nicht die *Gerechtigkeit Gottes verkannt* oder verschmäht [Röm 10,3]; denn diese Gerechtigkeit, die unsere genannt wird, weil wir durch sie, *die uns innewohnt*, gerechtfertigt werden ..., sie ist zugleich Gottes, weil sie uns von Gott durch das Verdienst Christi eingegossen wird." Wäre es möglich, durch die Kraft der menschlichen Natur oder die Hilfe des Gesetzes die verlorene Gerechtigkeit wiederzuerlangen, dann „wäre Christus umsonst gestorben" [Gal 2,21].[291] „Denn das Gesetz war bereits da und rechtfertigte nicht: Auch die Natur war bereits da und rechtfertigte nicht. Darum ist Christus nicht umsonst gestorben, damit sowohl das Gesetz erfüllt würde durch ihn, der sagte: *Ich bin nicht gekommen, um das Gesetz aufzulösen, sondern zu erfüllen* [Mt 5,17], als die Natur, die durch Adam verloren war, wiederhergestellt würde durch ihn, der sagte, er sei gekommen, *um zu suchen und zu retten, was verloren war* [Lk 19,10]."

Die Rechtfertigung „ist *nicht nur Sündenvergebung, sondern sowohl Heiligung als ⟨auch⟩ Erneuerung* des inneren Menschen durch die freiwillige Annahme der Gnade und der Gaben, wodurch der Mensch aus einem Ungerechten zu einem Gerechten wird und aus einem Feinde zu einem Freund, damit er Erbe sei *gemäß der Hoffnung des ewigen Lebens* [Tit 3,7]".[292] *Verdienstursache* der Rechtfertigung ist Gottes „geliebtester, eingeborener Sohn, unser Herr Jesus Christus, der, *da wir Feinde waren* [Röm 5,10], *um der übergroßen Liebe willen, mit der er uns liebte* [Eph 2,4], durch sein heiligstes Leiden am Kreuzesholz uns die Rechtfertigung verdiente ... und für uns Gott dem Vater Genugtuung leistete."

„Einzige Formalursache" ist die Gerechtigkeit Gottes, nicht wodurch *Er selbst* gerecht ist, sondern wodurch Er *uns zu Gerechten macht* ...; mit ihr von ihm begabt werden wir erneuert im Geist unseres Herzens und *nicht nur Gerechten gleich erachtet* (reputamur), *sondern* in Wahrheit Gerechte genannt und *sind es*, da wir die Gerechtigkeit in uns empfangen, jeder nach seinem Maß, das *der Hl. Geist den einzelnen zuerteilt, wie er will* [1 Kor 12,11] und entsprechend eines jeden eigener Verfassung (dispositio) und Mitwirkung." Wenn auf das Verdienst des Leidens Christi hin *„durch den Hl. Geist die Liebe Gottes in die Herzen derer ausgegossen wird* [Röm 5,5], die gerechtfertigt werden, dann *wohnt sie* in ihnen selbst (inhaeret) ... Darum empfängt der Mensch eben in der Rechtfertigung mit der Sündenver-

---

[290] D 809.
[291] D 194.
[292] D 799.

Edith Stein

gebung zugleich durch Jesus Christus, dem er eingepfropft wird, dies als eingegossene Gaben: *Glaube, Hoffnung und Liebe.* Denn wenn zum Glauben nicht Hoffnung und Liebe hinzukommen, dann eint er nicht vollkommen mit Christus und macht nicht zum lebendigen Glied Seines Leibes."[293] Wenn darum die Katechumenen „die wahre, christliche Gerechtigkeit empfangen, jenes *erste Gewand* [Lk 15,22], das anstelle dessen, das Adam für sich und uns verloren hat, ihnen durch Christus geschenkt wird, dann werden sie sofort nach ihrer Wiedergeburt aufgefordert, es rein und unbefleckt zu bewahren, um es vor den Richterstuhl unseres Herrn Jesus Christus zu tragen und das ewige Leben zu haben."

So ergibt sich für die Stellung Christi in der Menschheit: Nach Gottes ewigem und lange vorher verkündigtem Ratschluß ist zu einer vorher bestimmten Zeit ein Erlöser in die Welt gekommen, um die verlorene Menschheit zurückzugewinnen. Er hat durch sein Leiden und seinen Tod für die Sünden aller Menschen Genugtuung geleistet und damit die Erbschuld getilgt, die auf allen Nachkommen Adams lag. Aber an dieser Leistung, die für alle vollbracht wurde, bekommen nur die Anteil, die zum Erlöser gehören. Diese Zugehörigkeit wird dadurch gewonnen, daß man an ihn glaubt, d. h. ihn für das nimmt, wofür er sich ausgibt, das Geschenk annimmt, das er darbietet, das hofft, was er verheißt, das tut, was er gebietet. Wer sich so zu Christus stellt, der gehört ihm aber nicht nur zu wie ein treuer Gefolgsmann seinem Herrn und darf sich nicht nur im Vertrauen auf ihn vor Gott ohne Schuld wissen, sondern Christus zieht ihn in sich selbst hinein. Der Erlöser und alle, die sich ihm so anschließen, wie er es verlangt, werden mit ihm zu einer Lebenseinheit verbunden wie Haupt und Glieder eines Leibes[294], wie Weinstock und Reben[295]. Dieses Hineinwachsen in Christus bedeutet für die Menschen eine neue Geburt. Es wird ihnen nicht nur äußerlich keine Schuld mehr angerechnet, sondern sie werden innerlich umgeformt. Die Kraft Christi strömt in ihre Seele ein als ein neuer Lebensquell. Die dem Leibe nach aus dem Samen Adams Erzeugten werden aus dem Geist Christi neu erzeugt. Der alte Mensch geht nicht zugrunde, er bleibt mit Leib und Seele erhalten; aber das neue Leben, das nicht aus seiner alten Natur kommt, das ihm von Christus zuströmt, wird in ihn hineingesenkt und formt ihn um. So hat die Menschheit einen neuen Stammvater bekommen. Darum ist es nicht nur juristische Zurechnung, wenn seine Verdienste als Sühneleistung für die Schuld der Menschen angenommen werden, sondern diese Sühne ist – wie die Übertretung Adams – als ein Akt der ganzen Menschheit anzusehen: Wie sie in dem Einen gesündigt, so hat sie auch in dem Einen genuggetan.

---

[293] D 800.
[294] ⟨Eph 4, 15.⟩
[295] ⟨Joh 15, 5.⟩

Wenn wir nun näher verstehen wollen, wie der Stand der erlösten Menschheit geartet ist, müssen wir über die Natur dessen Klarheit haben, der ihr neues Haupt ist und der Urheber ihres neuen Lebens. Aus den Kräften der menschlichen Natur konnte keine Erneuerung kommen. So konnte der Erlöser kein bloßer Mensch sein.

C. Bedeutung der Gottheit für das Erlösungswerk

Alle unsere Glaubensbekenntnisse von der apostolischen Zeit an bekennen, daß Christus *wahrer Gott* ist. Im dogmatischen Brief Papst Leos I.[296] an den Patriarchen von Konstantinopel[297] aus dem J⟨ahr⟩ 449 heißt es: „Indem nun die Eigentümlichkeit *beider Naturen* und Substanzen gewahrt wurde und sich in *einer Person* zusammenfand, wurde von der Majestät die Niedrigkeit aufgenommen, von der Kraft die Schwäche, von der Ewigkeit die Sterblichkeit, und zur Lösung der Schuld unseres Standes (conditio) wurde die unverletzliche Natur mit der leidensfähigen Natur vereint, damit, wie es zum Heilmittel für uns angemessen war, *ein* und derselbe *Mittler zwischen Gott und den Menschen, der Mensch Jesus Christus* [1 Tim 2,5], auf Grund des einen sterben könnte und auf Grund des andern nicht sterben könnte. Also ist der wahre Gott in der unversehrten und vollkommenen Natur eines wahren Menschen geboren, *ganz in dem Seinen, ganz in dem Unsern ...*"[298] „... Der Unbegreifliche wollte begriffen werden, der vor der Zeit Beharrende begann in der Zeit zu sein; der Herr des Weltalls nahm Knechtsgestalt an und ließ die Unermeßlichkeit Seiner Majestät verdunkelt werden; der leidensunfähige Gott verschmähte es nicht, leidensfähiger Mensch zu sein, und der Unsterbliche, sich den Gesetzen des Todes zu unterwerfen. ... Der wahrer Gott ist, derselbe ist auch wahrer Mensch, und in dieser Einheit ist keine Lüge, indem beieinander sind (invicem sunt) die Niedrigkeit des Menschen und die Hoheit Gottes. Denn wie Gott durch das Erbarmen nicht verändert wird, so wird der Mensch durch die Würde nicht verzehrt. Es wirkt nämlich jede der beiden Naturen in der Vereinigung mit der anderen, was ihr eigentümlich ist; das Wort wirkt, was des Wortes ist, und das Fleisch bringt zur Ausführung, was des Fleisches ist. Das eine strahlt von Wundern, während das andere den Unbilden unterliegt. Und wie das Wort sich nicht aus der Gleichheit mit der väterlichen Herrlichkeit entfernt, so verläßt das Fleisch nicht die Natur unseres Geschlechts."[299] Er ist „der *Sohn* Gottes des Vaters, das Wort Gottes, das von Ewigkeit her vor aller Zeit aus dem Vater

---

[296] ⟨Leo der Große, Papst von 440–461, *Epistola dogmatica ad Flavianum.*⟩
[297] ⟨Patriarch Flavian bzw. Flabianos von Konstantinopel (Amtszeit 446–449).⟩
[298] D 143.
[299] D 144.

Edith Stein

geboren wurde, von derselben Substanz, derselben Allmacht und in allem dem Vater gleich in der Gottheit ..."[300] Als modernistischen[301] Irrtum hat Pius X.[302] die Auffassung zurückgewiesen, die Gottheit Christi werde in den Evangelien nicht bewiesen, sondern sei ein Dogma, welches das christliche Bewußtsein aus dem Begriffe des Messias herleite.[303] War es doch seit den ältesten Zeiten wiederholt ausgesprochen, daß Christus eine der drei Personen der allerheiligsten Dreifaltigkeit sei.[304]

Wir brauchen hier der Eigentümlichkeit Christi als der zweiten Person in der Trinität nicht näher nachzugehen. Es genügt für uns die Feststellung, daß Christus, um die vorhergezeichnete Mittlerstellung zwischen Gott und den Menschen einzunehmen, Gott und Mensch sein mußte. Denn der Vereinigung mit der Gottheit verdankt es das Erlösungsleiden, daß es zur Genugtuung für alle Menschen ausreichend, ja überfließend, weil unendlich ist. „Wie es *keinen Menschen* gibt, gegeben hat oder geben wird, dessen Natur nicht in unserm Herrn Christus Jesus angenommen war, so gibt und gab es keinen und wird es keinen Menschen geben, für den Er nicht gelitten hätte ... Wenn aber durch das Geheimnis Seines Leidens nicht alle erlöst werden, so ist das nicht auf die Größe und Fülle des Preises zu beziehen, sondern den Ungläubigen zuzuschreiben ...; denn der Becher des menschlichen Heils, der durch unsere Schwäche und göttliche Kraft gefüllt wurde, hatte zwar genügend in sich, um allen zu nützen: Doch wenn nicht daraus getrunken wird, dann bringt er keine Heilung."[305] Christus, „der auf dem Altar des Kreuzes unschuldig geopfert wurde, hat nicht nur einen mäßigen Tropfen Blut vergossen, der freilich wegen der Vereinigung mit dem Wort zur Erlösung des ganzen Menschengeschlechtes genügt hätte, sondern hat es bekanntlich reichlich wie einen Strom vergossen ... Wie groß ist darum der Schatz, den Er für die streitende Kirche erworben hat, damit das Erbarmen einer so großen Spende nicht unnütz, umsonst oder überflüssig sei, da er wie ein liebreicher Vater für Seine Kinder Schätze ansammeln wollte, sodaß der Schatz für die Menschen *unendlich* ist ..."[306]

D. Bedeutung der Menschheit für das Erlösungswerk

Wuchs dem Erlösungsleiden von der Gottheit der unendliche Wert zu, so war doch das Leiden als solches nur möglich für die leidensfähige mensch-

---

[300] D 344.
[301] ⟨Vgl. Anm. 706.⟩
[302] ⟨(1835–1914), Papst von 1903–1914.⟩
[303] D 2027.
[304] D 173, 216, 222, 255, 291, 372, 708.
[305] D 319.
[306] D 550.

liche Natur. Die wahre menschliche Natur Christi ist in den Glaubens-
bekenntnissen ebenso entschieden, im Kampf mit den entgegengesetzten
Häresien, herausgearbeitet worden wie die Gottheit. Christus ist „wahrer
Mensch geworden, aus einer vernunftbegabten Seele und menschlichem
Fleisch zusammengesetzt, ... seiner Menschheit nach ... leidensfähig und
sterblich ..."[307] Er ist „in der Zeit geboren vom Heiligen Geist und Maria,
die immer Jungfrau war ...",[308] hat in seiner Menschheit für uns und unser
Heil mit wahrem Leiden des Fleisches gelitten, ist gestorben und begraben
worden ..." Er hat „einen leidensfähigen menschlichen Körper und eine
geistige oder vernunftbegabte *Seele* angenommen, die durch sich selbst
wahrhaft und wesenhaft den Leib formt ..."[309] Er ist „uns in allem gleich
geworden außer in der Sünde".[310] Er ist Menschensohn durch echte Geburt
aus einer menschlichen Mutter, hat „wahres Fleisch aus den Eingeweiden der
Mutter und eine vernunftbegabte Menschenseele ...;[311] er hat gegessen und
getrunken, geschlafen und vom Wege ermüdet geruht, hat mit dem wahren
Leiden seines Fleisches gelitten, ist den wahren Tod seines Leibes gestorben
und in der wahren Auferstehung seines Fleisches und der wahren Wiedervereinigung der Seele mit dem Leibe auferstanden; in diesem [**Fleisch**] ist er,
nachdem er gegessen und getrunken hatte,[312] zum Himmel aufgefahren und
sitzt zur Rechten des Vaters, und in eben diesem [**Fleisch**] wird er kommen,
zu richten die Lebendigen und die Toten." Er ist „hinabgestiegen zu den
Toten in der Seele und auferstanden im Fleisch: aufgestiegen aber in beidem
gleichmäßig ..."[313] Er hat uns durch die Menschwerdung „den Weg des Lebens handgreiflicher gezeigt". Es ist die *unversehrte Menschennatur*, die er
angenommen hat.[314] Und zur vollen Menschennatur gehört die Menschwerdung in der Weise, „daß nicht nur das Wort Gottes und menschliches Fleisch
vereint sind, sondern auch eine vernunftbegabte Menschenseele".[315]

Zurückgewiesen werden alle Irrlehren, die die Menschennatur nach irgend einer Seite leugneten. Nach dem Dekret für die Jakobiten[316] verurteilt

---

[307] D 429.
[308] D 462.
[309] D 480.
[310] D 1463.
[311] D 422.
[312] D 344 fügt hinzu, daß Er zur Bekräftigung der Auferstehung mit den Jüngern gegessen
habe, „nicht aus Bedürfnis nach Speise, sondern kraft Seines Willens und Seiner Macht".
[313] D 429.
[314] D 708.
[315] D 283.
[316] (Monophysitische Gruppe Syriens, Mesopotamiens und Babyloniens, benannt nach
Jakobos Baradai (gest. 578), der den Monophysiten Syriens 542/43 eine hierarchische
Ordnung gab. Monophysiten sind Bekenner der Ein-Natur-Lehre von Gottheit und Menschheit in Christus, die vom Konzil von Chalzedon 450 in der Zwei-Naturen-Lehre überwunden wurde.)

die Kirche die *Manichäer*, „die in dem Wahn, Gottes Sohn habe *keinen wah-ren Leib*, sondern einen Scheinleib (phantasticum) angenommen, die wahre Menschheit in Christus völlig aufhoben.[317] Ebenso den *Valentinus*[318], der behauptet, Gottes Sohn habe nichts von der Jungfrau-Mutter genommen, sondern einen *himmlischen Leib* angenommen und sei durch den Schoß der Jungfrau so hindurchgegangen, wie das herabfließende Wasser durch die Wasserleitung durchgeht. Auch *Arius*[319], der behauptete, der Leib, der aus der Jungfrau angenommen wurde, habe keine Seele gehabt, und an die Stelle der Seele die Gottheit stehen ließ. Ferner *Apollinaris*[320], der in der Erkennt-nis, daß keine wahre Menschheit in Christus sei, wenn die Seele geleugnet werde, die den Leib formt, *nur eine Sinnenseele* ansetzte, doch an die Stelle der Vernunftseele die Gottheit des Wortes treten ließ." Wie für jede andere Menschenseele, so wird auch für die Seele des Herrn die Präexistenz abge-lehnt. Verurteilt wird die Lehre des *Origenes*, daß „*die Seele des Herrn* vor-ausexistiert habe und vor der Menschwerdung und Geburt aus der Jungfrau mit Gott dem Wort vereint gewesen sei ...";[321] ebenso die Meinung, „der *Leib unseres Herrn* Jesus Christus sei zuerst im Schoß der seligen Jungfrau gebildet worden, und dann sei Gott, das Wort, und die Seele, die vorher schon existiert hätte, mit ihm vereint worden".[322]

Die doppelte Natur hat zur Folge, daß Christus *zweifachen Willen* hat: „Wir verkünden nach der Lehre der heiligen Väter, daß in Ihm zwei natür-liche Willen und zweifaches Handeln (operationes) ungeteilt, unvertausch-bar, untrennbar, unvermischt vorhanden sind; und zwar *zwei natürliche Willen*, die *nicht* etwa *einander entgegengesetzt* sind, ... sondern Sein menschlicher Wille folgt und widersteht oder widerstrebt nicht, ist vielmehr Seinem göttlichen und allmächtigen Willen unterworfen. Es mußte nämlich, nach dem weisheitserfüllten Athanasius[323], der fleischliche Wille bewegt wer-den, aber dem göttlichen Willen unterworfen werden. Denn wie Sein Fleisch das Fleisch des Wortes Gottes genannt wird und ist, so wird auch der natür-liche Wille Seines Fleisches des Wortes Gottes eigener Wille genannt und ist es, wie Er selbst sagt: *Ich bin vom Himmel herabgestiegen, nicht um meinen*

---

[317] D 710.
[318] ⟨Valentinos, ägyptischer Gnostiker, um 135/140 in Rom, um 160 in Zypern.⟩
[319] ⟨Arius oder Areios, lybischer Häretiker (250/60–336), nach ihm wurde der Arianis-mus benannt, der lehrt, daß der Sohn dem Vater unähnlich sei, ein schlechthin anderer, veränderlich und von Natur aus fehlbar, nicht „wahrer Gott".⟩
[320] ⟨Apollinarios der Jüngere von Laodikeia (um 310–385) lehrte eine Verkürzung der Menschheit Christi: Der Logos nehme die Stelle des geistigen Teils der menschlichen Seele Christi ein.⟩
[321] D 204.
[322] D 205.
[323] ⟨Athanasius der Große, Patriarch von Alexandrien, ägyptischer Kirchenlehrer (um 295–373).⟩

Willen zu tun, sondern dessen, der mich gesandt hat, des Vaters [Joh 6,38], und damit Seinen eigenen Willen eben nennt, der zu Seinem Fleisch gehört. Denn auch das Fleisch ist Sein eigenes geworden. Denn wie Sein heiligstes und unbeflecktes beseeltes Fleisch durch die Vergöttlichung nicht aufgehoben wurde, sondern in seinem Stande und seiner Gesetzlichkeit (statu et ratione) bestehen blieb, so ist auch Sein menschlicher Wille durch die Vergöttlichung nicht aufgehoben worden, sondern bewahrt, gemäß dem Wort des Theologen Gregor[324]: ‚Denn Sein Wollen, das im Heiland erkannt wird, ist nicht Gott entgegengesetzt, sondern ganz vergöttlicht.'[325]

„Wir preisen aber ein doppeltes natürliches Wirken ungeteilt, unvertauschbar, untrennbar in eben diesem unserm Herrn Jesus Christus, d. h. ein göttliches Wirken und ein menschliches Wirken, gemäß dem göttlichen Prediger Leo, der es ganz klar ausspricht: ‚Es wirkt nämlich jede der beiden Formen in der Vereinigung mit der andern, was ihr eigentümlich ist ...'[326] Denn nirgends schreiben wir Gott und dem Geschöpf *ein* natürliches Wirken zu, so daß wir weder das Geschaffene zum göttlichen Wesen hinaufziehen, noch das, was das göttliche Wesen auszeichnet, bis zu der Stufe herabwürdigen, die den Geschöpfen gebührt."[327] „So bekennen wir, daß ein zweifaches natürliches Wollen und Handeln zum Heil des Menschengeschlechts angemessen in Ihm zusammenwirkt." Das Zusammenwirken des göttlichen und menschlichen Wollens und Handelns ist erst allmählich geklärt worden. In einem Brief des Papstes Honorius I.[328] an den Patriarchen Sergius von Konstantinopel[329] (634) hieß es: „Wir bekennen, daß der Herr Jesus Christus, der Mittler zwischen Gott und den Menschen, Göttliches gewirkt habe durch die Vermittlung der Menschheit, die mit dem Wort Gottes naturhaft [**gr. hypostatisch**] geeint war, und daß derselbe Menschliches gewirkt habe durch die volle Gottheit, indem auf unaussprechliche und einzigartige Weise das Fleisch angenommen wurde, [**gr. un-**] gesondert, unvermischt und unvertauschbar ..., so daß man mit staunendem Geist erkennt, wie die Unterschiede beider Naturen wunderbar bestehen bleiben, während [**das leidensfähige Fleisch mit der Gottheit**] vereint wird ... Darum bekennen wir auch *einen* Willen in unserm Herrn Jesus Christus, da ja doch von der Gottheit *unsere Natur, nicht unsere Schuld* angenommen wurde, jene [**Natur**] natürlich, die von der Sünde geschaffen wurde, nicht die nach der Übertretung mangelhafte. Denn Christus ist ... ohne Sünde vom Hl. Geist

---

[324] ⟨Gregorios von Nazianz der Jüngere, Beiname „der Theologe" (330–390), griech. Kirchenlehrer.⟩
[325] D 291.
[326] Vgl. S. 184 ⟨hier: 76.⟩
[327] D 292.
[328] ⟨Papst von 625–638, Schüler Gregors des Großen.⟩
[329] ⟨Sergios I., Patriarch von Konstantinopel von 610–638, syrischer Herkunft.⟩

empfangen und auch ohne Sünde von der heiligen und unbefleckten jung-fräulichen Gottesgebärerin geboren worden, ohne eine Berührung mit der mangelhaften Natur zu erfahren ... Denn es gab für den Heiland kein ande-res Gesetz in den Gliedern und *keinen verschiedenen oder entgegengesetzten Willen,* da er erhaben über das Gesetz geboren wurde, unter dem der Stand der Menschen steht ... Daß unser Herr Jesus Christus, der Sohn und das Wort Gottes, durch den alles gemacht ist, selbst der *Eine Täter* aus Gottheit und Menschheit ist (unus operator divinitatis et humanitatis), das beweisen eine Fülle von Schriftstellen in aller Klarheit. Ob aber wegen der Werke der Gottheit und der Menschheit von einer oder von zwei Tätigkeiten gespro-chen ... werden muß, braucht uns nicht zu kümmern ... Denn wir erfahren aus der Hl. Schrift, daß der Herr Jesus Christus und Sein Hl. Geist nicht *eine* Tätigkeit oder zwei vollbracht habe, sondern wir erkennen, daß Er *vielfältig* gewirkt hat."[330]

Es wird hier die Unterscheidung zweier Tätigkeiten als Spitzfindigkeit ab-gewiesen. Es scheint mir aber dabei der Doppelsinn von *„operatio"* nicht in Betracht gezogen zu sein, wonach es einmal die *aktuelle Tätigkeit* bezeichnet, außerdem aber das *Prinzip* der Tätigkeit, das etwas Dauerndes in dem Sub-jekt der Tätigkeit ist: beim Menschen eine Potenz, bei Gott das göttliche Wesen oder die göttliche Natur selbst. Wo von „duae operationes" gespro-chen wird, sind offenbar zwei Prinzipien gemeint, und es wird damit die Einheit der aktuellen Tätigkeit nicht geleugnet. Scharf herausgehoben wird von Papst Honorius der Unterschied der Naturen und die Einheit der Per-son. Die betonte Einheit des Wollens und Wirkens, die dem Wortlaut nach im Widerspruch steht zu den früher angeführten (aber später formulierten) Definitionen, mußte Anlaß zu Mißverständnissen geben. Darum versucht er in einem zweiten Brief an Sergius eine schärfere Abgrenzung.

Wir müssen „nicht eine oder zwei Tätigkeiten in dem Mittler zwischen Gott und dem Menschen definieren, sondern die *beiden Naturen* bekennen, die in dem einen Christus in natürlicher Einheit verbunden sind, die *in Gemeinsamkeit mit der andern* tätig und wirksam sind (cum communicatio-ne alterius operantes et operatrices), und zwar so, daß die *göttliche* wirkt, was Gottes ist, und die *menschliche* ausführt, was des Fleisches ist: nicht geteilt noch vermischt oder vertauschbar, so daß wir lehren würden, die Natur Gottes sei in den Menschen oder die Natur des Menschen in Gott umgewandelt: sondern *die Unterschiede der Naturen müssen wir unversehrt bekennen."* Es darf aber *nicht von einem Wirken* gesprochen werden, sondern von *dem Einen,* der in beiden Naturen wirkt. Allerdings will Honorius auch nicht von zwei Tätigkeiten sprechen, sondern von „den beiden Naturen ...,

---

[330] D 251.

die in der einen Person des Eingeborenen Gottes des Vaters unvermischt, ungeteilt und unvertauschbar mit uns das ihnen Eigentümliche wirken."[331]

Da die Worte des Papstes Honorius in der Tat mißdeutet wurden, sah sich Johannes IV.[332] veranlaßt, sie einige Jahre später (641) noch einmal unmißverständlich auszulegen: „... Einzig und allein ohne Sünde ist der Mittler zwischen Gott und den Menschen Christus Jesus, der unter den Toten[333] frei empfangen und geboren wurde. Nachdem Er also Sein heiliges Fleisch angenommen hatte,[334] besaß Er niemals *zwei entgegengesetzte Willen* noch widerstrebte der Wille Seines Geistes dem Willen Seines Fleisches ... Da wir denn wissen, daß in Ihm, bei Seiner Geburt und während Seines Wandels, gar keine Sünde war, sagen wir angemessen und bekennen wahrhaft, daß *ein* Wille in der Menschheit, die Er heilig verwaltete, war und predigen *nichts* von *zwei entgegengesetzten*, einem geistigen und einem fleischlichen, wovon gewisse Häretiker, wie bei einem bloßen Menschen, zu phantasieren wissen. – In diesem Sinn ... hat unser Vorgänger ... an den Patriarchen Sergius ⟨geschrieben⟩, der ihn befragte, daß in unserm Heiland durchaus nicht zwei *entgegengesetzte* Willen, nämlich in Seinen Gliedern, bestehen, da Er sich keinerlei Fehler infolge der Übertretung des ersten Menschen zugezogen hat ... Das pflegt so zu geschehen, daß nämlich dort, wo eine Wunde ist, Hilfe kommt, die Heilung bringt. Es ist nämlich zu erkennen, daß auch der selige Apostel dies oft getan hat, sich der Gewohnheit der Hörer entsprechend vorzubereiten; und zwar schweigt er manchmal, wenn er über die höchste Natur Belehrung gibt, ganz von der Menschheit, manchmal aber, wenn er über den menschlichen Wandel spricht, berührt er das Geheimnis Seiner Gottheit nicht ... Mein genannter Vorgänger also sagte vom Geheimnis der Menschwerdung Christi, es seien in Ihm nicht, wie in uns Sündern, der *Wille des Geistes und des Fleisches entgegengesetzte* gewesen: Dies haben manche nach ihrem eigenen Sinn gewendet und vermutet, er habe einen Willen für Gottheit und Menschheit gelehrt, was durchaus der Wahrheit widerspricht."[335]

Es war schon in all diesen Definitionen das Bemühen darauf gerichtet, die Unversehrtheit der göttlichen und menschlichen Natur und ihre Vereinigung in einer Person scharf herauszuarbeiten. Die entscheidenden Erklärungen darüber sollen bald noch erörtert werden. Zunächst kommt es aber für uns darauf an, die *Eigentümlichkeit der Menschennatur Christi* hervorzuheben. Es wurde gesagt, nicht die durch den Fall entartete, sondern die Natur, wie

---

[331] D 252.
[332] ⟨Johannes IV., Papst von 640–643, 641 Synode in Rom gegen den Monotheletismus, d. h. die Lehre, daß es nur einen Willen in Christus gäbe.⟩
[333] ⟨Tot durch Sünde.⟩
[334] Wörtlich: „in der Zuteilung Seines heiligen Fleisches".
[335] ⟨D 253.⟩

sie vor dem Fall war, habe Christus angenommen. Allerdings war Er von Adam darin unterschieden, daß Er gewisse Folgen der Sünde – Leiden und Tod – auf sich nahm. Dagegen war nichts von *innerer* Mangelhaftigkeit in der Menschennatur des Erlösers: Er war frei von Irrtum, von ungeordnetem Begehren, von Fehlbarkeit des Willens. Diese Eigentümlichkeit der Menschennatur Christi entsprach durchaus dem Zweck, zu dem sie geschaffen wurde: Christus mußte wahrer Mensch sein, damit in Ihm und durch Ihn die Menschheit Genugtuung leisten und erlöst werden könnte. Zu eben dieser Genugtuung brauchte Er eine leidensfähige und sterbliche Natur: um die vollkommene Selbsthingabe vollziehen zu können. Er mußte ein volles und ganzes Menschenleben mit Menschengeburt, mit Entwicklung zur Reife, mit menschlichen Leiden und Freuden und menschlichem Wirken und menschlichem Todeskampf auf sich nehmen, aber ein Leben von fleckenloser Reinheit, um uns das ganze Menschenleben, wie es nach Gottes Willen sein soll, vorzuleben. Die erlösende Kraft dieses Lebens aber, die uns nicht nur bewundernd aufschauen läßt, sondern zur Nachfolge befähigt, ist der Gottheit zuzuschreiben, die mit dieser Menschheit verbunden war.

E. Die Vereinigung der beiden Naturen in der Person Christi

1. Die Lehre von der hypostatischen Union

Das II. Konzil von Konstantinopel (553) hat die Irrlehre verurteilt, „Gott, das Wort, der die Wunder wirkte, sei ein anderer als Christus, der gelitten hat, oder Gott, das Wort, sei bei Christus, der geboren wurde aus dem Weibe, oder sei in ihm wie einer in einem andern, oder es sei nicht *ein* und derselbe, unser Herr Jesus Christus, das Wort Gottes, das Fleisch und Mensch wurde, und nicht eben diesem selbst gehörten die Wunder und Leiden zu, die Er freiwillig im Fleisch auf sich nahm."[336] Nicht der Gnade nach oder dem Wirken oder der Gleichheit der Ehre oder dem Ansehen, der Beziehung, dem Affekt oder der Kraft nach ist die *Einheit* des Wortes Gottes mit dem Menschen zustande gekommen, oder dem guten Willen nach, gleich als ob der Mensch dem Wort Gottes gefallen hätte, weil es Ihm gut um ihn zu stehen schien; auch nicht der Namensgleichheit nach, wie die Nestorianer[337] das Wort Gottes und Christus Sohn nennen und den Men-

---

[336] D 215.
[337] (Nach Nestorios (381–451), dem ehemaligen Erzbischof von Konstantinopel (428–431), benannte Lehre, worin die hypostatische Union, d. h. die Gottheit und Menschheit als Einheit in Christus, geleugnet wurde; Christus hätte die Fähigkeit gehabt zu sündigen, hätte sich aber die Würde als Sohn Gottes verdient (Bewährungslehre). Evtl. war aber die historische Lehre des Nestorius rechtgläubig.)

schen getrennt Christus und Sohn nennen und augenscheinlich von zwei Personen sprechen …" Vielmehr muß man bekennen, „die Einheit des Wortes Gottes mit dem von einer Vernunft- und Geistseele beseelten Fleisch sei im Sinne einer Zusammensetzung oder Subsistenz geschehen, und es sei darum seine zusammengesetzte Subsistenz eine, d. h. unser Herr Jesus Christus, einer aus der Heiligen Dreifaltigkeit … Denn die Vereinigung durch Zusammensetzung im Mysterium Christi bewahrt nicht nur das, was zusammengekommen ist, unvermischt, sondern duldet auch keine Trennung."[338]

Was die Apostel und Evangelisten vom Heiland gesagt haben, ist „einer und derselben Person" zuzuschreiben, unserm Herrn und Gott Jesus Christus.[339]

„… In der Weise ist *das Wort Fleisch geworden*, daß nicht nur das Wort Gottes da ist und das Fleisch des Menschen, sondern auch eine vernunftbegabte Menschenseele; und dieses Ganze heißt sowohl Gott um Gottes willen als Mensch um des Menschen willen. Wir glauben, daß in diesem Sohn Gottes zwei Naturen sind, die göttliche und die menschliche, welche die *eine Person* Christi so in sich vereint hat, daß weder die Gottheit von der Menschheit noch die Menschheit von der Gottheit je getrennt werden kann. Darum ist Christus in der Einheit einer Person vollkommener Gott und auch vollkommener Mensch; wenn wir aber sagen, daß zwei Naturen in Christus sind, so werden wir damit nicht bewirken, daß zwei Personen in Ihm wären; damit es nicht etwa den Anschein habe, was ferne sei, daß zur Trinität eine *Vierheit* hinzukäme. Denn Gott, das Wort, nimmt nicht die Person des Menschen an, sondern die Natur, und in die ewige Person der Gottheit nimmt Er die zeitliche Substanz des Fleisches auf."[340] Es ist nur eine Person aus der Trinität, die Mensch wurde, indem die gesamte Trinität die Menschwerdung wirkte. „Jedoch allein der Sohn nahm die *Form des Knechtes* an [cf. Phil 2,7] in der Einzigkeit seiner Person, nicht in der Einheit der göttlichen Natur; in das hinein, was dem Sohn persönlich eigen ist, nicht der Trinität gemeinsam. Diese Form wurde Ihm in die Einheit der Person hinein zugeeignet (illi ad unitatem personae coaptata), so daß der eine Christus Gottessohn und Menschensohn ist, d. h. Christus existiert in diesen beiden Naturen, mit drei Substanzen: des Wortes, was auf das Wesen Gottes allein zu beziehen ist, des Leibes und der Seele, was zum wahren Menschen gehört."[341]

Diesem Einen und Selben, „unserm Herrn und Gott Jesus Christus kommen im eigentlichen Sinn und wahrhaft *zwei Geburten* zu, die eine vor aller Zeit aus Gott, dem Vater, unkörperlich und ewig, die andere aus der heiligen

---

[338] D 216.
[339] D 269.
[340] D 283.
[341] D 284.

Jungfrau, der Gottesgebärerin Maria, körperlich am Ende der Zeit, und dieser Eine und Selbe, unser Herr und Gott Jesus Christus, ist einer Substanz mit Gott, dem Vater, der Gottheit nach und einer Substanz mit der menschlichen Mutter der Menschheit nach, und derselbe ist *leidensfähig im Fleisch, leidensunfähig in der Gottheit,* begrenzt im Körper, unbegrenzt in der Gottheit, zugleich ungeschaffen und geschaffen, irdisch und himmlisch, sichtbar und geistig faßbar, begreiflich und unbegreiflich: damit durch den ganzen Menschen und Gott zugleich der ganze Mensch wiederhergestellt werde, der unter der Sünde fiel und verdammt wurde."[342] „... Aus zwei und in zwei Naturen, die substanziell geeint sind, ohne Mischung und ohne Teilung, ist der *eine und selbe* Herr Jesus Christus."[343] Das „inconfuse et indivise"[344] kehrt immer wieder zur Charakteristik der Einheit der beiden Naturen. In der ausführlichsten Erklärung der hypostatischen Union, dem dogmatischen Brief des Papstes Agathon[345] (680), wird noch hinzugefügt: unvertauschbar (incommutabilis) und untrennbar (inseparabiliter), „wobei niemals der Unterschied der Naturen um der Einheit willen aufgehoben wird, vielmehr *bleibt* die Eigentümlichkeit beider Naturen, die in eine Person und eine Subsistenz eingehen, bewahrt", und Christus ist „nicht in eine Zweiheit von Personen auseinandergeteilt und geschieden, noch zu einer zusammengesetzten Natur zusammengeflossen; sondern wir erkennen den einen und selben eingeborenen Sohn, Gott das Wort, unsern Herrn Jesus Christus nicht als einen in einem andern, noch als einen und einen andern, sondern Ihn selbst als denselben in zwei Naturen, d.h. in Gottheit und Menschheit und nach der substanzialen[346] Vereinigung."[347] Darum ist es nicht eine fremde Kraft, wenn Er in der Kraft des Heiligen Geistes Wunder vollbringt, sondern es ist Sein eigener Geist.[348]

Schon in dem Glaubensbekenntnis, das Epiphanios[349] (um 374) aufzeichnete und als von apostolischer Zeit her in den Gemeinden des Orients überliefert bezeugte, wird eine ausführliche Erklärung der hypostatischen Union gegeben: Christus „ist Mensch geworden, d.h. Er hat den *vollkommenen Menschen angenommen*, Seele und Leib und Geist und alles, *was immer der Mensch ist*, ausgenommen die Sünde, nicht aus männlichem Samen und nicht so, daß Er im Menschen war, sondern *in sich selbst bildete Er dieses*

---

[342] D 257.
[343] D 259.
[344] ⟨Lat.: unvermischt und ungeteilt.⟩
[345] ⟨Agathon (Papst von 678–681), hielt 680 eine Lateransynode gegen die Monotheleten, die nur einen Willen in Christus lehrten.⟩
[346] ⟨Vgl. Anm. 19.⟩
[347] D 288.
[348] D 121.
[349] ⟨Epiphanios von Salamis (315–403), palästinensischer Förderer des Mönchtums, Werke nicht irrtumsfrei.⟩

Fleisch hinein und verband es zu der einen, heiligen Einigkeit; nicht auf die Weise bewirkte Er etwas, wie Er den Propheten Geist einhauchte und in ihnen sprach, sondern er wollte vollkommener Mensch sein: denn *,das Wort ist Fleisch geworden'* [Joh 1,14]; und Er erlitt weder irgendeine Verwandlung noch wandelte Er Seine Gottheit in die Natur des Menschen um, sondern nahm sie hinein (copulavit) in die eine Heilige Vollkommenheit und Gottheit; denn einer ist der Herr Jesus Christus, nicht zwei; derselbe Gott, Herr und König. Der im Fleisch gelitten hat und auferstanden ist und mit demselben Leib zum Himmel aufgestiegen ist; und in Herrlichkeit zur Rechten des Vaters sitzt; und mit demselben Leib in Herrlichkeit kommen wird, um die Lebendigen und die Toten zu richten; dessen Reich kein Ende haben wird." [350]

Über den Zeitpunkt der Vereinigung von Gottheit und Menschheit hat Gregor I.[351] erklärt: „Es ist nicht zuerst im Leib der Jungfrau das Fleisch empfangen worden und danach die Gottheit in das Fleisch gekommen; sondern in dem Augenblick, wo das Wort in den Mutterleib kam, wurde das Fleisch, wobei die Kraft seiner eigenen Natur bewahrt wurde ... Und Er wurde *nicht zuerst empfangen und danach gesalbt;* sondern eben dies Empfangenwerden vom Hl. Geist aus dem Fleisch der Jungfrau war das Gesalbtwerden vom Hl. Geist." [352]

2. Die Bedeutung dieser Lehre für die Theorie des menschlichen Individuums

Die Bedeutung der Lehre von der hypostatischen Union für unser Problem ist eine doppelte: Einmal ist in den Bemühungen, die Geheimnisse der Trinität und der Inkarnation in aller Schärfe zu fassen und vor Verfälschungen zu bewahren, der *Personbegriff* erst eigentlich herausgearbeitet worden und damit eine Antwort auf die Frage nach der *ontischen Struktur des Menschen*[353] möglich geworden, wie sie die vorchristliche Philosophie nicht zu geben vermochte. Sodann folgt aus der Einheit von Gottheit und Menschheit in der Person Christi, daß die *Menschheit* in Christus *ein göttliches Haupt* bekommen hat und göttliches Leben empfängt, so wie wir in den Opferungsgebe-

---

[350] D 13.
[351] ⟨Gregor I., der Große (um 540–604), Papst und lateinischer Kirchenlehrer.⟩
[352] D 250.
[353] ⟨Stein verfaßte um 1917 eine Schrift mit dem Titel „Die ontische Struktur der Person und ihre erkenntnistheoretische Problematik", die sie dann in „Individuum und Gemeinschaft" (1922) und in *Einführung in die Philosophie* (ESGA 8, 2004) einarbeitete. Vgl. Wulf, Claudia Mariéle, „Rekonstruktion und Neudatierung einiger früher Werke Edith Steins", in: Beckmann, Beate / Gerl-Falkovitz, Hanna-Barbara (Hg.), *Edith Stein – Themen, Bezüge, Dokumente*, Würzburg 2003, 249–268.⟩

Edith Stein

ten der Hl. Messe darum bitten, daß wir „an der Gottheit dessen Anteil gewinnen mögen, der sich herabgelassen hat, an unserer Menschheit teilzunehmen".[354]

Wir gehen zunächst dem ersten Problem nach. Es wird in den Definitionen von der Vereinigung der beiden Naturen in einer *Subsistenz* und *Person* gesprochen. Dabei ist „*Subsistenz*" die Wiedergabe des griechischen „Hypostasis".[355] Das griechische wie das lateinische Wort haben doppelten Sinn. Sie bezeichnen einmal das „Darunterstehen" (subsistere), d. h. in sich selbst stehen und ruhen und anderes tragen und in sich haben – eine bestimmte Art zu sein. Es bezeichnet außerdem das, was in dieser Weise ist, das „Darunterstehende" (subsistens, suppositum), das in sich steht und ruht und anderes trägt und in sich hat. Eine Eigenschaft oder Tätigkeit – ein „Accidens" – ist nicht in sich selbst, sondern in einem andern („subsistiert" nicht, sondern „inhäriert"); sie haben ein Subsistierendes zur Voraussetzung. Auch ein konkreter Teil eines Ganzen, der nur in diesem Ganzen existieren kann (wie das Glied eines Körpers), subsistiert nicht. Doch auch mit „Substanz" ist das Subsistierende nicht ohne weiteres gleichzusetzen. Wenn man Substanz als etwas Allgemeines faßt,[356] z. B. als Substanz des Menschen die Natur oder das Wesen des Menschen als solchen nimmt, das, was den Menschen zum Menschen macht, so subsistiert sie nicht. Die Natur des Menschen existiert nicht in sich, sondern im einzelnen Menschen. Die Hypostase ist der individuelle Inhaber und Träger der Natur. Scheeben (dem ich bis hierher gefolgt bin) läßt darum die Gleichsetzung der Hypostase mit der individuellen Substanz[357] oder dem Individuum gelten, wofern man „individuum" nicht als das „Unteilbare", sondern als das „Unverteilbare" verstehen wolle, d. h. als das, was weder als Teil einem Ganzen angehört noch als gemeinsame Natur einer Mehrheit von Subjekten, sondern allein sich selbst angehört. Es scheint mir aber bei dieser Gleichsetzung von individueller Substanz oder konkretem Individuum und Hypostase der Sinn des „In sich selbst Stehens und Ruhens" und „des Innehabens und Tragens" nicht genügend voneinander abgehoben.

Wenn man von einem Inhaber und Träger der Natur sprechen darf, so muß am Individuum abstraktiv zu scheiden sein zwischen dem, *was* es ist, seinem Wesen oder seiner Natur, und dem „Inhaber", dem dieses Was eigen ist. Versteht man unter Hypostase diesen „Inhaber" oder „Träger" der Natur, so ist es nicht das konkrete Individuum selbst, sondern seine abstrak-

---

[354] ⟨Nach der Liturgie-Reform so nicht ins Deutsche übersetzt.⟩
[355] Zum Begriff der Hypostase und Person vgl. Scheeben⟨, Matthias⟩, *Mysterien des Christentums* (Herder, ⟨Freiburg⟩ 1932), 56 f.
[356] Als „δεύτερα οὐσία" im Sinne des Aristoteles.
[357] Der „πρώτη οὐσία".

te[358] ontische Form.[359] (Erst bei dieser Fassung scheint es mir möglich, über die Schwierigkeit hinwegzukommen, wie ein einziges Wesen einer Mehrheit von Hypostasen zukommen könne, wie es bei der Trinität ist.) Von dieser Form gilt, daß sie individuell, d. i. unmitteilbar ist. (Für das volle Verständnis des konkreten Individuums wäre weiter zu fragen, ob ihm seine Individualität nur von Seiten der Hypostase zukomme oder ob seine Natur in sich individuell sei, wie man es nach der thomistischen Theorie der Individuation jedenfalls für die materiellen und für die gemischten Substanzen behaupten müßte. Diese Frage ist hier nicht weiter zu verfolgen, weil sie von der Dogmatik völlig offen gelassen wird.) Weil Hypostase und Natur oder Substanz, der Träger und das, was er trägt, einander notwendig fordern und nur miteinander, d. h. im konkreten Individuum, existieren können, darum ist diesem, dem konkreten Individuum, das Subsistieren, das hypostatische Sein zuzusprechen. Ganz genau genommen kommt das „in sich Ruhen" dem Ganzen zu, das „Tragen" dem abstrakt gefaßten Träger.

Hypostase, d. i. selbständiger, individueller Inhaber seiner Natur, ist jedes Individuum. Eine Hypostase eigener Art ist die *Person:* Dadurch, daß die Natur, die sie innehat, eine geistige Natur ist, bewußt und frei, ist auch das Innehaben dieser Natur ein ganz besonderes. Weil ihr Sein ein *bewußtes* ist, weiß die Person um ihre Natur und hat darum die Möglichkeit, sie zu *genießen;* weil sie *frei* ist, hat sie die Möglichkeit, ihre Natur zu *gebrauchen.* Die besondere Auszeichnung der geistigen Natur macht die Person zu einer *hypostasis cum dignitate:*[360]

Weil sie bewußt und frei ist, steht ihr Besitz und Gebrauch ihrer Natur als ein *Recht* zu, sie darf nicht – wie ein unpersönliches Wesen – als Mittel zu Zwecken gebraucht werden.[361] Weil aber faktisch Bewußtsein und Freiheit der Person beschränkt sind, ist nur das absolut freie und seiner selbst bewußte Wesen, Gott, vollkommene Person.

Erst von diesem Personbegriff her fällt Licht auf das eigentümliche Sein des Menschen. Das, was die Worte „Ich" und „mein" ausdrücken, ist das spezifische hypostatische Sein der Person. „Ich *habe* Leib und Seele" – darin ist die Scheidung von Hypostase und Natur ausgesprochen. Da die Natur des Menschen Leib und Seele umfaßt, so erhebt sich die Frage, wie die Hypostase oder Personalität zu beidem steht, ob sie innerhalb der individu-

---

[358] Wenn wir am konkreten Individuum diese Form zur Abhebung bringen, so ist diese „abstrakte" Form keine allgemeine.

[359] ⟨Seinsmäßige⟩ „Form" ist hier in dem Sinne verstanden, wie es in der Logik gebraucht wird: als *Leer*form, die einer Ausfüllung bedarf; nicht im Sinne der scholastischen Metaphysik.

[360] ⟨Lat.: Träger einer eigenen Natur mit Würde.⟩

[361] ⟨Vgl. Kant, Immanuel, *Grundlegung der Metaphysik der Sitten*, Akademie-Ausgabe IV, 429.⟩

ellen Person etwas neben Leib und Seele sei oder einem von beiden näher zugehöre.[362]

Wie früher ausgeführt wurde,[363] ist die Menschenseele die Form des Leibes, d. h. das, wodurch er *ist* und *das* ist, was er ist, hat aber – im Unterschied zu den Formen der materiellen Dinge und auch zur Tierseele – ein Sein in sich, das nicht an die Materie des Leibes gebunden ist, und darum die Möglichkeit, getrennt vom Leibe zu existieren. Darum ist auf die Frage, ob der Seele oder dem Menschen Subsistenz und Personalität zukomme, zu antworten: offenbar dem Menschen auf Grund seiner Seele. Beim Tier, wo weder Leib noch Seele ohne einander existieren können, ist keinem von beiden, sondern erst dem Ganzen Subsistenz zuzusprechen. Beim Menschen, wo nicht der Leib, wohl aber die Seele subsistenzfähig ist, muß das Sein der Seele „im Leibe" als ein Aufgenommensein der Leibesmaterie in die Subsistenz der Seele aufgefaßt werden, die eben damit zur Subsistenz des ganzen Menschen wird.

Von daher verstehen wir es auch, daß man so gern die Vereinigung der göttlichen und menschlichen Natur in Christus mit der Vereinigung von Leib und Seele im Menschen vergleicht.[364] Christus nimmt in die Einheit seiner Person zu seiner göttlichen Natur die menschliche auf, wie die Seele die Leiblichkeit in ihre Subsistenz mit hineinnimmt. Der radikale Unterschied, trotz der Analogie, besteht darin, daß die göttliche Person und Natur nicht nach der Vereinigung mit der menschlichen verlangte, um ihr volles Sein zu entfalten, wie die Seele des Leibes bedarf; daß die menschliche Natur Christi andererseits vollendete Menschennatur und subsistenzfähig war (wenn ihr auch keine eigene Subsistenz und Personalität eigen war, weil sie vom ersten Augenblick ihres Daseins in die Einheit der göttlichen Person aufgenommen war), während der Leib ohne die Seele weder Sein noch Bestimmtheit, darum selbstverständlich auch keine Subsistenzfähigkeit hat.[365]

Es wird hier das Bedenken aufsteigen, das in den mittelalterlichen Diskussionen über das Verhältnis von Leib und Seele und den Ursprung des Menschen eine große Rolle gespielt hat: Wenn die Seele Form des Leibes ist und der Leib ohne die Seele gar kein Sein hat, mit welchem Recht spricht man dann überhaupt vom Leib im Unterschied zur Seele? Ferner: beginnt nicht die Seele ihr Dasein in einem bereits zuvor existierenden Leib, und bleibt nicht der Leib auch nach der Trennung von der Seele im Tode bestehen? Auf die zweite Frage ist zu sagen, daß allerdings *etwas* existiert, was beseelt wird und durch die Beseelung zum Leibe wird; und daß nach dem Tode der ent-

---

[362] (Durchgestrichen: „Diese Frage läßt sich nicht behandeln, ohne daß eine Erläuterung des scholastischen Formbegriffs vorausgeschickt würde.")

[363] S. 3aff. (hier S. 6 ff.)

[364] cf. B(ernhard) Bartmann, *Grundriß der Dogmatik*, (Freiburg 1923,)S. 204.

[365] (Stein beginnt hier eine Fußnote, die aber direkt in den Text weiter einmündet.)

seelte Körper zurückbleibt, der eben als entseelter nun nicht mehr „Leib"
im eigentlichen Sinne des Wortes ist. So beantwortet sich auch die erste
Frage dahin, daß von einem Leib ohne Seele, streng genommen, nicht gesprochen werden kann. Dagegen ist nicht zu leugnen, daß vor der Beseelung
und nach dem Tode ein Körper vorhanden ist, der ohne die Seele als bestimmtes, individuelles Ding existiert. Hier ergibt sich für Thomas die große
Schwierigkeit, wie diese Tatsache mit der Einheit der substanzialen[366] Form
zu vereinbaren sei. Denn nach seiner Auffassung muß der Leib *alles*, was er
ist, auch das, was er als Körper ist, der einen substanzialen Form, der Seele,
verdanken. Thomas hat sich aus dieser Schwierigkeit geholfen, indem er in
der embryonalen Entwicklung eine zeitliche Abfolge verschiedener Formen
in derselben Materie annahm.[367] Bonaventura[368] hat stattdessen die Einheit
der substanzialen Form preisgegeben.

3. Bedeutung für die Einheit des Menschengeschlechts

Hat so die Lehre von der hypostatischen Union dazu beigetragen, den Aufbau des menschlichen Individuums zu erleuchten, so gibt sie darüber hinaus
Aufschluß über die eigentümliche Einheit des Menschengeschlechts. Wenn
Christus durch die Annahme der Menschennatur die Möglichkeit bekam, für
uns Genugtuung zu leisten, so bedeutete dies „einer von uns Werden" offenbar nicht nur „ein Individuum derselben Art Werden", sondern mit uns in
eine Einheit des Seins und Lebens eingehen, so daß *Seine* Tat *unsere* Tat
werden konnte. Hätte es sich nur darum gehandelt, etwas zu tun, was uns
zugerechnet werden konnte, so hätte es dazu der Menschwerdung nicht
bedurft. Sie hatte nur Sinn, wenn dadurch nicht nur *durch* Christus *für* die
Menschheit Genugtuung geleistet werden konnte, sondern wenn *in* Christus
die Menschheit selbst Genugtuung leistete. Dazu bedurfte es ferner einer
ausgezeichneten Stellung in der Menschheit. Adams Schuld konnte auf die
Nachkommen übergehen, weil er das *Haupt* war; die persönlichen Sünden
der andern Menschen pflanzen sich nicht in dieser Weise fort. So konnte
auch keines „Gliedes" Sühnetat zur Sühne der ganzen Menschheit werden,
sondern es war dazu ein neues Haupt nötig. Die Würde des Hauptes kam
Christus nicht durch Seine Abstammung von Adam zu; durch sie konnte Er
nur Glied werden. Sie kann einmal auf eine besondere Anordnung Gottes
zurückgeführt werden, wie sie im Erlösungsratschluß Gottes enthalten war

---

[366] ⟨Vgl. Anm. 19.⟩
[367] *Quaestiones disputatae de Potentia* ⟨*Dei, Untersuchungen über Gottes Macht,*⟩ q 3 a 9
ad 9.
[368] ⟨Johannes Bonaventura OFM (1217/18–1274), Philosoph und Theologe, Kirchenlehrer, Kardinalbischof.⟩

und in der Ankündigung eines künftigen Erlösers offenbart wurde. Sie bedeutete aber mehr als eine Vorrangstellung, die die Genugtuung des Einen zur Genugtuung aller machte. Adam war Haupt auch im Sinne des „Prinzips", des Ursprungs allen menschlichen Lebens. Und so sollte auch Christus ein *Lebensquell* werden: Die Ihm als Glieder angehören, empfangen von ihm das Gnadenleben. Kommt Ihm dies durch seine Gottheit oder durch Seine Menschheit zu? Thomas von Aquino hat diese Frage erörtert.[369] Er spricht dabei von Haupt in einem dreifachen Sinn: einmal, sofern von Dingen, die in ihrer Natur übereinstimmen, eins die andern überragt (wie der Löwe das „Haupt der Tiere" genannt wird); sodann im Sinne des Lenkens: so sind die Fürsten „Häupter der Völker"; schließlich im Sinne einer Kontinuität des Seins und eines Überfließens: so ist die Quelle „Haupt des Flusses". (Auf diesen letzten Sinn kommt es bei unserer Fragestellung an.) „Und in dieser dreifachen Weise wird Christus der menschlichen Natur nach das Haupt der Kirche genannt. Denn Er hat der Spezies nach dieselbe Natur wie die andern Menschen; und so kommt Ihm das Haupt-Sein im Hinblick auf die Würde zu, sofern sich die Gnade in Ihm in größerer Fülle findet. Es ist auch in der Kirche eine Einheit der Ordnung zu finden, sofern die Glieder der Kirche einander dienen und auf Gott hingeordnet sind; und so wird Christus als Lenker das Haupt der Kirche genannt. Es gibt auch in der Kirche eine Kontinuität im Hinblick auf den Heiligen Geist, der, der Zahl nach *einer*, die ganze Kirche erfüllt und eint; so wird Christus seiner menschlichen Natur nach auch unter dem Gesichtspunkt des Überfließens Haupt genannt."[370] Dieses Überfließen vom Haupt auf die Glieder hat zur ersten Ursache Gott, dem es allein zukommt, Gnade ausströmen zu lassen. Aber Er kann sich dabei eines Werkzeugs bedienen; und im Sinne des Werkzeugs „ist auch die Menschheit Christi Ursache jenes Überfließens". „Um also im eigentlichen Sinn zu sprechen, ist Christus, in Seiner Ganzheit genommen, beiden Naturen nach Haupt der ganzen Kirche, den drei genannten Bedingungen entsprechend."[371] So ist es der Menschheit Christi zu verdanken, daß Er eins mit uns wurde, dagegen Seiner Gottheit, daß Er uns Quell göttlichen Lebens sein konnte. Das vermochte Adam nicht. Das Gnadenleben ist etwas anderes als das natürliche Leben; so ist auch die Mitteilung des Lebens hier und dort eine andere und die Einheit des Lebens mit und durch Christus eine andere als die mit und durch Adam. Das wird noch deutlicher werden, wenn wir zum Erlösungswerk übergehen und zum Stand des Erlösten, der dadurch bewirkt ist.

---

[369] *Ver*, q 29 a 4 (in meiner deutschen Ausgabe II 495 ff.).
[370] A. a. O. S. 496.
[371] A. a. O. S. 497.

V. Die Erlösung und der Stand der Erlösten

A. *Die Rechtfertigung des Sünders*

Die Dogmen, die das Erlösungswerk betreffen, sind größtenteils schon für die Lehre vom Erlöser herangezogen worden. Die geschlossenste Zusammenfassung dessen, was die Kirche über das Erlösungswerk lehrt, enthält das tridentinische *Dekret über die Rechtfertigung*.[372] Es stellt zunächst die allgemeine Erlösungsbedürftigkeit der Menschen seit Adams Fall fest,[373] sodann den Erlösungsratschluß des barmherzigen Gottes, Seinen Sohn in die Welt zu schicken, und die Ausführung dieses Ratschlusses in der „Fülle der Zeit"[374]; die Universalität des Erlösungswerks, das für die ganze Welt, für Juden und Heiden, vollbracht wurde; sein Ziel: die Gotteskindschaft aller Erlösten; die Art, wie es vollbracht wurde: die Hingabe des eigenen Blutes als Sühneopfer für unsere Sünden.[375]

„Doch, obwohl Er *für alle gestorben ist*, so empfangen doch nicht alle die Wohltat, die Sein Tod bringen wollte (mortis eius beneficium), sondern nur diejenigen, denen das Verdienst Seines Leidens mitgeteilt wird. Denn wie in Wahrheit die Menschen nicht als Ungerechte geboren würden, wenn sie nicht als Sprößlinge Adams geboren würden, da sie durch diese Abstammung bei der Empfängnis sich *persönliche Ungerechtigkeit* (propriam iniustitiam) zuziehen: So würden sie niemals gerechtfertigt, wenn sie nicht in *Christus* wiedergeboren würden, da ihnen durch diese Wiedergeburt um des *Verdienstes* Seines *Leidens* willen die Gnade zuteil wird, wodurch sie Gerechte werden. Für diese Wohltat ermahnt uns der Apostel, immer dem Vater *Dank zu sagen, ‚der uns würdig machte zum Anteil am Los der Heiligen im Licht'* [Kol 1, 12] und *der Macht der Finsternis entriß, in das Reich des Sohnes Seiner Liebe versetzte, in dem wir Erlösung und Vergebung der Sünden haben* [Kol 1, 13 f.]."[376]

Die Erlösung besteht demnach in der Befreiung von der Sünde und in dem Anteil am Leben im Licht. Aber dies beides ist für den Einzelnen durch die

---

[372] D 793 ff.
[373] D 793.
[374] ⟨Gal 4, 4; Eph 1, 10.⟩
[375] D 794.
[376] D 795.

Erlösungstat Christi allein nicht gewonnen. Es muß jedem persönlich zugeeignet werden durch die Wiedergeburt. Aus den angeführten Worten des Apostels ist zu entnehmen, daß die Rechtfertigung des Gottlosen „ein Versetztwerden aus dem Stande, in dem der Mensch als Sohn des ersten Adams geboren wird, in den Stand der Gnade und der *Annahme als Kinder Gottes* [Röm 8,15] durch den zweiten Adam, Jesus Christus, unsern Erlöser ist. Dieses Versetztwerden nun ist nach der Verkündigung des Evangeliums *nicht ohne das Bad der Wiedergeburt* ... oder das Verlangen danach möglich, wie geschrieben steht: ,*Wer nicht wiedergeboren wird aus dem Wasser und dem Heiligen Geist, der kann nicht in das Reich Gottes eingehen.*'"[377]

Die Wiedergeburt vollzieht sich durch ein Zusammenwirken Gottes und des Menschen. Die Rechtfertigung muß bei den Erwachsenen ihren Anfang nehmen „von der *zuvorkommenden Gnade* Gottes durch Jesus Christus, d. i. von Seiner Berufung, wodurch sie berufen werden, ohne daß irgendwelche Verdienste auf ihrer Seite vorliegen, sodaß die durch die Sünden von Gott abgewendet waren, durch die erweckende und helfende Gnade disponiert werden, sich zu ihrer eigenen Rechtfertigung hinzuwenden, indem sie dieser Gnade *frei* zustimmen und mit ihr mitwirken: So ist einerseits der Mensch nicht ganz untätig, wenn Gott das Herz des Menschen durch die Erleuchtung des Heiligen Geistes berührt, indem er jene Einhauchung annimmt, da er sie doch auch zurückweisen könnte; andererseits kann er sich doch *ohne die Gnade Gottes* kraft seines freien Willens nicht zur Gerechtigkeit vor Ihm hinbewegen ... Darum werden wir in der Heiligen Schrift an unsere Freiheit gemahnt, wenn es heißt: ,Wendet euch zu mir, und ich werde mich euch zuwenden' [Sach 1,3]; indem wir antworten: ,Wende uns Dir zu, Herr, und wir werden uns Dir zuwenden' [Klgl 5,21], bekennen wir, daß Gottes Gnade uns zuvorkommt."[378]

Die Vorbereitung vollzieht sich in verschiedenen Schritten. „Sie werden aber für die Gerechtigkeit selbst disponiert, wenn sie, von der Gnade erweckt und geführt, den *Glauben vom Hören* [Röm 10,17] *in sich aufnehmen*, sodann sich *frei* zu Gott hinbewegen, im Glauben an die Wahrheit dessen, was von Gott offenbart und verheißen ist ..., insbesondere an die Wahrheit, daß der Gottlose von Gott durch Seine Gnade gerechtfertigt werde, ,durch die Erlösung, die in Christus Jesus ist' [Röm 3,24]; und wenn sie, in der Erkenntnis, daß sie Sünder sind, von der Furcht Gottes, die sie heilsam erschüttert ..., sich zur Betrachtung der göttlichen Barmherzigkeit hinwendend *zur Hoffnung aufgerichtet* werden, im Vertrauen, daß Gott ihnen um Christi willen gnädig sein werde, und Ihn als den Quell aller Barmherzigkeit zu *lieben beginnen* und sich deshalb mit einem gewissen Haß und Abscheu

---

[377] D 796.
[378] D 797.

gegen die Sünde wenden, d. i. mit der Buße, die vor der Taufe vollzogen werden muß: wenn sie schließlich den *Vorsatz fassen*, die Taufe zu empfangen, ein neues Leben zu beginnen und die göttlichen Gebote zu halten. Von dieser Disposition steht geschrieben: ,*Wer zu Gott hintritt, muß glauben, daß Er ist und daß Er denen lohnt, die Ihn suchen*' [Hebr 11,6], und ,*Habe Vertrauen, mein Sohn, deine Sünden werden dir vergeben*' [Mt 9,2; Mk 2,5]; und ,*Die Furcht Gottes treibt die Sünde aus*' [Sir 1,21]; und ,*Tut Buße, und ein jeder von euch lasse sich taufen im Namen Jesu Christi, zur Vergebung der Sünden, und ihr werdet die Gabe des Heiligen Geistes empfangen*' [Apg 2,38], und ,*Gehet also, lehrt alle Völker, tauft sie im Namen des Vaters und des Sohnes und des Heiligen Geistes und lehrt sie alles halten, was ich euch geboten habe*' [Mt 28,19]; schließlich: ,*Bereitet eure Herzen für den Herrn*' [1 Kön 7,3]".[379]

„Dieser Disposition oder Vorbereitung folgt die Rechtfertigung selbst, die *nicht bloß Sündenvergebung* ist, sondern sowohl Heiligung als ⟨auch⟩ *Erneuerung des inneren Menschen* durch die freiwillige Annahme der Gnade und der Gaben, wodurch der Mensch aus dem Ungerechten ein Gerechter wird und aus dem Feinde ein Freund, damit er *Erbe sei gemäß der Hoffnung auf das ewige Leben* [Tit 3,7]. *Ursachen dieser Rechtfertigung* sind: *Zweck*ursache die Verherrlichung Gottes und Christi und das ewige Leben, *Wirk*ursache der barmherzige Gott, der umsonst *abwäscht* und *heiligt* [1 Kor 6,11], indem Er *bezeichnet* und salbt mit dem *Heiligen Geist der Verheißung, der das Unterpfand unseres Erbes ist* [Eph 1,13 f.]; *Verdienst*ursache Sein vielgeliebter Eingeborener, unser Herr Jesus Christus, der, *da wir Feinde waren* [cf. Röm 5,10], *um der übergroßen Liebe willen, womit Er uns liebte* [Eph 2,4], durch Sein hochheiliges Leiden am Kreuzesholz uns die Rechtfertigung verdiente [can⟨ones⟩[380] 10] und für uns Gott dem Vater Genugtuung leistete; *Werkzeug*ursache das Sakrament der Taufe, welches das Sakrament des Glaubens ist, ohne den keinem die Rechtfertigung glückt; *einzige Formal*ursache endlich ist die Gerechtigkeit Gottes, nicht die, wodurch Er *selbst* gerecht ist, sondern *womit Er uns gerecht macht* ..., mit der beschenkt nämlich wir im Geist unseres Herzens (spiritu mentis nostrae) erneuert werden und *nicht nur* [für Gerechte] *erachtet* werden, sondern wahrhaft Gerechte genannt werden und *sind*, da wir Gerechtigkeit empfangen, ein jeder nach seinem Maß, das der *Heilige Geist den Einzelnen zuteilt, wie Er will* [1 Kor 12,11], und nach eines jeden eigener Vorbereitung und Mitwirkung".[381]

„Denn es kann zwar niemand gerecht sein, wenn ihm nicht die Verdienste des Leidens unseres Herrn Jesus Christus mitgeteilt werden; doch dies ge-

---

[379] D 798.
[380] ⟨Vgl. Anm. 562.⟩
[381] D 799.

Edith Stein

schieht in der Rechtfertigung des Gottlosen, indem kraft des Verdienstes eben dieses hochheiligen Leidens *durch den Heiligen Geist die Liebe Gottes ausgegossen wird in den Herzen* [Röm 5, 5] derer, die gerechtfertigt werden, und ihnen *innewohnt* … ; deshalb empfängt in der Rechtfertigung selbst mit der Sündenvergebung der Mensch zugleich dies alles als ausgegossene Gaben durch Jesus Christus, dem er eingepflanzt wird: *Glauben, Hoffnung* und *Liebe*. Denn wenn zum Glauben nicht Hoffnung und Liebe hinzukommen, eint er weder vollkommen mit Christus noch macht er **einen** zum Glied Seines Leibes. Darum heißt es in voller Wahrheit, daß *der Glaube ohne Werke tot sei* [Jak 2, 17 ff.] und müßig, und daß *in Christus Jesus weder Beschneidung etwas gelte noch Vorhaut, sondern der Glaube, der durch die Liebe wirkt* [Gal 5, 6; 6, 15]. Diesen Glauben erbitten die Katechumenen vor dem Sakrament der Taufe auf Grund der Überlieferung der Apostel von der Kirche, wenn sie um den Glauben bitten, der das ewige Leben verbürgt: denn dieses kann der Glaube ohne Liebe nicht verbürgen. Darum hören sie auch sogleich das Wort Christi: ‚Wenn du zum Leben eingehen willst, halte die Gebote' [19, 17]. Darum werden sie sofort nach der Wiedergeburt aufgefordert, wenn sie die wahre, christliche Gerechtigkeit empfangen, sie als das *erste Gewand* [Lk 15, 22], das Christus ihnen für jenes, das Adam durch seinen Ungehorsam für sich und uns verlor, schenkte, rein und unbefleckt zu bewahren, um es vor den Richterstuhl unseres Herrn Jesus Christus zu tragen und das ewige Leben zu haben".[382]

„Wenn aber der Apostel sagt, daß der Mensch *durch den Glauben* … und *umsonst* [Röm 3, 22; 24] gerechtfertigt werde, so sind diese Worte in dem Sinn zu verstehen, den die beständige Übereinstimmung der katholischen Kirche festgehalten und zum Ausdruck gebracht hat: daß nämlich insofern gesagt wird, wir würden *durch den Glauben* gerechtfertigt, als der Glaube der Anfang des menschlichen Heils ist, die Grundlage und Wurzel aller Rechtfertigung, *ohne die man unmöglich Gott gefallen* [Hebr 11, 6] und in die Gemeinschaft Seiner Kinder gelangen kann; daß wir aber *umsonst* gerechtfertigt würden, wird gesagt, sofern nichts von dem, was der Rechtfertigung vorausgeht, sei es Glaube oder Werke, die Rechtfertigungsgnade voraus verdient. Denn *wenn es Gnade ist, so ist es schon nicht mehr auf Grund der Werke; sonst* – so sagt derselbe Apostel – *wäre die Gnade keine Gnade mehr* [Röm 11, 6]".[383]

Da die Rechtfertigung nicht nur Gottessache ist, sondern auch des Menschen Sache, gibt es für den eigenen Heilszustand keine unbezweifelbare Glaubensgewißheit. „Es darf zwar kein Frommer an der Barmherzigkeit Gottes, am Verdienst Christi und an der Kraft und Wirksamkeit der Sakra-

---

[382] D 800.
[383] D 801.

mente zweifeln: doch jeder kann, indem er sich selbst und seine eigene Schwäche und mangelnde Disposition ansieht, *für seine Gnade fürchten und besorgt sein* ..., da niemand mit untrüglicher Glaubensgewißheit zu wissen vermag, daß er die Gnade Gottes erlangt habe".[384]

Das Gerecht-Werden, das die Frucht von göttlicher Gnade und menschlicher Mitwirkung ist, ist nicht mit einem Schlage abgeschlossen, sondern läßt beständiges Wachstum zu. „Die so gerechtfertigt und zu *Freunden* und *Hausgenossen* [Joh 15, 15; Eph 2, 19] geworden sind, *gehen von Tugend zu Tugend* [Ps 84, 8] und werden, wie der Apostel sagt, *von Tag zu Tag erneuert* [2 Kor 4, 16], indem sie nämlich die *Glieder* ihres *Fleisches abtöten* [Kol 3, 5] und *sie als Werkzeuge der Gerechtigkeit* zur Heiligung darbieten [Röm 6, 13; 19]: durch die Beobachtung der Gebote Gottes und der Kirche in eben der Gerechtigkeit, die sie durch die Gnade Christi empfangen haben, unter Mitwirkung des Glaubens in guten Werken, *wachsen* sie und werden in *höherem Grade gerechtfertigt* ..., wie geschrieben steht: ,*Wer gerecht ist, werde noch gerechter'* [Offb 22, 11]; und wiederum: ,*Ihr seht, daß der Mensch aufgrund der Werke gerecht werde und nicht nur auf Grund des Glaubens'* [Jak 2, 24]. Um dieses Anwachsen der Gerechtigkeit bittet die Heilige Kirche, wenn sie betet: ,*Gib uns, Herr, Vermehrung des Glaubens, der Hoffnung und der Liebe.'* [13. Sonntag nach Pfingsten]"[385]

Es ist für den Gerechtfertigten notwendig und es ist ihm möglich, die Gebote zu halten: „Niemand aber, wie weit er auch in der Gerechtigkeit sein mag, darf glauben, er sei frei von der *Beobachtung der Gebote* ...; niemand ⟨darf⟩ jenes verwegene und von den Vätern unter Anathem[386] ⟨sic⟩ verbotene Wort gebrauchen, Gottes Gebote seien für den gerechtfertigten Menschen unmöglich zu beobachten ... Denn Gott befiehlt nichts Unmögliches, sondern mahnt dich durch den Befehl zu tun, was du kannst, und um das zu bitten, was du nicht kannst, und Er hilft dazu, daß du es kannst. *Seine Gebote sind nicht schwer* [1 Joh 5, 3], Sein *Joch ist sanft und Seine Last leicht* [Mt 11, 30]. Die nämlich Kinder Gottes sind, die lieben Christus, *die Ihn aber lieben, die halten,* wie Er selbst bezeugt, *Seine Worte* [Joh 14, 23], was sie mit Gottes Hilfe durchaus leisten können. Freilich fallen in diesem sterblichen Leben selbst noch so Heilige und Gerechte bisweilen wenigstens in leichte und tägliche Sünden, die man auch *läßliche* nennt; doch darum hören sie nicht auf, Gerechte zu sein; denn der Gerechten Wort ist jenes zugleich demütige und wahrhaftige: ,*Vergib uns unsere Schuld'* [Mt 6, 12 ...],

---

[384] D 802. Dies ist die Zurückweisung der protestantischen Lehre von der Heilsgewißheit und der Notwendigkeit der Heilsgewißheit zur Rechtfertigung.
[385] D 803.
[386] ⟨Anathema, Wiedergabe des hebräischen „Bann"; im urchristlichen Bußverfahren wurde der Sünder wegen schwerer Schuld gegen Gott und die Kirche ausgeschlossen, ab 300 in amtlichen Schriften.⟩

und so kommt es, daß gerade die Gerechten sich umso mehr zum Wandel auf dem Weg der Gerechtigkeit verpflichtet fühlen müssen, als sie, *befreit von der Sünde, aber Knechte Gottes geworden* [Röm 6,22], *nüchtern, gerecht und fromm lebend* [Tit 2,12] durch Christus Jesus fortschreiten können, durch den sie *den Zugang zu dieser Gnade haben* [Röm 5,2]. Denn Gott verläßt die nicht, die einmal durch Seine Gnade gerechtfertigt wurden, wenn Er nicht zuerst von ihnen verlassen wird. Darum darf sich niemand im *Glauben allein* schmeicheln, in der Meinung, er sei durch den Glauben allein zum Erben eingesetzt und werde das Erbe erlangen, auch wenn er nicht mit Christus *mitleiden würde, um mit verherrlicht zu werden* [Röm 8,17]. Denn auch Christus selbst *lernte*, wie der Apostel sagt, ‚obwohl er Gottes Sohn war, *aus dem, was Er litt, Gehorsam und wurde, da Er zur Vollendung* gekommen war, für alle, die Ihm gehorchen, die Ursache des ewigen Heils‘ [Hebr 5,8 f.]. Deshalb ermahnt der Apostel selbst die Gerechtfertigten mit den Worten: ‚*Wißt ihr nicht, daß die, die in der Rennbahn laufen, zwar alle laufen, doch nur einer erhält den Preis? Laufet so, daß ihr ihn erreicht. Ich laufe denn so, nicht wie ins Ungewisse: ich kämpfe so, nicht als ob ich Luftstreiche führte, sondern ich züchtige meinen Leib und bringe ihn in Botmäßigkeit, damit ich nicht etwa verworfen werde, nachdem ich anderen gepredigt habe*‘ [1 Kor 9,24 ff.]. Ebenso [**sagt**] der Apostelfürst *Petrus*: ‚*Gebt euch alle Mühe, damit ihr durch gute Werke eure Berufung und Erwählung sicher stellt. Denn, wenn ihr das tut, werdet ihr niemals sündigen*‘ [2 Petr 1,10]. So steht es fest, daß diejenigen mit der rechten Glaubenslehre im Widerspruch stehen, die behaupten, der Gerechte sündige in jedem *guten Werk* wenigstens läßlich; oder, was noch unerträglicher ist, er verdiene ewige Strafen; und auch die, die behaupten, die Gerechten sündigten in allen Werken ..., wenn sie dabei, um ihre eigene Trägheit anzustacheln und sich zum Laufen in der Rennbahn zu ermuntern, auch auf den ewigen *Lohn* schauen; denn es steht geschrieben: ‚Ich habe mein Herz dazu geneigt gemacht, deine Satzungen zu vollbringen, um der Vergeltung willen‘ [Ps 119,112]; und von Moses sagt der Apostel, daß er *hinsah auf die Vergeltung* [Hebr 11,26].‘‘[387]

So wenig jemand Glaubensgewißheit über seinen gegenwärtigen Heilszustand hat, so wenig gibt es eine unfehlbare Sicherheit bezüglich der eigenen Erwählung. Niemand darf „während dieses sterblichen Lebens bezüglich des verborgenen Geheimnisses der Prädestination sich soweit vermessen, daß er mit Sicherheit behauptete, er sei durchaus unter der Zahl der Prädestinierten ..., gleich als wäre es eine Wahrheit, daß der Gerechtfertigte nicht wieder sündigen könnte oder, falls er sündigte, dürfe er sich die Wiederherstellung (resipiscentiam)[388] als sicher versprechen. Denn, *außer durch eine*

---

[387] ⟨D⟩ 804.
[388] ⟨Lat.: resipiscere = wieder zu sich kommen, wieder Mut fassen.⟩

besondere Offenbarung kann man nicht wissen, wen Gott für sich auserwählt hat ...".[389]

Damit hängt es zusammen, daß es auch für die *Gabe der Beharrlichkeit* keine Gewißheit gibt. „Von ihr steht geschrieben: ‚*Wer ausharrt bis ans Ende, der wird gerettet sein'* [Mt 10,22; 24,13], was man nicht anderswoher haben kann als von dem, der *die Macht hat, den, der steht, fest zu stellen* [Röm 14,4], damit er beharrlich stehen bleibe, und den, der fällt, wiederaufzustellen: *Niemand soll sich etwas Sicheres mit absoluter Sicherheit versprechen,* obwohl alle auf Gottes Hilfe die festeste Hoffnung setzen sollen. Denn Gott wird, wenn sie nicht selbst es seiner Gnade gegenüber fehlen lassen, das gute Werk, wie Er es angefangen hat, so auch vollenden, da *Er das Wollen und das Vollbringen wirkt* [Phil 2,13]. Doch: *die zu stehen glauben, sollen sehen, daß sie nicht fallen* [1 Kor 10,12], und *mit Furcht und Zittern ihr Heil wirken* [Phil 2,12] in Mühen, in Nachtwachen, in Almosen, in Gebeten und Opfern, in Fasten und Reinheit [2 Kor 6,3 ff.]. Fürchten müssen sie nämlich, weil sie *zur Hoffnung* [1 Petr 1,3] auf die Herrlichkeit und noch nicht zur Herrlichkeit wiedergeboren sind, im Hinblick auf den Kampf, der noch zu bestehen ist mit dem Fleisch, mit der Welt, mit dem Teufel, und in dem sie nur siegreich sein können, wenn sie mit der Gnade Gottes dem Apostel gehorchen, der sagt: ‚Verpflichtet sind wir nicht dem Fleisch, um nach dem Fleisch zu leben; denn wenn ihr nach dem Fleisch lebet, werdet ihr sterben; wenn ihr aber mit dem Geist die Werke des Fleisches abtötet, werdet ihr leben' [Röm 8,12 f.]."[390]

So sichert die erste Rechtfertigung nicht vor neuem Fall. Aber nach jedem Fall ist ein Aufstehen möglich. „Die aber von der empfangenen Rechtfertigungsgnade abgefallen sind, können „*aufs neue gerechtfertigt werden,* wenn sie auf Gottes Weckruf dafür Sorge tragen, durch das Sakrament der Buße kraft des Verdienstes Christi die verlorene Gnade wiederzuerlangen. Denn diese Weise der Rechtfertigung ist die Wiederherstellung für die Gefallenen, welche die heiligen Väter angemessen das zweite Brett nach dem Schiffbruch der verlorenen Gnade genannt haben. Denn für die, die nach der Taufe in Sünden fallen, hat Christus Jesus das Sakrament der Buße eingesetzt, indem Er sagte: ‚*Empfanget den Heiligen Geist; denen ihr die Sünden erlasset, denen werden sie erlassen; und denen ihr sie behaltet, denen sind sie behalten'* [Joh 20,22–23]. Darum muß man lehren, die *Buße des Christenmenschen nach dem Fall sei eine weit andere als die bei der Taufe,* und sie schließe nicht nur den Bruch mit den Sünden ein und den *Abscheu* dagegen oder ‚*ein zerknirschtes und gedemütigtes Herz'* [Ps 51,19], sondern auch ein sakramentales *Bekenntnis,* nach dem wenigstens verlangt werden und das zur gegebenen

---

[389] D 805.
[390] D 806.

Zeit abgelegt werden muß, und die priesterliche *Lossprechung;* ferner eine *Genugtuung* durch Fasten, Almosen, Gebete und andere fromme Übungen des geistlichen Lebens; allerdings nicht für die ewige Strafe, die durch das Sakrament oder durch das Verlangen nach dem Sakrament zusammen mit der Schuld erlassen wird, sondern für die zeitliche Strafe, die nach der Lehre der Heiligen Schrift denen *nicht immer ganz,* wie in der Taufe, erlassen wird, die in Undank gegen die Gnade Gottes, die sie empfangen haben, den *Heiligen Geist betrüben* [cf. Eph 4, 30] und sich nicht scheuten, *den Tempel Gottes zu verletzen* [1 Kor 3, 17]. Von dieser Buße steht geschrieben: ‚*Gedenke, wovon du abgefallen bist: tu Buße und vollbringe die ersten Werke*‘ [Offb 2, 5], und wiederum: ‚*Die Betrübnis, die nach Gottes Willen ist, bewirkt standhafte Buße zum Heil*‘ [2 Kor 7, 10], und weiter: ‚Tut Buße‘ (Mt 3, 2; 4, 17) und ‚bringt würdige Früchte der Buße‘ [Mt 3, 8]."[391]

Wie zur Rechtfertigung der Glaube ohne Werke nicht fähig ist, so geht die empfangene Rechtfertigungsgnade „*nicht nur durch Unglauben* verloren ...‚ wodurch auch der Glaube selbst verloren geht, sondern auch durch *jede beliebige andere Todsünde,* auch wenn der Glaube nicht verloren geht ... So entspricht es der Lehre des göttlichen Gesetzes, „das vom Reich Gottes nicht nur Ungläubige ausschließt, sondern auch Gläubige, nämlich Unzüchtige, Ehebrecher, Weichlinge, Knabenschänder, Diebe, Habgierige, Trunkenbolde, Lästerer, Raubsüchtige [1 Kor 6, 9 f.] und die übrigen, die Todsünden begehen, von denen sie sich mit Hilfe der göttlichen Gnade enthalten könnten und für die sie von der Gnade Christi getrennt werden ...‘[392]

Die Rechtfertigungsgnade macht den Menschen fähig zu guten Werken, verpflichtet ihn aber gerade darum auch dazu; wiederum wird ihm für diese Werke neue Gnade verheißen. Deshalb „muß man den Gerechtfertigten, ob sie nun die empfangene Gnade beständig bewahrt oder die verlorene wiedererlangt haben, die Worte des Apostels vorhalten: *Seid mit überfließender Hingabe bei jedem guten Werk, ,da ihr wißt, daß eure Mühe nicht vergeblich ist im Herrn*‘ [1 Kor 15, 58]; ‚*denn Gott ist nicht ungerecht, daß er euer Werk vergäße und die Liebe, die ihr in Seinem Namen erwiesen habt*‘ [Hebr 6, 10]; und ‚*Verliert nicht eure Zuversicht, die großen Lohn hat*‘ [Hebr 10, 35]. Und so ist denen, die Gutes wirken *bis ans Ende* [Mt 10, 22] und ihre Hoffnung auf Gott setzen, *das ewige Leben in Aussicht zu stellen,* sowohl als Gnade, die den Kindern Gottes durch Jesus Christus barmherzig verheißen ist, wie als Lohn, der auf Grund von Gottes eigener Verheißung für ihre eigenen guten Werke und Verdienste treu erstattet werden soll ... Denn das ist jene *Krone der Gerechtigkeit,* von der der Apostel sagt, *sie sei ihm nach seinem Weltlauf aufbewahrt, um ihm von dem gerechten Richter gegeben zu werden; nicht aber*

---

[391] D 807.
[392] D 808.

nur ihm, sondern allen, die Seine Ankunft lieben [2 Tim 4, 7 f.]. Denn da jener Christus Jesus selbst wie das *Haupt in die Glieder* [Eph 4, 15] und wie der *Weinstock in die Reben* [Joh 15, 5] beständig Kraft (virtutem) einfließen läßt – die gute Kraft, die ihren guten Werken immer vorausgeht, sie begleitet und ihnen folgt und ohne die sie auf keine Weise Gott angenehm und verdienstlich sein können ...: So müssen wir glauben, daß den Gerechtfertigten nichts weiter fehle, damit von ihnen geurteilt werden könne, sie hätten durch eben jene Werke, die in Gott getan wurden, dem göttlichen Gesetz, dem Stand dieses Lebens entsprechend, voll Genüge getan und hätten es in Wahrheit verdient, zu ihrer Zeit, wofern sie in der Gnade stürben [Offb 14, 13], das ewige Leben zu erlangen, ... da Christus, unser Erlöser, sagt: *Wenn jemand von dem Wasser trinken wird, das ich ihm geben werde, wird er nicht in Ewigkeit dursten* ⟨sic⟩, *sondern es wird in ihm ein Quell werden, der ins ewige Leben fortspringt* [Joh 4, 13 f.]. So wird weder *unsere eigene Gerechtigkeit*, als käme sie aus uns, *als eigene festgestellt* noch wird die *Gerechtigkeit Gottes verkannt* oder verschmäht [Röm 10, 3]; denn diese Gerechtigkeit wird unsere genannt, weil wir durch sie, die *uns innewohnt*, gerechtfertigt werden; eben dieselbe ist Gottes, weil sie uns von Gott durch das Verdienst Christi eingegossen wird."[393]

„Doch wenn auch den guten Werken in der Heiligen Schrift soviel zuerteilt wird, daß Christus sogar dem, *der einem der Geringsten von den Seinen einen Trunk kalten Wassers gäbe*, verheißt, *es werde ihm der Lohn nicht fehlen* [Mt 10, 42], und der Apostel bezeugt, *was wir gegenwärtig an augenblicklicher und erträglicher Trübsal hätten, das wirke in uns eine alles Maß überwiegende, erhabene, ewige Herrlichkeit* [2 Kor 4, 17]: So sei es doch fern, daß der Christenmensch auf sich selbst vertraue oder *sich rühme* und nicht *im Herrn* [cf. 1 Kor 1, 31; 2 Kor 10, 17], dessen Güte gegen die Menschen so groß ist, daß Er ihr Verdienst sein lassen will ..., was Seine Gabe ist ... Denn da *,wir alle vielfach fehlen'* [Jak 3, 2 ...], so muß ein jeder nicht nur die Güte und Barmherzigkeit, sondern auch die Strenge und das Gericht immer vor Augen haben und keiner sich selbst richten, auch wenn er sich keiner Schuld bewußt ist; denn nicht nach menschlichem Urteil ist aller Menschen Leben zu prüfen und zu richten, sondern [nach dem Urteil] Gottes, *,der das in Finsternis Verborgene ans Licht bringen und die Absichten der Herzen offenbaren wird: und dann wird einem jeden sein Lob werden von Gott'* [1 Kor 4, 5], *der,* wie geschrieben steht, *einem jeden nach seinen Werken vergelten wird* [Röm 2, 6]."[394]

Das Dekret über die Rechtfertigung schließt mit einer Erklärung, die seinen genannten Inhalt als verbindliche Glaubenslehre hinstellt. Die Konzils-

---

[393] D 809.
[394] D 810.

Edith Stein

väter schlossen daran 33 Sätze, in denen die der katholischen Rechtfertigungslehre widersprechenden zeitgenössischen Häresien ausdrücklich verurteilt wurden.[395]

Wir erfahren aus dieser zusammenfassenden Darstellung der Rechtfertigungslehre in aller Klarheit, worin das Erlösungswerk besteht: in der Tat Christi, Seinem freiwilligen Leiden und Sterben, das als Sühne für unsere Sünden angenommen wird und uns die Zuwendung der Gnade verdient; worin die Wirkung in uns besteht, wenn wir uns für die Gnade öffnen: in dem Befreitwerden von aller Schuld und dem Einströmen eines neuen Lebens, das uns von Christus zufließt; schließlich, welches der Stand der Erlösten ist, unser Christenleben in statu viae: Es nimmt seinen Anfang beim Kinde mit der Taufe, beim ungetauften Erwachsenen in gewisser Weise schon mit den vorbereitenden Stadien, den ersten Anregungen der Gnade, sich göttlichen Dingen und der Frage des eigenen Heils zuzuwenden,[396] in eigentlichem Sinn doch aber auch erst, wenn er durch die Taufe zu einer „neuen Kreatur" geworden ist. Der wiedergeborene Mensch ist seiner Natur nach nicht dem ersten Menschen vor dem Fall gleich: Er ist dem leiblichen Tod unterworfen, dem Irrtum und der Täuschung ausgesetzt; es ist auch in ihm die ungeordnete Begierde nicht erloschen, deren Regungen ihn immer wieder zu sündhaftem Abirren von Gottes Willen hinzureißen drohen. Er gleicht aber dem Menschen vor dem Fall darin, daß seine Natur überhöht ist durch die heiligmachende Gnade, die gleichsam eine zweite Natur ist, ein Prinzip des Seins, Lebens und Wirkens. Wie zur Natur des Menschen gewisse leibliche und geistige Fähigkeiten notwendig gehören und eine Mannigfaltigkeit von Tätigkeiten, in denen diese „Potenzen" aktuell werden, so hat die Gnade als Prinzip des übernatürlichen Lebens die übernatürlichen Tugenden des Glaubens, der Hoffnung und der Liebe als notwendiges Zubehör und ein aktuelles Leben, eine Folge von Akten der Anbetung, des Vertrauens, der Hingabe, der Bitte, des Dankes, des Wirkens im Dienst Gottes. Es ist aber die Gnade nur „gleichsam" eine neue Natur, weil sie nicht wie die menschliche Natur eine Substanz ist, sondern etwas in der menschlichen Seele – scholastisch gesprochen, keine subsistierende, sondern eine akzidentelle, inhärierende Form. Und sie kommt nicht dem isolierten, auf sich selbst gestellten menschlichen Individuum zu, sondern dem Menschen, sofern er mit Christus verbunden ist als Glied mit dem Haupt, von dem ihm das Gnadenleben zuströmt, um ihn innerlich zu „formen": Sein Gnadenleben ist nicht so wie das natürliche Leben sein Leben, sondern das Leben Christi

---

[395] D 811–843.
[396] Darum ist die Behauptung, daß Heiden, Juden und Häretiker gar keinen Einfluß von Christus erführen und der hinreichenden Gnade entbehrten, als Irrtum verworfen worden (D 1295).

in ihm. Schon daraus ergibt sich, daß die Gnade ständig wachsen muß, solange die lebendige Verbindung bestehen bleibt und ihr kein Hindernis entgegengesetzt wird. Hindernisse sind möglich, weil die Gnade nicht mechanisch im Menschen wirkt, sondern sein beständiges freies Mitwirken verlangt. Schon sich beständig für das Einströmen der Gnade offen zu halten, ist Sache der Freiheit. Wer nicht die Grundeinstellung hat, Gott in sich walten zu lassen, wer nicht im Gebet Gottes Gegenwart sucht, sondern im rein natürlichen Leben befangen bleibt, in dem stehen starke Wälle dem Gnadenstrom entgegen, auch wenn er sich nicht durch Unglauben oder andere schwere Sünde von Gott lossagt und damit von der Gnade ganz abschneidet. Die Gnade gibt sich sodann kund in inneren (evtl. auch äußeren) Anregungen zu bestimmten Akten – Liebeswerken, asketischen Übungen, Berufsentscheidungen –, denen entsprochen werden muß; folgt der Mensch diesen Anregungen kraft seiner Freiheit, so kommt ihm die Gnade des Beistands zu Hilfe, um das Unternommene zu vollbringen, und zugleich erfährt er eine allgemeine Gnadenstärkung.

Weil die Gnade etwas in der Seele ist und weil die Seele eine ist und eins mit dem Leibe, darum kann das Gnadenleben nicht getrennt neben dem natürlichen Leben hergehen, sondern muß mit ihm einswerden, die Gnade muß den ganzen Menschen, Seele und Leib durchdringen. Wenn der Verstand vom „übernatürlichen Licht" erleuchtet ist, so besagt das einmal, daß die Gnade die Augen des Geistes für die Glaubenswahrheiten geöffnet hat; aber es bleiben die übernatürlichen Wahrheiten jetzt nicht neben dem stehen, was mit dem natürlichen Verstand erkannt wird (das ist nur möglich, wenn eines oder das andere oder gar beides nur „totes Wissen" ist, nicht lebendiger Geistesbesitz), sondern es muß eine Auseinandersetzung eintreten; denn der Verstand ist *einer*, und der Erkenntnisbesitz des Menschen ist eine Einheit: Was wir neu aufnehmen, das nehmen wir mit Hilfe dessen auf, was wir bereits geistig zu eigen haben, andererseits bekommt durch das neu Hinzutretende das bereits Vorhandene ein neues Gesicht; manches, was man nur als Tatsache wußte, wird auf Grund der neuen Erkenntnis erst verständlich, anderes offenbart neue „Seiten"; es kann auch sein, daß etwas, was für wahr gehalten wurde, sich als Irrtum erweist und preisgegeben werden muß. Das alles vollzieht sich nicht mit einem Schlage, sondern in einem allmählich fortschreitenden Prozeß. Und was im Intellekt geschieht, das hat seine Parallele in den andern seelischen Kräften: Die Begierden sind nicht erloschen, aber es sind neue Maßstäbe gewonnen für das, was erlaubt, und das, was mit dem richtunggebenden höchsten Ziel nicht vereinbar ist. Vor allem gibt die Gnade Widerstandskräfte gegenüber den ungeordneten Neigungen und darum Möglichkeiten, sie durch die Vernunft zu zügeln und umzuformen, wie sie für den natürlichen Menschen nicht bestehen. Weil die Unterwerfung der sinnlichen Kräfte zugleich ein Inzuchtnehmen des

Leibes ist und weil das, was in der Seele lebt, sich in der Gestaltung des Leibes ausprägt, darum ist es berechtigt zu sagen, daß auch der Leib von der Gnade ergriffen, zum „Werkzeug der Gerechtigkeit" und zur Offenbarung des inneren Gnadenlebens geformt wird. So ist das Leben des Christen „in statu viae" ein Entwicklungsprozeß, in dem Natur, Freiheit und Gnade[397] zusammenwirken von den ersten Gnadenanregungen bis zum Tode. Und weil Natur und Gnade aus der Hand des Einen Gottes stammen, die Gnade der Natur Vollendung geben soll, ist es verständlich, daß sie auf Wegen und in Formen kommt, die der Natur angepaßt sind.

B. Die Sakramente

1. Allgemeine Sakramentenlehre

Es entspricht der menschlichen Natur, daß das Gnadenleben wie das natürliche Leben sich in fest umschriebenen, äußerlich erkennbaren Formen vollzieht und einer bestimmten Gesetzmäßigkeit unterliegt:[398] Wie der Schöpfer in die Natur Gesetze legte und das Geschehen nach diesen Gesetzen ablaufen läßt, ohne doch die Herrschaft über die Gesetze aus den Händen zu geben, wie es sich in den Wundern zeigt, so hat der Erlöser das Gnadenleben in eine bestimmte Ordnung gefügt, ohne sich damit die Möglichkeit eines über die selbstgesetzten Schranken hinausgehenden Gnadenwirkens abzuschneiden. Er band den Anfang, das Wachstum, die Erneuerung des Gnadenlebens an sinnenfällige Zeichen: die *Sakramente*, die „von den Aposteln überliefert, in der ganzen Welt und der gesamten katholischen Kirche einförmig gefeiert werden".[399] Es sind nach der Erklärung des tridentinischen Konzils „alle Sakramente des neuen Bundes" von Christus *eingesetzt;* es sind „nicht mehr noch weniger als *sieben*, nämlich Taufe, Firmung, Eucharistie, Buße, letzte

---

[397] ⟨Vgl. Steins Studie „Natur, Freiheit und Gnade" (*NFG*, 1921), bisher fälschlich unter dem Titel „Die ontische Struktur der Person und ihre erkenntnistheoretische Problematik", in: Stein, Edith, *Welt und Person*, Freiburg 1962, ESW VI, 137–197; ESGA 9.⟩

[398] ⟨Auf einem losen Blatt, das dem Manuskript beilag, notiert Stein zu dieser Seite (durchgestrichene Hs-S. 263, nun Hs-S. 258): „S. 263: Die Gnade kommt in Formen, die der menschlichen Natur angepaßt sind."⟩
⟨durchgestrichen:⟩
„1.) Sakramente. Im Zusammenhang mit dem Ordo Meßopfer und Idee der Kirche (*Katechismus Romanus* Corpus J.C.)"
⟨nicht durchgestrichen:⟩ „2.) Geistesgaben den natürlichen Funktionen entsprechend
3.) Das Leben Xi ⟨Christi⟩ als geschichtliches Ereignis und Vorbild
4.) Maria als die erste Erlöste
5.) Das Leben der Kirche als Erlöste der Profangeschichte. Enz⟨yklika *Pascendi dominici gregis*, vgl. Anm. 707⟩ S. 86."⟩

[399] D 139.

Ölung[400], Priesterweihe ⟨und Ehe⟩"; und ein jedes von ihnen ist „wahrhaft und im eigentlichen Sinne Sakrament",[401] d. h. das „Symbol einer heiligen Sache und die sichtbare Form der unsichtbaren Gnade".[402] Sie unterscheiden sich von den Sakramenten ⟨sic⟩ des Alten Bundes nicht nur durch die äußeren Riten und Zeremonien: „Denn jene verursachten die Gnade nicht, sondern stellten nur bildlich dar, daß sie durch das Leiden Christi gegeben werden solle:[403] Die unsern aber *enthalten* die Gnade und *verleihen* sie denen, die sie würdig empfangen. Die fünf ersten sind angeordnet zur geistlichen Vollendung eines jeden Menschen in sich selbst, die beiden letzten zur Leitung und Vermehrung der ganzen Kirche. Denn durch die Taufe werden wir geistlich wiedergeboren; durch die Firmung erfahren wir Wachstum in der Gnade und Stärkung im Glauben; nach der Wiedergeburt und Stärkung aber werden wir durch die göttliche Eucharistie genährt. Wenn wir uns aber durch die Sünde eine Krankheit der Seele zuziehen, werden wir durch die Buße geistig geheilt: geistig und körperlich, wofern es für die Seele nützlich ist, durch die letzte Ölung; durch das Priestertum wird die Kirche geleitet und geistig ausgebreitet, durch die Ehe körperlich vermehrt. Zur Vollständigkeit all dieser Sakramente gehört dreierlei: Etwas Dingliches als *Materie*, Worte als *Form* und die Person des Verwalters,[404] der das Sakrament spendet mit der *Intention zu tun, was die Kirche tut:* Wenn etwas davon fehlt, ist das Sakrament nicht vollständig. Unter diesen Sakramenten sind drei: Taufe, Firmung und Priestertum, die der Seele einen unzerstörbaren *Charakter* einprägen, d. i. ein geistiges Zeichen, das von den andern [**Menschen**] unterscheidet. Darum können sie bei derselben Person nicht wiederholt werden. Die übrigen vier dagegen prägen keinen Charakter ein und lassen Wiederholung zu."[405]

Die Sakramente sind „*notwendig* zum Heil, und ohne sie oder das Verlangen nach ihnen, durch den Glauben allein können die Menschen nicht die Gnade der Rechtfertigung von Gott erlangen, obwohl nicht alle für jeden einzelnen notwendig sind";[406] sie sind nicht „eingesetzt, um nur den *Glauben* zu nähren",[407] sind auch nicht bloß „äußere Zeichen für die durch den Glauben empfangene Gnade oder Gerechtigkeit und gewisse Merkmale des christlichen Standes, wodurch sich unter den Menschen die Gläubigen von

---

[400] ⟨Seit dem II. Vatikanum, 1963–65, umbenannt in „Krankensalbung".⟩
[401] D 844 ff.
[402] D 876.
[403] Darum haben sie (z. B. die Beschneidung) wie alle Gesetze des Alten Bundes mit der Ankunft Christi ihre Kraft verloren und dürfen nach der Verkündigung des Evangeliums nicht mehr angewendet werden. (D 712)
[404] ⟨Durchgestrichen: „Dieners".⟩
[405] D 695 (aus dem Dekret für die Armenier von 1439).
[406] D 847.
[407] D 848.

Edith Stein

den Ungläubigen unterscheiden".[408] Durch sie wird „die Gnade *immer* und allen gegeben, soweit es an Gott liegt", nicht etwa nur bisweilen und manchen, in anderen Fällen dagegen nicht, auch wenn man sie in der vorgeschriebenen Weise empfängt.[409] Die Gnade wird verliehen „*auf Grund des geleisteten Werkes* (ex opere operato), der Glaube an die göttliche Verheißung allein genügt nicht, um die Gnade zu erlangen".[410] Es haben nicht „alle Christen Gewalt zur Verwaltung des Wortes und aller Sakramente".[411] Auch im *Stand der Todsünde* kann der Verwalter das Sakrament vollziehen und spenden, „wofern er alles Wesentliche beobachtet, was zum Vollzug oder zur Spendung des Sakraments gehört".[412] „Die angenommenen und gebilligten *Bräuche* der katholischen Kirche, die bei der feierlichen Verwaltung angewendet zu werden pflegen, dürfen nicht verachtet oder ohne Sünde von den Verwaltern nach Belieben weggelassen oder durch einen beliebigen Pfarrgeistlichen in neue und andere verwandelt werden."[413] Dagegen hat die *Kirche* zu jeder Zeit „die Gewalt gehabt, bei der Ausspendung der Sakramente, *unter Wahrung ihrer Substanz,* das anzuordnen oder abzuändern, was nach ihrem Urteil dem Nutzen der Empfänger oder der Ehrfurcht gegenüber den Sakramenten selbst, im Wechsel der örtlichen und zeitlichen Verhältnisse am besten entspräche".[414]

Die Wirksamkeit der Sakramente ist zurückzuführen auf die „unschätzbare, unsichtbare Kraft des Heiligen Geistes";[415] sie können wirksam empfangen werden nur von den Gliedern der Kirche[416] (natürlich außer der Taufe, die den Zugang zur Kirche und damit zu den andern Sakramenten eröffnet); wer als Spender in Betracht kommt, das ist für die verschiedenen Sakramente verschieden geregelt.

2. Taufe

Es ist in unserem Zusammenhang nicht erforderlich, auf Materie und Form der einzelnen Sakramente genau einzugehen. Es kommt nur darauf an, ihre Bedeutung für das Christenleben zu erkennen. Daß die *Taufe* die Geburt zum Gnadenleben und, was daßelbe bedeutet, die Eingliederung in den my-

---

[408] D 849.
[409] D 850.
[410] D 851.
[411] D 853.
[412] D 855.
[413] D 856.
[414] D 931. (Vom Konzil von Trient mit Rücksicht auf die Spendung der Eucharistie in beiderlei Gestalt festgestellt.)
[415] D 424.
[416] D 714.

stischen Leib Christi bedeutet, hat schon die Rechtfertigungslehre gezeigt. Das Konzil von Florenz[417] nennt sie „die Pforte zum geistlichen Leben: Denn durch sie werden wir Glieder Christi und dem Leib der Kirche eingefügt".[418] Die Anrufung der Trinität ist die angemessene Form dafür; „denn da die Hauptursache, durch die die Kirche ihre Kraft hat, die Heilige Dreifaltigkeit ist, Werkzeugursache der Verwalter, der das Sakrament äußerlich überliefert, so kommt das Sakrament zur Vollendung, wenn der Akt, der durch den Verwalter selbst vollzogen wird, mit Anrufung der Heiligen Dreifaltigkeit zum Ausdruck gebracht wird. *Verwalter* dieses Sakraments ist der Priester, dem es von Amts wegen zukommt zu taufen. Im Notfall aber kann nicht nur der Priester oder Diakon, sondern auch ein Laie oder eine Frau, ja sogar ein Heide oder Häretiker taufen, wenn er nur die Form der Kirche wahrt und zu tun beabsichtigt, was die Kirche tut. Die *Wirkung* dieses Sakraments ist die Vergebung jeder Sünde, der Erbsünde und der aktuellen, und auch jeder Strafe, die der Schuld selbst gebührt. Deshalb ist den Getauften für die vergangenen Sünden keine Genugtuung aufzuerlegen: Sondern wenn sie sterben, ehe sie eine Schuld begehen, gelangen sie sofort ins Himmelreich und zur Anschauung Gottes."[419] Die über die Reinigung von Schuld hinausgehende Wirkung der Wiedergeburt wird näher erläutert als ein Einbezogenwerden in den Tod und das Auferstehungsleben Christi: „... die ganze Menge der Gläubigen, die *aus dem Wasser und dem Heiligen Geist* [Joh 3,5] wiedergeboren ist und dadurch wahrhaft der Kirche einverleibt und nach apostolischer Lehre im Tode Christi getauft, ist in Seinem Blut von ihren Sünden gereinigt: Denn es konnte in ihnen keine wahre Wiedergeburt geben, wenn nicht auch eine wahre Erlösung zustande kam ... , *Wir alle, die wir in Christus Jesus getauft sind, sind in Seinem Tode getauft* [Röm 6,3], und ,*Alle, die ihr in Christus getauft seid, habt Christus angezogen* [Gal 3,27]."[420] Der Tod des alten, sündhaften Menschen und die Geburt des neuen, d. h. der Beginn des Gnadenlebens, das das Leben Christi in uns ist, gehören untrennbar zusammen. Darum wurde die Lehre des Petrus *Olivi*, daß „den Kindern durch die Taufe zwar die Schuld vergeben, aber keine Gnade verliehen werde", zurückgewiesen und die entgegengesetzte Auffassung, „daß ihnen in der Taufe sowohl die Schuld vergeben als *auch die Tugenden und die formende Gnade* habituell eingegossen würden, wenn sie auch, dem Zeitpunkt entsprechend, noch nicht den Gebrauch hätten, ... angesichts der

---

[417] ⟨Unionskonzil Ferrara – Florenz – Rom, von Basel verlegt, 1438–1445 (offiziell nicht abgeschlossen), 1439–42 tagte das Konzil in Florenz, es wurde eine kurzfristige Einheit mit der griechischen und armenischen Orthodoxie, mit Kopten, Chaldäern und Maroniten erlangt.⟩
[418] ⟨D 696.⟩
[419] D 696.
[420] D 324.

allgemeinen Wirksamkeit des Todes Christi, die durch die Taufe allen Getauften in gleicher Weise zugewendet wird, ... als die glaubwürdigere und den Ansprüchen der Heiligen und der neueren Lehrer der Theologie besser entsprechende" empfohlen.[421] Das Konzil von Trient hat gegenüber der lutherischen Auffassung, daß nach der Taufe noch Sünde im echten Sinn des Wortes bleibe und nur nicht zugerechnet würde, die radikale Ausmerzung der Sünde und die wahrhafte Neugeburt in aller Schärfe herausgearbeitet: „Denn Gott haßt nichts in den Wiedergeborenen, weil *keinerlei Verdammnis die trifft*, die wahrhaft *mit Christus durch die Taufe in den Tod begraben sind* [Röm 6, 4], die *nicht nach dem Fleisch wandeln* [Röm 8, 1], sondern, den *alten Menschen* ausziehend und *den neuen, der nach Gott geschaffen ist, anziehend* [Eph 4, 22 ff.; Kol 3, 9 f.], unschuldig, unbefleckt, rein, frei von Fehl und gottgeliebt geworden sind, *Erben Gottes, Miterben Christi* [Röm 8, 17], sodaß schlechthin nichts mehr vom Eintritt in den Himmel zurückhält." Was bleibt, ist „die Kon*kupiszenz oder der Zündstoff ...*, der zurückgelassen ist, damit wir uns im Kampf erproben, der aber denen, die nicht einwilligen, sondern durch die Gnade Gottes mannhaft widerstehen, nicht zu schaden vermag; vielmehr wird der, der *ordnungsgemäß gekämpft hat, gekrönt werden*. Von dieser Konkupiszenz, die der Apostel bisweilen *Sünde* nennt [Röm 6, 12 ff.], erklärt die heilige Synode, daß die Katholische Kirche ihre Bezeichnung als Sünde niemals in dem Sinne verstanden habe, als verbliebe in den Wiedergeborenen wahrhaft und in eigentlichem Sinne Sünde, sondern weil sie *aus der Sünde* kommt und *zur Sünde geneigt* macht."[422]

In der Frage nach der Gültigkeit einer erzwungenen Taufe hat man zwischen verschiedenen Fällen, bzw. „zwischen Zwang und Zwang" unterschieden: „wer unter Schrecknissen und Martern gewaltsam herbeigeschleppt wird und das Sakrament der Taufe empfängt, um sich keinen Schaden zuzuziehen, der erhält, ebenso wie jemand, der zum Schein zur Taufe hinzutritt, den *Charakter* des Christentums eingeprägt und ist als einer, der bedingt, wenn auch nicht absolut will, zur Beobachtung des christlichen Glaubens zu nötigen ... Wer aber niemals einwilligt, sondern durchaus widerspricht, der empfängt weder den Sachgehalt (rem) noch den Charakter des Sakraments, denn es ist mehr, ausdrücklich zu widersprechen als nicht einzuwilligen ... *Schlafende* aber und *Geisteskranke*, wenn sie vor der Erkrankung oder dem Schlafzustand im Widerspruch verharren, empfangen den Charakter *nicht*, weil der Vorsatz zu widersprechen als in ihnen fortbestehend anzunehmen ist; anders, wenn sie vorher Katechumenen gewesen wären und den Vorsatz gehabt hätten, sich taufen zu lassen; deshalb pflegt die Kirche solche Menschen im Notfall zu taufen. *Dann also prägt die sakra-*

---

[421] D 483.
[422] D 792.

mentale Handlung den Charakter ein, wenn sie keinen widersprechenden Willen als entgegenstehendes Hindernis findet."[423]

Es wird hier unterschieden zwischen dem *Charakter* und der *res sacramenti*[424]. Um zu ermitteln, was unter der „res sacramenti" zu verstehen ist, steht uns nur eine Erklärung der Eucharistie zur Verfügung. Von ihr wird gesagt, daß dreierlei zu unterscheiden sei: „die sichtbare Form, die Wahrheit des Leibes und die geistige Kraft. Die Form ist die des Brotes und Weines, die Wahrheit die des Fleisches und Blutes, die Kraft die der Einheit und Liebe. Das Erste ist *Sakrament und nicht Sache.* Das Zweite ist *Sakrament und Sache.* Das Dritte ist *Sache und nicht Sakrament.* Das Erste ist Sakrament einer doppelten Sache. Das Zweite ist Sakrament für das eine und Sache für das andere. Das Dritte aber ist Sache zu dem zweifachen Sakrament."[425] Hier ist Sakrament offenbar im Sinne des *Zeichens* zu verstehen, das die Gnadenwirkung bedeutet und bewirkt. Die sichtbaren Gestalten sind *äußere* Zeichen, die für sich allein die sakramentale Wirkung nicht hervorbringen können (sacramentum et non res). Fleisch und Blut, die von den äußeren Gestalten bezeichnet werden, bezeichnen ihrerseits die Gnadenwirkung, haben aber zugleich die Kraft in sich, sie hervorzurufen (darum: sacramentum et res). Einheit und Liebe sind die reale Wirkung, die durch das doppelte Zeichen bezeichnet und bewirkt wird (res et non sacramentum).[426] Suchen wir die Parallele bei der Taufe, so haben wir als äußeres Zeichen das Bad der Taufe und die Taufformel, als inneres den Charakter, durch den der Getaufte als Glied des mystischen Leibes[427] bezeichnet wird, als eigentliche Gnadenwirkung die Befreiung von Schuld und Erfüllung mit dem Gnadenleben. Die halbe Zustimmung, die in der erzwungenen Einwilligung liegt, reicht aus zum Empfang des Charakters, und der Charakter verpflichtet zum Halten der Gebote, d. h. zu christlicher Lebensführung. Zur eigentlichen Gnadenwirkung aber gehört die uneingeschränkte Zustimmung, denn nur in eine Seele, die widerstandslos geöffnet ist, kann die Gnade einströmen.

3. Firmung

Weil die Taufe den „Zündstoff" der Sünde nicht tilgt, muß das Christenleben ein ständiger Kampf sein, und wir verstehen es, daß ein besonderes Mittel vorgesehen ist, um ihn für diesen Kampf zu stärken. Dies Mittel ist das Sakrament der *Firmung,* durch das „der Heilige Geist zur Stärkung gegeben

---

[423] D 411.
[424] ⟨Lat.: Sachgehalt des Sakramentes.⟩
[425] D 415.
[426] Vgl. Scheeben⟨, Matthias⟩, *Mysterien des Christentums,* ⟨Freiburg 1932,⟩ 492 f.
[427] ⟨Vgl. Röm 12, 4 ff.⟩

wird, so wie er den Aposteln am Pfingsttage gegeben wurde, damit nämlich der Christ kühn den Namen Christi bekenne. Darum wird er zur Stärkung an der Stirn gesalbt, wo der Sitz der Scham ist, damit er nicht erröte, den Namen Christi zu bekennen und besonders Sein Kreuz, das *den Juden ein Ärgernis, den Heiden aber eine Torheit ist* [cf. 1 Kor 1, 23], wie der Apostel sagt; deshalb wird er mit dem Zeichen des Kreuzes bezeichnet."[428] Die Salbung ist an Stelle der Handauflegung getreten, wie sie aus der Apostelzeit berichtet wird. So war auch die alte Bezeichnung des Sakraments „Handauflegung". Nur „der *Hohepriester*, d. i. der *Bischof*, kann sie vornehmen, weil *nur von den Aposteln*, deren Stellvertreter die Bischöfe sind, zu lesen ist, daß sie durch Handauflegung den Heiligen Geist gaben [cf. Apg 8, 14 ff.]."[429] Die Salbung zum Kämpfer Christi bedeutet auch die Verleihung eines „Charakters" und kann darum nicht wiederholt werden.[430] Wenn man die Firmung als Aufnahme in die „Miliz Christi" auffassen darf, so liegt der Vergleich mit der weltlichen „Schwertleite"[431] nahe, wie ja auch der leichte Backenstreich an den „Ritterschlag" erinnert. Und wie die Erteilung des Ritterschlages Sache der Fürsten war, so verstehen wir auch, daß die Streiter Christi von den obersten Heerführern der streitenden Kirche in Pflicht genommen werden, obwohl die Kraft zum Vollzug an sich im Priestertum enthalten ist und das Recht, davon Gebrauch zu machen, durch päpstliche Erlaubnis auch einfachen Priestern verliehen werden kann. Es deutet sich schließlich die eigentümliche hierarchische Gliederung des mystischen Leibes Christi an, wodurch gewissen ausgezeichneten Gliedern es zukommt, andern die Gnade zuzuleiten, und zwischen allen eine lebendige Verbindung besteht, und zwar nicht nur auf dem „gewöhnlichen Instanzenwege", sondern auch unmittelbar von den einfachen Gläubigen bis zur höchsten Spitze.

4. Eucharistie

Wenn die Menschheit Christi das „sacramentum coniunctum"[432] ist, das hauptsächliche Werkzeug der Erlösung, von dem alle andern ihre Kraft bekommen, so muß das zentrale Sakrament das der *Eucharistie* sein, in dem die Menschheit Christi selbst enthalten ist. Es wird dafür als Materie Weizenbrot und Traubenwein verwendet, „dem vor der Konsekration ein klein wenig Wasser beigemischt werden soll; ... weil nach den Zeugnissen der heiligen Väter und Kirchenlehrer ... geglaubt wird, daß der Herr mit Wein,

---

[428] D 697.
[429] D 419.
[430] D 695, 852.
[431] ⟨Schwertnahme oder Ritterschlag, durch den ein Ritter mit 21 Jahren mündig wurde.⟩
[432] ⟨Lat.: das verbindende Sakrament.⟩

der mit Wasser gemischt war, dies Sakrament eingesetzt hat. Ferner, weil dies der Darstellung des Leidens des Herrn entspricht ..., weil zu lesen ist, daß beides, nämlich Wasser und Blut, aus der Seite Christi geflossen ist ... Schließlich auch, weil es angemessen ist, um die Wirkung dieses Sakraments zu bezeichnen, d. i. die Vereinigung des christlichen Volkes mit Christus. Denn das Wasser bezeichnet das Volk, nach dem Wort der Apokalypse: *Viele Wasser ... viele Völker* [cf. Offb 17, 15]; ... im Wein aber wird das Blut Christi gezeigt. Wenn also im Kelch Wein und Wasser gemischt wird, wird das Volk mit Christus vereint, und die Menge der Gläubigen wird mit dem, an den sie glaubt, verbunden und zusammengefügt. Die *Form* dieses Sakraments sind die Worte des Erlösers, mit denen Er dies Sakrament vollzog: Der Priester vollzieht nämlich dieses Sakrament, indem er im Namen Christi spricht. Denn durch die Kraft eben dieser Worte wird die Substanz des Brotes in den Leib Christi und die Substanz des Weines in das Blut verwandelt: so aber, daß Christus ganz unter der Gestalt des Brotes und ganz unter der Gestalt des Weines enthalten ist. Auch in jedem beliebigen Teil der konsekrierten Hostie und des konsekrierten Weines ist nach der Trennung Christus ganz enthalten. Die *Wirkung* dieses Sakraments, die es in der Seele des würdig Genießenden hervorbringt, ist die Vereinigung des Menschen mit Christus. Und weil durch die Gnade der Mensch Christus einverleibt und mit Seinen Gliedern vereint wird, so folgt, daß durch dieses Sakrament in den würdig Genießenden die Gnade vermehrt wird: und jede Wirkung, die materielle Speise und Trank für ihr körperliches Leben zustandebringen, indem sie erhalten, vermehren, wiederherstellen und erfreuen, die bringt dieses Sakrament für das geistliche Leben hervor: In ihm ... gedenken wir dankbar unseres Erlösers, werden vom Bösen zurückgezogen, im Guten gestärkt, und machen Fortschritte im Wachstum an Tugenden und Gnaden."[433]

Für die Frage, die uns leitet, die Frage nach der Eigentümlichkeit des Lebens im Stand der Erlösten, hat die Eucharistie doppelte Bedeutung: Sie ist für jeden einzelnen Christen das „tägliche Brot", um sein Gnadenleben zu nähren. Sie ist für die Gesamtheit der Erlösten das sacramentum unitatis[434], das, was den mystischen Leib zusammenhält; ohne sie ist kein Verständnis für das zu gewinnen, was die Kirche ist. Darum haben die tridentinischen Väter im *Dekret über die Eucharistie*[435] zunächst gegenüber den herrschenden Zeitirrtümern die *reale Gegenwart Christi* im Sakrament der Eucharistie sichergestellt. „Zum Anfang lehrt die heilige Synode und bekennt offen und einfach, daß im liebreichen Sakrament der heiligen Eucharistie nach der

---

[433] D 698.
[434] ⟨Lat.: das Sakrament der Einheit.⟩
[435] D 874 ff.

Konsekration des Brotes und Weines unser Herr Jesus Christus, wahrer Gott und Mensch, *wahrhaft, wirklich und substanziell* ... unter der Gestalt jener sinnenfälligen Dinge enthalten ist. Denn es widerstreitet einander nicht, daß unser Heiland selbst nach Seiner natürlichen Existenzweise immer im Himmel zur Rechten des Vaters sitzt und daß Er nichtsdestoweniger an vielen andern Orten auf sakramentale Weise mit Seiner Substanz gegenwärtig bei uns ist, in jener Existenzweise, die wir zwar kaum mit Worten ausdrücken können, die aber doch für Gott möglich ist, wie wir es mit dem vom Glauben erleuchteten Denken erreichen und standhaft glauben müssen. So haben auch alle unsere Vorfahren, so viele in der wahren Kirche Christi waren, die über dies heiligste Sakrament gehandelt haben, in aller Offenheit bekannt, daß *unser Erlöser beim letzten Abendmahl* dies so wunderbare Sakrament *eingesetzt* habe, als Er nach der Segnung des Brotes und Weines in klaren und deutlichen Worten bezeugte, daß Er jenen Seinen eigenen Leib und Sein Blut darbiete. Da diese Worte, die von den heiligen Evangelisten erwähnt [Mt 26, 26 ff.; Mk 14, 22 ff.; Lk 22, 19 ff.] und von dem seligen Paulus später wiederholt wurden, jenen ihnen eigenen und ganz offenkundigen Sinn klar zum Ausdruck bringen, dem gemäß sie von den Vätern verstanden wurden, ist es eine empörende Schandtat, daß sie von gewissen streitlustigen und schlechten Menschen gegen den allgemeinen Sinn der Kirche in fiktive und bildliche Redewendungen verdreht werden, durch die die Wahrheit des Fleisches und Blutes Christi geleugnet wird; sie [**die Kirche**] hat wie eine *Säule und Feste der Wahrheit* [1 Tim 3, 15] diese von Gottlosen ausgedachten Erdichtungen als etwas Teuflisches verabscheut, immer mit dankbar gedenkendem Sinn diese alles überzeugende Wohltat Christi anerkennend."[436]

„So hat unser *Erlöser*, als Er aus der Welt hinweg zum Vater gehen wollte, *dies Sakrament eingesetzt*, in dem Er die Reichtümer Seiner Liebe gegen die Menschen gleichsam ausgoß, ein *Andenken Seiner Wundertaten stiftend* [Ps 111, 4], und uns befahl, bei seinem Genuß die *Erinnerungen an Ihn* zu pflegen [1 Kor 11, 24] und Seinen *Tod zu verkünden, bis* Er selbst *käme, um die Welt zu richten* [1 Kor 11, 26]. Er wollte aber, daß dies Sakrament als geistige *Seelenspeise* genossen werde [Mt 26, 26], wodurch diejenigen genährt und gestärkt werden sollen, die vom Leben dessen leben, der gesagt hat: ‚Wer mich ißt, der wird auch leben um meinetwegen' [Joh 6, 58], und als ein Gegengift, das uns von täglicher Schuld befreit und vor Todsünden bewahrt. Er wollte überdies, daß es ein Unterpfand unserer künftigen Herrlichkeit und des immerwährenden Glücks werde, und so besteht es als Symbol jenes Seines *Leibes*, dessen *Haupt* Er selbst ist [1 Kor 11, 3; Eph 5, 23] und dem Er uns als Glieder durch das festeste Band des Glaubens, der Hoffnung und der

---

[436] D 874.

Liebe verbunden haben wollte, damit *wir alle eine Rede führten und keine Spaltungen unter uns seien* [cf. 1 Kor 1, 10].“[437]

Das Dekret hebt auch den eingangs erwähnten Vorrang der Hl. Eucharistie vor allen andern Sakramenten nachdrücklich hervor: „Gemeinsam ist der heiligsten Eucharistie mit den andern Sakramenten, daß sie das Symbol einer heiligen Sache und die sichtbare Form der unsichtbaren Gnade ist; aber als Auszeichnendes und *Einzigartiges* findet sich an ihr, daß die andern Sakramente erst dann die Kraft zu heiligen haben, wenn jemand sie gebraucht; in der Eucharistie dagegen ist der Urheber der Heiligkeit selbst *vor dem Gebrauch* da ... Denn noch hatten die Apostel nicht die Eucharistie aus der Hand des Herrn empfangen ..., als Er selbst versicherte, daß es wahrhaft Sein Leib sei, den Er darbiete; und immer hat dieser Glaube in der Kirche Gottes bestanden, daß sogleich nach der Konsekration der wahre Leib unseres Herrn und Sein wahres Blut unter der Gestalt des Brotes und Weines vereint mit Seiner Seele und Gottheit da sei: jedoch der Leib unter der Gestalt des Brotes und das Blut unter der Gestalt des Weines *durch die Kraft der Worte*, der Leib dagegen unter der Gestalt des Weines ⟨sic⟩ und das Blut unter der Gestalt des Brotes ⟨sic⟩ und die Seele unter beiden Gestalten *durch die Kraft jener natürlichen Verbindung und Zusammengehörigkeit*, wodurch die Teile unseres Herrn Christus, der schon *von den Toten auferstanden* ist, *um nicht wieder zu sterben* [Röm 6, 9], unter einander verbunden sind, die Gottheit aber wegen ihrer wunderbaren hypostatischen Vereinigung mit Leib und Seele ...[438] Deshalb ist es durchaus wahr, daß *soviel unter jeder der beiden Gestalten* und unter beiden enthalten ist ...“[439] Da nun unser Erlöser Christus sagte, das, was Er unter der Gestalt des Brotes darbiete, sei wahrhaft Sein Leib, darum bestand in der Kirche Gottes immer die Überzeugung und dies erklärt nun diese heilige Synode aufs neue, daß durch die Konsekration des Brotes und Weines eine *Umwandlung der ganzen Substanz* des Brotes in die Substanz des Leibes unseres Herrn Christus und *der ganzen Substanz des Weines* in die Substanz Seines Blutes geschehe. Diese Umwandlung ist von der Heiligen Katholischen Kirche passend und in eigentlichem Sinne *Transsubstantiation* genannt worden.“[440]

Aus der Glaubensgewißheit, daß unser Gott in den sakramentalen Gestalten verborgen unter uns lebt, ergibt sich die selbstverständliche Folgerung, daß Ihm auch unter diesen Gestalten Anbetung gebührt. „Es bleibt also für keinen Zweifel Raum, daß alle Christgläubigen, wie es in der Katholischen Kirche immer angenommene Sitte war, diesem hochheiligen Sakrament in

---

[437] D 875.
[438] Darum ist es nicht zum Heil notwendig, das Sakrament unter beiderlei Gestalt zu empfangen (vgl. D 930 ff.).
[439] D 876.
[440] D 877.

Edith Stein

Verehrung den *Kult der Anbetung* (latriae cultum) darbringen, der dem wahren Gott gebührt … Und es ist darum nicht etwa weniger anbetungswürdig, weil es von Christus dem Herrn eingesetzt wurde, um genossen zu werden. Denn wir glauben, daß eben der Gott in ihm gegenwärtig sei, von dem der ewige Vater sagte, als Er Ihn in den Erdkreis einführte: *‚Und es sollen Ihn anbeten alle Engel Gottes'* [Hebr 1, 6; aus Ps 97, 7], den die Magier *niederfallend anbeteten* [cf. Mt 2, 11], von dem schließlich die Schrift bezeugt, daß Er in Galiläa von den Aposteln angebetet worden sei [cf. Mt 28, 17]. Außerdem erklärt die heilige Synode, es sei in frommer Gläubigkeit in der Kirche Gottes die Sitte eingeführt und gehalten worden, in jedem Jahr an einem besonderen *Festtag* dies erhabene und verehrungswürdige Sakrament mit einzigartiger Verehrung und Festlichkeit zu feiern und es in Prozessionen in Ehrfurcht und mit allen Ehrenbezeugungen durch die Straßen und öffentlichen Plätze zu tragen. Denn es ist durchaus billig, daß es bestimmte geheiligte Tage gibt, an denen alle Christen in einzigartiger und außerordentlicher Kundgebung sich dankbaren Herzens eingedenk zeigen gegenüber dem gemeinsamen Herrn und Erlöser für eine so unaussprechliche und wahrhaft göttliche Wohltat, die den Sieg und Triumph Seines Todes darstellt. Und so war es geziemend, daß die siegreiche Wahrheit über Lüge und Häresie einen Triumph feiert, damit ihre Gegner angesichts solchen Glanzes und der so großen Freude der gesamten Kirche entweder geschwächt und gebrochen dahinschwinden oder durch Scham und Verwirrung einmal zur Vernunft kommen."[441]

Aus der Lehre von der wahren Gegenwart Christi im Sakrament ergab sich die Sitte, es aufzubewahren. „Die Gewohnheit, die heilige Eucharistie im Tabernakel aufzubewahren, ist so alt, daß schon das Jahrhundert des Konzils von Nizäa[442] sie anerkannte. Ferner die heilige Eucharistie *zu den Kranken* zu tragen und sie für diesen Gebrauch sorgfältig *in den Kirchen aufzubewahren*, das entspricht einmal im höchsten Maße der Billigkeit und Vernunft, es findet sich aber auch als Vorschrift bei vielen Konzilien und ist nach uralter Sitte der katholischen Kirche beobachtet worden. Deshalb hat diese heilige Synode beschlossen, daß diese heilsame und notwendige Sitte durchaus beibehalten werden soll."[443]

Wenn die Sitte der Aufbewahrung der Eucharistie an dieser Stelle zweimal hervorgehoben wird, einmal mit Rücksicht auf die Krankenkommunion und einmal unabhängig davon, so darf wohl die doppelte Begründung noch einmal besonders unterstrichen werden. Unserm[444] katholischen Empfinden

---

[441] D 878.
[442] ⟨1. Konzil von Nizäa 325, Verurteilung des Arianismus, Formulierung des Nizäano-Konstantinopolitanischen Glaubensbekenntnisses.⟩
[443] D 878.
[444] ⟨Durchgestrichen: „heutigen".⟩

liegt es durchaus fern, in dem Zweck der Krankenkommunion den hauptsächlichen oder gar einzigen Grund der Aufbewahrung zu sehen. Der Hauptgrund ist für uns die Tatsache der sakramentalen Gegenwart selbst: Wenn wir die Möglichkeit haben, den Herrn leibhaft gegenwärtig bei uns zu haben, so werden wir uns dieser Möglichkeit nicht berauben, indem wir die Aufbewahrung versäumen. Darum gehört es zu unsern Kirchen wesentlich, daß sie Wohnstätten des eucharistischen Gottes sind, und wir sehen darin die Erfüllung der Verheißung, daß Er bei uns bleiben wolle bis ans Ende der Welt.[445] So hat man es auch in den Glaubenskämpfen des 16. Jahrhunderts als Beleidigung des eucharistischen Gottes angesehen, daß Ihm so viele Gotteshäuser entzogen wurden. Die Hl. Theresia[446] z. B. hebt in der Schilderung ihrer Klosterstiftungen wiederholt hervor, daß sie es jedesmal als eine Genugtuung für jenen Raub ansah, wenn es ihr gelungen war, wiederum ein Haus durch die Einsetzung der Hl. Eucharistie für den Herrn in Besitz zu nehmen.[447] So ist für uns die Hl. Eucharistie ebenso sehr das Herz der gesamten Kirche wie die Speise für die einzelne Seele. Offenbar haben darum auch die tridentinischen Väter die Lehre vor der realen Gegenwart Christi im Sakrament vorausgeschickt und lassen darauf erst die Erklärungen über den Genuß dieses Sakraments folgen.

„Wenn es sich nicht ziemt, zu irgend einer heiligen Funktion anders als geheiligt hinzuzutreten, so muß gewiß der Christ, je mehr ihm die Heiligkeit und Göttlichkeit dieses himmlischen Sakraments bekannt ist, sich umso sorgfältiger hüten, nicht ohne *große Ehrfurcht* und Heiligkeit … heranzutreten, um es zu empfangen, zumal wenn wir bei dem Apostel jene furchtbaren Worte lesen: ‚*Wer unwürdig ißt und trinkt, der ißt und trinkt sich selbst das Gericht, da er den Leib des Herrn nicht unterscheidet*‘ [1 Kor 11,29]. Wer darum kommunizieren will, dem soll man seine Vorschrift ins Gedächtnis zurückrufen: ‚Es prüfe aber der Mensch sich selbst‘ [1 Kor 11,28]. Die kirchliche Gewohnheit erklärt nun, es sei eine Prüfung in dem Sinne notwendig, daß *keiner, der sich einer Todsünde bewußt ist*, mag er sich auch noch so zerknirscht vorkommen, *ohne* vorausgehende sakramentale *Beichte* zur Hl. Eucharistie hinzutreten dürfe. Daß dies von allen Christen immer zu beobachten ist, auch von den *Priestern*, denen es pflichtmäßig obliegt zu zelebrieren, hat diese heilige Synode beschlossen, es sei denn, daß sie keinen Beichtvater zur Verfügung haben. Wenn aber ein Priester in dringendem Notfall

---

[445] ⟨Vgl. Mt 28, 20.⟩
[446] ⟨Teresa von Ávila OCD, Teresa die Große, Teresa von Jesus (1515–1582), Ordensreformatorin des Karmel und Mystikerin.⟩
[447] Vgl. *Schriften* der Hl. Theresia, II ⟨*Das Buch von den Klosterstiftungen*⟩, Regensburg 1913.

ohne vorausgehende Beichte zelebriert hat, soll er so bald wie möglich beichten."[448]

„Was aber den Gebrauch betrifft, so haben unsere Väter richtig und weise drei Arten, dieses heilige Sakrament zu empfangen, unterschieden. Sie lehrten nämlich, daß manche es nur *sakramental* empfangen, z. B. die Sünder; andere nur *geistig*, die nämlich, die dem Verlangen nach jenes zur Schau gebotene Himmelsbrot essen, mit lebendigem *Glauben, der durch die Liebe wirkt* [Gal 5, 6], und seine Frucht und seinen Nutzen empfinden; eine dritte Gruppe sodann *zugleich sakramental und geistig …*, das sind aber die, die sich vorher so prüfen und unterrichten, daß sie *in hochzeitlichem Gewande* [Mt 22, 11 ff.] zu diesem göttlichen Tisch hinzutreten. Es war aber beim sakramentalen Genuß in der Kirche Gottes immer Sitte, daß *die Laien von den Priestern* die Kommunion empfangen, *die zelebrierenden Priester aber sich selbst* die Kommunion reichen …, und diese Sitte soll, als auf apostolische Tradition zurückgehend, rechtmäßig und geziemend beigehalten werden."[449]

„Endlich ermahnt die heilige Synode, fordert auf, bittet und beschwört bei der innigen Barmherzigkeit unseres Gottes, daß alle und jeder, die den christlichen Namen tragen, in diesem Zeichen der Einheit, diesem Band der Liebe, diesem Sinnbild der Eintracht nun endlich einmal zusammenkommen und einmütig werden sollen, daß sie, eingedenk der so großen Majestät und so außerordentlichen Liebe unseres Herrn Jesus Christus, der sein teures Leben als Preis unseres Heils und *seinen Leib uns zur Speise* gab [Joh 6, 48 ff.], an diese heiligen Geheimnisse Seines Fleisches und Blutes mit solcher Standhaftigkeit und Festigkeit des Glaubens, solcher Hingabe der Seele, mit so kindlicher Huldigung glauben und sie verehren sollen, daß sie jenes *tägliche*[450] Brot [Mt 6, 11] *häufig empfangen* können und damit es für sie wahrhaft das Leben der Seele und die dauernde Gesundheit des Geistes sei, *durch dessen Kraft gestärkt* [1 Kön 19, 8] sie vom Weg dieser elenden Pilgerschaft zum himmlischen Vaterland gelangen können, um eben dieses *Engelsbrot* [Ps 78, 25], das sie jetzt noch unter heiligen Schleiern essen, ohne jeden Schleier zu genießen."[451]

Bezüglich des frühchristlichen Brauchs, schon den kleinen Kindern nach der Taufe die Hl. Kommunion zu reichen, erklärte das Tridentinum, es bestehe „für die *Kinder*, die noch nicht den Gebrauch der Vernunft haben, *keinerlei Notwendigkeit* zum sakramentalen Empfang der Eucharistie …, wenn sie nämlich durch das *Bad* der Taufe *wiedergeboren* [Tit 3, 5] und Christus einverleibt sind und die erlangte Gnade der Kinder Gottes in jenem

---

[448] D 880.
[449] D 881.
[450] ⟨Durchgestrichen: „überweltliche".⟩
[451] D 882.

Alter nicht verlieren können. Doch darum ist das Altertum nicht zu verurteilen, wenn es diese Sitte an manchen Orten einmal beobachtet hat."[452]

Dagegen ist, sobald die Unterscheidungsjahre gekommen sind, der Empfang der Hl. Kommunion notwendig für die Zugehörigkeit zur Kirche. „Jeder Gläubige beiderlei Geschlechts soll, wenn er zu den Unterscheidungsjahren gelangt ist, ... *wenigstens zu Ostern* ehrfürchtig das Sakrament der Eucharistie empfangen, falls er nicht etwa auf den Rat seines eigenen Priesters aus einem vernünftigen Grunde es für richtig hält, sich für einige Zeit von ihrem Genuß zu enthalten: Sonst soll ihm, so lange er lebt, der Eintritt in die Kirche verwehrt werden und nach seinem Tod soll er kein christliches Begräbnis bekommen."[453]

Das Unterscheidungsalter ist unter Pius X. im Gegensatz zu den Gepflogenheiten der vorausgehenden Jahrhunderte verhältnismäßig früh angesetzt worden, nämlich für die Zeit, „in der das Kind anfängt nachzudenken (ratiocinari), d. i. um das siebente Jahr, evtl. etwas darüber oder darunter. Von dieser Zeit an beginnt die Verpflichtung, den beiden Vorschriften für die Beichte und Kommunion zu genügen ..."[454]

Mit Rücksicht auf die Ehrfurcht, die dem Sakrament gebührt, hat die Kirche für den äußeren Empfang manches anders geregelt, als es in den Frühzeiten gehandhabt wurde. „... obwohl Christus nach dem Abendmahl dieses verehrungswürdige Sakrament eingesetzt und es Seinen Jüngern unter den beiden Gestalten des Brotes und des Weines gereicht hat, hat es doch die lobenswerte und erprobte Gewohnheit der Kirche, der keine Autorität heiliger Vorschriften entgegenstand, so gehalten und hält es so, daß dieses Sakrament nicht nach der Mahlzeit vollzogen, noch von den Gläubigen anders als nüchtern empfangen werden darf, außer im Fall der Krankheit oder eines anderen zwingenden Umstands, der vom Recht oder der Kirche eingeräumt oder zugelassen ist. Und wie diese Gewohnheit aus guten Gründen eingeführt wurde, um Gefahren und Ärgernisse zu vermeiden, so soll auch, obwohl in der Frühkirche dies Sakrament von den Gläubigen unter beiden Gestalten empfangen wurde, es später von den Zelebrierenden unter beiden Gestalten, von den Laien nur unter der Gestalt des Brotes empfangen werden, ... denn es ist aufs festeste zu glauben und in keiner Weise zu bezweifeln, daß Leib und Blut Christi *unversehrt* unter der Gestalt des Brotes wie unter der Gestalt des Weines wahrhaft enthalten sind ..."[455]

Daß diese äußeren Maßnahmen nicht ausreichen, daß es der Reinigung und Heiligung der Seele als Vorbereitung bedarf, ist schon ausgesprochen worden. Sie besteht nicht nur in der sakramentalen Beichte, sondern in

---

[452] D 933.
[453] D 437.
[454] D 2137.
[455] D 626.

Edith Stein

einem inneren Bereitmachen unmittelbar vor dem Empfang. Entsprechend geziemt sich nach dem Empfang eine ehrfürchtige Danksagung. Die Kirche hat das negativ ausgesprochen, indem sie die Auffassung des Molinos[456] verwarf, der für gewisse passive Gebetszustände Vorbereitung und Danksagung für überflüssig, ja minderwertig erklärte, weil dieser passive Zustand „auf vollkommene Weise alle Tugendakte ersetze, die auf dem gewöhnlichen Wege zustandekommen können und zustandekommen. Und wenn bei Gelegenheit der Kommunion Regungen der Verdemütigung, der Bitte oder der Danksagung anheben, soll man sie unterdrücken, wenn man nicht erkennt, daß sie einem besonderen Antrieb Gottes entspringen: Sonst sind es Antriebe der noch nicht erstorbenen Natur."[457]

Wenn es als unerläßliche Pflicht jedes Gläubigen festgestellt wurde, wenigstens *einmal* im Jahr die Hl. Kommunion zu empfangen, so hat dies doch immer nur als ein Minimum gegolten. Schon das Tridentinum hat die dringende Mahnung zum häufigen Empfang ausgesprochen. Daran knüpfte Pius X. an: „... Es ist der Wunsch Jesu Christi und der Kirche, daß alle Christgläubigen täglich zum heiligen Gastmahl hinzutreten, vor allem darum, damit die Christgläubigen, durch das Sakrament mit Gott verbunden, daraus die Kraft gewinnen, die *Begierde zu bezähmen*, die leichte Schuld, wie sie täglich vorkommt, abzuwaschen und sich vor schwereren Sünden, in die die menschliche Gebrechlichkeit verstrickt ist, zu hüten: nicht in erster Linie, um für die *Ehre des Herrn* und die Verehrung Sorge zu tragen, auch nicht, damit es die Genießenden gleichsam als Lohn für ihre Tugenden erhielten ..."[458]

Mit diesen abwehrenden Worten wendet sich das Dekret gegen die Irrtümer, die in den letzten Jahrhunderten den häufigen Empfang verhindert hatten: „... Als die jansenistische Pest überall wütete, begann man über die Dispositionen zu streiten, mit denen man zum häufigen und täglichen Gebrauch hinzutreten müsse, und man übertraf sich gegenseitig durch immer größere und schwierigere, die man als notwendig verlangte. Durch solche Erörterungen brachte man es dahin, daß *sehr wenige* für *würdig* erachtet wurden, die heiligste Eucharistie täglich zu genießen und aus einem so heilsamen Sakrament vollere Wirkungen zu schöpfen, und begnügte sich damit, daß die übrigen einmal im Jahr oder einmal im Monat oder höchstens einmal in der Woche damit erquickt wurden. Ja man verstieg sich soweit in der Strenge, daß *ganze Gruppen* von dem häufigen Besuch des himmlischen

---

[456] ⟨Miguel de Molinos (1628–1696), spanischer Priester, Vertreter des Quietismus, wirkte auf François de Salignac de la Mothe Fénelon (1651–1715, frz. Bischof und Theologe) und den deutschen Pietismus.⟩
[457] D 1252. ⟨Durchgestrichen: „Positiv wird das, was erforderlich ist, als ‚reinste und von jeder Beimischung freie Gottesliebe' bezeichnet."⟩
[458] D 1981.

Tisches *ausgeschlossen* wurden, z. B. die Kaufleute und *die Eheleute*."[459] Der Heilige Stuhl ist schon Ende des 17. Jhs. diesen Irrtümern entgegengetreten. „Obgleich der häufige und tägliche Gebrauch der Hochheiligen Eucharistie von den heiligen Vätern in der Kirche immer gebilligt war, so haben sie doch niemals bestimmte Tage in jedem Monat oder jeder Woche für ihren Empfang oder die Enthaltung davon festgesetzt, und auch das Konzil von *Trient* hat dergleichen nicht vorgeschrieben, sondern in Erwägung der menschlichen Schwäche hat es statt aller Vorschrift nur seinen Wunsch zum Ausdruck gebracht mit den Worten: *Die heilige Synode würde wünschen, daß in jeder Messe die beiwohnenden Gläubigen die Eucharistie auf sakramentale Weise empfingen.* [S. D 944]. Und dies mit vollem Recht: Denn vielfältig sind die verborgenen Schlupfwinkel des Gewissens, mannigfach das Abirren des Geistes um der Geschäfte willen, zahlreich andererseits die Gnaden Gottes, die den Kleinen gewährt werden; weil wir dies mit menschlichen Augen nicht erforschen können, kann freilich nichts über eines jeden Würdigkeit und Reinheit und infolgedessen über den häufigeren oder täglichen Genuß des Himmelsbrotes festgesetzt werden; deshalb ist, was die Kaufleute anbelangt, das häufige Hinzutreten zum Empfang der heiligen Speise dem Urteil der Beichtväter zu überlassen, die die Geheimnisse der Herzen erforschen; sie sollen auf Grund der Reinheit des Gewissens, der Frucht des häufigen Empfangs und des Fortschreitens auf dem Wege der Frömmigkeit den Laien aus dem *Kaufmannsstande* und den Eheleuten vorschreiben, was sie als dienlich für deren Heil erachten. Bei den Eheleuten sollen sie aber besonders darauf acht haben, und da der selige Apostel nicht will, daß sie *einander etwas entziehen, es sei denn in gegenseitiger Übereinstimmung für einige Zeit, um für das Gebet frei zu sein* [cf. 1 Kor 7, 5], sollen sie sie ernstlich ermahnen, daß man umso mehr aus Ehrfurcht vor der heiligsten Eucharistie Enthaltsamkeit üben und mit reinerem Herzen zur Gemeinschaft des himmlischen Mahls zusammenkommen müsse."[460]

„Dabei wird nun die Sorgfalt der Hirten vor allem darüber wachen, daß nicht jemand durch eine einzige formale Vorschrift vom *häufigen* oder *täglichen* Genuß der Hl. Kommunion zurückgeschreckt werde; vielmehr sollen sie der Überzeugung sein, daß sie von sich aus oder durch die Pfarrer oder Beichtväter bestimmen müssen, was einem jeden zu gestatten sei, und sollen durchaus dafür Sorge tragen, daß niemand von dem heiligen Gastmahl zurückgewiesen werde, mag er häufig oder täglich hinzutreten, trotzdem aber sich bemühen, daß ein jeder, wie es dem Maß seiner Frömmigkeit und Vorbereitung angemessen ist, seltener oder häufiger die Süßigkeit des Herrenleibes verkoste."[461]

---

[459] D 1982.
[460] D 1147.
[461] D 1148.

„So sind auch die *Nonnen*, die täglich um die Hl. Kommunion bitten, zu ermahnen, daß sie an den Tagen, die durch Satzung ihres Ordens dafür bestimmt sind, kommunizieren sollen; wenn aber manche durch Herzensreinheit hervorleuchten und von solcher Geistesglut entflammt sind, daß sie des häufigen oder täglichen Empfangs· des heiligsten Sakraments würdig scheinen können, so ist ihnen dies von den Oberen zu gestatten."[462] Neben dem sorgfältigen Urteil der Pfarrer und Beichtväter soll das Bemühen der Prediger dazu beitragen, daß die Gläubigen, die die häufige Hl. Kommunion wünschen, „ihre eigene Schwäche erkennen und durch die Würde des Sakraments und die Furcht vor dem göttlichen Gericht es lernen, den himmlischen Tisch, auf dem Christus ist, ehrfürchtig zu scheuen; und wenn sie sich einmal weniger bereit fühlen, sich davon enthalten und zu einer besseren Vorbereitung rüsten. Die Bischöfe aber, in deren Diözesen solche Ergebenheit für das heiligste Sakrament in Blüte ist, sollen Gott dafür Dank sagen, und sie ihrerseits nähren, freilich maßvoll mit klugem Urteil, in der festen Überzeugung, daß von ihrem Amt verlangt werde, keine Mühe oder Sorgfalt zu scheuen, damit jeder *Verdacht einer Ehrfurchtslosigkeit oder eines Ärgernisses* beim Empfang des wahren, unbefleckten Lammes beseitigt und die Tugenden und Gaben bei denen, die es genießen, vermehrt werden: Das wird reichlich geschehen, wenn die, die durch das Geschenk der göttlichen Gnade von solchem frommen Eifer erfaßt sind und häufiger mit diesem heiligsten Brote erquickt zu werden wünschen, ihre Kräfte zu erwägen und sich mit Furcht und Liebe zu prüfen pflegen ..."[463]

Diesen älteren Erklärungen merkt man noch eine große Besorgnis vor einem unehrfürchtigen Verhalten bei häufigem Empfang des Sakraments an. In dieser vorsichtigen Form vermochten sie nicht ganz über den jansenistischen Irrtum Herr zu werden, der „unter dem *Schein der* schuldigen *Ehrerbietung* und Verehrung für die Eucharistie auch die Herzen der Guten angesteckt hatte", sodaß „selbst einige Theologen von gutem Namen der Ansicht waren, man dürfe den Gläubigen die tägliche Kommunion nur in seltenen Fällen und unter mehreren Bedingungen gestatten".[464] Darum ließ Pius X., „dem es selbst besonders am Herzen lag, ... daß ... das christliche Volk sehr häufig und sogar täglich zum heiligen Gastmahl gerufen würde und sich seiner reichen Früchte bemächtige",[465] die Frage prüfen und die Konzilskongregation erklärte am 16. Dez⟨ember⟩ 1905:[466]

---

[462] Hier klingt noch etwas von jener Auffassung nach, die in der täglichen Hl. Kommunion einen Lohn und eine Auszeichnung sah, während Pius X. sie vor allem als Heil- u. Stärkungsmittel betrachtet haben wollte (vgl. D 1981, oben S. 302 ⟨, hier S. 117.⟩).
[463] D 1149.
[464] D 1983.
[465] D 1984.
[466] D 1985 ff.

„1. Die *häufige* und *tägliche* Kommunion soll *allen* Christgläubigen jeden Standes und Berufs freistehen; so daß niemand, der *im Stand der Gnade* ist und mit rechtem und frommem Sinn hinzutritt, daran gehindert werden kann.

2. Der *rechte Sinn* besteht aber darin, daß, wer zum heiligen Tisch hinzutritt, nicht dem Brauch oder der Eitelkeit oder menschlichen Gründen nachgibt, sondern, was Gott wohlgefällig ist, tun will, Ihm enger durch die Liebe verbunden werden und durch jenes göttliche Heilmittel seinen Schwächen und Fehlern begegnen möchte.

3. Obwohl es von großem Vorteil ist, wenn die, die häufig und täglich kommunizieren, von läßlichen Sünden, wenigstens von voll überlegten und dem entsprechenden Zustand frei sind, so genügt es doch, *frei von Todsünde* zu sein und den Vorsatz zu haben, nie wieder sündigen zu wollen ...

4. ... es ist dafür Sorge zu tragen, daß eine eifrige *Vorbereitung* auf die Hl. Kommunion vorangehe und eine angemessene *Danksagung* nach eines jeden Kräften, Beruf und Pflichten darauf folge.

5. ... *Der Rat des Beichtvaters* kann eingreifen. Jedoch sollen sich die Beichtväter hüten, jemanden von der häufigen oder täglichen Kommunion abzubringen, der im Stand der Gnade befunden wird und mit rechtem Sinn hinzutritt ..."

Weil Pius X. so große Hoffnung auf die Wirkung der Hl. Eucharistie in den Seelen setzte, wollte er ihren Empfang schon möglichst früh gestatten. Es ist bereits angeführt worden, daß als „Unterscheidungsjahre" das Alter von etwa sieben Jahren angesetzt wurde. Über die Vorbereitung der Kinder heißt es in dem Dekret von 1910:[467] „Zur ersten Beichte und zur ersten Kommunion ist *nicht die ganze und vollständige Kenntnis der christlichen Lehre notwendig.* Das Kind wird aber später den ganzen Katechismus nach dem Maß seines Fassungsvermögens allmählich erlernen müssen.

Die Kenntnis der Religion, die bei einem Kinde erforderlich ist, damit es sich selbst angemessen auf die erste Kommunion vorbereiten könne, besteht darin, daß es selbst, seiner Fassungskraft entsprechend, die *Geheimnisse des Glaubens als notwendig im Sinne der Notwendigkeit eines Mittels* auffassen und das *eucharistische Brot* von *gewöhnlichem, körperlichem Brot unterscheiden* muß, um mit der frommen Hingabe, wie sie sein Alter mit sich bringt, hinzuzutreten.

Die *Verpflichtung*, die das *Gebot* zu beichten und zu kommunizieren, dem Kinde auferlegt, fällt vor allem auf die zurück, die für es Sorge tragen müssen, das sind die Eltern, der Beichtvater, die Lehrer und der Pfarrer. Dem Vater aber oder seinen Stellvertretern und dem Beichtvater steht es nach

---

[467] D 2138 ff.

Edith Stein

dem römischen Katechismus zu, das Kind zur ersten Kommunion zuzulassen.

Einmal oder mehrmals im Jahr sollen die Pfarrer dafür Sorge tragen, eine *Generalkommunion der Kinder* anzusagen und zu halten, und dazu sollen sie nicht nur die Neulinge zulassen, sondern auch andere, die nach Übereinstimmung der Eltern und des Beichtvaters, wie oben gesagt wurde, schon vorher das Erstlingsopfer vom ⟨sic⟩ Altar gebracht haben. Für beide Gruppen sollen einige Tage der Belehrung und Vorbereitung vorausgeschickt werden.

Die, die Kinder in ihrer Obhut haben, sollen mit allem Eifer dafür sorgen, daß nach der ersten Kommunion dieselben Kinder *öfter* und, womöglich, sogar *täglich* zum heiligen Tisch herantreten, wie es Christus Jesus und die Mutter Kirche wünschen …, und daß sie es mit der Herzensfrömmigkeit tun, wie sie ein solches Alter mit sich bringt. Es sollen außerdem die, denen die Sorge dafür obliegt, die schwere Pflicht bedenken, wodurch sie gehalten sind, Vorsorge zu treffen, daß die Kinder selbst fortfahren, dem öffentlichen Christenlehrunterricht beizuwohnen, oder andernfalls für diesen Religionsunterricht auf andere Weise Ersatz schaffen."

Die eifrige Fürsorge, die Gläubigen zum Empfang der Hl. Kommunion anzuhalten, ist begründet in der Lehre von den *Wirkungen*, die dieses Sakrament hervorzubringen bestimmt ist. Unter den Irrtümern der Armenier[468] mußte die Auffassung zurückgewiesen werden, als „ginge der Leib Christi in den Leib [des Empfangenden] ein und werde in ihn umgewandelt wie andere Speisen", während er doch, „wenn er würdig empfangen wird, in dem Empfangenden Sündenvergebung wirkt und Erlaß der auf die Sünde stehenden Strafen und die Gnade Gottes oder ihre Vermehrung verleiht."[469] Es ist in den kanonischen Sätzen, die das tridentinische Konzil für die Eucharistie aufstellte, besonders hervorgehoben worden, daß in der Sündenvergebung nicht die Hauptwirkung zu sehen ist.[470] Das Hauptsächliche sind vielmehr die früher schon hervorgehobenen Wirkungen der Eingliederung in den mystischen Leib Christi und die Gnadenvermehrung.

Die Bedeutung der Eucharistie für die Einheit der Menschheit in sich und ihr Verhältnis zu Gott kann erst voll verständlich werden, wenn ihr Charakter als *Opfer* und wenn die Idee der *Kirche* im Zusammenhang erörtert wird. Da es aber vorläufig mehr darauf abgesehen ist, die Stellung der Sakramente im Leben des einzelnen Christen herauszuarbeiten, empfiehlt es sich, die Behandlung der noch nicht erörterten Sakramente voranzustellen.

---

[468] ⟨Die armenische Kirche lehnte das Konzil von Chalkedon (451) ab, gehört seitdem zu den Monophysiten.⟩

[469] D 546.

[470] D 887.

5. Buße

Wenn die Taufe den Beginn des Christenlebens bezeichnet, die Firmung die Stärkung des heranreifenden jungen Christen zum Kampf, die Eucharistie das tägliche Brot, das sein inneres Leben beständig erneuert und vermehrt, so bedeutet das Sakrament der Buße das wunderbare Heilmittel, um das erloschene Leben immer wieder herzustellen.

„Die vielfältige Barmherzigkeit Gottes ist dem menschlichen Fall so zu Hilfe gekommen, daß nicht nur durch die Gnade der Taufe, sondern auch durch das Heilmittel der Buße die Hoffnung auf das ewige Leben wieder hergestellt werden kann und, wer die Gaben der Wiedergeburt verletzt hat, Vergebung der Verbrechen erlangen kann, wenn er sich durch sein eigenes Urteil verdammt: Dabei sind die Schutzmittel der göttlichen Güte so geordnet, daß *Gottes Nachlassung nur auf die Gebete der Priester hin erlangt werden kann.* Denn ,*der Mittler zwischen Gott und den Menschen, der Mensch Jesus Christus*' [1 Tim 2, 5], hat den Vorstehern der Kirche diese Gewalt übertragen, den Bekennenden eine Bußleistung aufzugeben und sie nach der Reinigung durch die heilsame Genugtuung durch die Pforte der Wiederversöhnung zur Gemeinschaft der Sakramente zuzulassen ...“[471]

„... Es soll aber ein jeder Christ Gericht über sein Gewissen halten, um die Umkehr zu Gott nicht *von Tag zu Tag zu verschieben* und jenen drängenden Zeitpunkt zu wählen, wo kaum noch für das Bekenntnis des Büßenden und die Wiederversöhnung des Priesters Raum bleibt. Aber ... auch der Notlage solcher Menschen soll man in der Weise zu Hilfe kommen, daß ihnen weder die Bußleistung noch die Gnade der Kommunion [d. i. Wegzehrung?] verweigert wird, *selbst* wenn sie *bei Versagen der Stimme* nur durch Zeichen mit Hilfe der noch unversehrten Sinne danach verlangen.“[472]

Bei der *Bußleistung*, die als *Materie* des Sakraments gilt, werden drei Teile unterschieden. „Der erste ist die Zerknirschung des Herzens; dazu gehört der Schmerz über die begangene Sünde und der Vorsatz, nicht von neuem zu sündigen. Der zweite ist das mündliche Bekenntnis: dazu gehört, daß der Sünder alle Sünden, die er im Gedächtnis hat, seinem Priester unverkürzt bekennt. Der dritte ist die Genugtuung für die Sünden nach dem Urteil des Priesters; sie geschieht hauptsächlich durch Gebet, Fasten und Almosen. Die *Form* dieses Sakraments sind die Worte der Lossprechung, die der Priester mit den Worten vorbringt: *Ich spreche dich los ...,* und *Verwalter* dieses Sakraments ist der Priester, der die Gewalt der Lossprechung als ihm ordentlich zustehende oder durch den Auftrag eines Oberen hat. Die *Wirkung* dieses Sakraments ist die Befreiung von den Sünden.“[473]

---

[471] D 146.
[472] D 147.
[473] D 699.

Edith Stein

Die Notwendigkeit dieses Sakraments ist begründet in der Möglichkeit des Gnadenverlustes nach der Taufe. „Wenn alle Wiedergeborenen eine solche Dankbarkeit gegen Gott hätten, daß sie die Gerechtigkeit, die sie in der Taufe durch Seine Wohltat und Gnade empfangen haben, beständig hüteten, dann hätte es nicht der Einsetzung eines *von der Taufe verschiedenen Sakraments* zur Vergebung der Sünden bedurft. *Da* aber *Gott, der reich ist an Barmherzigkeit* [Eph 2, 24], *weiß, was für Gebilde wir sind* [Ps 103, 14], hat Er auch für die ein Heilmittel des Lebens bereitet, die sich später in die Knechtschaft der Sünde und die Gewalt des bösen Geistes begäben, nämlich das Sakrament der *Buße* ..., durch die den Gefallenen nach der Taufe die Wohltat des Todes Christi zugewendet wird. Es war zwar die Buße zu jeder Zeit für alle Menschen notwendig, die sich durch eine Todsünde befleckt hatten, um Gnade und Gerechtigkeit zu erlangen, auch für die, welche um Reinigung durch das Sakrament der Taufe baten, daß sie nämlich die Verkehrtheit abwarfen und besserten und eine so große Beleidigung Gottes mit Haß gegen die Sünde und frommem Schmerz verabscheuten. Darum sagt der Prophet: *‚Bekehret euch und tut Buße für alle eure Missetaten; so wird euch die Missetat nicht zum Fall gereichen.'* [Ez 18, 30] Auch der Herr sagt: *‚Wenn ihr nicht Buße tut, werdet ihr alle in gleicher Weise zu Grunde gehen'* [Lk 13, 3]. Und der Apostel *Petrus* empfiehlt den Sündern vor dem Empfang der Taufe die Buße mit den Worten: ‚Tut Buße, und es möge ein jeder von euch getauft werden' [Apg 2, 38]. Doch war die Buße weder vor der Ankunft Christi ein Sakrament, noch ist sie es nach Seiner Ankunft für jemanden vor der Taufe. Der Herr hat aber das Sakrament der Buße vornehmlich damals eingesetzt, als er nach der Auferweckung von den Toten Seine Jünger anhauchte und sprach: *‚Empfanget den Heiligen Geist; denen ihr die Sünden vergebt, denen werden sie vergeben, und denen ihr sie behaltet, denen sind sie behalten'* [Joh 20, 22 f.]. Daß durch diese so bedeutungsvolle Tat und die so klaren Worte den Aposteln und ihren rechtmäßigen Nachfolgern die *Gewalt, Sünden zu vergeben und zu behalten,* um die nach der Taufe gefallenen Gläubigen zu versöhnen, mitgeteilt worden sei, das ist immer die übereinstimmende Auffassung aller Väter gewesen, und die katholische Kirche hat die Novatianer[474], die einst die Gewalt zu vergeben hartnäckig leugneten, als Häretiker mißbilligt und verurteilt. Darum billigt diese heilige Synode diesen durchaus wahren Sinn jener Worte des Herrn und nimmt ihn an, und sie verurteilt die frei erfundenen Deutungen derer, die jene Worte auf die Gewalt, das Wort Gottes zu predigen und das Evangelium Christi zu verkün-

---

[474] ⟨Rigoristische Sekte des 3. Jhs., Urheber war Novatian, lateinischer Theologe; Wiederaufnahme von Abgefallenen wurde abgelehnt, 251 Schisma der novatianischen Gegenkirche, die bis ins 7. Jh. überlebte.⟩

den, (beziehen) und durch täuschende Verdrehung gegen die Einsetzung eines solchen Sakraments wenden."[475]

„Im übrigen ist dies Sakrament durch viele Gründe als *von der Taufe verschieden* zu erkennen ... Denn abgesehen davon, daß *Materie* und *Form*, durch die das Wesen des Sakraments vollständig bestimmt wird, weit voneinander abweichen, steht sicher fest, daß der Spender der Taufe nicht *Richter* zu sein braucht, da die Kirche über niemanden Gericht hält, der nicht zuerst durch die Pforte der Taufe in sie eingegangen ist. *,Denn was habe ich'*, sagt der Apostel, *,über die zu urteilen, die draußen sind?'* [1 Kor 5, 12]. Anders steht es mit den Glaubensgenossen, die Christus der Herr durch das Bad der *Taufe* einmal zu *Gliedern Seines Leibes* [1 Kor 12, 13] gemacht hat. Denn sie wollte Er, wenn sie sich später durch ein Vergehen befleckten, nicht mehr durch eine wiederholte Taufe reinigen lassen, da dies in der katholischen Kirche keineswegs erlaubt ist, sondern als Schuldige vor diesen Richterstuhl stellen, damit sie durch den Urteilsspruch der Priester befreit werden könnten, nicht einmal, sondern so oft sie von den begangenen Sünden reuig zu ihm ihre Zuflucht nähmen. Außerdem ist die *Frucht* der Taufe eine andere als die der Buße. Denn *durch die Taufe ziehen wir Christus an* [Gal 3, 27] und werden in Ihm zu einem völlig neuen Geschöpf, indem wir die volle und ganze Vergebung aller Sünden erlangen: Zu diesem neuen und unversehrten Sein können wir jedoch durch das Sakrament der Buße nur mit vielen Tränen und Mühsalen kommen, da dies die göttliche Gerechtigkeit verlangt, sodaß mit Recht die *Buße* von den heiligen Vätern eine *mühevolle Taufe* genannt worden ist. Es ist aber dies Sakrament der Buße den nach der Taufe Gefallenen zum Heil notwendig wie den noch nicht Wiedergeborenen die Taufe selbst ..."[476]

Das, worauf die Kraft des Sakraments hauptsächlich beruht, ist seine *Form*, d. h. die Worte der *Lossprechung*. Es ist lobenswert, wenn ihnen „nach der Sitte der heiligen Kirche gewisse Gebete hinzugefügt werden, sie gehören aber keineswegs zum Wesen der Form selbst und sind zur Verwaltung des Sakramentes selbst nicht notwendig". Als *Materie* haben wir schon die Akte des Büßenden, nämlich Zerknirschung, Bekenntnis und Genugtuung, kennengelernt. *Sache und Wirkung* dieses Sakraments ist „die *Versöhnung* mit Gott, der bisweilen bei frommen Menschen, die dies Sakrament mit Hingabe empfangen, Friede des Gewissens und Heiterkeit mit machtvoller geistlicher Tröstung zu folgen pflegt. Dies lehrt die heilige Synode von den Teilen und der Wirkung dieses Sakraments und verurteilt die Aussprüche derer, die behaupten, die Teile der Buße seien erschütternde Schrecken des Gewissens und Glaube."[477]

---

[475] D 894.
[476] D 895.
[477] D 896.

„Die Zerknirschung (d.i. contritio, ‚vollkommene Reue‘), die die erste
Stelle unter den genannten Akten des Büßenden einnimmt, ist *seelischer
Schmerz* und *Abscheu* über die begangene Sünde, mit dem *Vorsatz*, nicht
von neuem zu sündigen. Es war aber zu jeder Zeit diese Bewegung der Zerknirschung notwendig, um Vergebung der Sünden zu erlangen, und in dem
Menschen, der nach der Taufe gefallen ist, bereitet sie erst dann zur Vergebung der Sünden vor, wenn sie mit Vertrauen auf die göttliche Barmherzigkeit verbunden ist und mit dem Verlangen, das übrige zu leisten, was zum
gültigen Empfang dieses Sakraments erforderlich ist. Die heilige Synode erklärt also, daß diese Kontrition nicht nur ein Ablassen von der Sünde und
der Vorsatz und Beginn eines neuen Lebens sei, sondern *auch Haß* gegen das
alte enthalten, gemäß dem Wort: ‚*Werfet von euch alle Missetaten, in denen
ihr abgeirrt seid, und bereitet euch ein neues Herz und einen neuen Geist*‘ [Ez
18,31]. Und gewiß, wer jene Klagerufe der Heiligen erwägt: ‚Dir allein habe
ich gesündigt, und Böses habe ich vor Dir getan‘ [Ps 51,6]; ‚*Ich habe mich
abgemüht mit Seufzen; Nacht für Nacht werde ich mein Lager waschen*‘ [Ps
6,7];[478] ‚Ich werde vor Dir alle meiner ⟨sic⟩ Jahre in der Bitterkeit meiner
Seele überdenken‘ [Jes 38,15] u. dgl., der wird leicht einsehen, daß sie aus
einem gewaltigen Haß gegen das frühere Leben und einem heftigen Abscheu
gegen die Sünden hervorgeströmt sind. Sie lehrt außerdem, daß diese Reue
wohl bisweilen durch die Liebe *vollkommen* sein und den Menschen mit
Gott versöhnen kann, ehe dies Sakrament empfangen wird, daß aber dennoch die Versöhnung der Reue selbst nicht ohne das Verlangen nach dem
Sakrament, das darin eingeschlossen ist, zuzuschreiben ist. Sie erklärt aber
von jener *unvollkommenen* Reue ..., die Mitgenommensein[479] (attritio) genannt wird, weil sie gewöhnlich aus der Erwägung der Schimpflichkeit der
Sünde oder aus Furcht vor der Hölle und den Strafen hervorgeht, wenn sie
den Willen zu sündigen ausschließt und mit Hoffnung auf Vergebung verbunden ist, daß sie den Menschen nicht zum Heuchler und noch größeren
Sünder macht, sondern auch eine Gabe Gottes ist und ein Antrieb des Heiligen Geistes, der allerdings noch nicht in der Seele wohnt, sondern sie nur
bewegt, und mit dessen Hilfe sich der Büßende den Weg zur Gerechtigkeit
bereitet. Und obwohl sie von sich allein *ohne Sakrament* der Buße den Sünder nicht bis zum Ziel der Rechtfertigung führen kann, macht sie doch bereit, *im Sakrament* der Buße die Gnade Gottes zu erlangen. Denn von dieser
Furcht zu ihrem Nutzen erschüttert, haben die Niniviten[480] auf die schrek-
kensvolle Predigt des Jonas Buße getan und von Gott Barmherzigkeit erlangt
[cf. Jona 3]. Darum ist es eine falsche Verdächtigung, wenn gewisse Leute

---

[478] ⟨Einheitsübersetzung: „Ich bin erschöpft vom Seufzen, jede Nacht benetzen Ströme
von Tränen mein Bett, ich überschwemme mein Lager mit Tränen."⟩
[479] ⟨Durchgestrichen: „Betrübnis".⟩
[480] ⟨Einwohner der Stadt Ninive, Mesopotamien.⟩

behaupten, katholische Schriftsteller hätten gelehrt, das Sakrament der Buße verleihe Gnade ohne eine gute Regung in denen, die es empfangen: Das hat die Kirche Gottes niemals gelehrt noch gemeint. Es ist aber auch falsche Lehre, daß die Zerknirschung gewaltsam erzwungen, nicht frei gewollt sei."[481]

„Aufgrund der Einsetzung des Bußsakraments ... war die gesamte Kirche immer der Auffassung, daß vom Herrn auch das *vollständige* Sündenbekenntnis eingeführt worden sei [Jak 5,16; 1 Joh 1,9 (Lk 17,14)] und für alle nach der Taufe Gefallenen nach göttlichem Recht notwendig sei ..., weil unser Herr Jesus Christus, als er sich anschickte, von der Erde zum Himmel aufzusteigen, Priester als Seine Stellvertreter zurückließ [Mt 16,19; 18,18; Joh 20,23], als Vorsteher und *Richter*, vor die alle todeswürdigen Verbrechen gebracht werden sollen, in die die Christgläubigen gefallen sind; die kraft der Schlüsselgewalt zur Vergebung oder Behaltung der Sünden das Urteil verkünden sollen. Selbstverständlich hätten *die Priester ohne Kenntnis der Sache kein Urteil fällen können*, noch könnten sie Billigkeit in der Auferlegung der Strafen walten lassen, wenn jeder seine Sünden nur der Gattung nach und nicht der Art nach und jede einzelne erklären würde. Daraus geht hervor, daß von den Büßenden *alle Todsünden*, deren sie sich nach sorgfältiger Erforschung bewußt sind, angegeben werden müssen, auch wenn es ganz verborgene sind, die nur gegen die beiden letzten Gebote des Dekalogs [Ex 20,17; Mt 5,28] begangen wurden; bisweilen verwunden diese die Seele schwerer und sind gefährlicher als die offenkundig zugelassenen. Denn die *läßlichen* Sünden, durch die wir nicht von der Gnade Gottes ausgeschlossen werden und in die wir häufiger hineingeraten, ohne alle Anmaßung in der Beichte zu sagen, ist zwar recht und nützlich, wie die Gewohnheit frommer Menschen zeigt; sie können aber ohne Schuld verschwiegen und mit *vielen andern Heilmitteln* gesühnt werden. Da hingegen alle Todsünden, auch die in Gedanken begangenen, die Menschen *zu Kindern des Zorns* [Eph 2,3] und Feinden Gottes machen, ist es auch notwendig, daß sie durch ein offenes und ehrfürchtiges Bekenntnis bei Gott Vergebung suchen. Indem also die Christgläubigen alle Sünden, die ihnen ins Gedächtnis kommen, zu bekennen suchen, legen sie sie zweifellos alle der göttlichen Barmherzigkeit zur Verzeihung dar. Die aber anders handeln und wissentlich etwas zurückhalten, die stellen der göttlichen Güte nichts durch den Priester zur Vergebung dar. Wenn sich nämlich der Kranke schämt, seine Wunde vor dem Arzt zu entblößen, dann kann die ärztliche Kunst nicht heilen, was sie nicht kennt. Es folgt außerdem, daß auch die *Umstände* in der Beichte erklärt werden müssen, die die Art der Sünde verändern ..., weil ohne sie die Sünde selbst weder von den Büßenden vollständig dargelegt noch von den Richtern er-

---

[481] D 898.

kannt wird; so ist es unmöglich, daß sie die Schwere der Vergehen richtig beurteilen und den Büßenden die gebührende Strafe dafür auferlegen können. Darum ist es gegen die Vernunft zu lehren, diese Umstände seien von müßigen Menschen ausgedacht oder man brauche nur einen Umstand zu bekennen, nämlich daß man gegen seinen Bruder gesündigt habe."[482]

„Es ist aber auch ruchlos, die Beichte, die in dieser Form vorgeschrieben ist, für *unmöglich* zu erklären oder sie eine Gewissensmarter zu nennen ..., denn es wird in der Kirche nichts anderes von den Büßenden verlangt, als daß jeder nach sorgfältiger Selbstprüfung und Erforschung aller Falten und Schlupfwinkel seines Gewissens die Sünden bekenne, mit denen er seiner Erinnerung nach seinen Herrn und Gott tödlich beleidigt hat; von den andern Sünden aber, auf die man bei sorgfältigem Überdenken nicht gestoßen ist, nimmt man allgemein an, daß sie in diesem Bekenntnis eingeschlossen seien; für sie sprechen wir mit dem Propheten: ‚Von meinen verborgenen Sünden reinige mich, Herr' [Ps 19,13]. Allerdings könnte die Schwierigkeit eines solchen Bekenntnisses und die Scheu von der Aufdeckung der Sünden drückend erscheinen, wenn sie nicht durch so viele und so große Vorteile und Tröstungen erleichtert würde, welche allen, die würdig zu diesem Sakrament hinzutreten, durch die Lossprechung ganz sicher zuteil werden."[483]

„Was nun die Art zu beichten betrifft, nämlich *geheim*, allein vor dem Priester, so hat zwar Christus nicht verboten, daß jemand zur Strafe für sein Vergehen und zu seiner Demütigung, sowohl wegen des Beispiels für die andern als besonders zur Erbauung der Gemeinde[484], der er Ärgernis gab, seine Fehltritte öffentlich bekennen könne: Doch es ist dies nicht durch göttliches Gebot anbefohlen, und es wäre wohl auch nicht ratsam, durch ein menschliches Gesetz vorzuschreiben, daß Fehltritte, vor allem verborgene, durch öffentliches Bekenntnis aufzudecken seien ... Da nun von den heiligsten und ältesten Vätern in großer Übereinstimmung die *geheime* sakramentale *Beichte* stets empfohlen wurde, wie sie die Heilige Kirche von Anbeginn gepflegt hat und noch jetzt pflegt, so wird die leere Verleumdung derer handgreiflich widerlegt, die sich nicht scheuen zu lehren, sie sei dem göttlichen Gesetz fremd und menschliche Erfindung, die von den Vätern des *Lateran*konzils[485] ausgegangen sei; es hat nämlich die Kirche durch das Laterankonzil nicht bestimmt, daß die Christgläubigen beichten sollten, was – wie sie wußte – nach göttlichem Recht notwendig und dadurch eingeführt war, sondern daß das Beichtgebot *wenigstens einmal im Jahr* von allen und jedem, wenn sie in die Unterscheidungsjahre gekommen seien, erfüllt

---

[482] D 899.
[483] D 900.
[484] ⟨Durchgestrichen: „Kirche".⟩
[485] ⟨12. allgemeines, IV. Lateran-Konzil, 1215.⟩

werde.[486] Darum wird nun in der ganzen Kirche mit ungeheurem Gewinn für die Seelen jene heilsame Sitte beobachtet, in der heiligen und besonders wohlgefälligen Zeit der *Fasten* zu beichten – eine Sitte, die diese heilige Synode durchaus billigt und als fromme und mit Verdienst beizubehaltende annimmt ...“[487]

„Bezüglich des Verwalters dieses Geheimnisses erklärt die heilige Synode für falsch und von der Wahrheit des Evangeliums völlig abweichend alle Lehren, die in gefährlicher Weise das Schlüsselamt auf *beliebige* Menschen neben den *Bischöfen* und *Priestern* ausdehnen ..., in der Meinung, jene Worte des Herrn: ,*Was immer ihr auf Erden bindet, das wird auch im Himmel gebunden sein ...*' [Mt 18, 18] und ,Denen ihr die Sünden nachlasset ...' [Joh 20, 23], seien völlig unterschiedslos für alle Christgläubigen entgegen der Einsetzung dieses Sakraments in dem Sinne gesprochen, daß jeder beliebige die Gewalt habe, Sünden zu vergeben, öffentliche durch Zurechtweisung, wenn der Zurechtgewiesene dann Ruhe gebe, geheime auf Grund eines freiwilligen Bekenntnisses, das vor einem beliebigen Menschen abgelegt sei. Sie lehrt ferner, daß *auch die Priester*, die in *Todsünde* befangen sind, durch die Kraft des Heiligen Geistes, die ihnen bei der Weihe verliehen wurde, als Diener Christi das Amt der Sündenvergebung ausüben, und daß es eine verkehrte Ansicht sei zu behaupten, daß schlechte Priester diese Gewalt nicht besäßen. Obwohl nun die Lossprechung des Priesters die Ausspendung einer fremden Wohltat ist, so besteht sie doch *nicht* in der *bloßen Dienstleistung*, das Evangelium zu verkünden oder zu erklären, daß die Sünden vergeben seien, sondern ist gleich einem *richterlichen Akt*, durch den von ihm selbst als dem Richter der Urteilsspruch verkündet wird ... Und darum darf sich der Büßende nicht so sehr wegen seines eigenen Glaubens schmeicheln, daß er glauben könnte, wenn auch bei ihm gar keine Zerknirschung

---

[486] Vgl. D 437: Das IV. Lateran-Konzil bestimmte, daß jeder „alle seine Sünden allein *wenigstens einmal im Jahre* seinem eigenen Priester getreu beichten solle (nach D 491 ff. muß es nicht notwendig der zuständige Pfarrer sein) und sich bemühen, die auferlegte Buße, so gut er könnte, zu verrichten ... Wenn aber jemand aus einem berechtigten Grunde einem fremden Priester seine Sünden bekennen wolle, solle er zuerst von seinem eigenen Priester die Erlaubnis erbitten und erhalten, weil jener ihn sonst nicht freisprechen oder binden kann. Der Priester aber sei sorgfältig bedacht, wie ein erfahrener Arzt *Wein und Öl* in die Wunden des Verletzten zu *gießen* [Lk 10, 34], indem er eifrig die Umstände des Sünders und der Sünde erforscht, um klug daraus zu erkennen, welchen Rat er ihm geben und welches Heilmittel er anwenden müsse, und Verschiedenes ausprobiert, um den Kranken zu heilen. Er soll sich aber durchaus hüten, *durch kein Wort oder Zeichen oder sonstwie irgendwo den Sünder zu verraten:* Wenn er aber eines klügeren Rates bedarf, soll er ohne jede Andeutung der Person vorsichtig danach fragen; denn wer sich anmaßt, eine Sünde, die ihm im Bußgericht offenbart wurde, aufzudecken, der soll – so bestimmen wir – nicht nur seines Priesteramtes entsetzt werden, sondern zur ständigen Buße in ein strenges Kloster verbannt werden.“
[487] D 901.

vorhanden sei oder wenn bei dem Priester die Absicht, ernsthaft zu handeln und wahrhaft loszusprechen, fehle, so sei er doch rein um seines Glaubens willen und vor Gott losgesprochen. Denn weder würde der Glaube ohne Reue irgendwelche Sündenvergebung gewährleisten, noch wäre es etwas anderes als die gröbste Vernachlässigung des eigenen Heils, wenn jemand merkte, daß ein Priester im Scherz die Lossprechung erteile, und nicht eifrig nach einem andern suchte, der im Ernst handeln würde."[488]

„Da nun die Natur und Idee des Gerichtes verlangt, daß ein Urteil nur über Untergebene gefällt werden kann, galt in der Kirche immer die Überzeugung, und diese Synode bestätigt sie als durchaus wahr, daß eine Lossprechung ohne jede Bedeutung sein müsse, wenn sie ein Priester für jemanden ausspreche, über den ihm keine ordnungsgemäße oder übertragene *richterliche Gewalt* zustehe. Als sehr bedeutungsvoll für die Zucht des christlichen Volkes erschien es nun unsern heiligsten Vätern, daß von besonders furchtbaren und schweren Verbrechen nicht jeder beliebige Priester, sondern nur die Päpste[489] lossprechen könnten; darum konnten mit Recht die Päpste manche besonders schweren Kriminalsachen ihrem besonderen Gericht *vorbehalten* … Und da alles, was von Gott kommt, wohlgeordnet ist, so würde ohne Zweifel daßelbe allen Bischöfen in ihren Diözesen über ihre Untergebenen zur Erbauung, nicht zur Zerstörung zustehen … in Anbetracht der Gewalt, die ihnen von den andern, ihnen unterstellten Priestern übertragen ist, vor allem für die Fälle, an die die Strafe der Exkommunikation geknüpft ist. Es entspricht aber der göttlichen Autorität, daß diese Vorbehaltung von Vergehen nicht nur im äußeren Gemeinwesen, sondern auch vor Gott gilt. Damit jedoch durch eben diesen Umstand niemand verloren gehe, ist in der Kirche Gottes immer sehr liebreich darüber gewacht worden, daß *im Todesfalle kein Vorbehalt gelte*, und so können alle Priester jeden beliebigen Büßer von allen möglichen Sünden und Zensuren lossprechen; abgesehen von diesem Fall vermögen die Priester nichts in Reservatfällen und müssen darum nur auf das Eine hinarbeiten: die Büßenden zu überreden, daß sie sich an die höheren, gesetzmäßigen Richter um die Wohltat der Lossprechung wenden."[490]

Was nun die Genugtuung anbetrifft, die von allen Teilen der Buße, so sehr sie von unsern Vätern dem christlichen Volk beständig empfohlen wurde, einzig in unserer Zeit am meisten unter dem höchsten Vorwand der Frömmigkeit von denen bekämpft wird, die sich den Schein der Frömmigkeit geben, aber deren Kraft verleugnet haben, erklärt die heilige Synode, es sei durchaus falsch und vom Wort Gottes abweichend, „daß die *Schuld* von

---

[488] D 902.
[489] ⟨Durchgestrichen: „höchsten Priester".⟩
[490] D 903.

Gott niemals vergeben werde, ohne daß *auch die ganze Strafe* erlassen werde
… Denn es finden sich klare und leuchtende Beispiele in der Heiligen Schrift
[cf. Gen 3, 16 ff.;[491] Num 12, 14 f.;[492] 20, 11 f.;[493] 2 Kö 12, 13 f.[494] etc.], durch
die, abgesehen von der göttlichen Überlieferung, dieser Irrtum so handgreiflich wie möglich widerlegt wird. Gewiß scheint es auch die Idee der göttlichen Barmherzigkeit zu fordern, daß von Ihm auf andere Weise die in die
Gnade aufgenommen werden, die *vor der Taufe aus Unwissenheit* gefehlt
haben, als die, die schon einmal von der Knechtschaft der Sünde und des
Teufels befreit wurden und die Gabe des Hl. Geistes empfingen und die sich
dann nicht scheuten, *wissend den Tempel Gottes zu verletzen* [1 Kor 3, 17]
und *den Heiligen Geist zu betrüben* [Eph 4, 30]. Und es geziemt der göttlichen Milde, uns nicht so ohne jede Genugtuung die Sünden nachzulassen,
daß wir bei gegebener Gelegenheit die Sünden nicht allzu leicht anschlagen
und als ins Unrecht Verstrickte, die dem *Heiligen Geist Schmach antun* [Hebr
10, 29], in schwerere Sünden hinabgleiten und uns *Zorn am Tage des Zorns
anhäufen* [Röm 2, 5; Jak 5, 3]. Denn ohne Zweifel rufen diese Sühnestrafen
sehr von der Sünde zurück und halten gleichsam im Zügel und machen die
Büßenden vorsichtiger und wachsamer für die Zukunft; sie heilen auch die
Restbestände der Sünden und beleben die lasterhaften Gewohnheiten, die
durch ein schlechtes Leben eingewurzelt sind, durch entgegengesetzte Tu-
gendleistungen. Und kein Weg ist jemals in der Kirche Gottes für sicherer
gehalten worden, um eine von Gott drohende Strafe abzuwenden, als daß
die Menschen diese *Bußwerke* … mit wahrem Seelenschmerz häufig verrichten. Dazu kommt, daß wir im genugtuenden Leiden für die Sünden mit
Christus Jesus gleichförmig werden, der für unsere Sünden Genugtuung
geleistet hat …, *von dem* alles kommt, *was für uns ausreichend* ist [2 Kor
3, 5], und auch die sicherste Gewähr haben, daß wir, wenn wir *mitleiden*,
auch mitverherrlicht werden [cf. Röm 8, 17]. Doch ist nicht etwa diese Genugtuung, die wir für unsere Sünden leisten, in dem Sinne unsere, als sei sie
nicht durch Christus Jesus; denn wir, die wir aus uns, soweit es aus uns
kommt, nichts vermögen, *vermögen alles* mit der Mitwirkung *Dessen, der
uns stärkt* [cf. Phil 4, 13]. So hat der Mensch nichts, dessen er sich rühmen
könnte; sondern all unser *Rühmen* ist in Christus, *in dem wir leben, in dem
wir uns bewegen* [cf. Apg 17, 28], in dem wir Genugtuung leisten mit *würdigen Früchten der Buße* [cf. Lk 3, 8], die aus Ihm ihre Kraft haben, von Ihm
dem Vater dargeboten und durch Ihn vom Vater angenommen werden."[495]

---

[491] Die Bestrafung des ersten Menschenpaares bei der Vertreibung aus dem Paradies.
[492] Bestrafung Miriams für ihr Verhalten gegen Moses.
[493] Moses wird für seine Kleingläubigkeit damit bestraft, daß er das heilige Land nicht
betreten darf.
[494] David wird mit dem Tod seines Kindes bestraft.
[495] D 904.

„Also müssen die Priester des Herrn, soweit Geist und Klugheit es ihnen eingibt, der Beschaffenheit der Vergehen und der Fähigkeit der Büßer entsprechend, *heilsame und angemessene Genugtuungsleistungen* auferlegen, damit sie nicht etwa den Sünden entgegenkommen und allzu nachsichtig mit den Büßern umgehen, indem sie sehr leichte Übungen für sehr schwere Vergehen auferlegen und dadurch mitschuldig an fremden Sünden werden. Sie sollen aber auch vor Augen haben, daß die Genugtuung, die sie auferlegen, nicht nur ein *Heilmittel* zur Behütung des neuen Lebens und gegen die Schwachheit sein soll, sondern auch eine *Strafe* und Züchtigung für die vergangenen Sünden: Denn, daß die Schlüsselgewalt der Priester nicht nur zum Lösen, sondern auch *zum Binden* gewährt sei …, das glauben und lehren auch die alten Väter. Doch deswegen haben sie nicht gemeint, das Sakrament der Buße sei ein Zorn- und Strafgericht, so wie kein Katholik je der Ansicht war, daß durch solche Genugtuungsleistungen unsererseits die Kraft des Verdienstes und der Genugtuung unseres Herrn Jesus Christus verdunkelt oder irgend verringert werde; indem die Neuerer dies so verstehen wollen, lehren sie, daß die beste Genugtuung das neue Leben sei, so daß sie alle Kraft und Übung der Genugtuung ganz aufheben.“[496]

Schließlich ist die göttliche Freigebigkeit so groß, „daß wir nicht nur durch *Bußen*, die wir *freiwillig* auf uns nehmen, um die Sünden zu sühnen, oder die uns durch die Entscheidung des Priesters nach dem Maß des Vergehens auferlegt werden, sondern auch (was ein sehr großer Liebesbeweis ist) durch *zeitliche Plagen*, die *von Gott verhängt* werden und die wir geduldig ertragen, bei Gott dem Vater durch Christus Jesus genug tun können“.[497]

Die Lehre vom Bußsakrament und die Anweisungen zu seiner rechten Verwaltung zeigen besonders schön die mütterliche Güte der Hl. Kirche. So ist auch aller Rigorismus auf diesem Gebiet verschiedentlich abgelehnt worden, z.B. die Forderung, daß erst nach der Verrichtung der Buße absolviert werden dürfe und daß der Lossprechung eine längere Zeit der Buße vorausgehen müsse, um das Verlangen nach Versöhnung und die Liebe zu steigern,[498] oder daß vor der Verrichtung der Buße nicht die Hl. Kommunion empfangen werden dürfe.[499]

Dieselbe Güte zeigt sich in der Sorge für die strenge Wahrung des Beichtgeheimnisses[500] und in der Abwehr jeder Indiskretion von Seiten der Beichtväter. So bezeichnet es Benedikt XIV.[501] als „verkehrte und gefährliche Praxis beim Beichthören …“, wenn Priester „auf Büßende stießen, die einen Ge-

---

[496] D 905.
[497] D 906.
[498] Vgl. D 728, 1306, 1308, 1437, 1535.
[499] D 1312.
[500] D 437 u. 1220.
[501] D 1474. (Benedikt XIV. (1675–1758), Papst von 1740–1758.)

fährten bei ihrem Vergehen hätten, und nun von diesen Büßenden den Namen eines solchen Gefährten oder *Komplizen* herausfragen wollten und sie nicht nur durch Überredung dahin zu bringen suchten, ihnen diesen zu entdecken, sondern, was noch abscheulicher ist, ihnen die Verweigerung der sakramentalen Lossprechung androhten, falls sie ihn nicht entdeckten, und sie so förmlich dazu nötigten und zwängen; ja sogar verlangten, daß ihnen nicht nur der Name, sondern *überdies noch der Wohnort* jenes Komplizen bezeichnet werde: Diese unerträgliche Unklugheit habe jene allerdings sowohl mit dem glänzenden Vorwand beschönigt, daß sie für die Besserung des Komplizen Sorge tragen und anderes Gute bewerkstelligen wollten, als unbedenklich mit erbettelten Meinungen von Lehrern verteidigt; während sie in Wahrheit, indem sie solchen falschen und irrigen Meinungen folgten oder wahre und gesunde falsch anwendeten, ihre eigenen Seelen und die der Büßenden in Gefahr brachten und sich außerdem schuldig für eine Reihe von schweren Schädigungen, die – wie sie voraussehen mußten – leicht daraus folgen konnten …, vor Gott, den ewigen Richter, stellten … Wir aber möchten in einer so großen Gefahr für die Seelen in keiner Weise in unserm apostolischen Amt lässig scheinen noch unsere Gesinnung bezüglich dieser Sache bei euch im Dunkeln und zweifelhaft lassen: Und so wollen wir euch bekanntgeben, daß die oben erwähnte Praxis durchaus verwerflich ist und daß sie von uns durch den gegenwärtigen Brief in Form eines Breve[502] verworfen und verurteilt wird als *ärgerniserregend* und *gefährlich*, als eine Kränkung für den Ruf der Nächsten wie auch für das Sakrament selbst, die an eine *Verletzung* des hochheiligen *Beichtsiegels* grenzt und die Gläubigen von dem so sehr heilsamen und notwendigen Gebrauch dieses Bußsakramentes abschreckt."[503]

Wiederholt ist gegenüber einer älteren strengeren Beichtpraxis[504] erklärt worden, daß für keine noch so schweren Sünden, auch nicht bei wiederholten und gewohnheitsmäßigen, die Lossprechung zu verweigern sei, wenn nur die rechte Bußgesinnung nicht fehle.[505]

---

[502] ⟨Päpstlicher Erlaß in weniger feierlicher Form als eine Bulle und bedeutsamer als ein einfacher Brief.⟩

[503] ⟨D 1474.⟩

[504] Wie sie sich im 3. Jh., im Gegensatz zu der milderen der ersten Zeit eingebürgert hatte (vgl. die Geschichte der Beichtpraxis bei Engelbert Krebs, *Dogma und Leben II*, ⟨Paderborn 1925,⟩ Anhang zu Abschnitt II 13). ⟨Stein machte sich auf neun Zetteln Notizen zu Bd. I dieses Werkes (Paderborn 1921) unter P/ A II B, ESAK.⟩

[505] D 43, 1210 ff., 1437 f., 1538, 1612.

6. Sterbesakramente

Die liebevollste Sorgfalt zeigt die Behandlung der *Sterbenden*. „Bezüglich derer, die dem Ende nahe sind, soll auch jetzt das alte kanonische Gesetz gewahrt werden, daß man nämlich den, der aus dem Leben scheidet, keineswegs der *letzten*, überaus notwendigen *Wegzehrung* berauben soll …"[506] Für Sünder, „die nach der Taufe allzeit in unmäßigen Genüssen gelebt haben und *am äußersten Lebensende* nach Buße und Versöhnung in der Hl. Kommunion verlangen", „war der Brauch früher strenger, später, da sich die Barmherzigkeit ins Mittel legte, milder. Denn die ältere Gewohnheit hielt es so, daß sie die Buße gewährte, aber die Kommunion verweigerte. Damit nämlich in den häufigen Verfolgungen jener Zeit die leicht gewährte Möglichkeit der Kommunion die Menschen nicht wegen der Versöhnung sicher mache, so daß sie nicht vom Fall zurückgehalten würden, war es angemessen, die Kommunion zu verweigern, aber die Buße zu gewähren, um nicht schlechthin alles abzuschlagen … Nachdem aber unser Herr Seinen Kirchen ⟨sic⟩ den Frieden wiedergegeben hat und der Schrecken vertrieben ist, haben wir beschlossen, den *Scheidenden die Kommunion zu geben*, einmal um der Barmherzigkeit des Herrn willen gleichsam als Wegzehrung auf die Reise, sodann damit es nicht den Anschein hat, als ob wir der Strenge und Härte der häretischen Novatianer folgten, die die Vergebung verweigern. Es soll also mit der Buße die letzte Kommunion gereicht werden, damit solche Menschen noch in ihren letzten Zügen mit Erlaubnis unseres Erlösers vom ewigen Untergang errettet werden …"[507] Als Coelestin I.[508] erfuhr, „daß *Sterbenden die Buße verweigert* werde und man dem Verlangen derer nicht nachgebe, die in der Stunde ihres Todes wünschten, daß man ihnen mit diesem Heilmittel der Seelen zu Hilfe komme", schrieb er: „Mich schaudert …, daß es einen Menschen von solcher Gottlosigkeit geben kann, der an Gottes Güte verzweifelt, als könnte Er nicht jederzeit dem zu Hilfe kommen, der sich zu ihm flüchtet, und den Menschen, den die Last seiner Sünden in Gefahr bringt, befreien, wenn jener sich nach der Erlösung sehnt. Was ist das anderes, frage ich, als den Sterbenden noch einmal töten, und seine Seele durch eigene Grausamkeit morden, daß sie nicht freigesprochen werden könne? Während doch Gott so bereit wie möglich ist zu helfen, da Er zur Buße auffordert mit der Verheißung: *Wann immer der Sünder sich bekehrt, sollen ihm seine Sünden nicht zugerechnet werden* [cf. Ez 33, 16] … Da also der Herr in die Herzen schaut, ist *zu keiner Zeit dem Bittenden die Buße zu verweigern* …"[509]

---

[506] D 57.
[507] D 95.
[508] ⟨Papst von 422–432.⟩
[509] D 111.

Zur letzten Beichte und Kommunion kommt als besonderer Erweis des göttlichen Erbarmens das Sterbesakrament, die *letzte Ölung;* von ihr „haben die Väter geglaubt, daß sie nicht nur die Buße, sondern das ganze Christenleben, das eine beständige Buße sein soll, zur Vollendung führe". Das Konzil von Trient „erklärt und lehrt daher als Erstes bezüglich seiner *Einsetzung,* daß unser mildester *Erlöser,* der für Seine Diener zu *jeder* Zeit gegen alle Geschosse aller Feinde heilsame Abwehrmittel vorgesehen haben wollte, nicht nur die stärksten Hilfsmittel in den andern Sakramenten bereitgestellt hat, durch die sich die Christen während ihres Lebens von jedem schwereren geistigen Schaden rein bewahren können, sondern auch durch das Sakrament der letzten Ölung das *Ende des Lebens* wie mit einem ganz festen Schutz voll gesichert hat … Denn obwohl *unser Widersacher* das ganze Leben hindurch *Gelegenheiten sucht* und ergreift, um unsre Seelen auf irgend eine Weise *verschlingen zu können* [1 Petr 5,8], so gibt es doch keine Zeit, in der er alle Nerven seiner Schlauheit heftiger anspannt, um uns völlig zu verderben und womöglich vom Vertrauen auf die göttliche Barmherzigkeit täuschend abzubringen, als wenn er erkennt, daß unser Lebensende bevorsteht."[510]

„Es ist aber diese heilige Ölung der Kranken als *Sakrament* des Neuen Bundes im wahren und eigentlichen Sinn von unserem Herrn Christus eingesetzt; es ist bei Markus *angedeutet* [Mk 6,13], durch Jakobus aber, den Apostel und Herrnbruder, den Gläubigen empfohlen und *bekannt gegeben.* Er sagt: ,*Ist jemand unter euch krank? So lasse er die Priester der Kirche kommen, und sie sollen über ihn beten und ihn im Namen des Herrn mit Öl salben; und das Gebet des Glaubens wird dem Kranken heilsam sein, und der Herr wird ihm Erleichterung gewähren; und wenn er in Sünden ist, werden sie ihm nachgelassen werden*' [Jak 5,14–15]. Durch diese Worte, die die Kirche aus apostolischer Überlieferung empfangen und gelernt hat, lehrt er Materie, Form, den zugehörigen Verwalter und die Wirkung dieses heilbringenden Sakraments. Die Kirche ist nämlich der Auffassung, daß die *Materie* vom Bischof geweihtes Öl ist, denn die Salbung stellt in sehr passender Weise die Gnade des Heiligen Geistes dar; die *Form* jene Worte: *Durch diese Salbung* usw."[511]

„So dann wird die Sache und die *Wirkung* dieses Sakraments mit jenen Worten erklärt: *Und das Gebet des Glaubens wird dem Kranken heilsam sein, und der Herr wird ihm Erleichterung gewähren; und wenn er in Sünden ist, so werden sie ihm nachgelassen werden* [Jak 5,15]. Die Sache ist nämlich diese Gnade des Heiligen Geistes, dessen Salbung die Vergehen, die etwa noch zu sühnen sind, und die *Restbestände der Sünde abwischt* und die *Seele* des

---

[510] D 907.
[511] D 908.

Edith Stein

Kranken *aufrichtet* und stärkt …, indem sie ein großes Vertrauen zur göttlichen Barmherzigkeit in ihm weckt, mit dessen Hilfe der Kranke die Plagen und Leiden der Krankheit leichter trägt und den Versuchungen des bösen Geistes, der seiner *Ferse nachstellt* [Gen 3,15], leichter Widerstand leistet, und *bisweilen* auch die *leibliche Gesundheit* erlangt, wenn es für das Heil der Seele von Nutzen ist."[512]

„Was schließlich die Vorschrift bezüglich derer angeht, die dies Sakrament empfangen und verwalten sollen, so ist dies auch ganz klar in den angeführten Worten enthalten. Denn einmal wird darin gezeigt, daß die berufenen *Verwalter* dieses Sakraments die *presbyteri*[513] der Kirche sind …; unter diesem Namen sind aber an jener Stelle nicht die an Jahren Älteren oder die Vornehmen aus dem Volke zu verstehen, sondern die Bischöfe oder die Priester, die von ihnen vorschriftsmäßig durch *Handauflegung der Priesterschaft* [1 Tim 4,14 …] geweiht sind. Ferner wird erklärt, daß diese Salbung bei den *Kranken* vorzunehmen ist, vor allem aber bei denen, die so gefährlich daniederliegen, daß sie dem Ende nahe zu sein scheinen; darum heißt sie auch Sakrament der Sterbenden. Wenn aber die Kranken nach Empfang dieser Salbung genesen, so können sie *wiederum* mit der Hilfe dieses Sakraments unterstützt werden, falls sie noch einmal in eine solche Lebensgefahr geraten. Darum darf man keineswegs auf die hören, die gegen den offenen und klaren Ausspruch des Apostels Jakobus [Jak 5,14] lehren, diese Salbung sei menschliche Erfindung oder ein von den Vätern angenommener Brauch und kein Gebot Gottes, noch mit einer Gnadenverheißung ausgestattet …; und die behaupten, sie habe schon aufgehört, so als wäre sie nur auf die Gabe der Krankenheilungen in der Frühkirche zu beziehen; und die sagen, der Ritus und Gebrauch, wie ihn die heilige Römische Kirche bei der Ausspendung dieses Sakraments beobachte, widerspreche dem Ausspruch des Apostels Jakobus und müsse darum abgeändert werden; und schließlich auf die, die versichern, diese letzte Ölung könne von den Gläubigen ohne Sünde *verachtet werden* … Denn all das widerstreitet den klaren Worten eines so großen Apostels. Auch beobachtet in Wahrheit die Römische Kirche, aller anderen Mutter und Meisterin, in der Spendung dieser Ölung nichts anderes bezüglich dessen, was zur vollständigen Substanz dieses Sakraments gehört, als was der selige Jakobus vorschreibt. Und sicherlich kann die Verachtung eines so großen Sakraments nichts anderes sein als ein ungeheuerliches Verbrechen und eine Beleidigung des Heiligen Geistes."[514]

Vorausgesetzt ist für den Empfang der letzten Ölung der Gnadenstand. Man „kann das Heilmittel dieses Geheimnisses nur erlangen, wenn man

---

[512] D 909.
[513] ⟨Griech.: „Ältesten".⟩
[514] D 910.

zuvor durch die Wiederversöhnung die Gemeinschaft des Leibes und Blutes Christi verdient hat. Denn wer von den *übrigen Sakramenten* ausgeschlossen ist, dem wird auch der Gebrauch *dieses einen* keineswegs gestattet".[515]

7. Ablaß

Die Kirche, die den Menschen mit ihren Gnadenmitteln vom Eintritt ins Leben bis zum Scheiden begleitet, kommt ihm selbst noch jenseits des Grabes zu Hilfe. Die Lehre vom Bußsakrament hat entwickelt, daß die Vergebung der Sünden und die Befreiung von der ewigen Verdammnis nicht zugleich den Nachlaß aller zeitlichen Strafen bedeute. Die vom Priester auferlegten wie die freiwillig übernommenen Bußwerke haben den Sinn der Genugtuung. Wenn aber beim Scheiden aus dem Leben nicht alle verdienten Strafen abgebüßt sind, so muß die Genugtuung im jenseitigen Reinigungsort geleistet werden. Jedoch die Einheit der Gläubigen mit und in Christus ermöglicht eine stellvertretende Genugtuung. Die überfließende Genugtuung, die unser Erlöser mit Seinem Leiden und Sterben geleistet hat, „hat der streitenden Kirche einen *Schatz* erworben", „und die davon Gebrauch machen, sind der Freundschaft Gottes teilhaftig geworden".[516] „Dieser Schatz soll durch den seligen *Petrus,* den Schlüsselbewahrer des Himmels und dessen Nachfolger, Seine Stellvertreter auf Erden, … den Gläubigen zu ihrem Heil ausgeteilt werden und nach entsprechenden, vernünftigen Gründen bald für die ganze, bald für die teilweise *Nachlassung der zeitlichen Strafe,* die auf die Sünden steht, sowohl im allgemeinen als auch im besonderen (je nachdem sie es mit Gott als nützlich erkennen), denen, die wahrhaft bereuen und bekennen, barmherzig zugewendet werden."[517]

„Zur Anhäufung dieses Schatzes leisten bekanntlich die Verdienste der seligen Gottesgebärerin und aller Auserwählten vom ersten Gerechten bis zum letzten Beihilfe; daß er aufgezehrt oder vermindert werden könnte, ist keineswegs zu befürchten, einmal wegen der *unendlichen Verdienste Christi* …, sodann weil die *Sammlung ihrer Verdienste umso mehr wächst,* je mehr durch seine Anwendung zur Gerechtigkeit hingezogen werden."[518]

In erster Linie steht es in der Macht des Papstes, „allen Christen, die wahrhaft bereuen und bekennen, aus frommer und gerechter Ursache *Ablässe* zur Vergebung der Sünden zu gewähren, besonders wenn sie Orte frommer Verehrung aufsuchen und ihrerseits [andern] hilfreiche Hände darreichen".[519]

---

[515] D 315.
[516] D 550.
[517] D 551.
[518] D 552.
[519] D 676.

Edith Stein

Doch auch „die einzelnen Bischöfe können den ihnen Unterstellten in den Grenzen der kanonischen Vorschriften solche Ablässe gewähren".[520]

Das Konzil von Trient hat erklärt: „Da die *Vollmacht, Ablässe zu verleihen*, von Christus der Kirche gewährt ist und da sie von dieser ihr von Gott übertragenen Vollmacht schon in den ältesten Zeiten Gebrauch gemacht hat, so lehrt und gebietet die heilige Synode, daß der für das christliche Volk heilsame und durch die Autorität heiliger Konzilien gebilligte Gebrauch der Ablässe in der Kirche beizubehalten sei, und bestraft die mit dem Bann, die sie für unnütz erklären oder die Vollmacht der Kirche, sie zu gewähren, leugnen ..."[521]

So hat die Kirche unter den Irrtümern des Molinos aufgezählt, „daß es sich nicht zieme, um *Ablässe* für eine *Strafe* zu bitten, die man sich durch eigene Sünden zugezogen habe; weil es besser sei, der göttlichen Gerechtigkeit Genugtuung zu leisten, als um die göttliche Barmherzigkeit zu bitten: Denn jenes gehe aus reiner Gottesliebe hervor, dieses aus eigennütziger Selbstliebe, und das sei weder Gott wohlgefällig noch verdienstlich, denn es heiße dem Kreuz entfliehen wollen."[522]

Die Wirkung des Ablasses besteht in der Befreiung sowohl von den kanonischen Strafen als den für aktuelle Sünden von der göttlichen Gerechtigkeit erwirkten.[523] Und so können sie auch Lebenden wie Verstorbenen für die Strafen des Fegfeuers zugewendet werden.[524]

„Die Ablässe sind aber nur dann wirksam, wenn die auferlegten Werke geleistet werden und wenn eine aufrichtige Bußgesinnung vorhanden ist, nicht bei einer *trügerischen Buße*. Eine solche liegt vor, wenn jemand nur für einen Teil seiner Sünden, nicht für alle Buße tut, oder wenn er von sündhaften Geschäften nicht abläßt, oder wenn er Haß im Herzen trägt oder jemandem, den er gekränkt hat, nicht Genugtuung leistet, oder einem Beleidiger, der ihn gekränkt hat, nicht verzeiht, oder wenn er einen ungerechten Kampf führt."[525]

---

[520] D 678.
[521] D 989.
[522] D 1236.
[523] D 1540.
[524] D 729, 1542.
[525] D 366. Vgl. zur Geschichte des Ablasses E. Krebs, a.a.O. ⟨vgl. Anm. 504⟩, zu seiner dogmatischen Begründung und aszetischen Bedeutung Bossuet⟨, Jacques-Bénigne⟩, *Betrachtungen über den Ablaß*, übersetzt u. herausgegeben von Balduin Schwarz, München, Theatiner-Verlag, 1925.

8. Priestertum, Meßopfer, Kirche

Taufe, Firmung, Eucharistie, Buße und letzte Ölung bezeichnen die Stadien des christlichen Lebens für die Einzelseele vom Beginn ihres Erdendaseins bis an die Schwelle der Ewigkeit. Sie alle nehmen den Menschen nicht als isoliertes Individuum, sondern fügen ihn als Glied in die Gemeinschaft der Kirche ein und kommen ihm durch die Kirche zu. Aber nicht nur die Eingliederung und Befestigung des Einzelnen in der Gemeinschaft geschieht auf sakramentalem Wege – die Gemeinschaft selbst ist sakramental begründet: durch die beiden letzten Sakramente, Ehe und Priestertum, die „zur Leitung und Vermehrung der ganzen Kirche angeordnet sind".[526]

Die Ideen des *Priestertums*, des *Opfers* und der *Kirche* hängen so nahe zusammen, daß eine ohne die andere nicht verständlich werden kann. So müssen sie auch hier zusammen behandelt werden.

„Da es unter dem früheren Testament, nach dem Zeugnis des Apostels Paulus, wegen der Schwäche des levitischen Priestertums noch keine Vollendung gab, mußte nach der Anordnung Gottes, des Vaters der Erbarmungen, ein *anderer Priester nach der Ordnung Melchisedechs* [Gen 14,18; Ps 110,4; Hebr 7,11] aufstehen, unser Herr Jesus Christus, der alle, so viele nur geheiligt werden sollten, zur Vollendung bringen [Hebr 10,14] und zur Vollkommenheit führen konnte. Dieser unser Gott und Herr also hat zwar einmal sich selbst auf dem Altar des Kreuzes durch das Mittel des Todes Gott dem Vater als Opfer darbringen wollen, um dort eine ewige Erlösung zu wirken; weil jedoch durch den Tod Sein Priestertum nicht erlöschen sollte [Hebr 7,24], hat Er beim letzten *Abendmahl*, in der Nacht, da Er überliefert wurde, Seiner geliebten Braut, der Kirche, ein sichtbares *Opfer* zurücklassen wollen, wie es die Natur der Menschen erfordert, zur *Vergegenwärtigung* jenes blutigen, das einmal am Kreuz vollbracht werden sollte, und die Erinnerung daran hat immerdar bleiben sollen [1 Kor 11,24 ff.], bis ans Ende der Welt, und seine heilsame Kraft zur Vergebung der Sünden, die wir täglich begehen, Anwendung finden: Und so hat Er erklärt, daß *Er zum Priester in Ewigkeit nach der Ordnung des Melchisedech* ... eingesetzt sei, und hat Seinen Leib und Sein Blut unter den Gestalten des Brotes und Weines Gott dem Vater *als Opfer dargebracht*, und unter den Symbolen dieser Dinge hat Er sie den Aposteln, die Er damals als *Priester* des Neuen Bundes einsetzte, übergeben, um sie zu genießen, und hat ihnen und ihren Nachfolgern im Priesteramt mit folgenden Worten befohlen, sie zu opfern: ‚*Tut dies zu meinem Gedächtnis*' [Lk 22,19; 1 Kor 11,24], wie es die katholische Kirche immer erkannt und gelehrt hat ... Denn nach der Feier des alten Pascha, das die Menge der Kinder Israel ⟨sic⟩ zur Erinnerung an den Auszug aus Ägyp-

---

[526] D 695.

ten opferte [Ex 12 u. 13], hat Er sich selbst als neues Pascha eingesetzt, das von der Kirche durch die Priester unter sichtbaren Zeichen geopfert werden sollte zur Erinnerung an Sein Hinübergehen aus dieser Welt zum Vater, als Er uns durch das Vergießen Seines Blutes erlöste, uns *der Macht der Finsternis entriß und in Sein Reich versetzte* [Kol 1,13]."[527]

„Und dies ist jenes *reine Opfer*, das durch keine Unwürdigkeit oder Bosheit derer, die es darbringen, befleckt werden kann; davon hat der Herr durch *Malachias*[528] vorausgesagt, daß Seinem Namen, der groß sein werde unter den Völkern, *an jedem Ort ein reines Opfer werde dargebracht werden* [Mal 1,11]; und der Apostel Paulus hat im Schreiben an die Korinther deutlich darauf hingewiesen, indem er sagte, wer sich durch Teilnahme *am Tisch der Dämonen* befleckt habe, der könne nicht *am Tisch des Herrn teilhaben* [1 Kor 10,21]; dabei verstand er an beiden Stellen unter dem Tisch den Altar. Dieses ist es schließlich, welches durch die Opfer zur Zeit der Natur und des Gesetzes im Abbild dargestellt wurde [Gen 4,4; 8,20; 12,8; 22; …], freilich so, daß es alle Güter, die durch jene bezeichnet wurden, als ihrer aller Abschluß und Vollendung umfasst."[529]

„Und da in diesem göttlichen Opfer, das in der Messe vollbracht wird, derselbe Christus enthalten ist und auf unblutige Weise geopfert wird, der auf dem Altar des Kreuzes sich selbst einmal auf blutige Weise dargebracht hat [Hebr 9,28], so lehrt die heilige Synode, daß dies ein *wahres Versöhnungsopfer* sei …, und daß wir dadurch, wenn wir mit aufrichtigem Herzen und im rechten Glauben, mit ehrfürchtiger Scheu, in Zerknirschung und Bußfertigkeit vor Gott hintreten, Barmherzigkeit erlangen und Gnade finden in rechtzeitiger Hilfe [Hebr 4,16]. Denn durch dieses Opfer versöhnt, gewährt Gott [zunächst] Gnade und das Geschenk der Buße, [und in der Folge] vergibt Er selbst ungeheuerliche Verbrechen und Sünden. Denn es ist eine und dieselbe *Opfergabe*, ein und derselbe, der sich jetzt durch die Dienstleistung der Priester darbringt und der sich selbst damals am Kreuz darbrachte, nur *die Art der Opferung ist verschieden*. Jenes blutigen Opfers Früchte nun … werden durch dies unblutige im reichsten Maße empfangen; keineswegs wird ihm durch dieses irgendwie Abbruch getan … Deshalb wird es nicht nur für der noch *lebenden* Gläubigen Sünden, Strafen, Genugtuungsleistungen und andere Nöte, sondern auch für die in Christus *Verstorbenen*, die noch nicht vollständig gereinigt sind, nach der Überlieferung der Apostel rechtmäßig dargebracht …"[530]

Wie die leidende, so wird auch die triumphierende Kirche in den Opferdienst einbezogen. Es werden Messen zu *Ehren* und zum *Gedächtnis* der

---

[527] D 938.
[528] (Maleachi, der letzte der Kleinen Propheten, „das Siegel der Prophetie".)
[529] D 939.
[530] D 940.

Heiligen gefeiert. Das tridentinische Konzil hebt gegenüber Mißdeutungen dieses kirchlichen Brauchs hervor, daß in diesem Fall das Opfer nicht etwa den Heiligen dargebracht werde, „sondern *Gott allein*, der sie gekrönt hat …; deshalb pflegt der Priester nicht zu sagen: Ich bringe dies Opfer Dir, Petrus oder Paulus, sondern er dankt Gott für die Siege jener und erfleht ihren Schutz, *daß die für uns im Himmel Fürsprache einzulegen geruhen mögen, deren Gedächtnis wir auf Erden feiern* [**Missale**]".[531]

Der zentralen Stellung des Heiligen Opfers im Leben der Kirche entspricht die Sorgfalt, mit der sie darauf bedacht war und ist, es würdig zu gestalten: „… da es sich ziemt, daß das *Heilige heilig* verwaltet werde, und da dies das allerheiligste Opfer ist, hat die katholische Kirche, damit es würdig und ehrfürchtig dargebracht und empfangen werde, vor vielen Jahrhunderten eine heilige Regel (= Kanon) aufgestellt, die so *rein von jedem Irrtum* ist …, daß nichts darin enthalten ist, was nicht im höchsten Grade Heiligkeit und Frömmigkeit atmete und die Herzen der Opfernden zu Gott erhöbe. Denn sie besteht teils aus Worten des Herrn selbst, teils aus Überlieferungen der Apostel und frommen Anordnungen heiliger Päpste."[532]

„Da es die *Natur der Menschen* ist, sich nicht leicht ohne äußere Hilfen zur Betrachtung göttlicher Dinge erheben zu können, darum hat die liebevolle Mutter Kirche gewisse Riten eingeführt: daß *manches* in der Messe *mit gedämpfter Stimme* …, anderes mit erhobener gesprochen werden soll, ferner hat sie Zeremonien angewendet …, wie mystische Segnungen, Lichter, Weihrauch und vieles andere derart nach apostolischer Lehre und Überlieferung, um dadurch einerseits die Erhabenheit eines solchen Opfers zu betonen, andererseits die Herzen der Gläubigen durch diese sichtbaren Zeichen der Religion und Frömmigkeit zur Betrachtung der höchsten Dinge, die in diesem Opfer verborgen sind, zu erwecken."[533]

Das heilige Opfer hat jedesmal, wenn es gefeiert wird, für die ganze Kirche Bedeutung. Die tridentinischen Väter haben es als Wunsch ausgesprochen, „daß in *jeder Messe die beiwohnenden Gläubigen* nicht nur mit Geist und Herzen, sondern auch durch den sakramentalen Empfang der Eucharistie *teilnehmen* möchten, damit ihnen umso reichere Frucht aus diesem hochheiligen Sakrament zukomme; doch auch wenn dies nicht immer geschieht, verurteilt [**das Konzil**] darum jene Messen, in denen der *Priester allein* sakramental kommuniziert, nicht als private und unerlaubte …, sondern billigt sie und empfiehlt sie durchaus, sofern ja auch jene Messen als wahrhaft allgemeine angesehen werden müssen; teils, weil darin das Volk geistig kommuniziert, teils weil sie von dem *amtlichen Diener der Kirche* nicht nur für

---

[531] ⟨Liturgisches Buch des Priesters zur Meßfeier. D 941.⟩
[532] D 942.
[533] D 943.

Edith Stein

sich, sondern für alle Gläubigen, die zum Leibe Christi gehören, gefeiert werden."[534]

Die Mischung von Wasser und Wein beim Meßopfer wird auf dreifache Weise begründet: mit dem Glauben, „daß Christus der Herr dies getan habe; sodann auch, weil aus Seiner Seite *Wasser* zugleich mit dem *Blut* hervorging [Joh 19,34]; dieses Geheimnisses wird durch diese Mischung gedacht; und da als *Wasser* in der Offenbarung des seligen Johannes die *Völker* bezeichnet werden [Offb 17,1; 15], kommt darin die Vereinigung des gläubigen Volkes selbst mit dem Haupt Christus zur Darstellung."[535]

Die Frage, wie man die großen geistigen Werte der Meßfeier den Gläubigen erschließen könne, ohne die liturgische Sprache der Gesamtkirche preiszugeben, ist dahin gelöst worden, daß das Konzil den Seelsorgern empfahl, „öfters während der Meßfeier etwas aus dem Meßtext entweder selbst darzulegen oder durch andere darlegen zu lassen und unter anderem etwas vom *Geheimnis* dieses hochheiligen Opfers zu *erklären*, besonders an Sonn- und Festtagen".[536]

Zum Opfer gehört nun untrennbar das *Priestertum* hinzu. „Opfer und Priestertum sind durch Gottes Anordnung so verbunden, daß es beides unter jedem Gesetz gegeben hat. Da nun im Neuen Testament die Katholische Kirche das heilige, sichtbare Opfer der Eucharistie auf Grund der Einsetzung des Herrn empfangen hat, muß man auch zugestehen, daß es in ihr ein neues *sichtbares* und *äußeres Priestertum* gibt ..., in welches das alte *umgewandelt* (translatum) wurde [Hebr 7,12 ff.]. Daß es aber von eben diesem unserm Herrn und Heiland eingesetzt worden ist ... und daß den Aposteln und ihren Nachfolgern im Priestertum die Gewalt übertragen wurde, Leib und Blut des Herrn zu konsekrieren, als Opfer darzubringen und auszuspenden, ferner auch Sünden nachzulassen und zu behalten, das zeigt die Heilige Schrift, und die Überlieferung der katholischen Kirche hat es immer gelehrt ..."[537]

Und zwar ist es die Auffassung der Kirche, daß „Christus mit den Worten: ,*Dies tut zu meinem Andenken*' [Lk 22,19; 1 Kor 11,24] die Apostel zu *Priestern* eingesetzt und angeordnet habe, daß sie selbst und die andern Priester Seinen Leib und Sein Blut als Opfer darbringen sollten ..."[538]

„Da aber die Verwaltung eines so heiligen Priestertums etwas Göttliches ist, war es natürlich, damit es umso würdiger und mit größerer Ehrfurcht ausgeübt werde, daß es in der bestgefügten Ordnung der Kirche eine Mehrheit verschiedener *Grade* von Dienern gab, die pflichtmäßig dem Priester-

---

[534] D 944.
[535] D 945.
[536] D 946.
[537] D 957.
[538] D 949.

tum dienen sollten und so eingeteilt wurden, daß diejenigen, die schon mit der klerikalen Tonsur[539] ausgezeichnet waren, von den niederen zu den höheren aufstiegen. Denn nicht nur von *Priestern*, sondern auch von *Diakonen* ist in der Heiligen Schrift offenkundig die Rede [Apg 6,5; 21,8; 1 Tim 3,8 ff.], und was bei ihrer Weihe zu beachten ist, lehrt sie mit ernstesten Worten; und es ist bekannt, daß gleich von Beginn der Kirche an die Namen der folgenden Grade und die besonderen Dienste eines jeden im Brauch waren: nämlich *Subdiakone, Akolythen, Exorzisten, Lektoren* und *Ostiarier*,[540] allerdings nicht mit gleichem Rang; denn der Subdiakonat wird von den Vätern und heiligen Konzilien zu den *höheren* Graden gerechnet, bei denen wir auch sehr häufig [**etwas**] über die andern niederen lesen."[541]

„Da es nach dem Zeugnis der Schrift, der apostolischen Tradition und der einmütigen Übereinstimmung der Väter klar ist, daß die heilige Weihe (ordinatio), die durch Worte und äußere Zeichen vollzogen wird, Gnade verleiht, so darf niemand daran zweifeln, daß sie im wahren und eigentlichen Sinn eins von den sieben *Sakramenten* der Kirche ist … Denn der Apostel sagt: *,Ich ermahne dich, die Gnade Gottes in dir wiederzuerwecken, die durch die Auflegung meiner Hände in dir ist. Denn Gott hat uns nicht einen Geist der Furcht gegeben, sondern der Kraft und Liebe und Nüchternheit.'* [2 Tim 1,6; 7; 1 Tim 4,14]"[542]

„Da nun im Sakrament des Priestertums, wie auch in Taufe und Firmung, ein *Charakter* eingeprägt wird …, der weder zerstört noch weggenommen werden kann, verurteilt die heilige Synode verdientermaßen die Meinung derer, die behaupten, die Priester des Neuen Testaments hätten nur eine zeitlich beschränkte Gewalt und könnten, nachdem sie einmal rechtmäßig geweiht wären, wieder Laien werden, wenn sie die Verwaltung des Wortes

---

[539] (Schur der Kopfhaare, ganz oder teilweise, seit dem alten Mönchstum bekannt, schon vor- und außerchristlich ein Zeichen für Buße, Trauer, Unterwerfung, Dienstbarkeit, Opfer, Hingabe; um 600 war die Tonsurerteilung mit der Aufnahme in den geistlichen Stand verbunden und begründete die Zugehörigkeit zum Klerus, war aber keine eigene Weihestufe. Die Tonsur wurde 1972 abgeschafft (außer in katholischen Ostkirchen und bestimmten Vereinigungen), war aber auch zuvor schon gewohnheitsrechtlich außer Brauch.)

[540] (Die niederen Weihestufen vor der Diakonweihe wurden 1972 abgeschafft: Subdiakone (griech.): Diener, der unter dem Diakon steht; Akolyten (griech.): Gefolgsleute, heute keine Weihestufe, sondern „Dienst" von Ministranten (ministeria, c. 230 § 1); Exorzisten (griech.): Dämonenabwehrer, nach 1983 *(CIC)* wird dieser Begriff nicht mehr verwendet, der Ortsordinarius gibt lediglich einem Priester die Erlaubnis, Exorzismen auszusprechen (c. 1172); Lektor (griech.): Liturgischer Vorleser aus der Hl. Schrift, heute keine Weihestufe, sondern „Dienst"; Ostiarier (griech.): Pförtner, Türhüter, erstmals 251 erwähnt, geht in den Mansionarius (lat.: „der in der Nähe der Kirche wohnte") über, heute Küster oder Mesner.)

[541] D 958.

[542] D 959.

Gottes nicht ausübten ...[543] Wenn aber jemand behauptet, alle Christen seien *miteinander* Priester des Neuen Testaments, oder alle seien untereinander mit der gleichen geistlichen Gewalt ausgerüstet, so tut er offenbar nichts anderes, als die *kirchliche Hierarchie*, die *wie ein wohlgeordnetes Heerlager* [Hld 6,4] ist, in Verwirrung bringen ..., als wären, entgegen der Lehre des seligen Paulus, alle Apostel, alle Propheten, alle Evangelisten, alle Hirten, alle Lehrer [cf. 1 Kor 12,29]. Darum erklärt die heilige Synode, daß vor den übrigen kirchlichen Graden die *Bischöfe*, die in die Stelle der Apostel eingerückt sind, vornehmlich zu dieser hierarchischen Ordnung gehören und, wie derselbe Apostel sagt, ,*vom Heiligen Geist eingesetzt sind, um die Kirche Gottes zu lenken*' [Apg 20,28]; und daß sie den *Priestern übergeordnet* sind, das Sakrament der Firmung spenden, die Diener der Kirche weihen und vieles andere selbst vollbringen können, zu deren Verwaltung die übrigen, die niederen Ranges sind, keine Gewalt haben ... Überdies lehrt die heilige Synode, daß bei der Weihe von Bischöfen, Priestern und der übrigen Grade weder die *Zustimmung* des *Volkes* noch irgendeiner weltlichen Gewalt oder Behörde noch eine Berufung oder Autorität in dem Sinne erforderlich sei, als wäre ohne sie die Weihe ungültig; vielmehr bestimmt sie, daß diejenigen, die nur auf die Berufung oder Einsetzung des Volkes oder einer weltlichen Gewalt oder Behörde zur Verwaltung dieser Ämter aufsteigen und sie sich aus eigener Kühnheit anmaßen, insgesamt nicht als Diener der Kirche, sondern als *Diebe und Räuber* anzusehen seien, die *nicht durch die Tür hereingegangen* sind [cf. Joh 10,1] ..."[544]

Die hierarchische Ordnung zeichnet den festen Gliederbau des Leibes Christi. „Dem *obersten Priester* sind seine besonderen Dienste zugeteilt, den *Priestern* ist ihr eigener Platz angewiesen und die *Leviten* verrichten die ihnen zustehenden Dienstleistungen. Der Laie ist durch Vorschriften für die Laien gebunden. Jeder von uns, liebe Brüder, soll mit gutem Gewissen die vorgeschriebene Regel eines Dienstes innehalten ⟨sic⟩ und Gott geziemend Dank sagen ...

Die *Apostel* sind vom Herrn Jesus Christus für uns zu Predigern des Evangeliums gemacht worden; Jesus Christus war von Gott gesandt ... Als sie nun durch Länder und Städte das Wort gepredigt und deren Erstlinge im Geist geprüft hatten, stellten sie *Bischöfe* und *Diakone* auf für die, die zum Glauben kommen sollten."[545] Zu dem *einen* Leib aber gehört *ein* sichtbares Haupt. So haben schon die Schismatiker, die Versöhnung mit Rom suchten, i⟨m⟩ J⟨ahre⟩ 252 erklärt: „Wir wissen, daß Cornelius[546] vom allmächtigen

---

[543] Darum ist auch eine Wiederholung der Priesterweihe nicht möglich (D 695).
[544] D 960.
[545] D 42.
[546] ⟨Papst von 251–253.⟩

Gott und Christus, unserm Herrn, zum Bischof der hochheiligen katholischen Kirche erwählt ist; ... wir wissen auch wohl, daß *ein* Gott ist und *ein* Herr Christus, den wir bekannt haben, *ein* Heiliger Geist, und daß [ein] *Bischof in der katholischen Kirche sein muß.*"[547]

Dem Bischof von Rom obliegt „ein *größerer Eifer* für die christliche Religion *als allen.* Wir tragen (schreibt Papst Siricius[548] 385) die Lasten aller, die beladen sind; vielmehr trägt sie in uns der selige Apostel *Petrus*, der uns, so vertrauen wir, in allem als Erben seines Amtes schützt und behütet."[549]

Den verschiedenen Graden der Hierarchie und den zugehörigen Diensten entsprechen verschiedene Weiheriten:

„Wenn ein *Bischof* geweiht wird, sollen zwei Bischöfe das Evangelienbuch vorzeigen und es über sein Haupt halten, und während einer den Segen über ihn spendet, sollen alle übrigen anwesenden Bischöfe seinen Kopf mit ihren Händen berühren."[550]

„Wenn ein *Priester* geweiht wird, soll der Bischof den Segen geben und die Hände über sein Haupt halten, doch auch alle anwesenden Priester sollen, neben den Händen des Bischofs, ihre Hände über sein Haupt halten."[551]

„Bei der *Diakon*weihe soll nur der Bischof, der ihn segnet, die Hände über sein Haupt halten: weil er nicht zum Priestertum, sondern zum Dienst geweiht wird."[552]

„Der *Subdiakon* empfange bei der Weihe keine Handauflegung und darum aus der Hand des Bischofs eine leere Patene[553] und einen leeren Kelch. Aus der Hand des Archidiakons[554] aber empfange er einen Krug mit Wasser, Waschbecken und Handtuch."[555]

„Der *Akolyth* soll bei der Weihe vom Bischof belehrt werden, wie er sich in seinem Amt benehmen solle: Vom Archidiakon empfange er einen Leuchter mit Kerzen, damit er wisse, daß er beim Entzünden der Lichter der Kirche zu

---

[547] D 44.
[548] ⟨Papst von 384–399.⟩
[549] D 87.
[550] D 150. Das Evangelienbuch dient hier wie bei andern Gelegenheiten als Symbol der Gegenwart Gottes. Nach dem gegenwärtigen Ritus wird es nicht mehr über das Haupt des Erwählten gehalten, sondern ihm aufgeschlagen auf Nacken und Schultern gelegt, um die Last anzudeuten, die er auf sich nimmt. (Vgl. Ludwig Eisenhofer, *Handbuch der katholischen Liturgik*, ⟨Bd.⟩ II ⟨*Spezielle Liturgik*, Freiburg 1933,⟩ 377 ff. und 401 ff.. ⟨Dazu findet sich im ESAK unter P/ A II B ein Zettel mit Exzerpten zu Ludwig Eisenhofers *Handbuch der katholischen Liturgik*, Bd. II., u.a. ein Zitat zur Bischofsweihe.⟩
[551] D 151.
[552] D 152.
[553] ⟨Gr.-lat.: Hostienteller zur Darreichung der Kommunion.⟩
[554] ⟨Im 4. Jh. Vorsteher der Diakone, Bevollmächtigter des Bischofs für die Armenfürsorge, Haus- und Hofverwaltung, später Vertreter des Bischofs; Rückgang des Amtes nach dem Konzil von Trient.⟩
[555] D 153.

Edith Stein

dienen habe. Er soll auch einen Krug bekommen, um Wein für die Eucharistie des Blutes Christi herbeizutragen."[556]

„Der *Exorzist* empfange bei der Weihe aus der Hand des Bischofs ein Büchlein, in dem die Exorzismen geschrieben stehen; dazu spreche der Bischof: *Empfange es und präge es dem Gedächtnis ein; und du sollst die Gewalt haben, die Hand auf den Besessenen zu legen, sei er getauft oder Katechumene.*"[557]

„Wenn ein *Lektor* geweiht wird, soll der Bischof über ihn zum Volk sprechen, auf seinen Glauben, seinen Lebenswandel, seine Begabung hinweisen. Danach soll er ihm vor den Augen des Volkes das Buch übergeben, aus dem er lesen soll und zu ihm sagen: *Empfange es und sei ein Vorleser des Wortes Gottes; wenn du treu und zum Nutzen dein Amt versiehst, wirst du denen beigesellt werden, die das Wort Gottes [gut] verwaltet haben.*"[558]

„Der *Ostiarier* soll bei der Weihe zunächst vom Archidiakon belehrt werden, wie er sich im Hause Gottes benehmen soll; dann soll ihm der Bischof auf die Bitte des Archidiakons die Kirchenschlüssel vom Altar geben und sagen: *Verhalte dich so, als solltest du Gott Rechenschaft ablegen über die Dinge, die mit diesen Schlüsseln verwahrt werden.*"[559]

„Der *Psalmist*, d. i. der Sänger, kann ohne Wissen des Bischofs, nur auf Befehl des Priesters, das Sängeramt übernehmen; dabei soll ihm der Priester sagen: *Sieh zu, daß du mit dem Herzen glaubst, was du mit dem Munde singst; und was du mit dem Herzen glaubst, mit Werken bekräftigst.*"[560]

Weil es sich bei allen Graden um geweihte Ämter handelt, kann nur die Kirche selbst gültig dazu erheben. Wenn zeitweise einer weltlichen Gewalt eine Mitwirkung zugestanden werden mußte, so konnte doch die Verweigerung ihrer Zustimmung eine Weihe nicht ungültig machen;[561] erst recht vermochte die weltliche Gewalt aus eigener Macht nicht die kirchliche Weihe zu ersetzen: „Jede Wahl eines Bischofs oder Priesters oder Diakons durch *Fürsten* soll ungültig bleiben nach der Regel [can⟨ones⟩ apost⟨olorum⟩[562] 30]: Wenn ein Bischof mit Hilfe von weltlichen Mächten durch sie eine Kirche erhält, soll er abgesetzt werden, und alle, die mit ihm Gemeinschaft halten, sollen ausgeschieden werden. Denn wer zum Bischof erhoben werden soll, muß *von Bischöfen gewählt werden*, wie es von den heiligen Vätern, die in Nizäa zusammenkamen, in der Regel [can⟨ones apostolorum⟩ 4] be-

---

[556] D 154.
[557] D 155.
[558] D 156.
[559] D 157.
[560] D 158.
[561] Vgl. D 960.
[562] ⟨Lat.: Die Apostolischen Kanones (Sammlungen) sind ein Anhang zu den Apostolischen Konstitutionen, 85 Kirchenrechtsregeln, in denen die Wahl und die Pflichten der kirchlichen Amtspersonen bestimmt sind.⟩

stimmt wurde, die sagt: Es ist durchaus angemessen, daß ein Bischof von allen Bischöfen der Provinz gewählt werde. Sollte dies aber wegen einer zwingenden Notlage oder der Länge des Weges Schwierigkeiten machen, so sollen doch auf alle Fälle drei zusammenkommen und die andern schriftlich ihre Zustimmung geben, und dann soll die Weihe geschehen. Das Privileg (firmitas[563] = κφςôϱοσ[564]) für das, was vollzogen wird, aber soll für jede Provinz dem Metropolitan[565] übertragen werden."[566]

Was bei den verschiedenen Weihen übergeben wird, um dadurch den entsprechenden Grad zu verleihen, gilt als *Materie* des Sakraments: Z. B. „wird das Priestertum durch Überreichung eines Kelches mit Wein und einer Patene mit Brot übertragen ... Die *Form* des Priestertums ist folgende: *Empfange die Gewalt, das Opfer in der Kirche für Lebende und Tote darzubringen, im Namen des Vaters und des Sohnes und des Heiligen Geistes* ... Der verordnete Spender dieses Sakramentes ist der Bischof. Die *Wirkung* ist eine Vermehrung der Gnade, damit der Betreffende ein geeigneter Diener sei."[567]

In der Weiheformel kommt die wesentliche Aufgabe des Priestertums – die Darbringung des Opfers – ganz rein zum Ausdruck. Entsprechend gilt es als eine der vornehmsten Bischofspflichten, Priester für die Verwaltung der Eucharistie zu weihen.[568]

Dadurch wird der Zusammenhang zwischen der Idee des Opfers, der Kirche und ihrem hierarchischen Aufbau ganz deutlich.[569]

Alle, die zu diesem heiligen Dienst erwählt sind, müssen dafür ganz ausgesondert sein. „Schon zu denen, die im Alten Bunde mit dem Dienst im Heiligtum betraut waren, sprach der Herr: ,*Ihr sollt heilig sein, weil auch ich heilig bin, der Herr, euer Gott*' [Lev 20,7; 1 Petr 1,16]. Warum wurde den Priestern sogar befohlen, jeweils in ihrem Dienstjahr *fern von ihren Häusern* im Tempel zu wohnen? Darum natürlich, damit sie nicht mit ihren Frauen

---

[563] ⟨Lat.: Festigkeit.⟩
[564] ⟨Griech.: Macht.⟩
[565] ⟨Metropolit: Vorsteher einer Kirchenprovinz, auch Erzbischof, Vermittler zwischen Papst und Bischöfen; das Amt verlor nach dem Konzil von Trient seine Bedeutung.⟩
[566] D 305. Ursprünglich wurde die Bischofsweihe vom Papst vollzogen, später vom Metropolitan aufgrund einer päpstlichen Vollmacht.
[567] D 701.
[568] Vgl. D 1964/65. ⟨Weil die anglikanische Kirche nicht diese Form hat und das Wesentlichste des Priestertums und Bischofsamtes bei der Weihe nicht zum Ausdruck bringt, konnten ihre Weihen nicht als gültig anerkannt werden.⟩
[569] Vgl. auch D 424, das Glaubensbekenntnis der Waldenser ⟨ketzerische Buß- und Armengemeinschaft, um 1175 von Petrus Waldes († 1218) gegründet⟩, die es ausdrücklich aussprechen mußten, daß nur „der von einem sichtbaren und tastbaren Bischof regulär geweihte Priester" konsekrieren und opfern dürfe. Außer der Person des Bischofs ist notwendig zur gültigen Weihe die überlieferte Formel und die „treue Absicht dessen, der sie ausspricht".

fleischlichen Verkehr pflegen könnten, damit sie, in Gewissensreinheit strahlend, eine Gott wohlgefällige Gabe darbrächten ...

So hat auch unser Herr Jesus, als Er uns durch Seine Ankunft erleuchtete, im Evangelium beteuert, daß Er das *Gesetz zu erfüllen, nicht aufzulösen gekommen sei* [Mt 5, 17]. Und darum wollte Er, daß die Gestalt der Kirche, deren Bräutigam Er ist, im Glanz der Keuschheit strahle, damit er sie am Tage des Gerichts, wenn Er wiederum käme, *ohne Makel und Runzel* [Eph 5, 27] finden könne ... Durch das *unlösliche Gesetz* dieser heiligen Bindungen sind wir *alle, Priester und Leviten, gefesselt, vom Tage unserer Weihe an* unser Herz und unsern Leib der Nüchternheit und Keuschheit dienstbar zu machen, um nur durch alles in den Opfern, die wir täglich darbringen, unserm Gott zu gefallen. ,*Die aber im Fleisch sind*', so spricht das Gefäß der Erwählung ⟨Paulus⟩, ,können Gott nicht gefallen'. [Röm 8, 8] ..."[570]

Verpflichtend ist der Zölibat für die höheren Grade vom Subdiakonat an[571] und zwar so, daß es nicht nur verboten, sondern gar nicht mehr möglich ist, eine gültige Ehe zu schließen.[572]

Wenn der Zölibat als negatives Mittel aufgefaßt werden kann, um für den heiligen Dienst freizumachen, so darf es als positives Mittel, um den Geist in der rechten Verfassung für das heilige Opfer zu erhalten, verstanden werden, daß jeder Priester zum „divinum officium"[573], zum Breviergebet verpflichtet ist und diese Pflicht keinem andern übertragen, noch sich um anderer Geschäfte willen davon dispensieren darf.[574]

Voraussetzung für die Zulassung zu den Weihen ist die Taufe;[575] dagegen ist es als irrige Auffassung verurteilt worden, daß die unverletzte Taufunschuld für die Zulassung erforderlich sei.[576] Es ist notwendig, daß die Kandidaten vor der Weihe einer Prüfung unterworfen werden;[577] die jeweils niederen Grade sind für die höheren vorausgesetzt.[578] Der Mißbrauch der Simonie, ⟨d. h.⟩ der Erteilung der Weihen um Geld, ist schon von Niko-

---

[570] D 89.
[571] D 360. Nur Diakonat u⟨nd⟩ Priestertum gelten als „heilige Grade", weil nur sie schon für die Frühkirche bezeugt sind und nur für sie eine apostolische Vorschrift überliefert ist (D 356). ⟨Die Diakonatsweihe kann heute sowohl Zölibatären wie Verheirateten gespendet werden. Das Amt wird entweder haupt- oder ehrenamtlich neben einem Zivilberuf ausgeübt. Der Diakonat kann als Ständige Weihestufe oder (bei Zölibatären) als Vorstufe zur Priesterweihe angestrebt werden.⟩
[572] D 979.
[573] ⟨Lat.: göttliche Pflicht.⟩
[574] D 1121, D 1135, 1204.
[575] D 54.
[576] D 1553.
[577] D 301.
[578] D 1551, 1553.

laus II. (1059–61) und dem römischen Konzil, das unter seinem Vorsitz tagte, mit aller Strenge und für alle Zeiten untersagt worden.[579]

Die zentrale Stellung des Opfers im Leben der Kirche erlaubt es, die Kirche als die Opfergemeinschaft aufzufassen (ohne daß damit die allein mögliche Definition gegeben würde, aber doch so, daß von hier aus alles faßbar ist, was zur Idee der Kirche gehört). Glieder der Kirche sind alle, für die das Opfer dargebracht wird und die sich seine Früchte zu eigen machen, indem sie dem Hl. Opfer beiwohnen und am eucharistischen Mahl teilnehmen (allerwenigstens in dem Mindestmaß, das die Gebote der Kirche vorschreiben). Die Hierarchie ist aus der Masse der Gläubigen herausgehoben durch den aktiven Anteil am Vollzug des Opfers; die Grade sind nach den verschiedenen Dienstleistungen unterschieden: Konsekration, Ausspendung, Herbeibringung der Gaben, Entzünden der Kerzen, Lesen der Texte, Verwahrung des Gotteshauses. Das Amt des Exorzisten kann mit dem Opferdienst in Verbindung gebracht werden, sofern die Austreibung böser Geister Unheiliges aus dem Heiligtum entfernt und Störungen der heiligen Handlung verhütet. Es weist aber auch darauf hin, daß zum Opferdienst im weiteren Sinn die Hirtensorge für die Glieder des Leibes Christi gehört: Sie müssen rein sein, um die Früchte des Opfers zu empfangen. Es ist früher auch bereits erwähnt worden, daß das Verlesen und Auslegen liturgischer Texte und die Erklärung der Bedeutung des Opfers, um die Teilnahme für die Gläubigen wirksamer zu machen, den Priestern zur Pflicht gemacht ist. So ist auch das Lehramt vom Opfer her zu begreifen.

Christus ist die Opfergabe, die dargebracht wird, und ist der Priester, der sie darbringt: Der Priester, der am Altar steht, ist durch das Wort Christi eingesetzt, durch die Gnade Christi für seinen Beruf ausgerüstet; und dieser Beruf besteht darin, Christi sichtbarer Stellvertreter zu sein. So ist der Opferdienst der Hierarchie nichts anderes als Mitwirkung an der Opferhandlung Christi. Weil aber diese Opferhandlung das Einswerden aller Gläubigen mit Christus möglich macht, sie alle in die Einheit des Lebens Christi einbezieht, darum ist die Kirche als Opfergemeinschaft zugleich die Gemeinschaft aller Gläubigen und der mystische Leib Christi.

Wenn die Glieder der Hierarchie durch den Opferdienst und durch die Spendung der Sakramente den Seelen die Früchte des Opfers zuleiten, so ist dies Hirtendienst, den sie im Namen und in der Kraft Christi leisten. Wenn sie durch ihre Lehre die Seelen für die Gnade empfänglich machen, so ist das Wort Christi der Inhalt ihrer Lehre. Auch darin offenbart sich die Kirche als der fortlebende Christus.

---

[579] D 354, cf. D 358 f.

9. Ehe

Diese vorläufige Klärung der Idee der Kirche war notwendig, nicht nur um das Priestertum, sondern auch um das letzte Sakrament verständlich zu machen, das der *Ehe*. Es ist bereits herausgestellt worden, wie beide – im Unterschied zu den andern Sakramenten – zusammenhängen: Daß sie beide der Ausbreitung der Kirche dienen, da „durch das Priestertum die Kirche geleitet und geistig ausgebreitet, durch die Kirche ⟨sic; gemeint: Ehe⟩ körperlich vermehrt wird."[580] Es ist aber die Ehe nicht nur eine natürliche menschliche Verbindung, durch die das Menschengeschlecht fortgepflanzt und damit die Möglichkeit einer weiteren Ausbreitung der Kirche geschaffen wird, sondern sie „ist das Sinnbild der Vereinigung Christi und der Kirche, nach dem Wort des Apostels: *,Dies ist ein großes Geheimnis: ich sage aber, in Christus und der Kirche'* [Eph 5,32]. *Wirkursache* der Ehe ist regulär die wechselseitige Zustimmung, die in persönlicher Anwesenheit durch Worte[581] zum Ausdruck gebracht worden ist. Es wird aber ein *dreifaches Gut* der Ehe genannt. Das erste ist die Nachkommenschaft, die zur Verehrung Gottes empfangen und erzogen werden soll. Das Zweite ist die Treue, die die Gatten einander halten sollen. Das dritte ist die Untrennbarkeit der Ehe, weil sie die untrennbare Vereinigung Christi und der Kirche bedeutet. Zwar ist es erlaubt, um eines Ehebruchs willen eine Trennung der Lagergemeinschaft herbeizuführen, es ist aber nicht gestattet, eine andere Ehe zu schließen, da das *Band* einer rechtmäßig geschlossenen Ehe ein immerwährendes ist."[582] Diesen Charakter der Unauflöslichkeit hat die Ehe von Anbeginn gehabt. „Als *immerwährend und unauflöslich* hat das Band der Ehe der Urvater des Menschengeschlechts auf Antrieb des Heiligen Geistes erklärt mit den Worten: *,Dies ist nun Bein von meinem Bein und Fleisch von meinem Fleisch: Darum wird der Mensch Vater und Mutter verlassen und seinem Weibe anhangen, und sie werden zwei in einem Fleisch sein.'* [Gen 2,23 f.; cf. Eph 5,31]

Daß durch dieses Band aber *nur zwei* verbunden und zusammengefügt werden, hat Christus der Herr noch offenkundiger gelehrt, indem Er jene Worte wie von Gott gesprochene wiederholte und hinzufügte: ,Daher sind sie nicht mehr zwei, sondern ein Fleisch' [Mt 19,6; Mk 10,8], und sofort bekräftigte Er die Festigkeit dieses Bandes, die von Adam so lange vorher ausgesprochen worden war, mit den Worten: ,Was also Gott verbunden hat, das soll der Mensch nicht trennen' [Mt 19,6; Mk 10,9].

Die Gnade aber, die jene natürliche Liebe zur Vollkommenheit führen, die *unlösliche Einheit* stärken und die Gatten heiligen sollte, hat uns Christus,

---

[580] D 695.
[581] Wer seine Zustimmung nicht durch Worte zum Ausdruck bringen kann (z. B. ein Taubstummer), darf sie durch Zeichen erklären (D 404).
[582] D 702.

der die verehrungswürdigen Sakramente einsetzte und vollendete, durch Sein Leiden verdient. Darauf weist der Apostel Paulus hin, wenn er sagt: ,*Ihr Männer, liebt eure Frauen, wie Christus die Kirche geliebt und sich selbst für sie hingegeben hat*' [Eph 5, 25]."[583] (Daran schließen sich die bereits angeführten Worte ⟨an⟩, Eph 5, 32.)

„Da nun die Ehe im Gesetz des Evangeliums die alten ehelichen Verbindungen übertrifft, indem sie durch Christus Gnade verleiht, haben mit Recht unsere heiligen Väter, die Konzilien und die allgemeine Überlieferung der Kirche immer gelehrt, daß sie unter die Sakramente des neuen Bundes zu rechnen sei …"[584]

So ist die Ehe nicht nur Sinnbild der übernatürlichen Vereinigung Christi und der Kirche, sondern selbst eine übernatürliche Verbindung zwischen den Ehegatten, die ihnen Gnade verleiht – als solche bereits in der Kirche begründet –, vor allem die Gnade, in der unlöslichen Verbindung treu auszuharren und sie dadurch zum würdigen Sinnbild jener erhabeneren mystischen Einheit zu gestalten: Übernatürliche Wirkung ist es, wenn die Gatten, „durch die Gnade des Himmels … eingehegt und gefestigt, in der ehelichen Verbindung selbst Heiligkeit erlangen; und in ihr hat Christus, indem Er sie nach dem Urbild Seiner mystischen Ehe mit der Kirche wunderbar gestaltete, die Liebe, die der Natur entsprechend ist, zur Vollendung geführt … und *die ihrer Natur nach unteilbare Gemeinschaft eines Mannes und einer Frau* durch die Fessel der göttlichen Liebe kräftiger geknüpft …"[585]

In der neueren Zeit war es nötig, die sakramentale Ehe gegen Entwertung durch einen vermeintlich davon zu trennenden bürgerlichen Ehevertrag zu sichern. Die Absicht bei dieser Unterscheidung – „oder richtiger Auseinanderreißung" – war, den Vertrag allein der Entscheidung der weltlichen Gewalt zu überantworten. Die Kirche hat dem nicht zustimmen können, weil „*in der christlichen Ehe der Vertrag nicht vom Sakrament zu trennen*"[586] ist; und so kann es „keinen wahren und rechtmäßigen Vertrag geben, der nicht eben dadurch Sakrament wäre. Denn Christus, der Herr, hat der Ehe die Würde eines Sakraments verliehen; die Ehe aber ist der *Vertrag selbst*, wofern er rechtmäßig gemacht ist … Daher ist offenbar jede rechte Ehe zwischen ‚Christen in *sich und durch sich*' …"[587]

Die Kirche sieht das Band der Ehe als so fest und heilig an, daß es nicht einmal durch den Abfall eines der Gatten aufgehoben werden kann. Innozenz III.[588], dem während der großen häretischen Bewegungen des aus-

---

[583] D 969.
[584] D 970.
[585] D 1835.
[586] D 1854, vgl. auch D 1640.
[587] ⟨Hier bricht der Text mitten im Satz am Ende der Hs.-S. 403 ab. Mit dem folgenden Satz beginnt Hs.-S. 404, eine Hs.-S. 403a konnte nicht aufgefunden werden.⟩
[588] ⟨(1160/61–1216), Papst von 1198–1216, Unterstützer der Bettelorden.⟩

Edith Stein

gehenden 11. und beginnenden 12. Jhs. solche Fragen vorgelegt wurden, hat sie in einer sehr erleuchtenden Weise entschieden: „Wenn von *ungläubigen* Ehegatten ein Teil sich zum katholischen Glauben bekehrt, der andere aber keineswegs oder nur unter Lästerung des göttlichen Namens, oder wenn er ihn zur Todsünde hinreißen würde, falls er mit ihm zusammenleben wollte, so könnte der Zurückbleibende einen neuen Bund eingehen, wenn er wollte; und im Hinblick auf diesen Fall verstehen wir, was der Apostel sagt: *Wenn der Ungläubige weggeht, mag er weggehen: denn einem solchen ist der Bruder oder die Schwester nicht in Knechtschaft unterworfen* [1 Kor 7,15]. Und auch die kanonische Vorschrift, in der es heißt: Eine Schmähung des Schöpfers löst das eheliche Recht gegenüber dem, der zurückbleibt."[589]

„Wenn aber von *gläubigen* Ehegatten ein Teil zur Häresie abgleitet oder zu heidnischem Irrtum übergeht, so glauben wir nicht, daß in diesem Fall der Zurückbleibende zu einer neuen Heirat schreiten könnte, obgleich in diesem Fall die Schmähung des Schöpfers noch größer erscheint. Denn wenn auch eine *wahre* Ehe zwischen Ungläubigen bestehen kann, so ist sie doch nicht *vollgültig*: Zwischen Gläubigen aber ist sie wahr und vollgültig: Denn das *Sakrament des Glaubens*, das einmal angenommen ist, geht niemals verloren, sondern macht das Ehesakrament vollgültig, sodaß es in den Ehegatten bestehen bleibt, wenn jenes fortdauert."[590]

Beim Übergang vom Heidentum zum Glauben der Kirche sollten sogar Ehen mit Verwandten im zweiten oder dritten oder einem entfernteren Grade anerkannt werden: „... da das Sakrament der Ehe bei Gläubigen und Ungläubigen besteht, wie der Apostel mit den Worten zeigt: ‚*Wenn ein Bruder eine ungläubige Frau hat und sie einwilligt, mit ihm zusammenzuleben, so soll er sie nicht entlassen*' [1 Kor 7,12]; und da von Heiden, ihren Sitten gemäß, eine Ehe in den erwähnten Graden erlaubtermaßen geschlossen ist, weil sie durch die kanonischen Bestimmungen nicht gebunden sind (*Denn was haben wir* – nach demselben Apostel – *über Draußenstehende zu urteilen?* [1 Kor 5,12]): So steht es vor allem im Interesse der christlichen Religion und des Glaubens, von dessen Annahme die Männer leicht durch ihre Frauen zurückgehalten werden können, die das Verlassenwerden fürchten, solchen Gläubigen frei, ehelich verbunden und erlaubterweise vereint zu bleiben; denn durch das Sakrament der Taufe werden nicht Ehen gelöst, sondern Verbrechen vergeben."[591]

Dagegen sollte an der *Einehe* unter allen Umständen festgehalten werden, auch bei Heiden, die vor ihrer Bekehrung mehrere Frauen hatten. Es sollte in diesem Falle die erste Verbindung, die geschlossen und nicht aus einem

---

[589] D 405.
[590] D 406.
[591] D 407.

rechtmäßigen Grunde gelöst war, als die unlöslich gültige behandelt werden.[592]

Eine Auflösung der Ehe, damit ein Teil in den Ordensstand übergehen könne, sollte auch ohne Einwilligung des andern erlaubt sein, wenn die Ehe noch nicht durch die körperliche Verbindung[593] zum vollkommenen Abschluß gekommen war; der verlassene Teil sollte dann das Recht zu einer neuen Eheschließung haben.[594]

Das Verbot der Wiederverheiratung nach dem Tode eines der beiden Ehegatten hat immer als häretisch gegolten.[595]

Ein Ehevertrag ist als ungültig anzusehen, wenn er Bedingungen enthält, die gegen das Wesen (die „Substanz") der Ehe verstoßen: z.B. wenn die Verhütung von Nachkommenschaft vorgesehen wird oder eine Lösung der Ehe zu Gunsten einer vorteilhafteren Verbindung oder eine Verpflichtung zur Prostitution. Andere Bedingungen, die nicht mit der Ehe selbst widerstreiten, machen sie nicht ungültig, auch wenn sie an sich schimpflich oder unmöglich sind; sie sollen nur so angesehen werden, als ob sie nicht in den Ehevertrag eingefügt wären.[596]

Als *Form* des Sakraments gilt nicht der Brautsegen, sondern die *Einwilligung* der Brautleute. Und wenn diese allein fehlt, so sind alle anderen Feierlichkeiten, ja sogar die vollzogene geschlechtliche Vereinigung unwirksam.[597]

Darum „sind unzweifelhaft heimliche Ehen, die mit der Einwilligung derer, die sie eingingen, geschlossen wurden, gültige und echte Ehen, solange die Kirche sie nicht für ungültig erklärt hat". Durchaus irrtümlich ist die Behauptung, daß ohne Einwilligung der Eltern geschlossene Ehen ungültig seien und daß die Eltern sie gültig oder ungültig machen könnten. „Trotzdem hat Gottes heilige *Kirche* sie [die heimlichen Ehen] *aus den gerechtesten Gründen immer verabscheut und verboten*." Das Konzil von Trient aber, auf Grund der Erfahrung, „daß jene Verbote wegen des Ungehorsams der Menschen nichts mehr nützen und in Erwägung der schweren Sünden, die aus diesen heimlichen Ehen entstehen – besonders derer, die im Stand der Verdammnis bleiben, wenn sie eine erste Gattin, die sie heimlich genommen haben, verlassen und öffentlich eine andere nehmen und mit ihr in dauerndem Ehebruch leben, ein Übel, dem die Kirche nicht abhelfen kann, da sie nicht über Verborgenes urteilen kann –, folgt den Spuren des heiligen *Lateran*konzils (IV.), das unter *Innozenz* III. gehalten wurde, und befiehlt, daß

---

[592] D 408.
[593] ⟨Durchgestrichen: „den ehelichen Akt".⟩
[594] D 409.
[595] D 465, 424.
[596] D 446.
[597] D 334.

Edith Stein

der *Pfarrgeistliche, zu dessen Pfarrei die Eheschließenden gehören, an drei einander folgenden Festtagen in der Kirche während des Hochamts öffentlich verkündigen solle, wer vor einer Eheschließung stehe;* wenn nach dieser Verkündigung kein gesetzmäßiges Hindernis geltend gemacht wird, soll man zum feierlichen Abschluß der Ehe vor den Augen der Kirche schreiten; dabei soll der Pfarrer Mann und Frau befragen, und nachdem er sich ihrer wechselseitigen Einwilligung versichert hat, sprechen: *Ich verbinde euch zur Ehe im Namen des Vaters und des Sohnes und des Heiligen Geistes,* oder je nach dem anerkannten Brauch jeder Provinz andere Worte verwenden.“[598] „Falls aber irgendwann ein begründeter Verdacht besteht, daß eine Ehe böswillig verhindert werden könnte, wenn sie so oft vorher verkündigt würde, dann soll sie *nur einmal* verkündigt werden oder *wenigstens* die Eheschließung in Gegenwart des Pfarrers und zweier oder dreier Zeugen gefeiert werden. Danach soll sie vor ihrem Vollzug in der Kirche verkündigt werden, damit Hindernisse, falls welche bestehen, leichter aufgedeckt werden; falls nicht der Ordinarius[599] es selbst für vorteilhafter hält, die erwähnten Verkündigungen zu unterlassen, was die heilige Synode seiner Klugheit und seinem Urteil anheim stellt.“[600]

„Die *anders* als in Gegenwart des Pfarrers oder – mit Erlaubnis des Pfarrers oder Ordinarius selbst – eines andern Priesters und zweier oder dreier Zeugen eine Ehe zu schließen versuchen, die macht die heilige Synode zu solchem Vertragsschluß *völlig untauglich* und erklärt, daß solche Verträge *ungültig und nichtig* seien, indem sie sie durch dies vorliegende Dekret ungültig macht und annuliert.“[601]

Pius X. hat diese Bestimmungen des tridentinischen Konzils noch einmal bekannt gegeben und ausdrücklich als für das ganze deutsche Reichsgebiet gültig erklärt.[602] Dabei wurden einige Ergänzungen über die gemischten Ehen hinzugefügt: „*Gemischte* Ehen, die von Katholiken mit Häretikern oder Schismatikern geschlossen werden, sind und bleiben streng *verboten*, falls nicht auf Grund einer rechtmäßigen und schwerwiegenden kanonischen Ursache, mit einwandfreier, formeller, beidseitiger gesetzmäßiger Begründung, durch den katholischen Teil *Dispens* bezüglich des Hindernis-

---

[598] D 990.
[599] ⟨Auf einem Notizzettel vermerkt Stein hierzu:
„Eichmann⟨, Eduard⟩, *Lehrbuch des Kirchenrechts* I, 157 f. (Schöningh ⟨Paderborn⟩, 1929) ‚Ordinarius‘ sind die hierarchischen Träger der ordentlichen Gewalt …; der Papst über alle Gläubigen; über die Gläubigen ihrer Sprengel die Diözesanbischöfe und die Prälaten mit quasibischöflicher Stellung (geweihte Äbte und Prälaten) … „*Ortsordinarien*“ sind nur diejenigen Ordinarien, welche zugleich territoriale Gewalt über ein bestimmtes *Gebiet*, also nicht bloß über Personen, sondern auch über Sachen und Orte des Sprengels haben …“⟩
[600] D 991.
[601] D 992.
[602] D 1991.

ses der gemischten Religion vorschriftsmäßig erlangt wurde. Diese Ehen sind aber nach erlangter Dispens *vor den Augen der Kirche* in Gegenwart des Pfarrers und zweier oder dreier Zeugen feierlich einzugehen, so daß es ein schweres Vergehen ist, sie vor einem nicht-katholischen Geistlichen oder nur vor der weltlichen Behörde oder auf eine andere heimliche Weise abzuschließen. Wenn also Katholiken beim feierlichen Abschluß solcher gemischter Ehen um die Mitwirkung eines nichtkatholischen Geistlichen bitten oder sie zulassen, so machen sie sich eines weiteren Vergehens schuldig und unterliegen kanonischen Strafen."[603]

„Trotzdem wollen wir und erklären, bestimmen und beschließen es ausdrücklich, daß *gemischte Ehen*, die in irgendwelchen Provinzen und Orten des Deutschen Reiches, auch in solchen, die nach den Abmachungen der Römischen Kongregationen den Anordnungen des Abschnitts *Tametsi*[604] [der tridentinischen Beschlüsse: D 990 ff.] zweifellos bisher unterworfen waren, ohne Wahrung der tridentinischen Form geschlossen wurden oder (was Gott verhüte) noch künftig geschlossen werden, *durchaus als rechtskräftig gelten sollen*, wofern kein anderes kanonisches Hindernis im Wege steht noch das Urteil der Nichtigkeit wegen des heimlichen Abschlusses vor dem Osterfest dieses Jahres [1906] rechtmäßig ausgesprochen wird und wenn die wechselseitige Einwilligung der Ehegatten bis zu dem genannten Tage fortbesteht."[605]

„Damit aber den kirchlichen Richtern eine sichere Norm zur Verfügung stehe, erklären, bestimmen und beschließen Wir daßelbe und unter denselben Bedingungen und Einschränkungen für die Ehen von *Nicht-Katholiken*, seien es Häretiker oder Schismatiker, die unter ihnen in denselben Gegenden ohne Wahrung der tridentinischen Form geschlossen wurden oder künftig geschlossen werden; wenn einer oder der andere der nichtkatholischen Ehegatten zum katholischen Glauben übertritt oder wenn vor dem kirchlichen Gericht ein Streitfall vorkommt bezüglich der Gültigkeit einer Ehe zweier Nicht-Katholiken, die mit der Frage der Gültigkeit einer bereits geschlossenen oder zu schließenden Ehe eines Katholiken zusammenhängt, so sollen diese Ehen ceteris paribus[606] *gleichfalls für durchaus rechtskräftig gelten ...*"[607]

Eine ähnliche Norm – die berühmte *Declaratio Benedictina* – hatte bereits 1741 Benedikt XIV. für Belgien gegeben. Weil sie in besonders eindringlicher Form die Sorge für die Heilighaltung der Ehe zeigt, die zur Anerkennung der

---

[603] D 1992.
[604] ⟨Lat.: obgleich.⟩
[605] D 1993.
[606] ⟨Lat.: unter denselben Bedingungen.⟩
[607] D 1994.

Edith Stein

Mischehen führt, obwohl vor ihrem Abschluß immer wieder aufs schärfste gewarnt wird, soll auch sie im Wortlaut angeführt werden:

„Zunächst, was die Ehen betrifft, die *von Häretikern untereinander* im Herrschaftsgebiet der Generalstaaten ohne Wahrung der vom *Tridentinum* vorgeschriebenen Form geschlossen wurden: Seine Heiligkeit weiß zwar sehr wohl, daß sonst in gewissen Einzelfällen, unter Berücksichtigung der damals dargelegten Umstände die Heilige Konzils-Kongregation sich für ihre Ungültigkeit ausgesprochen hat; andererseits ist es S⟨einer⟩ H⟨eiligkeit⟩ bekannt, daß noch nichts allgemein über solche Ehen vom Heiligen Stuhl bestimmt ist und daß es im übrigen durchaus notwendig ist, um für alle Gläubigen in diesen Gegenden Rat zu schaffen und weitere schwere Nachteile abzuwenden, allgemein zu erklären, wie diese Ehen zu beurteilen sind; und so erklärt und bestimmt S⟨eine⟩ H⟨eiligkeit⟩, nachdem die Sache reiflich überlegt und alle Gründe sorgfältig hin und her erwogen wurden, daß *die Ehen, die in den genannten vereinigten Provinzen von Belgien bisher geschlossen wurden und in Zukunft geschlossen werden,* auch wenn die vom Tridentinum vorgeschriebene Form bei ihrem Abschluß nicht gewahrt wurde, *für gültig gehalten* werden sollen, sofern kein anderes kanonisches Hindernis im Wege steht; sollten beide Ehegatten in den Schoß der katholischen Kirche zurückkehren, so sollen sie sogar durch dasselbe Eheband wie vorher gebunden sein, auch wenn sie die wechselseitige Einwilligung nicht vor einem katholischen Pfarrer erneuern; wenn aber nur einer der Ehegatten, sei es der Mann oder die Frau, sich bekehrt, so kann keiner zu Lebzeiten des andern eine neue Heirat eingehen."[608]

„Was aber die Ehen anlangt, die ebenfalls in den vereinigten Provinzen von Belgien ohne die tridentinische Form *von Katholiken mit Häretikern* geschlossen werden, von einem katholischen Mann mit einer häretischen Frau oder von einer katholischen Frau mit einem häretischen Mann: so empfindet Seine Heiligkeit den heftigsten Schmerz, daß es unter Katholiken solche Menschen gibt, die, von unvernünftiger Liebe schimpflich in Verwirrung geführt, vor diesen *verabscheuungswürdigen* Heiraten, die die Heilige Mutter Kirche stets verurteilt und untersagt hat, nicht innerlich zurückschrecken und nicht überzeugt sind, daß man sie durchaus meiden muß, und spendet hohes Lob dem Eifer der Vorsteher, die durch Androhung strengerer geistlicher Strafen die Katholiken von der Verbindung mit Häretikern durch dieses sakrilegische Band zurückzuhalten suchen: Alle Bischöfe, apostolische Vikare, Pfarrer, Missionare und alle andern treuen Diener Gottes und der Kirche in diesen Gebieten ermahnt S⟨eine⟩ H⟨eiligkeit⟩ ernst und feierlich, daß sie die Katholiken beiderlei Geschlechts von solchen Heiraten, die sie zum Verderben der eigenen Seele eingehen, soviel sie nur kön-

---

[608] D 1454.

nen, *abschrecken* und diese Heiraten auf jede bessere Weise zu verhüten und wirksam zu verhindern suchen sollen. Wenn aber eine solche Ehe dort ohne Wahrung der tridentinischen Form schon geschlossen worden ist oder (was Gott verhüte) in Zukunft geschlossen werden sollte, so erklärt Seine Heiligkeit, daß eine *solche Ehe*, falls kein anderes kanonisches Hindernis vorliegt, *für gültig gehalten werden soll* und daß keiner der Ehegatten zu Lebzeiten des andern unter dem Vorwand, daß die genannte Form nicht gewahrt worden sei, eine neue Ehe eingehen kann: Folgendes muß aber vor allem der katholische Teil sich zu Gemüte führen, sei es Mann oder Frau, daß er für das schwere Vergehen, in das er eingewilligt hat, Buße tun und von Gott Vergebung erflehen muß, und er soll nach Kräften sich bemühen, den andern Gatten, der vom wahren Glauben abirrt, in den Schoß der katholischen Kirche zu ziehen und seine Seele zu gewinnen, was wiederum das geeignetste Mittel wäre, um für das begangene Verbrechen Vergebung zu erlangen; im übrigen soll er wissen, wie ihm gesagt wurde, daß er durch ein immerwährendes eheliches Band gefesselt sein wird."[609]

Über die Mitwirkung von Pfarrern an der Schließung gemischter Ehen wurde festgestellt: Wenn er den katholischen Teil ermahnt und versucht hat, ihn von der verbotenen Verbindung zurückzuhalten; wenn dieser aber bei seiner Absicht verharrt und die Eheschließung nicht aufzuhalten ist, so darf der katholische Pfarrer der Feier beiwohnen, aber unter folgenden Bedingungen: „*Erstens* soll er einer solchen Eheschließung nicht an heiliger Stätte beiwohnen, nicht in einem rituellen Gewand; auch darf er keine kirchlichen Gebete über die Brautleute sprechen und ihnen auf keine Weise den Segen geben.[610] *Zweitens* soll er von dem häretischen Teil eine schriftliche Erklärung fordern und erhalten, worin er sich unter Eid, in Gegenwart zweier Zeugen, die ebenfalls unterschreiben müssen, verpflichtet, dem andern Teil die freie Ausübung der katholischen Religion zu gestatten und alle Kinder, die geboren werden, ohne Unterschied des Geschlechts, in derselben zu erziehen … *Drittens* soll auch der katholische Teil eine von ihm und zwei Zeugen unterschriebene Erklärung abgeben, in der er unter Eid verspricht, daß er nicht nur selbst niemals von seinem katholischen Glauben abfallen wird, sondern seine ganze Nachkommenschaft darin erziehen und für die Bekehrung des nichtkatholischen Teils wirksam Sorge tragen ⟨wird⟩."[611]

Die Frage, ob der katholische Eheteil zu den *Sakramenten* zugelassen wer-

---

[609] D 1455
[610] Die Brautmesse ist bei Mischehen und Ehen mit Ungetauften immer untersagt. Auch die Kopulation (d. h. der Segen, den der Priester über die vereinigten rechten Hände der Brautleute spricht) unterbleibt in der Regel; „jedoch kann der Ordinarius zur Vermeidung größerer Übel die eine oder andere kirchliche Zeremonie gestatten". (Eichmann, *Kirchenrecht*, II, 126).
[611] D 1497.

Edith Stein

den dürfe, hat Pius VI.[612] positiv entschieden, für den Fall, daß er seine sündige Verbindung bereue und vor der Beichte aufrichtig erkläre, daß er für die Bekehrung der häretischen Gattin Sorge tragen werde, das Versprechen, die Kinder im rechten Glauben zu erziehen, erneuere und das Ärgernis gut machen wolle, das er den andern Gläubigen gegeben habe.[613]

„Eine Verlobung gilt nur dann als rechtskräftig und erlangt kanonische Wirkungen, wenn sie durch ein Schriftstück abgeschlossen ist, das die Unterschrift der Parteien und des Pfarrers oder Ortsordinarius oder wenigstens zweier Zeugen hat."[614]

Daß zur Eheschließung die Gegenwart des Pfarrers oder Ortsordinarius oder eines von einem der beiden ermächtigten Priesters und wenigstens zweier Zeugen nötig ist,[615] wurde schon erwähnt.

„Bei drohender Todesgefahr kann eine Ehe zur Beruhigung des Gewissens und (wenn der Fall so liegt) zur Legitimierung der Nachkommenschaft gültig und erlaubtermaßen vor einem beliebigen Priester und zwei Zeugen geschlossen werden, wenn der Pfarrer oder Ortsordinarius oder ein von einem der beiden ermächtigter Priester nicht zu erreichen ist."[616]

„Sollte in einer Gegend der Pfarrer oder Ortsordinarius oder ein von ihnen ermächtigter Priester, vor dem die Ehe feierlich geschlossen werden könnte, nicht zu haben sein und sollte diese Sachlage schon einen Monat anhalten, so kann die Ehe gültig und erlaubtermaßen geschlossen werden, indem die Brautleute ihre formelle Einwilligung vor zwei Zeugen erklären ..."[617]

„... An die oben aufgestellten Gesetze sind alle gebunden, die in der katholischen Kirche getauft oder von Häresie oder Schisma zu ihr übergetreten sind (auch wenn diese oder jene später wieder von ihr abgefallen sind), so oft sie eine Verlobung oder Ehe eingehen.

... Sie haben auch Geltung für dieselben Katholiken wie oben, wenn sie mit Nicht-Katholiken, Getauften oder Nicht-Getauften, auch nach Erlangung der Dispens von dem Hindernis der gemischten Religion oder der Verschiedenheit des Kultus, eine Verlobung oder Ehe eingehen; falls nicht für einen besonderen Ort oder ein Gebiet vom Hl. Stuhl eine andere Anordnung getroffen ist.

... Nicht-Katholiken, Getaufte oder Ungetaufte, sind bei einem Abschluß

---

[612] ⟨(1717–1799), Papst von 1775–1799.⟩
[613] D 1499. ⟨Auf einem losen Blatt, vgl. Anm. 398, vermerkt Stein zu dieser S. 415g unter 2. „Zu 415g ermitteln, daß für die Schließung von *Mischehen mit Dispens* kirchliche Einsegnung erlaubt."⟩
[614] D 2066.
[615] D 2067.
[616] D 2068.
[617] D 2069.

untereinander nirgends an die Wahrung der katholischen Form der Verlobung oder Vermählung gebunden."[618]

Was die *Ehescheidung* betrifft, so ist eine Lösung einer rechtmäßig geschlossenen Verbindung von der Kirche nur in einem bereits erwähnten Fall vorgesehen: „Was der Herr im Evangelium sagt: es sei dem Mann nicht erlaubt, seine Frau zu entlassen, es sei denn um Ehebruch, das ist, nach der Auslegung der Hl. Schrift, von denen zu verstehen, deren Ehe durch die körperliche Verbindung zum *vollständigen Abschluß* gekommen ist; ohne diesen kann die Ehe nicht zum vollständigen Abschluß kommen."[619] So läßt sie noch eine Lösung zu: „Nach der in persönlicher Gegenwart abgegebenen gesetzmäßigen Einwilligung ist es einem Teil, selbst wenn der andere widerspricht, erlaubt, *in ein Kloster einzutreten*, wie gewisse Heilige von der Hochzeit hinweg berufen wurden, solange keine körperliche Vereinigung zwischen ihnen stattgefunden hat: Und dem Zurückbleibenden ist es erlaubt, eine *zweite Verbindung* einzugehen, wenn er auf eine Ermahnung hin die Enthaltsamkeit nicht wahren will …"[620]

Im übrigen macht die persönlich erklärte, wechselseitig entgegengenommene, gesetzmäßige Einwilligung die Ehe unlöslich. Heiratet eine Frau einen zweiten Mann, so muß sie, „selbst wenn die körperliche Verbindung vollzogen ist, sich von ihm trennen und durch kirchliche Zwangsmaßnahmen genötigt werden, zum ersten zurückzukehren".[621]

Häresie eines der Gatten oder Schwierigkeiten im Zusammenleben oder absichtliche Entfernung gelten nicht als Scheidungsgrund.[622] Sie können nur, wie auch der Ehebruch, Grund zu einer Aufhebung des Zusammenlebens werden, berechtigen aber nicht zur Wiederverheiratung.[623]

Nur wenn eine Ehe auf Grund vorhandener Ehehindernisse als nicht rechtmäßig geschlossen zu erklären ist, ist das Band löslich und ein neues erlaubt. Dabei gelten nicht nur die levitischen Verwandtschaftsgrade[624] als Hindernis, das den Abschluß einer Ehe verbietet oder die geschlossene trennt, sondern die Kirche kann in manchen von diesen dispensieren oder auch andere als die dort vorgesehenen Fälle als Hindernis und als Scheidungsgrund erklären.[625]

Selbst Ehebruch erlaubt, wie schon früher erwähnt, nicht mehr als Aufhebung des Zusammenlebens. Die Kirche lehrt, „daß nach evangelischer und apostolischer Lehre [Mt 19; 1 Kor 7] wegen Ehebruchs eines der beiden

---

[618] D 2070.
[619] D 395.
[620] D 396.
[621] D 397.
[622] D 975.
[623] D 1470
[624] ⟨Vgl. Lev 18, 6 ff.⟩
[625] D 973 f.

Edith Stein

Gatten das eheliche *Band* nicht aufgelöst werden kann und daß beide, auch der unschuldige Teil ..., zu Lebzeiten des andern Gatten keine andere Ehe eingehen können, und daß der Mann die Ehe bricht, der die ehebrecherische Frau entläßt und eine andere heiratet, und die Frau, die den ehebrecherischen Mann entläßt und sich mit einem andern verbindet ..."[626]

Niemals hat die Kirche die zivilrechtliche Regelung der Ehesachen anerkannt, sofern sie mit den kirchlichen Grundsätzen nicht übereinstimmen. Sie hat es katholischen Richtern, Rechtsanwälten usw. wohl gestattet, Ehesachen zivilrechtlich zu behandeln, aber unter der Bedingung, „niemals ein Urteil auszusprechen noch ein ausgesprochenes zu verteidigen oder dazu herauszufordern oder anzuregen, das dem göttlichen oder kirchlichen Recht widerstreite".

Und auf die Anfrage einiger französischer Bischöfe hat sie diese Bedingung dahin ausgelegt, daß ein Richter ihr keineswegs genüge, wenn er bei einer vor der Kirche gültigen Ehe „unter Anwendung des Zivilgesetzes erkläre, daß ein Scheidungsgrund vorhanden sei; selbst wenn er nur die bürgerlichen Wirkungen und den bürgerlichen Vertrag aufzuheben gedenke und nur darauf die Ausdrücke in dem gefällten Urteil Bezug hätten ..."

So ist es auch nicht zulässig, wenn nach einem solchen Richterspruch „ein Bürgermeister, auch wenn er gleichfalls, wie oben dargelegt, nur die bürgerlichen Wirkungen und den bürgerlichen Kontakt im Auge hat, die Scheidung ausspricht, *obwohl die Ehe vor der Kirche gültig ist"*. Demgemäß darf nach einer solchen Scheidung der Bürgermeister einen der beiden Ehegatten, der eine neue Ehe eingehen will, nicht bürgerlich trauen, wenn die alte Ehe kirchlich gültig ist und der andere Teil noch lebt.[627]

In der schärfsten Form hat sich Pius IX. über die Einführung der Zivilehe ausgesprochen, „wodurch das Geheimnis, die Würde und Heiligkeit des Ehesakraments völlig verachtet, ihre Einrichtung und Natur völlig verkannt und umgestürzt und die Macht der Kirche über dies Sakrament gänzlich mißachtet wurde", da „die Ehe *nur als bürgerlicher Vertrag* angesehen werden und in verschiedenen Fällen eine Scheidung im eigentlichen Sinn genehmigt werden sollte, alle Ehesachen vor Laiengerichte gebracht und von ihnen entschieden werden sollten: Da doch jeder Katholik weiß oder wissen kann, daß die Ehe wahrhaft und in eigentlichem Sinne als eins der sieben *Sakramente* des evangelischen Gesetzes von Christus dem Herrn eingesetzt ist, daß deshalb zwischen Gläubigen keine Ehe geschlossen werden kann, die nicht eben damit auch Sakrament wäre, und daß darum jede andere, unsakramentale Verbindung zwischen Mann und Frau, durch welches bürgerliche Gesetz sie auch geschlossen sein mag, nichts anderes ist als ein schmähliches und ver-

---

[626] D 977.
[627] D 1865.

derbliches Konkubinat, das die Kirche so sehr verurteilt; daß also das *Sakra-ment niemals von dem Ehevertrag getrennt werden kann* und daß es durchaus zum Machtbereich der Kirche gehört, all das festzusetzen, was irgendwie die Ehe betreffen kann."[628]

Hindernisse, die dem Abschluß einer Ehe im Wege stehen bzw. die Tren-nung einer geschlossenen begründen können, sind vor allem der priesterli-che Charakter, wie er durch die Weihen erteilt wird, und das Ordensgelübde der Keuschheit;[629] ferner Blutsverwandtschaft[630] und (wenn keine kirchliche Dispens vorliegt) die Verschiedenheit der Konfession; sodann Verstöße ge-gen die von der Kirche vorgeschriebene Form der Eheschließung[631] und das Verbot der feierlichen Eheschließung in bestimmten Zeiten des Kirchenjah-res.[632] Was die Kirche als Ehehindernis auffaßt, kann durch keine weltliche Gewalt beseitigt werden,[633] sondern allein durch die Kirche selbst.[634]

Alles, was an Zeugnissen für die kirchliche Auffassung der Ehe angeführt wurde, zeigt den hohen Wert, der ihr zugemessen wird. Es ist auch dogma-tisch ohne weiteres klar, daß es so sein muß: Wenn Gott alle Menschen geschaffen und zur ewigen Seligkeit berufen hat, wenn der Verbindung der Geschlechter eine Mitwirkung an der Erschaffung und Heiligung der Men-schen eingeräumt ist, so muß diese Verbindung als etwas Hohes und Heili-ges und zugleich als etwas Wesentliches im Aufbau und Leben der Kirche angesehen werden. Darum sind die zu den verschiedensten Zeiten auftau-chenden Entwertungen der Ehe immer wieder als häretisch zurückgewiesen worden.[635] Andererseits hat sie die eheliche Verbindung nicht als schlechthin verpflichtend für jedermann gelten lassen, ja ausdrücklich erklärt, daß der jungfräuliche Stand als etwas noch Höheres anzusehen sei.[636]

Die Behandlung der Sakramente hatte die Aufgabe, zu zeigen, mit wel-chen Mitteln die Heiligung der einzelnen Menschenseele im „Pilgerstand" zu erreichen ist. Priestertum und Ehesakrament mußten mit erörtert wer-den, weil auch sie der Einzelseele Gnade vermitteln. Sie haben aber zugleich über diesen Rahmen hinausgeführt, weil ihnen ihrem Wesen nach soziale Bedeutung zukommt. Von hier aus würde der sachliche Zusammenhang wei-terführen zur Lehre von der Kirche und den Soziallehren der Kirche. Ehe

---

[628] D 1640.
[629] D 979. Weil beide Hindernisse kirchlichen Rechts sind, ist prinzipiell Dispens möglich (vgl. Eichmann, *Kirchenrecht II*, 95). (Zu dieser Hs-S. 423 vermerkt Stein auf dem losen Blatt, vgl. Anm. 398: „*Zu 423 Der priesterliche Charakter kein unaufhebbares Ehehinder-nis.*")
[630] D 362, 973f.
[631] D 990
[632] D 981.
[633] D 1560, 1770f.
[634] D 973f., 982, 1559, 1768f.
[635] D 36, 241, 424, 930, 537.
[636] D 981.

Edith Stein

aber die Behandlung der menschlichen Gemeinschaftsformen im Zusammenhang in Angriff genommen wird, soll das zum Abschluß gebracht werden, was unser Glaube über das menschliche Individuum lehrt.

C. Die Wirkungen der Gnade im Menschen

1. Das Wesen der Gnade

Die Sakramente haben uns die verordneten Wege gezeigt, die dem Menschen die Gnade zuführen. Die nächste Aufgabe ist herauszustellen, welche Wirkungen die Gnade im Menschen hervorbringt. Manches darüber ist schon in der Darstellung der Rechtfertigunglehre und der Lehre vom Gnadenstand der Menschen vor dem Fall enthalten. Vor allem war dort schon eine vorläufige Klärung des Gnadenbegriffs gegeben.[637] Diese Ausführungen bedürfen jetzt noch einiger Ergänzungen, denn nur vom *Wesen der Gnade* her können ihre Wirkungen verständlich werden.

In unvergleichlicher Klarheit hat Thomas von Aquino das Wesen der Gnade erörtert.[638] Es ist vor allem zu scheiden zwischen der *ungeschaffenen* Gnade, dem ewigen Akt der göttlichen Liebe, mit dem Er den Menschen annimmt, um ihm das höchste Gut, das ewige Leben, zu spenden, und ihm das verleiht, was ihn Gott angenehm und des ewigen Lebens würdig machen kann – und der *geschaffenen* Gnade, eben diesem *Geschenk* Gottes an die Menschenseele (darum *gratia gratis data*[639]), das sie heilig und Gott wohlgefällig macht (gratia *sanctificans, gratum faciens*). Diese Scheidung ist in das Rechtfertigungsdekret des tridentinischen Konzils[640] eingegangen, wo als bewirkende Ursache der Rechtfertigung der „barmherzige Gott" genannt wird, der uns „*heilig* macht [1 Kor 6, 11], indem Er uns *besiegelt … mit dem Heiligen Geist der Verheißung, der das Unterpfand unseres Erbes ist* [Eph 1, 13]" – als Formalursache aber, d. h. als die innere Form, die in uns selbst eingeht und es macht, daß wir „wahrhaft gerecht genannt werden und es *sind*", das Gottesgeschenk der Gerechtigkeit, das einem jeden von uns in einem Maß mitgeteilt wird, das einerseits durch Gottes unerforschlichen Gnadenwillen bestimmt wird, andererseits aber auch entsprechend unserer Vorbereitung und Mitwirkung. Diese uns innewohnende heiligmachende Gnade oder Gerechtigkeit ist nichts anderes als die *Liebe Gottes, die durch den Heiligen Geist in unsern Herzen ausgegossen ist* [Röm 5, 5], verbunden

---

[637] II. D. 1. (S. 48–57) ⟨Hier: S. 27–30.⟩
[638] *Ver*, q 27, in meiner Übertragung Bd. II, S. 417 ff.
[639] ⟨Lat.: die Gnade ist umsonst (ohne Gegenleistung) gegeben.⟩
[640] D 799.

mit *Hoffnung* und *Glauben*, und uns mit Christus als lebendiges Glied Seines Leibes verbindet.

Weil sie etwas Dauerndes und Bleibendes ist, das der Seele innewohnt,[641] wird sie *habituelle* Gnade genannt und unterschieden von der *aktuellen*, dem besondern Gnadenbeistand Gottes für einzelne Akte. Diese Unterscheidung ist nicht auf die ungeschaffene Gnade zu beziehen, den ewigen Akt der barmherzigen Liebe, der weder Anfang noch Ende kennt, sondern auf dessen zeitliche Wirkungen in den Menschenseelen. Dem dauernden Besitz der heiligmachenden Gnade, die durch die Taufe in die Seele gesenkt wird und das ganze Leben hindurch darin bleiben kann, wenn sie nicht durch eine schwere Sünde verscherzt wird, können und müssen bei dem Menschen, der nicht schon im Kindesalter die Taufe empfängt, einzelne Gnadenanregungen vorausgehen, die ihn antreiben und ihm die Kraft geben, sich für den Empfang der rechtfertigenden Gnade bereitzumachen. Diese eröffnet uns das „*Verständnis für die Gebote*, damit wir wissen, wonach wir streben und was wir vermeiden sollen", und darüber hinaus gibt sie „die Liebe und das *Vermögen*, das zu tun, wovon wir erkannt haben, daß wir es tun sollen …"[642] Doch zuvor schon erfahren wir die *Eingießung des Heiligen Geistes*, durch dessen Wirken das Verlangen in uns geweckt wird, gereinigt zu werden, und so ,*der Wille vom Herrn vorbereitet wird*' [Spr 8,35].[643] So ist „auch der *Anfang des Glaubens* …, durch den wir an Den glauben, der den Gottlosen rechtfertigt, und zur Wiedergeburt in der Hl. Taufe gelangen …, in uns *durch das Geschenk der Gnade*, d. i. durch die Einhauchung des Hl. Geistes, der unsern Willen bessert, indem Er ihn von Ungläubigkeit zum Glauben, von Gottlosigkeit zur Frömmigkeit führt …"[644] Gottes *zuvorkommende Gnade* ist es, die den Sünder ruft, ohne daß irgendwelche Verdienste seinerseits dazu Veranlassung geben, die ihn erweckt und ihm hilft, das Ziel seiner Rechtfertigung ins Auge zu fassen, der Gnade *frei* zuzustimmen und mit ihr mitzuwirken und ihn so durch die Erleuchtung des Hl. Geistes bereit macht.[645] So kommt es, daß er die *Glaubensbotschaft*, die er hört, *annimmt*, vor allem den Glauben an die Offenbarungswahrheit von der Erlösung durch Christus, sich selbst als Sünder erkennt und von heilsamer Furcht erschüttert wird, doch Vertrauen faßt in der *Hoffnung* auf Gottes Barmherzigkeit und von *Liebe* zum Quell der Gerechtigkeit erfüllt wird und infolgedessen von Abscheu gegen die Sünde, d. h. von Reue. So gelangt er schließlich zum *Vorsatz*, „die Taufe zu empfangen, ein neues Leben zu beginnen

---

[641] D 1063 f.
[642] D 104.
[643] D 177.
[644] D 178.
[645] D 797.

und die göttlichen Gebote zu halten".[646] Jeder Schritt zum Guten sowie jeder Fortschritt im Guten ist also ein Werk der Gnade: „Vieles Gute tut Gott im Menschen, was *nicht der Mensch tut*. Doch der Mensch tut nichts Gutes, was nicht *Gott gewährte*, damit der Mensch es tue."[647] Von ihm kommt jeder „heilige Gedanke, fromme Entschluß und jede Regung des guten Willens".[648] Das gilt auch für die Zeit nach dem Empfang der heiligmachenden Gnade: d. h. es sind auch dann die guten Werke des Menschen nicht allein auf die habituelle Gnade, die ihm als innere Form innewohnt, zurückzuführen, sondern überdies auf einen aktuellen Gnadenbeistand. In Papst Coelestin I. „Indiculus"[649] über die Gnade heißt es, „daß *niemand*, auch wenn er durch die Taufgnade erneuert sei, *fähig sei*, die Nachstellungen des Teufels zu überwinden und die Begierden des Fleisches zu besiegen, wenn er nicht *durch Gottes täglichen Beistand* die Beharrlichkeit im guten Wandel empfange".[650] Dabei wird auf eine Stelle aus einem Brief Papst Innozenz I.[651] an das Konzil von Karthago verwiesen: „Denn wie sehr Er auch den Menschen von allen vergangenen Sünden erlöst hat, so hat Er sich doch, in der Erkenntnis, daß er wieder sündigen könne, viele Wege zur Wiederherstellung vorbehalten, wie Er ihn auch danach bessern könne, indem Er ihm tägliche Heilmittel gewährt; wenn wir nicht auf diese uns mit festem Vertrauen stützen, werden wir keineswegs die menschlichen Irrtümer vermeiden können. Denn notwendig werden wir besiegt, wenn der, mit dessen Hilfe wir siegen, uns nicht wiederum beisteht."[652]

So sind „alle Bestrebungen und alle Werke und Verdienste der Heiligen auf Gottes Ehre und Lob zu beziehen; denn *niemand ist Ihm auf Grund von etwas anderm wohlgefällig, als was Er selbst geschenkt hat*"; „… und damit sie etwas Gutes tun, berührt Er selbst mit väterlichen Einsprechungen die Herzen Seiner Kinder. *Soviele nämlich vom Geist Gottes getrieben werden, die sind Kinder Gottes* [Röm 8, 14]."[653]

Die gesamte kirchliche Überlieferung bezüglich der Gnadenlehre fordert uns also auf „zu *bekennen, daß Gott Urheber aller guten Gemütsregungen* und Werke, aller Bestrebungen und aller Tugenden ist, durch die man *vom Beginn des Glaubens an* zu Gott hinstrebt, und nicht zu zweifeln, daß allen Verdiensten des Menschen die Gnade dessen zuvorkommt, durch den es

---

[646] D 798.
[647] D 193.
[648] D 138.
[649] (Sammlung von päpstlichen Äußerungen über die absolute Notwendigkeit der Gnade zu jedem Heilsakt, gegen die Semipelagianer, bis ins 16. Jh. Coelestin I. zugeschrieben, wohl aber von Prosper von Aquitanien um 440 verfaßt.)
[650] D 132.
[651] (Papst von 402–417.)
[652] D 132.
[653] D 134.

geschieht, daß wir etwas Gutes zu *wollen* und zu *tun* beginnen [Phil 2, 13]".[654]

Die aktuellen Gnadenwirkungen können verschieden sein. Es ist nicht gesagt, daß jede Berührung durch die Gnade in der Seele *alles* hervorbringen müsse, was überhaupt die Gnade wirken kann, und daß keine echte Gnadenwirkung vorliege, wo das nicht der Fall ist. Darum ist es als Irrtum ⟨von⟩ der Synode von Pistoja[655] zurückgewiesen worden, daß nur die „heilige Liebe" und die „heilige Freude, die der in uns herrschenden Liebe entgegengesetzt sei ... in eigentlichem Sinn Gnade Christi sei, durch die wir das, was wir erkannt haben, mit heiliger Liebe tun; sie sei jene Wurzel, aus der die guten Werke hervorsprossen; sie sei die Gnade des Neuen Testaments, die uns von der Knechtschaft der Sünde befreit, zu Kindern Gottes macht." Zurückgewiesen wurde die Meinung, als „sei *dies allein im eigentlichen Sinn Gnade* Jesu Christi ... und als sei nicht auch jene Gnade im eigentlichen Sinn Gnade Christi, wodurch das Herz des Menschen durch die Erleuchtung des Heiligen Geistes berührt wird ..., und als gäbe es keine innere Gnade Christi, *der widerstanden wird ...*"[656] Auf diese „Erleuchtung und Einhauchung des Hl. Geistes" wird die *Glaubenszustimmung* zurückgeführt; denn ohne solche Erleuchtung „kann ‚niemand der evangelischen Predigt zustimmen', *wie es notwendig ist,* um das Heil zu erlangen ... Darum ist der *Glaube* selbst, in sich, auch wenn er nicht *durch die Liebe wirkt* [cf. Gal 5,6], *eine Gabe Gottes,* und sein Akt ist ein Werk, das für das Heil von Belang ist, wodurch der Mensch Gott selbst *freien* Gehorsam leistet, indem er Seiner Gnade zustimmt und mit ihr mitwirkt, der er widerstehen könnte ..."[657]

Für jeden freien Akt, der für das Heil Bedeutung hat, ist aber der Ursprung in Gottes Barmherzigkeit zu suchen, nicht umgekehrt. „Wenn jemand sagt, falls wir ohne Gottes Gnade glauben wollen, Verlangen haben, Anstrengungen machen, uns abmühen, wachen, streben, bitten, suchen, anklopfen, so werde uns von Gott Barmherzigkeit erwiesen; nicht aber bekennt, *daß wir glauben,* wollen oder all dies tun können, *wie es notwendig ist,* das geschehe in uns durch die Eingießung und Einhauchung des Hl. Geistes; und wer die Gnadenhilfe als etwas auf die Demut oder den Gehorsam des Menschen hin Eintretendes ansieht, statt zuzugeben, daß es ein Geschenk der Gnade selbst ist, wenn wir gehorsam und demütig sind, so widersteht er dem Apostel, der sagt: *Was hast du, das du nicht empfangen hast?* [1 Kor 4,7] und: *Durch die Gnade Gottes bin ich, was ich bin.* [1 Kor 15,10]"[658] „... in jedem guten Werk machen nicht wir den Anfang und wer-

---

[654] D 141.
[655] ⟨1786, Anlaß zum Untergang des Jansenismus.⟩
[656] D 1521.
[657] D 1791.
[658] D 179.

den nachher durch Gottes Barmherzigkeit unterstützt, sondern *Er selbst haucht uns ohne jede vorausgehenden Verdienste unsererseits sowohl den Glauben als die Liebe zu sich ein,* damit wir nach dem Sakrament der Taufe gläubig verlangen und nach der Taufe mit Seinem Beistand das erfüllen können, was Ihm wohlgefällig ist. Darum müssen wir ganz offenbar glauben, daß weder jenes Schächers, den der Herr ins paradiesische Vaterland berief [Lk 23,43], so wunderbarer Glaube, noch der des Hauptmanns Cornelius, zu dem ein Engel des Herrn gesandt wurde [Apg 10,3], und des Zachäus, der den Herrn selbst bei sich empfangen durfte [Lk 19,6], etwas Natürliches war, sondern ein Geschenk der göttlichen Freigebigkeit."[659]

Und wie die erste Hinwendung zu Gott, so ist auch die Rückkehr nach dem Fall auf dem Weg der Reue und Buße göttlicher Anregung zu verdanken.[660]

Daß wir nach der Rechtfertigung nicht auf das uns einmal verliehene Gnadenmaß angewiesen sind, sondern beständig neue Gnadenanregungen und -hilfen erfahren, stimmt durchaus überein mit der Auffassung, daß die Rechtfertigung uns dem mystischen Leibe Christi eingliedert und für Sein Leben empfänglich macht. Von dem göttlichen Haupt strömt den Gliedern beständig jene Kraft zu, „die ihren Werken immer vorausgeht, sie begleitet und ihnen folgt":[661] Als *vorausgehende* regt sie das Gute an, als *begleitende* hilft sie es vollbringen, als *nachfolgende* ist sie die Vermehrung der Gnade, die als Lohn des guten Werks anzusehen ist. So wirkt sie das Wollen, das Vollbringen und das Ausharren bis ans Ende.[662]

Alle bisher erwähnten Gnadenhilfen sind als *innere* zu bezeichnen. Als *äußere* sind Ermahnungen, belehrende Worte, äußere Begebenheiten anzusehen, die eine gute Wirkung im Menschen hervorbringen. Sie können nur im Verein mit inneren Anregungen Gnadenfrüchte in der Seele hervorrufen, doch ist es ein Irrtum zu meinen, daß sie ohne diese „innere Salbung" nur dazu dienten, das Herz „noch mehr zu verhärten".[663]

Alle äußeren und inneren aktuellen Gnadenhilfen dienen entweder dazu, den Menschen auf den Empfang der heiligmachenden Gnade vorzubereiten oder den Gerechtfertigten zu übernatürlich wertvollen Werken anzuregen und die ihm innewohnende Gnade zu vermehren. Der Empfang der heiligmachenden Gnade (durch die Taufe) aber ist die große Wendung, durch die der Mensch innerlich erneuert, zum übernatürlichen Leben geboren und zu übernatürlich wertvollen Werken fähig wird. Ein jedes gute Werk, das im

---

[659] D 200.
[660] D 807.
[661] D 809.
[662] D 806.
[663] D 1355.

Stand der Gnade vollbracht wird, vermehrt die habituelle Gnade;[664] insbesondere ist die Wirkung der gläubig empfangenen Sakramente eine Vermehrung der Gnade und damit zugleich eine Stärkung der Verbindung mit Christus.[665] Die Möglichkeit solcher Gnadenvermehrung dauert bis zum Tode; dann ist der feste „status termini"[666] erreicht.[667] Den Verlust der habituellen Gnade bewirkt jede Todsünde,[668] doch wird sie wiedergewonnen im Sakrament der Buße[669] oder durch vollkommene Reue, in der das Verlangen nach dem Bußsakrament eingeschlossen ist."[670]

Gottes Gnadenwille erstreckt sich auf alle Menschen;[671] für alle ist Christus gestorben, um ihnen die rechtfertigende Gnade zu verdienen,[672] aber nicht alle werden der Wohltat der Erlösung teilhaftig, da es in die freie Entscheidung des Menschen gelegt ist, die Gnade anzunehmen und mit ihr mitzuwirken oder sie abzuweisen und das Böse zu wählen.[673] Wie Gott keinem, der recht bittet, die Gnade versagt,[674] so verläßt Er keinen, der nicht zuerst Ihn verlassen hat,[675] gibt jedem, der sie erfleht, die Kraft, die Gebote zu erfüllen,[676] läßt keinen über sein Vermögen hinaus in Versuchung führen[677] und gewährt den Sündern die Gnade der Bekehrung.[678] So stehen jedem, auch im bloßen Naturstand, ausreichend Gnadenhilfen zur Verfügung, um den Weg des Heils zu finden.[679] Juden, Heiden und Häretiker werden durch sie angeregt. Bloß auf Grund ihrer natürlichen Kräfte würde das Verlangen nach dem Heil nicht in ihnen erwachen.[680] Das alttestamentliche Gesetz konnte „zu Christus erziehen", d. h. Gnadenanregungen geben, aber nicht selbst rechtfertigen.[681]

---

[664] D 834, 842.
[665] D 695, 698, 849.
[666] ⟨Lat.: Endzustand.⟩
[667] D 778.
[668] D 808.
[669] D 807.
[670] D 898.
[671] D 794.
[672] D 795.
[673] D 134, 797 f.
[674] D 979.
[675] D 806, 1794.
[676] D 200, 804.
[677] D 979.
[678] D 444, 807.
[679] D 1295.
[680] D 1518.
[681] D 189, 194, 793.

2. Neugestaltung der Seele durch die Gnade: die theologischen Tugenden

Die habituelle Gnade, die als eine innere Form in die Seele gesenkt wird, bedeutet eine Neugestaltung der Seele, von der alle ihre Kräfte ergriffen werden.[682] Sie wird ausgestattet mit den übernatürlichen *Tugenden* des Glaubens, der Hoffnung und der Liebe,[683] die in der Sprache der Scholastik als „eingegossene Habitus" bezeichnet werden. Unter einem *Habitus* versteht man eine dauernde Bestimmtheit eines seelischen Vermögens[684] – z. B. ist der Wissensbesitz ein Habitus des Verstandes –, die es ermöglicht, leicht von der Potenz zum Akt überzugehen, z. B. eine früher einmal gewonnene Verstandeseinsicht, die im Gedächtnis bewahrt wurde, aufs neue lebendig zu vollziehen. Man nennt den Habitus *eingegossen*, wenn er weder angeboren ist (wie nach der thomistischen Erkenntnislehre die Prinzipien des Erkennens), noch *erworben* (wie das durch Forschen und Lernen erworbene Wissen), sondern durch Gottes Gnade in die Seele gesenkt. Es ist von der Kirche gebilligte theologische Lehrmeinung,[685] daß Glaube, Liebe und Hoffnung, die theologischen Tugenden, solche eingegossene Habitus seien und durch die Taufe allen Menschen gegeben werden, auch den neugeborenen Kindern, bei denen (ebenso wie für die angeborenen Habitus) erst später die Möglichkeit der Aktualisierung kommt.

Die wiederholte dogmatische Erklärung, daß wir durch Gebot zu den Akten der theologischen Tugenden verpflichtet seien,[686] d. h. daß es von uns verlangt werde zu glauben, zu hoffen und zu lieben, zeigt uns, daß diese Akte im Bereich unserer Freiheit sind, daß also die entsprechenden Tugenden habituelle Einstellungen des Willens sind (wenn auch damit nicht gesagt ist, daß der Wille *allein* daran beteiligt sei). Diese *aktiven* Tugenden sind zum Heil notwendig und werden nicht etwa auf den höheren Stufen des geistlichen Lebens durch Beschauung und vollkommene Liebe überflüssig.[687] Andererseits wird die moderne Überschätzung der Aktivität abgewehrt. So ist mit aller Entschiedenheit die Auffassung des Amerikanismus[688] zurückgewiesen worden, wonach „alle *christlichen Tugenden* gleichsam in zwei Gattungen eingeteilt werden, in *passive* … und *aktive; …* jene seien in

---

[682] D 410, 483.
[683] D 800.
[684] Vgl. Thomas von Aquino, *Ver*, q 16 a 1 (in meiner Übertragung Bd. II, S. 75 ff.).
[685] D 410, 483.
[686] D 1101, 1155 f., 1166 f., 1215, 1289.
[687] D 1251, 1327 ff. (gegen die Irrtümer von Molinos und Fénelon).
[688] (Von Papst Leo XIII. 1898 verurteilte Theorie, nach der die katholische Lehre sich in Einklang mit der säkularen Umwelt bringen müsse, indem unbeliebte Dogmen nicht betont oder gar nicht beachtet würden. Die kirchlichen Behörden sollten auf ihre Autoritätsausübung verzichten. Die natürlichen Tugenden seien wichtiger als die übernatürlichen, die aktiven wichtiger als die passiven, um neue Wege zu den Nichtkatholiken zu suchen.)

vergangenen Zeiten angemessen gewesen, diese entsprächen der Gegenwart mehr ... Daß jedoch andern Zeiten andere christliche Tugenden angepaßt gewesen seien, das kann nur jemand wollen, der nicht an die Worte des Apostels denkt: *,Die Er voraus erkannt hat, die hat Er auch vorherbestimmt, dem Bilde Seines Sohnes gleichförmig zu werden'* [Röm 8, 29]. Christus ist Lehrer und Urbild aller Heiligkeit; dieser Richtschnur müssen sich alle anpassen, die danach verlangen, in die Wohnsitze der Seligen aufgenommen zu werden. Nun wandelt sich Christus nicht im Laufe der Jahrhunderte, sondern ist *,derselbe gestern und heute und für alle Zeit'* [Hebr 13, 8]. Also gilt für die Menschen aller Zeiten das Wort: *,Lernet von mir, denn ich bin sanft und demütig von Herzen'* [Mt 11, 29]; und zu keiner Zeit zeigt sich uns Christus anders als *gehorsam geworden bis zum Tode* [Phil 2, 8]; und in jedem Zeitalter gilt das Wort des Apostels: *,Die Christus angehören, kreuzigen ihr Fleisch mit seinen Lastern und Begierden.'* [Gal 5, 24 ...]"[689]

a. Der Glaube

Das Fundament, auf dem das Gebäude des übernatürlichen Lebens errichtet werden muß, ist der *Glaube*. Er ist eine *übernatürliche Tugend* und nicht auf natürlichem Wege zu erlangen.[690] Es wurde bereits an früherer Stelle[691] die Definition des ⟨I.⟩ Vatikanischen Konzils angeführt, wonach wir kraft dieser übernatürlichen Tugend, „durch den Anhauch und unter dem Beistand der göttlichen Gnade, das von Gott Offenbarte für wahr halten, nicht wegen der mit dem natürlichen Licht der Vernunft durchschauten inneren Wahrheit der Sachverhalte, sondern *wegen der Autorität des offenbarenden Gottes selbst*, der weder getäuscht werden noch täuschen kann".[692]

Der Verstand ist am Glaubensakt einmal dadurch beteiligt, daß uns ja eine *Wahrheit* vor Augen gestellt wird, deren Sinngehalt wir verstehen müssen, wenn wir ihn auch nicht begreifen können wie einen unmittelbar einsichtigen Satz oder einen, der sich aus einsichtigen Prinzipien mit zwingender Notwendigkeit logisch ableiten läßt. Weil andererseits die Annahme dieser Wahrheit dem Verstand nicht durch einsichtige Vernunftmotive überwältigend aufgenötigt ist, weil Motive zum Zweifel und Unglauben vorhanden sind, bedarf es eines stärkeren Willensanteils für die Annahme der offenbarten Wahrheit als für eine Erfahrungswahrheit oder eine der natürlichen Vernunft. Doch fehlt es auch nicht an Motiven, die die Annahme des Glaubens als vernünftig erscheinen lassen: „Damit jedoch *unser Gottesdienst geistig sei*

---

[689] D 1972.
[690] D 178.
[691] S. 60 ff. ⟨hier: S. 32 ff.⟩, D 1789.
[692] ⟨Auf einem losen Blatt, vgl. Anm. 398, vermerkt Stein zu dieser Seite: „445 Buchtitel der Enzyklika".⟩

[Röm 12, 1],[693] wollte Gott mit den inneren Hilfen des Heiligen Geistes äußere *Beweismittel* (argumenta) Seiner Offenbarung verbinden, nämlich göttliche Taten und besonders Wunder und Weissagungen, die Gottes Allmacht und unendliches Wissen leuchtend beweisen und dadurch die *gewissesten Zeichen für die göttliche Offenbarung* sind und dem Verständnis aller angepaßt ... Darum haben sowohl Moses und die Propheten als besonders Christus, der Herr, selbst viele augenscheinliche Wunder und Weissagungen vollbracht; und von den Aposteln lesen wir: ,*Sie aber brachen auf und predigten überall, Gott aber wirkte mit und bekräftigte ihre Reden mit begleitenden Zeichen*' [Mk 16, 20]. Und wiederum steht geschrieben: ,*Wir haben noch ein festeres, prophetisches Wort, und ihr tut gut, darauf zu achten wie auf eine Leuchte, die an einem dunklen Ort leuchtet*' [2 Petr 1, 19]."[694]

Der Sinn ist offenbar der: Die natürliche Vernunft sieht sich Tatsachen gegenüber, die sie aus dem Erfahrungszusammenhang nicht erklären kann. Der Macht, der sie dieses wunderbare Wirken zuschreibt, muß sie auch ein dem menschlichen überlegenes Wissen zutrauen; und so darf sie vertrauen, daß das, was ihr aus dem ihr selbst unzugänglichen Schatz mitgeteilt wird, Wahrheit ist. Insofern ist die Annahme des Glaubens vernünftig, „die *Glaubenszustimmung* keineswegs eine blinde Regung des Gemüts". Andererseits reicht das „natürliche Licht" nicht aus zum Glauben: „niemand kann ,der evangelischen Predigt zustimmen', *wie es notwendig ist*, um das Heil zu erlangen, ,ohne Erleuchtung und Einhauchung des Heiligen Geistes, der allen die Süßigkeit in der Zustimmung und im Glauben an die Wahrheit gibt' ..."[695] Auf Grund dieser Erleuchtung ist der Glaube als *Gnadengeschenk* zu bezeichnen. Weil aber weder die natürlichen Vernunftmotive noch die übernatürliche Erleuchtung zwingende sind, sondern die Möglichkeit des Zweifels offen lassen, darum bleibt ein Spielraum für die Wahl des Menschen; und so ist der Glaubensakt eine Tat des *freien Gehorsams*, der der Gnade zustimmt und mit ihr mitwirkt, obwohl ein Widerstand möglich wäre.

Weil der Glaubensakt eine freie Gehorsamsleistung ist, kann er sinnvoll *gefordert* werden, ist er verdienstlich und der Glaubenshabitus als Tugend zu bezeichnen. Der Umkreis dessen, wofür von uns Glauben gefordert wird, ist umschrieben durch „das, was im *geschriebenen* oder *überlieferten Wort Gottes* enthalten ist und von der Kirche, sei es durch feierliches Urteil, sei es

---

[693] ⟨Durchgestrichen: „Damit jedoch die Willfähigkeit unseres Glaubens mit der Vernunft übereinstimme". Auf einem losen Blatt, vgl. Anm. 398, vermerkt Stein zu dieser Seite: „Ms 446. D. 1790, Röm 12, 1. rationabile obsequium vestrum = τὴν λογικὴν λατρείαν ὑμῶν = so daß euer Gottesdienst geistig sei."⟩

[694] D 1790.

[695] D 1791.

durch das gewöhnliche und allgemeine Lehramt *als von Gott offenbart zu glauben* vorgestellt wird".[696]

„Da es nun ,*unmöglich ist, ohne Glauben … Gott zu gefallen*' [Hebr 11,6] und in die Gemeinschaft Seiner Kinder zu gelangen, darum ist noch niemandem jemals die Rechtfertigung ohne ihn geglückt, und keiner wird das ewige Leben erlangen, der nicht ,*darin bis ans Ende ausgeharrt hat*'.[697] Damit wir aber der Pflicht genügen können, den wahren Glauben zu umfassen und darin standhaft auszuharren, hat Gott durch Seinen Sohn die *Kirche* eingerichtet und sie mit offenbaren *Kennzeichen* Seiner Einsetzung ausgerüstet, damit sie von allen als Hüterin und Lehrerin des offenbarten Wortes erkannt werden könne."[698]

„Denn allein zur *katholischen* Kirche gehört all das, was an Wunderbarem in so großer Zahl von Gott angeordnet wurde, um den christlichen Glauben augenscheinlich glaubwürdig zu machen. Ja sogar *durch sich selbst*, nämlich um ihrer wunderbaren Ausbreitung ihrer außerordentlichen Heiligkeit und unerschöpflichen Fruchtbarkeit in allem Guten, um ihrer katholischen Einheit und unbesiegten Standhaftigkeit willen, ist die Kirche ein großes und dauerndes *Motiv für die Annahme des Glaubens* und ein unverbrüchliches Zeugnis ihrer göttlichen Sendung.

So kommt es, daß sie selbst wie *ein Zeichen, das unter den Völkern aufgerichtet ist* [Jes 11,12], sowohl die zu sich einlädt, die noch nicht den Glauben angenommen haben, und ihre Kinder vergewissert, daß der Glauben, den sie bekennen, auf dem festesten Grunde steht. Zu diesem Zeugnis kommt jedoch eine wirksame Unterstützung aus der Kraft von oben. Denn der allgütige Herr erweckt einerseits die Irrenden durch Seine Gnade und hilft ihnen, damit sie ,*zur Erkenntnis der Wahrheit gelangen*' können [1 Tim 2,4], andererseits stärkt Er die, die Er aus der Finsternis in Sein wunderbares Licht versetzt hat, mit Seiner Gnade, damit sie in eben diesem Licht ausharren, und *verläßt sie nicht, wenn Er nicht verlassen wird*. Deshalb sind die, die durch das Himmelsgeschenk des Glaubens der *katholischen* Wahrheit anhangen, keineswegs in derselben Lage wie die, die von menschlichen Meinungen geleitet, einer *falschen* Religion folgen; denn jene, die den Glauben unter der Leitung der Kirche angenommen haben, können *niemals einen*

---

[696] D 1792.

[697] In dem Büchlein *Sehet und kostet die Früchte des Hl. Geistes* von Sr. Teresia Renata de Spiritu Sancto geb. Posselt (Herder ⟨Freiburg⟩ 1932) wird darauf hingewiesen, daß fides „Treue und Glauben" bedeutet (S. 68 ff.). ⟨Auf einem losen Blatt, vgl. Anm. 398, notiert Stein hierzu folgendes: „Teresia Renata de Spiritu Sancto, geb. Posselt. Unbeschuhte Karmelitin, *Sehet und kostet die Früchte des Hl. Geistes*, Herder ⟨Freiburg⟩ 1932.
Die 12 Früchte Gal. 5,22 zu je 4 verteilt auf Gottesliebe – Nächstenliebe – Selbstliebe.
Glaube 68 ff. *fides* = Treue u. Glauben
P. Anselm Stolz OSB, *Glaubensgnade und Glaubenslicht*, Herder ⟨Freiburg⟩ 1933".⟩

[698] D 1793.

gerechten Grund haben, diesen Glauben zu *wechseln* oder in *Zweifel* zu ziehen ... Darum *,danken wir Gott dem Vater, der uns würdig gemacht hat zum Anteil am Los der Heiligen im Licht'* [Kol 1, 12], und vernachlässigen wir ein so großes Heil nicht, sondern *,schauen wir auf den Urheber und Vollender des Glaubens, Jesus'* [Hebr 12, 2] und *halten wir unwandelbar fest am Bekenntnis unserer Hoffnung* [Hebr 10, 23].*"* [699]

⟨b. Glaube und Vernunft⟩

Der Glaube wurde als in Übereinstimmung mit der natürlichen Vernunft stehend bezeichnet, sofern Vernunftmotive für seine Annahme sprechen. Aber der Glaubensakt ist nicht selbst ein Akt der natürlichen Vernunft: „Die dauernde Übereinstimmung der katholischen Kirche hat ... daran festgehalten und hält daran fest, daß es eine *doppelte Ordnung der Erkenntnis* gibt, die nicht nur dem Prinzip, sondern auch dem Objekt nach verschieden ist: dem *Prinzip* nach, weil wir in der einen ⟨Ordnung⟩ mit der natürlichen Vernunft, in der andern ⟨Ordnung⟩ mit dem göttlichen Glauben erkennen; dem *Objekt* nach, weil uns über das hinaus, worauf sich die natürliche Vernunft erstrecken kann, in Gott verborgene *Geheimnisse* zu glauben vorgestellt werden, die auf keinem andern Wege als durch göttliche Offenbarung bekannt werden können ... Darum verkündet der Apostel, der bezeugt, von den Heiden sei Gott *,durch die erschaffenen Dinge'* [Röm 1, 20] erkannt worden, wo er im Gegensatz dazu von der *Gnade und Wahrheit* spricht, die *,durch Jesus Christus geworden sind'* [cf. Joh 1, 17]: *,Wir reden Gottes Weisheit im Geheimnis, die verborgen ist, welche Gott zu Beginn der Welt zu unserer Herrlichkeit bestimmt hat, die niemand von den Fürsten dieser Welt erkannt hat ...; uns aber hat es Gott offenbart durch Seinen Geist; denn der Geist erforscht alles, auch die Tiefen der Gottheit'* [1 Kor 2, 7; 8; 10]. Und der Eingeborene selbst *bekennt dem Vater, daß Er dies vor den Weisen und Klugen verborgen und es den Kleinen offenbart hat* [cf. Mt 11, 25].*"* [700]

„Allerdings kann die vom Glauben erleuchtete Vernunft, wenn sie emsig, mit frommer Scheu und nüchtern forscht, wofern Gott es gibt, *ein gewisses* Verständnis der Geheimnisse und ein sehr fruchtbares erlangen, teils auf Grund der Analogie mit dem, was sie natürlicherweise erkennt, teils auf Grund der Verknüpfung der Geheimnisse selbst untereinander und mit dem letzten Ziel des Menschen; sie wird jedoch niemals fähig, sie zu *durchdringen* gleich den Wahrheiten, die ihr eigentliches Objekt bilden. Denn die göttlichen Geheimnisse *übersteigen* ihrer Natur nach den *geschaffenen Verstand* so, daß sie auch nach Übermittlung der Offenbarung und Annahme

---

[699] D 1794.
[700] ⟨D 1795.⟩

des Glaubens doch mit dem Schleier eben des Glaubens verdeckt und in eine gewisse Dunkelheit gehüllt bleiben, solange wir in diesem sterblichen Leben *,in der Fremde sind, fern vom Herrn; denn im Glauben wandeln wir und nicht im Schauen'* [2 Kor 5,6 f.].“[701] „Doch wenn auch der Glaube über die Vernunft ist, so kann *niemals* ein wirklicher *Widerspruch* zwischen Glauben und Vernunft bestehen: Denn derselbe Gott, der die Geheimnisse offenbart und den Glauben eingießt, hat in den Menschengeist das Licht der Vernunft hineingegeben, Gott aber kann sich selbst nicht verleugnen und eine Wahrheit niemals der andern widersprechen. Der nichtige Schein eines solchen Widerspruchs entsteht aber vor allem dadurch, daß entweder die Glaubenslehren nicht im Sinne der Kirche verstanden und ausgelegt werden oder willkürliche Meinungen für Aussprüche der Vernunft gehalten werden. So *,erklären wir, daß jede Behauptung, die der erleuchteten Glaubenswahrheit widerspricht, durchaus falsch ist'* [V. Laterankonzil ⟨1513⟩, D 738].“[702]

„Ferner hat die *Kirche*, die zusammen mit dem apostolischen Lehramt den Auftrag empfing, das Glaubenspfand zu bewahren, auch das Recht und die *von Gott auferlegte Pflicht, die fälschlich sogenannte Wissenschaft zu ächten, damit niemand durch Philosophie und eitlen Trug getäuscht werde.* [cf. Kol 2,8 ...] Deshalb ist es allen Christgläubigen nicht nur verboten, solche Meinungen, die als der Glaubenslehre widersprechend erkannt werden, besonders wenn sie von der Kirche verworfen wurden, als rechtmäßige Folgerungen der Wissenschaft zu verteidigen, sondern sie sind durchaus verpflichtet, sie vielmehr für Irrtümer zu halten, die den trügerischen Schein der Wahrheit zur Schau tragen.“[703]

„Und Vernunft und Glauben können nicht nur niemals einander widersprechen, sondern leisten einander wechselseitige Hilfe, da die *richtig vorgehende Vernunft die Grundlagen des Glaubens beweist* und, von seinem Licht erleuchtet, die Wissenschaft von den göttlichen Dingen ausbildet, der *Glaube* aber *die Vernunft von Irrtümern befreit* und schützt und sie mit mannigfacher Erkenntnis ausrüstet. So fern liegt es darum der Kirche, der Pflege der menschlichen Künste und Wissenschaften in den Weg zu treten, daß sie sie auf vielerlei Weise unterstützt und fördert. Denn sie verkennt und verachtet keineswegs die Vorteile für das menschliche Leben, die aus ihnen entspringen; vielmehr gesteht sie zu, wie diese von Gott, dem Herrn alles Wissens, ausgegangen seien, so führten sie mit Gottes Gnadenbeistand wieder zu Gott hin, wenn sie richtig behandelt würden. Sie verbietet auch gewiß nicht, daß solche Disziplinen *jede im eigenen Umkreis eigene Prinzipien* und eine eigene Methode anwenden; doch bei aller Anerkennung dieser berechtigten Freiheit

---

[701] D 1796.
[702] D 1797.
[703] D 1798.

Edith Stein

hat sie sorgfältig darauf acht, daß sie nicht durch Widerspruch gegen die göttliche Lehre Irrtümer in sich aufnehmen oder in Überschreitung ihrer eigenen Grenzen sich anmaßen und in Verwirrung bringen, was Glaubenssache ist."[704]

„Denn die Glaubenslehre, die Gott offenbart hat, ist nicht wie eine philosophische Entdeckung den Menschengeistern vorgelegt, um sie zur Vollendung zu führen, sondern ist als *von Gott anvertrautes Gut* der Braut Christi übergeben, um sie *treu zu bewahren und unfehlbar zu erklären.* Darum ist *der* Sinn der heiligen Lehren, den die heilige Mutter Kirche einmal erklärt hat, dauernd festzuhalten, und niemals soll von diesem Sinn unter dem Anschein und Namen eines tieferen Verständnisses abgewichen werden ... ‚Darum wachse ... und schreite weit und kräftig voran Verständnis, Wissen und Weisheit sowohl jedes Einzelnen wie aller, des einzelnen Menschen wie der ganzen Kirche, nach Alters- und Zeitstufen: doch freilich [**jedes**] in seinem Bereich (genus) und natürlich in derselben Lehre, demselben Sinn und derselben Meinung.'"[705]

⟨c. Auseinandersetzung mit den Modernisten[706]⟩

Der positiven Bestimmung des Glaubens hat die Kirche in der Auseinandersetzung mit modernen Irrtümern eine ausdrückliche Erklärung dessen folgen lassen, was der Glaube *nicht* ist. Pius X. bezeichnet es in der Enzyklika *Pascendi dominici gregis*[707] als „schlauen Kunstgriff der Modernisten, daß sie

---

[704] D 1799.
[705] D 1800.
[706] ⟨Anhänger des Modernismus: Irrlehre während der religiösen Krise zu Anfang des 20. Jh.s in Frankreich, Italien, Deutschland und England auf dem Gebiet der Philosophie, Theologie und Sozialehre, 1907 Anlaß zu einer Verurteilung durch Pius X.; Grundirrtümer waren der Agnostizismus (Nichterkennbarkeit Gottes) und der Immanentismus (Herleitung der Glaubenslehre aus der inneren Erfahrung des Menschen), so daß der übernatürliche Charakter von Glaube und Kirche aufgehoben wurde; stattdessen betonte man die innere Erfahrung Gottes und die Trennung von Glauben und Wissen.⟩
[707] D 2072ff. (Vgl. die autorisierte Ausgabe: *Rundschreiben unseres Heiligen Vaters Pius X. über die Lehren der Modernisten*, Herder ⟨Freiburg⟩ 1907 und ihre Erläuterung in *Philosophie und Theologie des Modernismus*⟨. *Eine Erklärung des Lehrgehaltes der Enzyklika „Pascendi", des Dekretes „Lamentabili" und des Eides wider den Modernismus*⟩ von Julius Beßmer S.J., Herder ⟨Freiburg⟩ 1912.)⟨, S. 1–103. Stein vermerkt auf einem Notizzettel (ESAK, B I 64b) unter der vollständigen Literaturangabe: „⟨Hauptvertreter Abbé Loisy⟨, Alfred,⟩ *L'Évangile et L'Église.* ⟨frz. 1902, dt. *Das Evangelium und die Kirche*, München 1904. Loisy, Alfred⟩ *Les évangiles synoptiques.* ⟨Amiens 1896.⟩ Auteur d'un petit livre. Baron v⟨on⟩ Hügel⟨, Friedrich, *Essays and Addresses on the Philosophy of Religion*, London 1921⟩. Tyrell⟨, George, *External Religion*, London 1900⟩. Foggazzaro⟨, Antonio, *Les ascensions humaines. Évolutionnisme et catholicisme*, Paris 1901⟩, Murri⟨, Romolo, *La vita cristiana al principio del secolo 20*, Rom ²1901; dt.: *Das christliche Leben zu Beginn des zwanzigsten Jahrhunderts*, Köln 1908)⟩, Gisler, Anton, *Der Modernismus*, Köln 1912."⟩

ihre Lehren nicht in sachlich geordneter Reihenfolge und geschlossenem Zusammenhang vortragen, sondern gleichsam verstreut und aus dem Zusammenhang herausgerissen, natürlich um den Schein des Suchens und Tastens zu erwecken,[708] während sie doch im Gegenteil fest und für die Dauer ⟨sic⟩ entschieden sind"; darum findet er es notwendig, „diese Lehren … zuerst in einer Gesamtüberschau darzustellen und das Band aufzuzeigen, wodurch sie miteinander zusammenhängen, um dann die Ursachen der Irrtümer zu untersuchen und Heilmittel vorzuschreiben, um das Verderben abzuwehren … Um aber in dieser überaus verwickelten Sache geordnet vorzugehen, muß vor allem bemerkt werden, daß jeder Modernist mehrere Rollen spielt und gleichsam in sich vermischt; nämlich die des Philosophen, des Gläubigen, des Theologen, Historikers, Kritikers, Apologeten und Neuerers: Diese alle muß man jede für sich unterscheiden, wenn man ihr System richtig erkennen und die Voraussetzungen und Folgen ihrer Lehren durchschauen will."[709]

⟨c. 1 Der Modernist als Philosoph⟩

„Um nun mit dem Philosophen zu beginnen, so nehmen die Modernisten als Grundlage der Religionsphilosophie jene Lehre, die man gewöhnlich *Agnostizismus* nennt. Danach ist die menschliche Vernunft ganz und gar auf die *Phänomene* beschränkt, d. h. auf die erscheinenden Dinge und zwar in der Ansicht (species), wie sie erscheinen: Deren Grenzen zu überschreiten hat sie weder Recht noch Vermögen. Deshalb ist sie weder imstande, sich zu Gott zu erheben, noch seine Existenz irgendwie durch die sichtbaren Dinge zu erkennen. Daraus folgt, daß Gott *auf keine Weise unmittelbar Gegenstand der Wissenschaft sein kann;* was aber die Geschichte anlangt, so ist Gott keineswegs als historisches Subjekt anzusehen. Was bei diesen Voraussetzungen aus der *natürlichen Theologie,* was aus den *Motiven für die Annahme des Glaubens,* was aus der *äußeren Offenbarung* wird, das wird jeder leicht durchschauen. Natürlich beseitigen sie die Modernisten von Grund aus ⟨sic⟩ und verweisen sie zum *Intellektualismus:* ein, wie sie sagen, lächerliches und längst überlebtes System. Und sie lassen sich nicht einmal dadurch zurückhalten, daß die Kirche solche ungeheuerlichen Irrtümer längst klar und deutlich verurteilt hat …"[710]

„Wie nun die Modernisten vom Agnostizismus, der beim bloßen Nichtwissen stehen bleibt, zum wissenschaftlichen und geschichtlichen *Atheismus* übergehen, der im Gegensatz dazu schon die vollkommene Leugnung be-

---

[708] ⟨Durchgestrichen: „voneinander getrennt, so daß sie allerdings schwankend und unbestimmt erscheinen".⟩
[709] D 2071.
[710] D 1806 f., 1812, D 2072.

Edith Stein

deutet:[711] mit welchem Recht der Begründung man von dem, was man nicht weiß – ob Gott in die Geschichte der menschlichen Völker eingegriffen hat oder nicht –, den Schritt tut zur Erklärung dieser Geschichte unter völliger Vernachlässigung Gottes, als ob Er tatsächlich nicht eingegriffen hätte, das begreife vollends, wer es kann. Trotzdem ist es für sie gültig und feststehend, daß die *strenge* *Wissenschaft und ebenso die Geschichte gott-los sein müsse;* in ihren Grenzen könne nur für Phänomene Raum sein, für Gott und alles, was göttlich ist, gebe es darin keinen Platz. – Was auf Grund dieser ganz absurden Lehre von der heiligsten Person Christi, was von den Geheimnissen Seines Lebens und Todes, was ebenso von der Auferstehung und Himmelfahrt zu halten ist, das werden wir bald deutlich sehen."[712]

„Dieser Agnostizismus ist jedoch in der Lehre der Modernisten nur als der negative Teil anzusehen: der positive besteht in der *vitalen Immanenz,* wie sie sagen. Die *Religion,* sei sie natürlich oder übernatürlich, müsse wie jede beliebige Tatsache irgend eine Erklärung zulassen. Nachdem aber die natürliche Theologie zerstört und der Zugang zur Offenbarung wegen der Zurückweisung der Argumente für die Annahme des Glaubens abgeschnitten ist, wird eine Erklärung außerhalb des Menschen vergeblich gesucht. Also muß man sie im Menschen selbst suchen: Und da die Religion eine Lebensform ist, muß sie gänzlich im Leben des Menschen zu finden sein. Deshalb wird als Prinzip die *religiöse Immanenz* angenommen. Nun ist die erste Regung gleichsam jedes Lebensphänomens – und dazu gehört ja, wie gesagt, die Religion – auf irgend ein Bedürfnis oder einen Trieb zurückzuführen: Die Anfänge aber, wenn wir vom Leben, strenger genommen, reden, sind in eine Bewegung des Herzens zu verlegen, die wir *Gefühl*[713] (sensus) nennen. Da nun der Gegenstand der Religion Gott ist, müssen wir durchaus schließen, daß der *Glaube,* der der Anfang und die Grundlage jeder Religion ist, in einem *innern Gefühl* bestehe, das aus dem Bedürfnis nach dem Göttlichen entspringt. Da nun das Bedürfnis nach dem Göttlichen nur bei bestimmten, geeigneten Bedingungen (non nisi certis aptisque complexibus) empfunden wird, so kann es von sich aus nicht zum Umkreis des Bewußtseins gehören; es ist zuerst unterhalb des Bewußtseins verborgen oder, wie sie mit einem der modernen Philosophie entliehenen Wort sagen, im *Unterbewußtsein,* wo auch seine Wurzel verborgen und unentdeckt bleibt. – Vielleicht wird jemand fragen, auf welche Weise dies Bedürfnis nach dem Göttlichen, das der Mensch in sich spüren soll, schließlich zur Religion werde. Darauf sagen die Modernisten: Exakte Wissenschaft und Geschichte werden von einer zweifachen Grenze eingeschlossen; nämlich einerseits von der äu-

---

[711] ⟨Durchgestrichen: „schon ganz in der Verderbnis festgesetzt ist".⟩
[712] D 2073.
[713] ⟨Durchgestrichen: „Empfindung", „Sinnenregung".⟩

ßeren, sichtbaren Welt, andererseits von der inneren, d. i. vom Bewußtsein. Wo sie an eine von beiden stoßen, da geht es nicht weiter: Denn jenseits dieser Grenzen liegt das *Unerkennbare*. In Gegenwart dieses Unerkennbaren, sei es außerhalb des Menschen und jenseits der sichtbaren Natur der Dinge, sei es innerlich im Unterbewußtsein verborgen, erregt das Bedürfnis nach dem Göttlichen ein besonderes *Gefühl* in dem zur Religion geneigten Gemüt, ohne daß, gemäß den Aufstellungen des Fideismus, ein Urteil des Geistes vorausginge: Dies Gefühl hat nun die göttliche *Realität* selbst sowohl als Objekt wie als seine innere Ursache, die darin verschlungen ist, und verbindet den Menschen in einer gewissen Weise mit Gott. Dieses Gefühl ist es schließlich, was die Modernisten mit dem Namen des *Glaubens* bezeichnen, und es gilt ihnen als Anfang der Religion."[714]

„Aber hier hält man noch nicht mit dem Philosophieren, oder richtiger mit dem Phantasieren, inne. Die Modernisten finden nämlich in einem solchen *Gefühl* nicht nur den Glauben; sondern beim Glauben und im Glauben selbst, wie sie ihn verstehen, habe die *Offenbarung*, so behaupten sie, ihre Stelle. In der Tat, wer sollte noch etwas mehr zur Offenbarung fordern? Oder sollen wir jenes religiöse Gefühl, wenn es im Bewußtsein erscheint, nicht *Offenbarung*, oder wenigstens den Anfang der Offenbarung nennen; ja daß *Gott selbst* sich, wenn auch auf verworrenere Weise, in eben diesem religiösen Gefühl den Gemütern offenbare? Dem geben sie nun die Deutung: Da Gott sowohl Gegenstand als Ursache des Glaubens ist, so handelt auch die Offenbarung von Gott und rührt zugleich von Gott her; sie hat nämlich Gott zugleich als das Offenbarende und das Offenbarte. Daher kommt nun ... jene ganz absurde Behauptung der Modernisten, wonach jede beliebige Religion, je nach dem verschiedenen Gesichtspunkt, sowohl natürlich als übernatürlich zu nennen ist. Daher die *Vermischung der Bezeichnungen Bewußtsein und Offenbarung*. Daher das Gesetz, wonach das religiöse Bewußtsein als allgemeine Regel hingestellt wird, die mit der Offenbarung völlig gleichzusetzen sei, der alle unterworfen sein müßten, selbst die höchste Gewalt in der Kirche, mag diese nun lehren oder etwas über Gottesdienst und Lebensordnung (de sacris disciplinare[715]) festsetzen."[716]

„Jedoch bei diesem ganzen Vorgang, durch den nach der Meinung der Modernisten Glaube und Offenbarung entstehen, ist eines besonders zu beachten, was von nicht geringer Bedeutung ist wegen der *historisch-kritischen Folgerungen*, die jene daraus ziehen. – Jenes *Unerkennbare* nämlich, von dem sie sprechen, stellt sich dem Glauben nicht als etwas Nacktes oder Einzelnes; vielmehr haftet es eng an einem Phänomen, das zwar zum Feld der exakten

---

[714] D 2074.
[715] ⟨Lat.: über das Heilige unterrichten.⟩
[716] D 2075.

Edith Stein

Wissenschaft oder der Geschichte gehört, es aber doch irgendwie überschreitet, mag nun dieses Phänomen eine Naturtatsache sein, die etwas Geheimnisvolles in sich enthält, oder eine einzelne menschliche Persönlichkeit,
deren Geistesart, Taten und Worte mit den gewöhnlichen Gesetzen der Geschichte kaum vereinbar scheinen. Da nun umfaßt der Glaube, von dem
Unerkennbaren angelockt, das mit dem Phänomen verbunden ist, eben dieses Phänomen als Ganzes und durchdringt es gleichsam mit seinem Leben.
Daraus folgt aber zweierlei. Erstens eine gewisse *Verklärung* des Phänomens
durch die Heraushebung über seine wahren Bedingungen, wodurch es eine
geeignetere Materie wird, um die Form des Göttlichen anzunehmen, die der
Glaube hineintragen will. Als Zweites [ergibt sich] eine gewisse *Entstellung*
des Phänomens, wenn man es so nennen darf, weil der *Glaube* ihm die
Umstände des Ortes und der Zeit nimmt und ihm *etwas zuerteilt, was es in
Wirklichkeit nicht hat:* Das kommt besonders dann vor, wenn es sich um
Phänomene handelt, die der Vergangenheit angehören, und umso mehr, je
länger sie zurückliegen. Aus diesem doppelten Grundsatz leiten die Modernisten wieder je zwei Lehrsätze ab, die im Verein mit dem andern, der schon
vom Agnostizismus herstammt, die *Grundlage der historischen Kritik ergeben.* Ein Beispiel wird die Sache erläutern; es soll von der Person Christi
hergenommen werden. *In der Person Christi,* sagen sie, *finden exakte Wissenschaft und Geschichte nichts außer dem Menschen.* Also ist kraft des ersten
Lehrsatzes, der aus dem Agnostizismus hergeleitet ist, aus Seiner Geschichte
alles zu beseitigen, was den Geruch des Göttlichen hat. Ferner ist nach dem
zweiten Lehrsatz die historische Person Christi vom Glauben *verklärt*[717] worden: Also muß alles daraus gestrichen werden, was sie über die *geschichtlichen* Bedingungen hinaushebt. Schließlich ist, kraft des dritten Lehrsatzes,
eben diese Person Christi auch vom Glauben *entstellt* worden: Also sind
daraus die Reden, Taten, mit einem Wort alles das zu beseitigen, was Seinem
Charakter, Seinem Stand, Seiner Erziehung, den Ort- und Zeitverhältnissen,
in denen Er lebte, keineswegs entspricht. – Freilich eine wunderbare ⟨d. h.
seltsame⟩ Art zu schließen: doch so ist die Kritik der Modernisten."[718]

„Das religiöse Gefühl also, das kraft der *vitalen Immanenz* aus den
Schlupfwinkeln des Unterbewußtseins hervorbricht, ist der Keim für die
gesamte Religion und ebenso der Grund für alles, was es in irgend einer
Religion jemals gegeben hat oder geben wird. Jenes anfangs allerdings rohe
und fast ungeformte *Gefühl* ist allmählich und unter dem Einfluß jenes ge-
heimen Prinzips, worin es seinen Ursprung hat, zugleich mit dem Fortschritt des menschlichen Lebens herangewachsen, zu dessen Formen es,
wie wir sagten, gehört. Da haben wir also den *Ursprung für alle beliebigen,*

---

[717] ⟨Durchgestrichen: „umgestaltet".⟩
[718] D 2076.

wenn auch übernatürlichen *Religionen:* Sie sind nämlich bloße Entfaltung des religiösen *Gefühls. Und niemand soll glauben, daß die katholische Religion ausgenommen* sei, soll sie vielmehr *durchaus den übrigen gleich* achten; denn sie ist im Bewußtsein Christi, eines Mannes von erlesenster Natur, der niemals Seinesgleichen hatte noch haben wird, durch den Vorgang der vitalen Immanenz und auf keine andere Weise entsprungen ...“[719]

„Bis hierher ... fanden wir dem *Verstand* keinen Platz eingeräumt. Doch auch er hat, nach der Lehre der Modernisten, seinen Anteil am Glaubensakt ... In jenem *Gefühl,* sagen sie, das wir öfters genannt haben, *stellt sich Gott zwar dem Menschen,* aber, da es *Gefühl,* nicht Erkenntnis ist, so verworren und vermischt, daß er von dem gläubigen Subjekt kaum oder gar nicht unterschieden wird. Es muß also dieses Gefühl durch ein Licht erleuchtet werden, damit Gott daraus ganz hervorspringe und unterschieden werden könne. Das kommt natürlich dem Verstand zu, dessen Sache es ist, zu denken und eine Zergliederung vorzunehmen; durch den der Mensch die in ihm aufsteigenden Lebensphänomene zuerst in Begriffe (species) überführt, dann aber mit Namen bezeichnet. Daher der bekannte Ausspruch der Modernisten: *der religiöse Mensch müsse seinen Glauben denken.* – Der Verstand[720] also, der zu jenem Gefühl hinzukommt, neigt sich darüber und arbeitet daran nach Art eines Malers, der die Zeichnung eines verblichenen Bildes mustert, um sie leuchtender hervortreten zu lassen: So ungefähr nämlich erklärt ein gewisser Modernistenlehrer die Sache. Bei diesem Geschäft *wirkt aber der Verstand auf zweifache Weise:* erstens in einem natürlichen und spontanen Akt, und dann gibt er die Sache in einem einfachen, gemeinverständlichen[721] Urteil wieder; zweitens aber reflektiert und innerlicher oder, wie sie sagen, *durch Herausarbeitung* des Gedankens; und so spricht er die Gedanken in *sekundären* Urteilen aus, die zwar von jenem ersten, einfachen abgeleitet sind, jedoch ausgefeilter und deutlicher. Wenn diese sekundären Urteile schließlich von dem Obersten Lehramt der Kirche bestätigt worden sind, bauen sie das *Dogma* auf.“[722]

„So sind wir nun in der Lehre der Modernisten zu einem Hauptkapitel gekommen, nämlich zum *Ursprung des Dogmas* und *zur Natur des Dogmas selbst.* Sie verlegen nämlich den Ursprung des Dogmas in jene einfachen Formeln, die in gewisser Hinsicht für den Glauben notwendig sind; denn die Offenbarung verlangt, um wirklich zu sein, eine greifbare Kenntnis Gottes im Bewußtsein. Bezüglich des Dogmas selbst scheint ihre Behauptung zu sein, daß es in den *sekundären* Formeln eigentlich enthalten sei. – Um sodann zu seiner Natur zu gelangen, muß man vor allem fragen, welche Bezie-

---

[719] D 2077.
[720] ⟨Durchgestrichen: „Geist“.⟩
[721] ⟨Durchgestrichen: „alltäglichen“.⟩
[722] D 2078.

hung denn zwischen den religiösen *Formeln* und dem religiösen *Gefühl*[723] besteht. Das wird man aber leicht einsehen, wenn man festhält, daß solche Formeln keinen anderen Zweck haben als dem Gläubigen eine Art und Weise zu ermöglichen, wie er sich von seinem Glauben Rechenschaft geben kann. Deshalb stehen sie in der Mitte zwischen dem Gläubigen und seinem Glauben: Was den Glauben anlangt, so sind sie inadäquate Zeichen seines Gegenstandes, gewöhnlich *Symbole* genannt, im Hinblick auf den Gläubigen sind sie bloße *Werkzeuge*. – Darum kann *auf keine Weise bewiesen werden, daß sie die Wahrheit absolut enthalten:* Denn einerseits sind sie als *Symbole* Bilder der Wahrheit und deshalb dem religiösen Gefühl anzupassen, sofern dieses auf den Menschen bezogen wird; andererseits sind sie als *Werkzeuge* Beförderungsmittel der Wahrheit und deshalb wiederum dem Menschen anzupassen, sofern er zum religiösen Gefühl in Beziehung steht. Der Gegenstand des *religiösen Gefühls* aber, da er ja im *Absoluten* enthalten ist, *bietet unendlich viele Ansichten*, von denen bald diese, bald eine andere erscheinen kann. Ebenso kann der Mensch, der glaubt, unter verschiedenen Bedingungen stehen. Darum müssen auch die Formeln, die wir Dogma nennen, demselben Wechsel unterliegen und deshalb notwendig wandelbar sein. So ist denn der Weg frei zur *inneren Entwicklung des Dogmas* – wahrlich eine unendliche Anhäufung von Sophismen, die die ganze Religion verdirbt und zerstört."[724]

„Daß jedoch *das Dogma sich nicht nur entwickeln und verändern könne, sondern müsse*, wird von den Modernisten selbst steif behauptet, und es folgt auch offensichtlich aus ihren Ansichten. Denn zu ihren Hauptlehren gehört das Folgende, das sie aus dem Prinzip der vitalen Immanenz ableiten: Damit die religiösen Formeln wirklich religiös sein können und nicht bloß Erdichtungen des Verstandes, müssen sie lebendig[725] sein und vom Leben des religiösen Gefühls selbst beseelt. Dies ist nicht so zu verstehen, als ob diese Formeln, besonders wenn sie bloß der Einbildung entsprungen sind, für das religiöse Gefühl selbst erfunden sein müßten; denn es kommt so gut wie gar nicht auf ihren Ursprung wie auch auf Zahl und Beschaffenheit an: sondern in dem Sinn, daß das religiöse Gefühl sie sich *lebendig* aneignen müsse, wenn nötig mit einer gewissen Veränderung. Mit andern Worten: die *ursprüngliche* Formel muß vom Herzen angenommen und von ihm gebilligt werden; und ebenso soll die Arbeit, wodurch die *sekundären* Formeln entstehen, unter der Leitung des Herzens stehen. So kommt es, daß diese Formeln, um lebendig zu sein, in gleicher Weise dem Glauben und dem Gläubigen angepaßt sein müssen. Wenn also aus irgend einem Grunde diese

---

[723] ⟨Durchgestrichen: „des Gemüts".⟩
[724] D 2079.
[725] ⟨Durchgestrichen: „vital".⟩

Anpassung aufhört, dann *verlieren jene begrifflichen Fassungen den ursprünglichen Gehalt und bedürfen der Änderung.* – Da nun die Kraft und das Schicksal der dogmatischen Formeln schwankend ist, ist es nicht zu verwundern, daß sie den Modernisten so zum Gespött und verächtlich sind; dagegen sprechen sie von nichts anderem und rühmen nichts anderes als das religiöse Gefühl und das religiöse Leben. Darum greifen sie auch die Kirche mit der größten Keckheit an, als gehe sie auf Abwegen, weil sie die religiöse und moralische Kraft durchaus nicht von der äußeren Bedeutung der Formeln unterscheide, an Formeln ohne Sinn mit vergeblicher Mühe zäh festhalte und dabei die Religion selbst zerfallen lasse. – Wahrlich *Blinde und Führer von Blinden* [Mt 15, 14], die sich mit dem stolzen Namen Wissenschaft brüsten und so sehr von der Vernunft abirren, daß sie den ewigen Begriff der Wahrheit und den echten Sinn der Religion verkehren: Sie haben ihr neu eingeführtes System, *und darum suchen sie in ihrer verworfenen und zügellosen Begierde nach Neuerungen die Wahrheit nicht dort, wo sie sicher begründet ist; die heiligen, apostolischen Überlieferungen verachten sie und nehmen dafür andere, nichtige, hinfällige, ungewisse, von der Kirche nicht gebilligte Lehren an; durch diese werde, so glauben die törichten Menschen, die Wahrheit selbst gestützt und erhalten.“*[726]

⟨c. 2 Der Modernist als Gläubiger⟩

„Soweit … von dem Modernisten als *Philosophen.* Wenn man nun zum *Gläubigen* übergeht und wissen will, wodurch dieser bei den Modernisten vom Philosophen unterschieden sei, muß man darauf achten, daß der Philosoph zwar die *Realität des Göttlichen* als Objekt des Glaubens zugesteht, daß er jedoch diese Realität *nirgends anders findet als im Gemüt des Gläubigen,* sofern sie Gegenstand des Gefühls und der Aussage ist, also den Umkreis der Phänomene nicht überschreitet: Ob sie nun in sich, außerhalb eines solchen Gefühls und einer solchen Aussage besteht, das übergeht der Philosoph und kümmert sich nicht darum. Dagegen steht es für den Modernisten als Gläubigen fest, daß die Realität[727] des Göttlichen in sich selbst Bestand habe und durchaus nicht vom Gläubigen abhängig sei. Fragt man aber, worauf sich diese Behauptung des Gläubigen stütze, dann werden sie erwidern: *auf die private Erfahrung eines jeden Menschen.* – Mit dieser Behauptung trennen sie sich allerdings von den Rationalisten, verirren sich aber zu der Meinung der Protestanten und Pseudo-Mystiker [cf. D 1273]. Sie erklären nämlich den Sachverhalt folgendermaßen: Im religiösen Gefühl sei eine Intuition des Herzens zu erkennen; durch sie *rührt der Mensch, ohne Vermittlung, an die Realität Gottes selbst* und gewinnt von der Existenz

---

[726] D 2080, cf. 1617.
[727] ⟨Durchgestrichen: „Wirklichkeit".⟩

Edith Stein

Gottes und dem Wirken Gottes sowohl im Menschen wie außerhalb eine so feste Überzeugung, daß sie jede Überzeugung, die aus der Wissenschaft erlangt werden kann, weit übertrifft. Sie erklären also die Erfahrung für echt und für höher als jede rationale Erfahrung: Wenn jemand sie leugne, wie die Rationalisten, so komme das – sagen sie – daher, daß er selbst sich nicht in die moralischen Bedingungen fügen wolle, die erforderlich sind, um die Erfahrung hervorzubringen. Wenn nun jemand diese Erfahrung erlangt hat, macht sie ihn zum wahrhaft und in eigentlichem Sinne Gläubigen."[728]

„… Wenn dies zusammen mit den früher erwähnten Irrtümern einmal zugestanden ist, so steht, wie wir später zeigen werden, der Weg zum Atheismus offen. Fürs Erste möge nur darauf hingewiesen sein, daß auf Grund dieser Lehre in Verbindung mit der andern vom Symbolismus *jede beliebige Religion*, die heidnischen keineswegs ausgenommen, *für wahr zu halten ist.* Denn warum sollen nicht in jeder beliebigen Religion solche Erfahrungen vorkommen? Mehr als einer behauptet, daß sie ihm begegnet seien. Mit welchem Recht wollten auch die Modernisten die Echtheit einer Erfahrung bestreiten, die ein Türke zu haben behauptet, und echte Erfahrungen allein für Katholiken in Anspruch nehmen? Das leugnen die Modernisten auch tatsächlich gar nicht ab, vielmehr behaupten die einen etwas versteckt, die andern ganz offen, daß alle *Religionen wahr seien.* Und es ist ganz offensichtlich, daß sie nicht anders denken können. Denn nach welchem Grundsatz könnte denn irgendeiner Religion nach ihren Regeln Falschheit nachgesagt werden? Es müßte auf Grund eines täuschenden religiösen Gefühls geschehen oder einer verfälschenden Verstandesformel. Nun ist aber das religiöse Gefühl immer ein und daßelbe, wenn auch vielleicht bisweilen weniger vollkommen: Für die verstandesmäßige Formel aber genügt es, um wahr zu sein, daß sie dem religiösen Gefühl und dem gläubigen Menschen entspreche; die Schärfe seines Verstandes kann dabei aus dem Spiel bleiben. Höchstens eines können die Modernisten vielleicht im Kampf der verschiedenen Religionen behaupten: nämlich, daß die *katholische* als die *lebensvollere* mehr Wahrheit in sich habe: ebenso, daß sie des *christlichen Namens würdiger* sei, da sie den Anfängen des Christentums vollständiger entspreche …"[729]

„Es ist in diesem Abschnitt der Lehre noch etwas anderes enthalten, was der katholischen Wahrheit höchst gefährlich ist. – Diese Regel von der Erfahrung wird nämlich auch auf die *Tradition* angewendet, die die Kirche bis jetzt unverletzt erhalten hat, und beseitigt sie völlig. Denn die Modernisten verstehen unter Tradition die Mitteilung einer *ursprünglichen* Erfahrung an andere durch die Predigt mit Hilfe einer verstandesmäßigen Formulierung.

---

[728] D 2081.
[729] D 2082.

Dieser Formel schreiben sie darum außer der *Darstellungskraft*, wie sie sagen, eine gewisse *suggestive* Gewalt zu, sowohl um in dem Gläubigen das vielleicht erstarrte religiöse Gefühl zu erwecken und die Erfahrung zu erneuern, die er einmal hatte, als um in denen, die noch nicht glauben, das religiöse Gefühl zum erstenmal hervorzurufen und die Erfahrung zu erzeugen. Auf diese Weise wird nun die religiöse Erfahrung weithin unter den Völkern verbreitet; nicht nur bei denen, die jetzt leben, sondern auch bei künftigen, sowohl durch Bücher als durch Weitergabe von Mund zu Mund. – Diese Mitteilung der Erfahrung nun treibt manchmal Wurzeln und steht in Blüte, ein andermal altert sie schnell und stirbt ab. Lebenskräftig sein gilt aber den Modernisten als Beweis der Wahrheit: Denn Wahrheit und Leben nehmen sie als Eines. Daraus wird es wiederum erlaubt sein zu schließen: *daß alle Religionen, so viele nur immer bestehen, wahr seien*, denn sonst würden sie auch nicht leben."[730]

⟨c. 3 Verhältnis von Glauben und Wissenschaft für den Modernisten⟩
„Nachdem die Sache so weit geführt ist, … haben wir genug und übergenug, um richtig zu erkennen, in welches *Verhältnis* die Modernisten *Glauben und Wissenschaft* bringen; mit diesem Namen Wissenschaft wird bei ihnen auch die Geschichte bezeichnet. – Zuerst nun ist festzuhalten, daß der Gegenstand des einen ganz außerhalb des andern liegt und davon *getrennt* ist. Denn der Glaube hat einzig das im Auge, wovon die Wissenschaft gesteht, daß es für sie unerkennbar sei. Daher die verschiedene Aufgabe beider: Die Wissenschaft hat es mit den Phänomenen zu tun, wo für den Glauben kein Ort ist; der Glaube dagegen beschäftigt sich mit dem Göttlichen, von dem die Wissenschaft schlechthin nichts weiß. So ergibt es sich, daß *zwischen Glauben und Wissenschaft niemals ein Zerwürfnis vorkommen kann:* Wenn nämlich beide sich in ihren Grenzen halten, werden sie niemals aufeinander stoßen und sich *deshalb* auch nicht widersprechen können. – Wenn jemand ihnen etwa einwenden wollte, es begegneten einem doch gewisse Dinge in der sichtbaren Welt, die auch für den Glauben Bedeutung hätten, wie das menschliche Leben Christi, so werden sie es leugnen. Denn diese Dinge werden zwar zu den Phänomenen gerechnet, soweit sie jedoch vom Leben des Glaubens durchtränkt sind und vom Glauben in der früher geschilderten Weise [cf. D 2076] *verklärt* und *entstellt*, sind sie von der sinnlichen Welt losgerissen und ins Gebiet des Göttlichen erhoben. Wenn daher jemand weiter forscht, ob Christus echte Wunder vollbracht und wahrhaft die Zukunft vorausgewußt habe, ob er wahrhaft auferstanden und zum Himmel aufgestiegen sei, so wird die *agnostische Wissenschaft es leugnen, der Glaube es bestätigen;* doch daraus wird kein Streit zwischen beiden entstehen. Denn

---

[730] D 2083.

der eine wird leugnen, indem er als *Philosoph* zu Philosophen spricht und Christus einzig und allein der *historischen* Realität nach betrachtet; der andere wird bestätigen, indem er als *Gläubiger* mit Gläubigen spricht und das Leben Christi ins Auge faßt, sofern es vom Glauben und im Glauben *noch einmal gelebt* wird."[731]

„Es würde sich jedoch heftig täuschen, wer daraus ableiten wollte, man könnte meinen, daß *Glauben und Wissenschaft voneinander* in gar keiner Weise abhängig seien. Von der Wissenschaft würde er allerdings richtig und wahr urteilen; nicht aber vom *Glauben*, der nicht nur aus einem, sondern aus einem dreifachen Grunde als *der Wissenschaft unterworfen* bezeichnet werden muß. Erstens nämlich ist zu beachten, daß in jeder beliebigen religiösen Tatsache, wenn man die *göttliche Realität* und die *Erfahrung*, die der Gläubige davon hat, streicht, alles übrige, besonders aber die *religiösen Formeln* den Umkreis der Phänomene keineswegs überschreiten und darum unter die Wissenschaft fallen. Es mag dem Gläubigen durchaus erlaubt sein, wenn er will, über die Welt hinauszugehen; solange er aber in der Welt bleibt, wird er, ob er will oder nicht, den Gesetzen, dem Blick, den Urteilen der Wissenschaft und Geschichte niemals entfliehen. – Ferner ist zwar gesagt worden, daß Gott Gegenstand des Glaubens allein sei, und von der göttlichen *Realität* ist das auch zuzugeben, nicht aber von der Gottes*idee.* Diese nämlich *gehört der Wissenschaft an;* und sofern diese in der logischen Ordnung philosophiert, wie man sagt, reicht sie an alles, auch an das Absolute und Ideale heran. Deshalb hat die Philosophie oder Wissenschaft[732] das Recht, über die Gottesidee Erkenntnis zu erstreben, sie in ihrer Entwicklung zu bestimmen und, wenn etwas Fremdes eingedrungen ist, sie zu verbessern. Daher der Anspruch der Modernisten: *die religiöse Entwicklung müsse mit der moralischen und intellektuellen in Einklang gebracht werden;* d. h. freilich, wie einer ihrer Wortführer sagt, sie muß diesen *untergeordnet* werden. – Schließlich kommt hinzu, daß der Mensch selbst keine Zwiespältigkeit in sich erträgt: Darum drängt ein innerer Zwang den Gläubigen dazu, den Glauben mit der Wissenschaft so in Einklang zu bringen, daß er nicht von der allgemeinen Idee abweicht, die die Wissenschaft von diesem Weltall darbietet. So ergibt sich denn, daß die *Wissenschaft vom Glauben völlig unabhängig ist, der Glaube dagegen ihr untergeordnet, mag er auch als außerhalb der Wissenschaft stehend bezeichnet werden.* – Dies alles ... ist völlig entgegengesetzt dem, was *Pius IX.* ... als Lehre überlieferte: *Der Philosophie komme es zu, in dem, was Sache der Religion sei, nicht zu herrschen, sondern zu dienen, nicht vorzuschreiben, was zu glauben sei, sondern es in vernunftgemäßem Gehorsam zu umfassen und nicht die Tiefen der Geheimnisse Gottes*

---

[731] D 2084.
[732] ⟨Durchgestrichen: „Erkenntnislehre".⟩

zu durchforschen, sondern sie in kindlicher Demut[733] *zu verehren.*[734] Die Modernisten kehren das Verhältnis gerade um: Auf sie kann daher Anwendung finden, was *Gregor IX.*[735] ... von gewissen Theologen seiner Zeit schrieb: ... *Von mannigfachen, fremden Lehren verführt, machen sie den Kopf zum Schwanz und zwingen die Königin, der Magd zu dienen".*[736]

„Das wird noch offenbarer zu Tage treten, wenn man sein Augenmerk darauf richtet, wie die Modernisten durchaus im Einklang mit dem, was sie lehren, verfahren. Denn vieles, was sie schreiben und sagen, erscheint widerspruchsvoll, so daß man leicht meinen könnte, sie seien schwankend und ihrer Sache nicht sicher. Das geschieht aber mit Absicht und Überlegung auf Grund der Auffassung, die sie von der wechselseitigen Getrenntheit von Glauben und Wissen haben. Daher begegnen wir in ihren Büchern manchem, was der Katholik durchaus billigen kann, und wiederum anderem, wovon man meinen möchte, daß es ein Rationalist gesagt hätte. Daher erwähnen sie als Geschichtsschreiber nichts von der Gottheit Christi, bei der Predigt in den Kirchen dagegen bekennen sie sie ganz fest. Ebenso haben sie in ihrer Geschichtsdarstellung nirgends etwas von Konzilien und Vätern, in der Katechese aber führen sie beide mit Ehrfurcht an. Daher *trennen sie* auch *die theologische und pastorale Exegese von der wissenschaftlichen und historischen.* Ähnlich scheuen sie sich, auf Grund des Prinzips, daß die Wissenschaft keineswegs vom Glauben abhänge, bei Behandlung philosophischer, historischer, kritischer Fragen nicht, den Spuren Luthers[737] zu folgen, und zeigen auf jede Weise Verachtung der katholischen Lehrer, der heiligen Väter, der ökumenischen Konzilien des kirchlichen Lehramts; wenn sie dafür getadelt werden, beklagen sie sich, daß ihnen die Freiheit genommen werde. Auf Grund der Behauptung schließlich, daß *der Glaube der Wissenschaft zu unterwerfen sei*, tadeln sie die Kirche allenthalben und ganz offen, weil sie sich hartnäckig weigern, ihre Dogmen den Meinungen der Philosophie unterzuordnen und anzupassen: Sie selbst aber bemühen sich, zu diesem Zweck die alte Theologie zu beseitigen und eine neue einzuführen, die den Phantasien der Philosophen zu Willen sein soll."[738]

⟨c. 4 Der Modernist als Theologe⟩

„Hier steht uns ... nun der Zugang offen, die Modernisten im *theologischen* Wettkampf zu betrachten. Eine zwar unerfreuliche Arbeit, die aber doch in Kürze erledigt werden muß. – Es handelt sich natürlich um die Versöhnung

---

[733] ⟨Durchgestrichen: „fromm und demütig".⟩
[734] D 1656.
[735] ⟨Gregor IX. (1170–1241), Papst von 1227–1241.⟩
[736] Cf. D 442 f., D 2085. ⟨Anspielung auf Kant, Immanuel, *Kritik der reinen Vernunft*, Vorrede zur ersten Auflage, A VIII/IX, Hamburg 1993.⟩
[737] Cf. D 769. ⟨Martin Luther (1483–1546), deutscher Reformator.⟩
[738] D 2086.

des Glaubens mit der Wissenschaft, und dies nicht anders als durch Unterwerfung des einen unter das andere. Dabei bedient sich der Modernist als Theologe derselben Prinzipien, die dem Philosophen von Nutzen waren, und paßt sie dem Gläubigen an: die Prinzipien der *Immanenz* und des *Symbolismus*. So bringt er nun die Sache auf die bequemste Weise zum Ziel. Der Philosoph lehrt: Das *Prinzip des Glaubens ist immanent*, der Gläubige fügt hinzu: *Dies Prinzip ist Gott*. Er selbst schließt: Also ist *Gott dem Menschen immanent*. Daher die *theologische Immanenz*. – Ferner: für den Philosophen ist es gewiß, daß die *Vorstellungen des Glaubensgegenstandes nur symbolisch sind:* Für den Gläubigen ist es ebenso gewiß, daß der *Gegenstand des Glaubens Gott in sich selbst ist;* der Theologe folgert also, *daß die Vorstellungen von der göttlichen Realität symbolische seien.* Daher der *theologische Symbolismus.* – Wahrhaftig die größten Irrtümer: wie gefährlich beide sind, wird die Einsicht in die Folgen zeigen. – Denn um sogleich vom *Symbolismus* zu sprechen: Da die Symbole im Hinblick auf den Gegenstand Symbole sind, im Hinblick auf den Gläubigen aber Werkzeuge, so muß der Gläubige – sagen sie – sich erstens hüten, an der Formel als solcher nicht allzusehr zu hängen; er soll sie einzig und allein benützen, um der absoluten Wahrheit anzuhängen, die von der Formel zugleich enthüllt und verhüllt wird; die Formel sucht sie auszudrücken, kann sie jedoch nie erreichen. Sie fügen außerdem hinzu, daß solche Formeln vom Gläubigen benützt werden sollen, soweit sie ihm helfen; denn sie sind ihm zur Förderung gegeben, nicht als Hemmnis; durchaus unbeschadet der Ehre, die aus sozialer Rücksicht den Formeln gebührt, die das öffentliche Lehramt für geeignet erachtet hat, das allgemeine Bewußtsein auszudrücken, so lange nämlich eben dieses Lehramt nichts anderes verordnet hat. – Was aber in Wahrheit die Ansicht der Modernisten von der *Immanenz* ist, das ist schwer zu sagen; denn es haben nicht alle dieselbe Meinung. Es gibt welche, die dazu behaupten, Gott wirke innerlich im Menschen, mehr als der Mensch selbst bei sich sei; daran ist gewiß, wenn es recht verstanden wird, nichts auszusetzen. Andere sehen [die Immanenz darin], daß Gottes Wirken sich mit dem Wirken der Natur eine, wie das der ersten Ursache mit der zweiten; was die übernatürliche Ordnung tatsächlich zerstört. Wieder andere schließlich erklären es so, daß sie den Verdacht einer pantheistischen Deutung erwecken; dies nun stimmt besser mit ihren übrigen Lehren zusammen."[739]

„Zu diesem Grundsatz von der Immanenz kommt nun ein anderer, den wir den der *göttlichen Permanenz* nennen können: Diese beiden unterscheiden sich voneinander etwa so, wie die private Erfahrung von der durch Tradition übermittelten. Ein Beispiel soll die Sache erläutern: Es sei von der Kirche und den Sakramenten hergenommen. *Daß die Kirche,* sagen sie, *und*

---

[739] D 2087.

die Sakramente von Christus selbst eingesetzt seien, ist keineswegs zu glauben. Dagegen spricht der Agnostizismus; denn er sieht in Christus nichts als den Menschen, dessen religiöses Bewußtsein, wie das der übrigen Menschen, sich allmählich gebildet habe. Dagegen spricht das Gesetz der Immanenz, das sogenannte äußere *Applikationen* nicht zuläßt. Ebenso spricht dagegen das Gesetz der Entwicklung, das zur Entfaltung der Keime Zeit erfordert und eine gewisse Reihe einander folgender Umstände. Schließlich spricht die Geschichte dagegen, die zeigt, daß der Lauf der Dinge tatsächlich so gewesen ist. Dagegen ist daran festzuhalten, daß Kirche und Sakramente *mittelbar* von Christus eingesetzt seien. Wie aber? Sie behaupten, jedes christliche Bewußtsein sei virtuell im Bewußtsein Christi eingeschlossen wie im Samen die Pflanze. Da nun in den Keimen das Leben des Samens lebt, muß man sagen, daß in allen Christen das Leben Christi lebt. Das Leben Christi aber ist nach dem Glauben ein göttliches: also auch das Leben der Christen. Wenn also dies Leben im Ablauf der Zeiten Kirche und Sakramente ins Dasein rief, so will ganz mit Recht gesagt werden, daß ihr Ursprung sich von Christus herleite und göttlich sei. Ganz auf dieselbe Weise kommen sie auch dazu, daß die Heilige Schrift und die Dogmen göttlich seien. – Damit ist nun die Theologie der Modernisten so ziemlich erledigt. Freilich ein dürftiger Hausrat[740], aber überreich für den, der bekennt, daß man der Wissenschaft folgen müsse, was immer sie vorschreibe ..."[741]

„Bisher haben wir die Lehre vom *Ursprung des Glaubens* und seiner Natur berührt. Da es aber viele Sprößlinge des Glaubens gibt, vor allem Kirche, Dogma, heilige Handlungen[742] und Bekenntnisse[743], die Bücher, die wir heilige nennen, müssen wir auch fragen, was die Modernisten darüber lehren. – Um nun mit dem *Dogma* den Anfang zu machen: Welches dessen Ursprung und Natur ist, das ist schon oben gezeigt worden [D 2079 f.]. Es entspringt aus einem gewissen Antrieb oder einer Nötigung, vermöge derer der Gläubige es in seinen Gedanken ausarbeitet, um sowohl sein eigenes Bewußtsein als das anderer zu klären. Diese Arbeit besteht ganz im Ausfeilen und Glätten der ursprünglichen *Formel* des Geistes, jedoch nicht der Formel in sich, um sie logisch zu entfalten, sondern um sie den Umständen anzupassen oder, wie sie weniger verständlich sagen, *vital* ⟨zu entfalten⟩. So kommt es, daß um jene, wie wir schon andeuteten, allmählich gewisse *sekundäre* Formeln entstehen [cf. D 2078]; wenn diese später zu einem Corpus oder zu einem Lehrgebäude zusammengefügt und von dem öffentlichen Lehramt als dem allgemeinen Bewußtsein entsprechend bestätigt werden, dann werden sie Dogma genannt. Davon sind die Erklärungen der Theologen wohl zu schei-

---

[740] ⟨Durchgestrichen: „kurzes Repertorium".⟩
[741] D 2088.
[742] ⟨Durchgestrichen: „Opfer".⟩
[743] ⟨Durchgestrichen: „Religionen".⟩

den; diese sind im übrigen, wenn sie auch nicht zum Leben des Dogmas gehören, doch durchaus nicht unnütz, sowohl um Religion und Wissenschaft in Einklang zu bringen und Gegensätze zwischen ihnen zu beseitigen, als um die Religion selbst nach außen hin zu erläutern und zu verteidigen; vielleicht mögen sie auch von Nutzen sein, um für ein künftiges neues Dogma den Stoff vorzubereiten. Über den *religiösen Kult* wäre nicht viel zu sagen, wenn nicht darunter auch die *Sakramente* fielen; diesbezüglich bestehen bei den Modernisten die größten Irrtümer. Vom Kultus sagen sie, daß er aus doppeltem Antrieb oder doppelter Nötigung entstehe; alles wird ja, wie wir sahen, nach der Darstellung ihres Systems durch innere Antriebe oder Nötigungen erzeugt. Der eine [**Antrieb**] geht darauf, die Religion mit etwas Sinnenfälligem zu umkleiden, der andere darauf, sie bekannt zu machen; das ist nicht möglich ohne eine sinnenfällige Form und ohne heilige Handlungen, die wir Sakramente nennen. *Die Sakramente aber gelten den Modernisten als bloße Symbole* oder Zeichen, wenn sie auch nicht ohne jede Kraft sind. Um diese Kraft zu zeigen, benützen sie selbst als Beispiel gewisse Schlagwörter, die „ziehen", wie man sagt, weil sie die Kraft in sich haben, gewaltige und erschütternde Ideen zu verbreiten.[744] Wie diese Worte zu den Ideen, verhalten sich die Sakramente zum religiösen Gefühl: Das ist alles. Gewiß würden sie klarer sprechen, wenn sie sagten, die Sakramente seien einzig und allein eingerichtet, um den Glauben zu nähren. Das hat aber die Synode von *Trient* verurteilt … [D 848]."[745]

„Auch über die Natur und den Ursprung der heiligen *Bücher* haben wir schon etwas vorweggenommen. Man könnte sie wohl nach den Lehren der Modernisten als Sammlung von *Erfahrungen* definieren, die nicht jedem allenthalben begegnen, sondern etwas Außerordentliches und Hervorragendes sind, wie es sie aber in jeder Religion gibt. – Ganz so lehren die Modernisten von unsern heiligen Büchern des Alten wie des Neuen Testaments. Zu ihren Meinungen fügen sie jedoch klugerweise hinzu: Obwohl die Erfahrung auf die Gegenwart bezogen ist, kann sie ihren Stoff auch aus der Vergangenheit und Zukunft nehmen, sofern nämlich der Gläubige entweder Vergangenes durch die Erinnerung *von neuem nach der Art von Gegenwärtigem durchlebt* oder Künftiges durch Vorahnung. So erklärt es sich, wie auch die Historiker und Apokalyptiker zu den heiligen Büchern gerechnet werden können. – So spricht denn in diesen Büchern Gott durch den Gläubigen; aber wie die Theologie der Modernisten lehrt, nur durch die *vitale Immanenz* und *Permanenz*. – Wir werden fragen, wie es sich dann mit der *Inspi-*

---

[744] ⟨Durchgestrichen: „Worte, die insgeheim für glücksbringend, schicksalbestimmend gelten, weil sie die Macht erlangt haben, gewisse kraftvolle Vorstellungen, die auf die Gemüter besonderen Eindruck machen …"⟩
[745] D 2089.

ration verhält. Diese, antworten sie, ist höchstens durch ihre Heftigkeit von jenem Antrieb unterschieden, *durch den der Gläubige dahin geführt wird, seinen Glauben durch Wort und Schrift kundzutun.* Etwas Ähnliches haben wir in der poetischen Inspiration; deshalb hat ein Dichter gesagt: ,Es ist ein Gott in uns, von seinem Hauch erwacht in uns die Glut.'[746] So muß man sagen, daß von Gott die Inspiration der heiligen Bücher ausgeht. – Zu dieser Inspiration bemerken die Modernisten noch außerdem, daß die heiligen Bücher durchaus nichts enthalten, woran sie nicht beteiligt wäre. Nach dieser Behauptung möchte man sie für rechtgläubiger halten als andere neuere Autoren, die die Inspiration etwas einschränken, indem sie z. B. sogenannte *stillschweigende Zitationen* annehmen. Aber das tun jene nur den Worten nach und zum Schein. Denn wenn wir die Bibel nach den Lehren des Agnostizismus beurteilen, nämlich als ein Werk, das von Menschen für Menschen entworfen ist, mag auch dem Theologen das Recht zugestanden werden, sie um der Immanenz willen göttlich zu nennen, wie könnte dann die Inspiration eingeschränkt werden? So behaupten die Modernisten allerdings eine allgemeine Inspiration der heiligen Bücher: im katholischen Sinn jedoch gestehen sie keine zu."[747]

„Reichlicheren Stoff zum Reden bieten die Phantasien der Modernistenschule bezüglich der *Kirche.* – Sie behaupten, daß *sie* anfangs *aus einer doppelten Nötigung* entstehe: aus einer, die in jedem Gläubigen vorhanden sei, besonders in dem, der eine ursprüngliche und einzigartige Erfahrung erlangt hat: seinen Glauben andern mitzuteilen; und aus einer anderen, die, nachdem eine Mehrheit von Menschen sich einen gemeinsamen Glauben gebildet hat, in der *Gruppe* (collectivitas) sich regt: zu einer Gemeinschaft zusammenzuwachsen und das gemeinsame Gut zu schützen, zu mehren und auszubreiten. Was ist also die Kirche? Sie ist eine Ausgeburt des *Kollektivbewußtseins* oder der *Vereinigung des Bewußtseins* der Einzelnen, die durch die Kraft der vitalen Permanenz von einem ersten Gläubigen abhängen; für die Katholiken ist das natürlich Christus. – Sodann bedarf jede Gemeinschaft einer leitenden Autorität, deren Aufgabe es ist, alle Gemeinschaftsglieder auf ein gemeinsames Ziel hin zu lenken und das Verbindende klug zu schützen; in einer religiösen Vereinigung sind das Lehre und Kultus. Daher kommt in der katholischen Kirche die dreifache Autorität: die *disziplinäre,* die *dogmatische,* die *kultische.* – Nun kann man die Natur dieser Autorität aus ihrem Ursprung ableiten, aus ihrer Natur aber ihre Rechte und Pflichten entwickeln. In früheren Zeiten war der Irrtum verbreitet, daß die Autorität der Kirche von außen zukäme, nämlich unmittelbar von Gott; deshalb galt sie mit Recht als *autokratisch.* Doch dies ist zu unserer Zeit veraltet. Wie es von

---

[746] Ovid, *Fasten,* 6,5.
[747] D 2090.

Edith Stein

der Kirche heißt, daß sie aus der Vereinigung des Bewußtseins der Einzelnen hervorgegangen sei, so geht auch die Autorität aus der Kirche selbst auf vitale Weise hervor. Die *Autorität entsteht also, wie die Kirche, aus dem religiösen Bewußtsein und ist ihm darum unterworfen;* wenn sie diese Unterordnung verschmäht, verwandelt sie sich in Tyrannei. Nun leben wir jetzt in einer Zeit, in der der Freiheitssinn den höchsten Gipfel erreicht hat. Im Staatswesen hat das öffentliche Bewußtsein die Volksherrschaft eingeführt. Das Bewußtsein ist aber im Menschen ebenso wie das Leben *eines.* Wenn sie also nicht im Bewußtsein der Menschen einen inneren Krieg entzünden und nähren will, ist es Pflicht der kirchlichen Autorität, demokratische Formen zu gebrauchen, umso mehr, weil ihr sonst der Untergang droht. Denn der wäre wahrhaftig von Sinnen, der annehmen wollte, es könnte für den Freiheitssinn, wie er jetzt in Blüte steht, noch einmal einen Rückschritt geben. Gewaltsam gefesselt und eingeschlossen, würde er nur erstarken und tiefer Wurzel fassen und Kirche und Religion vernichten. – Dies alles erwägen die Modernisten und verlegen sich daher ganz darauf, Wege aufzuspüren, um die Autorität der Kirche mit der Freiheit der Gläubigen in Einklang zu bringen."[748]

Die Auseinandersetzung mit den Modernisten hat das Thema, auf das es uns in unserm Zusammenhang ankommt – den *Glauben* als *übernatürliche Tugend* – schon nach manchen Seiten hin überschritten. Das ist unvermeidlich; wenn man vom Glauben spricht, wird jeder *Tugend* (als einem Habitus) notwendig ein *Akt* zugehörig, worin sie sich betätigt, und dem Akt ein *Gegenstand,* auf den er sich richtet; und eines ohne das andere kann nicht verständlich gemacht werden. Darum ist der Name „Glaube" mehrdeutig: Er bezeichnet den Glaubenshabitus, den Glaubensakt und das, was geglaubt wird, die offenbare Wahrheit. Weil das, was wir als offenbare Wahrheit mit dem Glauben umfassen sollen, uns durch die *Kirche* vorgestellt wird, muß die Lehre vom Glauben notwendig auf die Lehre von der Kirche übergreifen. Da wir auf die Kirche als soziale Institution später noch zurückkommen müssen, sollen die folgenden Abschnitte der Enzyklika *Pascendi ... ⟨dominici gregis⟩*[749], die das Verhältnis von Kirche und Staat im Zusammenhang mit der Disziplinargewalt der Kirche[750] behandeln, zunächst übergangen werden. Es folgen hier die Ausführungen über die Lehrautorität und dogmatische Gewalt.

„Das *Lehramt* der Kirche erklären [die Modernisten] ... folgendermaßen. Die religiöse Vereinigung kann keineswegs wahrhaft in Eines zusammenwachsen, wenn nicht das Bewußtsein der Vereinigten eines und die Formel,

---

[748] D 2091.
[749] ⟨Vgl. Anm. 707.⟩
[750] Enzykl⟨ika, vgl. Anm. 707,⟩ S. 46 ff.

deren sie sich bedienen, eine ist. Diese doppelte Einheit aber verlangt gleichsam einen Gemeingeist, dessen Aufgabe es ist, die Formel aufzufinden und zu prägen, die dem Gemeinbewußtsein am besten entspricht; diesem Geist nun muß genügend Autorität innewohnen, um auf die Formel, die er aufgestellt hat, die Gemeinschaft zu verpflichten. In diese Vereinigung und gleichsam Verschmelzung des Geistes, der die Formel wählt, mit der Macht, die sie vorschreibt, verlegen sodann die Modernisten das Wesen des kirchlichen Lehramts. Da also letztlich das Lehramt aus dem Bewußtsein der Einzelnen entspringt und seine öffentliche Stellung zum Nutzen eben dieses Bewußtseins der Einzelnen übertragen bekommen hat, so folgt notwendig, daß es von diesem Bewußtsein abhängt und sich darum zu gemeinverständlichen Formeln entschließen muß. Darum wäre es nicht Gebrauch, sondern Mißbrauch der zum Nutzen anvertrauten Gewalt, wenn das Bewußtsein der einzelnen Menschen gehindert würde, die Anregungen, die sie in sich spüren, ganz offen auszusprechen, und wenn der Kritik der Weg abgeschnitten würde, auf dem sie das Dogma zu den nötigen Entwicklungen antreiben könnte. – Ebenso ist im Gebrauch der Gewalt selbst Maß und Zurückhaltung zu beobachten. Ein beliebiges Buch ohne Wissen des Verfassers zu zensieren und zu verbieten ohne eine Erklärung, ohne eine Erörterung zuzulassen, das grenzt wahrhaftig an Tyrannei. – Darum muß auch hier ein Mittelweg gefunden werden, zugleich die Rechte der Autorität und der Freiheit unversehrt zu erhalten. Bis dahin muß sich der Katholik so verhalten, daß er öffentlich alle Hochachtung für die Autorität zeigt, jedoch nicht aufhört, seinem eigenen Genius zu folgen. – Im allgemeinen aber geben sie folgende Vorschrift bezüglich der Kirche: Da das Ziel der kirchlichen Gewalt allein auf geistliche Dinge Bezug hat, ist alle äußere Aufmachung zu beseitigen, wodurch jene für die Augen der Betrachter allzu prächtig geschmückt wird. Dabei wird offenbar außer Acht gelassen, daß die Religion es zwar mit den Seelen zu tun hat,[751] aber doch nicht auf die Seelen allein beschränkt ist; und daß die Ehre, die der Gewalt erwiesen wird, auf Christus, der sie einsetzte, zurückfällt."[752]

„Um nun diese ganze Materie vom Glauben und dem, was ihm entspringt, zum Abschluß zu bringen, bleibt noch übrig ..., bezüglich der Entwicklung beider die *Lehren der Modernisten* zu hören. – Dies ist das allgemeine Prinzip: *In der lebendigen Religion gibt es nichts, was nicht veränderlich wäre und darum verändert werden müsse.* Von da aus gehen sie weiter zu dem, was so ziemlich der Hauptteil ihrer Lehre ist, nämlich zur *Entwicklung.* Das Dogma also, die Kirche, der religiöse Kult, die Bücher, die wir als heilige verehren, ja sogar der Glaube selbst müssen dem Gesetz der

---

[751] ⟨Durchgestrichen: „auf die Geister bezogen ist".⟩
[752] D 2093.

Entwicklung unterliegen, wenn wir nicht all das unter die toten Dinge rechnen wollen. Und das ist nicht zu verwundern, wenn man das vor Augen hat, was die Modernisten über jeden einzelnen dieser Punkte gelehrt haben. Ist also das Gesetz der Entwicklung aufgestellt, so liegt uns zugleich die Beschreibung des Wesens der Entwicklung von Seiten der Modernisten selbst vor. Zunächst was den Glauben anlangt. *Die ursprüngliche Form des Glaubens*, sagen sie, war *roh* und allen Menschen gemeinsam, da sie ja aus der Natur der Menschen selbst und aus ihrem Leben entstand. *Die vitale Entwicklung brachte den Fortschritt;* natürlich nicht durch von außen neu hinzutretende Formen, sondern durch den täglich sich steigernden Durchbruch des religiösen Gefühls zum Bewußtsein. Der Fortschritt selbst geschah auf zweifache Weise: erstens *negativ*, durch Ausschaltung jedes äußeren Elements, das z.B. von der Familie oder dem Stamm herrühren mochte; sodann *positiv*, durch intellektuelle und moralische Kultur des Menschen, die einen reicheren und klareren Begriff des Göttlichen und ein reineres *religiöses Gefühl* brachte. Für den Fortschritt des Glaubens sind aber dieselben *Ursachen* anzuführen, die früher angeführt wurden, um ihren Ursprung zu erklären. Dazu müssen aber noch *außerordentliche Menschen* kommen (wir nennen sie Propheten, und der hervorragendste unter ihnen allen ist *Christus*), einmal weil jene in ihrem Leben und in ihren Reden etwas Geheimnisvolles zur Schau trugen, was der Glaube der Gottheit zuschrieb; sodann weil sie neue, vorher nicht dagewesene *Erfahrungen* erlangt haben, die dem Bedürfnis ihrer Zeit entsprachen. – Der Fortschritt des Dogmas aber rührt vor allem daher, daß der Glaube Hindernisse überwinden, Feinde besiegen, Einwendungen zurückweisen muß. Man nehme eine dauernde Anstrengung hinzu, besser zu durchdringen, was in den Glaubensgeheimnissen enthalten ist. So geschah es mit Christus, um die übrigen Beispiele zu übergehen: In ihm hat sich jenes irgendwie geartete Göttliche, das der Glaube anerkannte, schrittweise und allmählich so gesteigert, daß er schließlich für Gott gehalten wurde. – Zur Entwicklung des *Kultus* führt vor allem die Notwendigkeit, sich den Sitten und Traditionen der Völker anzupassen; ferner das Bedürfnis, sich die Macht gewisser Akte zunutze zu machen, die sie durch die Gewohnheit erlangt haben. – Für die Entwicklung der *Kirche* schließlich entsteht die Ursache daraus, daß sie mit historischen Umständen in Einklang gebracht werden muß und mit den öffentlich eingeführten Formen des bürgerlichen Regiments. – So äußern sich jene über die einzelnen Punkte. Hier aber möchten wir, daß, ehe wir weitergehen, diese Lehre von den *Nötigungen* oder *Bedürfnissen* … wohl beachtet werde; denn neben allem, was wir erwähnt haben, ist sie gleichsam Basis und Fundament jener berühmten Methode, die sie die historische nennen.“[753]

---

[753] D 2094.

„Um noch bei der Lehre von der Entwicklung zu verweilen, so ist überdies zu bemerken, daß die Entwicklung, mögen auch Bedürfnisse oder Nötigungen dazu antreiben, wenn sie nur von ihnen gelenkt würde, leicht die Grenzen der Tradition überschreiten und so, von dem ursprünglichen belebenden[754] Prinzip losgerissen, eher zum Zusammenbruch als zum Fortschritt hinreißen würde. Darum werden wir die Ansicht der Modernisten noch vollständiger treffen, wenn wir sagen, die Entwicklung komme zustande durch den Widerstreit zweier Kräfte, einer zum Fortschritt drängenden und einer zurückhaltend bewahrenden. – Die *konservative Kraft* ist in der Kirche sehr stark und liegt in der *Tradition*. Sie wird von der religiösen Autorität geltend gemacht, und dies sowohl von Rechts wegen – denn es liegt in der Natur der Autorität, die Tradition zu schützen – als tatsächlich – denn die Autorität, die den Wechselfällen des Lebens entzogen ist, wird von Stacheln, die zum Fortschritt treiben, wenig oder gar nicht bedrängt. Dagegen ist *die Kraft, die zum Fortschreiten hinreißt* und den innersten Bedürfnissen entspricht, *im Bewußtsein* der Privatleute verborgen und wirksam, besonders jener, die, wie sie sagen, mitten im Leben stehen. – Hier nun … sehen wir jene ganz verderbliche Lehre ihr Haupt erheben, die die Laien als Elemente des Fortschritts in die Kirche einschmuggeln möchte. – Aus einer gewissen Übereinkunft und Abmachung zwischen diesen zweierlei Kräften, der konservativen und der den Fortschritt begünstigenden, also zwischen der Autorität und dem Bewußtsein der Privatleute – entstehen Fortschritte und Veränderungen. Denn das Bewußtsein der Privatleute oder etwas darin wirkt auf das Kollektivbewußtsein ein; dieses aber auf die Inhaber der Autorität und zwingt sie, einen Vergleich auszudenken und bei der Abmachung zu bleiben. – Daraus ist nun leicht einzusehen, warum die Modernisten sich so sehr wundern, wenn sie erfahren, daß sie getadelt oder bestraft werden. Was ihnen als Schuld angerechnet wird, halten sie selbst für eine Pflicht, die sie getreu erfüllen müssen. Die Bedürfnisse des Bewußtseins kennt niemand besser als sie, weil sie näher damit in Berührung sind als die kirchliche Autorität. Alle diese Nöte also sammeln sie gleichsam in sich: Darum ist es streng verbindliche Pflicht für sie, öffentlich zu reden und zu schreiben. Mag die Autorität sie zurechtweisen, wenn sie will; sie selbst werden durch ihr Pflichtbewußtsein gestützt und wissen durch innerste Erfahrung, daß ihnen nicht Tadel, sondern Lob gebühre. Freilich ist ihnen selbst nicht verborgen, daß Fortschritte nicht ohne Kämpfe zustande kommen und Kämpfe nicht ohne Opfer: Mögen sie selbst denn als Opfer dienen wie die Propheten und Christus. Darum zürnen sie auch der Autorität nicht, weil sie hart behandelt werden: Sie gestehen aus freien Stücken zu, daß jene nur ihres Amtes walte. Sie beklagen sich aber, daß man sie gar nicht hört; denn so wird der freie

---

[754] ⟨Durchgestrichen: „vitalen".⟩

Lauf der Geister gehemmt: Es wird jedoch ganz gewiß die Stunde kommen, das Zögern zu brechen, denn die Gesetze der Entwicklung können aufgehalten, aber nicht ganz durchbrochen werden. Also gehen sie auf dem eingeschlagenen Wege weiter: gehen weiter, obwohl widerlegt und verurteilt; dabei verhüllen sie ihre unglaubliche Keckheit mit dem Schleier erheuchelter Unterwürfigkeit. Zwar beugen sie zum Schein den Nacken; mit Hand und Herz jedoch setzen sie noch kühner das unternommene Werk fort. So handeln sie aber ganz mit Willen und aus kluger Überlegung: teils, weil sie daran festhalten, daß die Autorität angestachelt, nicht gestürzt werden müsse; teils, weil es für sie notwendig ist, innerhalb der Schranken der Kirche zu bleiben, um das Kollektivbewußtsein allmählich umzuwandeln: Indem sie jedoch dies sagen, gestehen sie, ohne es zu bemerken, zu, daß das Kollektivbewußtsein von ihnen selbst abweiche und daß sie sich darum ohne jedes Recht als dessen Interpreten anpreisen ... – Doch nachdem wir in den Anhängern des Modernismus den Philosophen, den Gläubigen, den Theologen beobachtet haben, bleibt jetzt noch übrig, ebenso den Historiker, den Kritiker, den Apologeten und den Reformator zu betrachten."[755]

⟨c. 5 Der Modernist als Historiker⟩

„Gewisse Modernisten, die sich der geschichtlichen Arbeit widmen, scheinen sehr besorgt, daß sie für Philosophen gehalten werden könnten; sie erklären sogar, daß sie von Philosophie durchaus nichts verstünden. Das ist der Höhepunkt der Schlauheit: Es soll nämlich niemand auf den Gedanken kommen, sie seien von den vorgefaßten Einbildungen der Philosophen erfüllt und deswegen, wie sie sagen, nicht vollständig *objektiv*. Die Wahrheit ist jedoch, daß ihre Geschichte oder Kritik pure Philosophie ist; denn was von ihnen vorgetragen wird, das wird aus ihren philosophischen Prinzipien mit richtiger Schlußfolgerung abgeleitet. Das ist freilich für jeden, der recht zusieht, leicht zu erkennen. – Die ersten drei Lehrsätze (wie wir sagten) der Historiker oder Kritiker sind eben dieselben, die wir oben aus den Philosophen anführten: der *Agnostizismus*, der Satz von der *Verklärung* der Dinge durch den Glauben, und der andere, den wir als Satz von der *Entstellung* glaubten bezeichnen zu können. Achten wir nun auf die Folgen aus den einzelnen Sätzen. – Nach dem *Agnostizismus* hat es die Geschichte, genau wie die exakte Wissenschaft, nur mit Phänomenen zu tun. Also ist Gott und jedes Eingreifen Gottes in die menschlichen Dinge an den Glauben zu verweisen, d. h. als ihm allein zugehörig. Stößt man also auf etwas, was aus zwei Elementen besteht, einem göttlichen und einem menschlichen, so muß eine strenge Scheidung vorgenommen werden: in der Weise, daß das Menschliche der Geschichte, das Göttliche dem Glauben zugeteilt wird. Da-

---

[755] D 2095.

her die bei den Modernisten übliche Scheidung zwischen dem Christus der Geschichte und dem Christus des Glaubens, zwischen der Kirche der Geschichte und der Kirche des Glaubens, den Sakramenten der Geschichte und den Sakramenten des Glaubens, und vieles andere dergleichen. – Ferner ist dieses menschliche Element selbst, das der Historiker sich aneignet, wie wir sehen, als vom Glauben durch *Verklärung* über die geschichtlichen Bedingungen hinausgehoben zu bezeichnen. Also müssen wiederum die Zusätze ausgeschieden werden, die der Glaube gemacht hat; sie sind an den Glauben und an die Geschichte des Glaubens zu überweisen: z. B. bei Christus alles, was über menschliche Verhältnisse hinausgeht, über die Natur, wie sie die Psychologie darlegt, oder über die Orts- und Zeitverhältnisse, in denen er gelebt hat. – Nach dem dritten philosophischen Prinzip nehmen sie auch noch die Dinge durchs Sieb, die nicht über das geschichtliche Gebiet hinausgreifen; und alles, was davon nach ihrem Urteil, der *sogenannten Logik* der Tatsachen nach, nicht vorkommt oder zu den Personen nicht paßt, schalten sie aus und weisen es gleichfalls dem Glauben zu. So lassen sie Christus nichts gesagt haben, was die Fassungskraft des zuhörenden Volkes allem Anschein nach überstieg. Daher streichen sie aus seiner *wirklichen* Geschichte und überweisen dem Glauben alle Allegorien, die sich in seinen Reden finden. Wir werden vielleicht fragen, nach welchem Gesetz sie dieses ausscheiden? Auf Grund des Charakters des Menschen, seiner bürgerlichen Stellung, seiner Erziehung, der Gesamtheit der Umstände einer jeden Tatsache: mit einem Wort, wenn wir genau zusehen, nach einer Norm, die sich schließlich als eine rein *subjektive* herausstellt. Sie bemühen sich nämlich, sich selbst in die Rolle Christi einzuleben und sie gleichsam durchzuspielen: Was sie unter gleichen Umständen selbst getan hätten, das übertragen sie alles auf Christus. – Um zum Schluß zu kommen: So behaupten sie denn *a priori* und nach philosophischen Prinzipien, an denen sie festhalten, die sie aber angeblich gar nicht kennen, in der sogenannten *wirklichen* Geschichte sei Christus nicht Gott und habe auch gar nichts Göttliches getan; als Mensch aber habe er nur das getan und gesagt, was sie selbst, wenn sie sich in seine Zeitverhältnisse versetzen, zu tun und zu sagen erlauben."[756]

⟨c. 6 Der Modernist als Kritiker⟩

„Wie die Geschichte von der Philosophie, so empfängt die Kritik von der Geschichte ihre Schlußfolgerungen. Der Kritiker teilt nämlich seine Quellen nach den Kennzeichen, die ihm der Historiker liefert, in zwei Gruppen. Was nach der erwähnten dreifachen Verstümmelung noch übrig bleibt, weist er der *wirklichen* Geschichte zu; das übrige überträgt er der Geschichte des Glaubens oder der *inneren* Geschichte. Denn diese beiden Arten von Ge-

---

[756] D 2096.

schichte unterscheiden sie scharf und stellen, was wohl zu beachten ist, die Geschichte des Glaubens der *wirklichen* Geschichte als solcher gegenüber. Daher, wie gesagt, der doppelte Christus: der wirkliche und der andere, der in Wirklichkeit nie existiert hat und dem Glauben angehört; den, der an einem bestimmten Ort und zu einer bestimmten Zeit gelebt hat, und den, der nur in den frommen Betrachtungen des Glaubens zu finden ist: Dahin gehört z. B. der Christus, den das Johannesevangelium darstellt; denn dieses erklären sie als Ganzes für eine fromme Betrachtung."[757]

„Aber damit ist die Herrschaft der Philosophie über die Geschichte noch nicht erledigt. Sind die Quellen in der angegebenen Weise in zwei Gruppen geteilt, so erscheint wiederum der Philosoph mit seinem Lehrsatz von der *vitalen Immanenz;* und er verordnet, es müsse alles, was die Kirchengeschichte enthalte, durch *vitale Emanation* erklärt werden. Für jede vitale Emanation ist aber eine Notwendigkeit oder ein Bedürfnis als Ursache oder Bedingung anzunehmen; also muß man sich die Tatsache später denken als die Notwendigkeit, und sie muß auch historisch später sein. – Was tut nun der Historiker? Er durchforscht nochmals seine Quellen, sowohl die in der Hl. Schrift enthaltenen als die von anderswoher beigebrachten, und verfertigt danach ein Verzeichnis der einzelnen Bedürfnisse, die sich auf das Dogma oder den religiösen Kult oder auf andere Dinge beziehen, die in der Kirche eines nach dem anderen hervortraten. Das aufgestellte Verzeichnis übergibt er dem Kritiker. Dieser greift nun zu den Quellen, die für die Geschichte des Glaubens bestimmt wurden, und ordnet sie nach einzelnen Zeiträumen so, daß sie dem gegebenen Verzeichnis entsprechen: Dabei gedenkt er stets des Grundsatzes, daß das Bedürfnis der Tatsache, die Tatsache der Erzählung vorausgehe. So kann es einmal vorkommen, daß Teile der Bibel, z. B. die Briefe, selbst eine Tatsache sind, die von einem Bedürfnis geschaffen wurden. Wie dem auch sei, es ist Gesetz, daß sich das Alter einer Quelle nicht anders bestimmen läßt als nach dem Alter eines jeden Bedürfnisses, das in der Kirche hervorgetreten ist. – Außerdem ist zu unterscheiden zwischen dem Anfang einer jeden Tatsache und ihrer Entfaltung: Denn, was an einem Tage entstehen kann, das braucht doch zu seinem Wachstum Zeit. Deshalb muß der Kritiker die Quellen, die er, wie gesagt, bereits nach Zeiträumen geordnet hat, wiederum in zwei Gruppen teilen, um das zum Ursprung der Sache Gehörige von dem zur Entfaltung Gehörigen zu scheiden, und diese wieder nach der Zeitfolge ordnen."[758]

„Nun hat der Philosoph von neuem das Wort; er schärft dem Historiker ein, er müsse seine Studien so betreiben, wie die Regeln und Gesetze der Entwicklung es vorschreiben. Zu diesem Zweck durchstöbert der Historiker

---

[757] D 2097.
[758] D 2098.

von neuem seine Quellen, forscht begierig nach den Umständen und Bedingungen, unter denen die Kirche in den einzelnen Zeitaltern stand, nach ihrer konservativen Kraft sowie nach den inneren und äußeren Bedürfnissen, die sie zum Fortschreiten antrieben, nach den Hindernissen, die sich in den Weg stellten: mit einem Wort, nach allem, was dazu beitragen könnte festzustellen, wie die Gesetze der Entwicklung sich bewährt haben. Danach beschreibt er die Geschichte der Entfaltung gleichsam in den äußersten Umrissen. Der Kritiker eilt zu Hilfe und paßt die übrigen Quellen an. Es wird Hand an die Niederschrift gelegt: die Geschichte ist fertig. – Wem ist nun, bitte, diese Geschichte zuzuschreiben? Dem Historiker oder dem Kritiker? Keinem von beiden, sondern dem Philosophen. *Das Ganze wird durch den Apriorismus*[759] *zustandegebracht:* und zwar durch einen Apriorismus, der von Häresien wimmelt. Es erfaßt uns freilich Mitleid mit diesen Menschen; von ihnen würde der Apostel sagen: ‚Sie sind eitel geworden in ihren Gedanken … denn sie nannten sich Weise und wurden dabei zu Toren‘ [Röm 1, 21–22]: Aber sie erregen einem die Galle, wenn sie der Kirche vorwerfen, sie mische die Quellen so durcheinander, daß sie zu ihrem Vorteil sprächen. Natürlich dichten sie der Kirche an, was ihnen ihr Gewissen deutlich spürbar vorwirft.“[760]

„Aus dieser Einteilung und Anordnung der Quellen nach Zeitaltern folgt sodann von selbst, daß man die *heiligen Bücher* nicht den Autoren zuschreiben kann, deren Namen sie in Wirklichkeit tragen. Deshalb versichern die Modernisten unbedenklich allenthalben, diese Schriften, der Pentateuch vor allem und die drei ersten Evangelien, seien aus einem kurzen ursprünglichen Bericht allmählich durch Hinzufügungen erwachsen, durch Einschiebungen nämlich nach Art einer theologischen oder allegorischen Deutung, oder auch durch Zwischenglieder, die nur den Zweck haben, verschiedene Bestandteile miteinander zu verbinden. – Kürzer und klarer gesprochen: Es ist eine *vitale Entwicklung* der heiligen Bücher anzunehmen, die in der Entwicklung des Glaubens ihren Ursprung hat und mit ihr fortschreitet. – Sie fügen hinzu, die Spuren dieser Entwicklung seien so handgreiflich, daß fast ihre Geschichte geschrieben werden könnte. Ja, sie beschreiben sie tatsächlich und mit solcher Sicherheit, daß man meinen könnte, sie hätten mit eigenen Augen die einzelnen Schriftsteller gesehen, die in einzelnen Zeitaltern Hand daran gelegt haben sollen, die heiligen Bücher zu vermehren. – Zur Bekräftigung rufen sie die sogenannte *Text*kritik zu Hilfe; sie bemühen sich, den Beweis dafür zu erbringen, daß diese oder jene Tatsache oder Redewendung nicht an ihrem Platz stehe, und bringen andere Gründe solcher Art vor. Man möchte wahrhaftig sagen, sie hätten gewisse Typen von Erzäh-

---

[759] ⟨Theorie, gewisse Erkenntnisse seien a priori gegeben, d. h. vor der Erfahrung.⟩
[760] D 2099.

lungen oder Reden vor sich stehen, die sie instandsetzen, mit voller Sicherheit zu beurteilen, was an der rechten Stelle und was an einer andern steht. – Wer auf diesem Wege zu einer Entscheidung zu kommen vermöchte, das beurteile, wer will. Wer sie allerdings von ihren Studien in der Heiligen Schrift reden hört: wieviel unzusammenstimmende Aufzeichnungen darin anzutreffen seien, der muß fast glauben, daß vor ihnen kein Mensch diese Bücher gewälzt habe, daß die fast unendliche Zahl von Gelehrten[761], die sie gewiß an Geist, Gelehrsamkeit[762] und Heiligkeit der Lebensführung bei weitem übertrafen, diese Bücher in keiner Richtung durchforscht hätten. Diese großen Gelehrten waren freilich weit entfernt, die heiligen Schriften in irgend einem Teil zu tadeln; je tiefer sie vielmehr darin forschten, desto mehr dankten sie der Gottheit, daß sie so mit den Menschen zu sprechen geruht habe. Aber leider haben unsere Doktoren die heiligen Schriften nicht mit denselben Hilfsmitteln studiert wie die Modernisten; freilich hatten sie als Leiterin und Führerin nicht eine Philosophie, die mit der Gottesleugnung beginnt und stellten sich nicht selbst als Norm der Beurteilung auf. – Nun ist also wohl klar, welcher Art die *Methode* der Modernisten auf dem Gebiet der Geschichte ist. Der Philosoph geht voraus; ihm schließt sich der Historiker an; dahinter haben innere und Textkritik ihren Platz. Und weil es der ersten Ursache zukommt, ihre Kraft den folgenden mitzuteilen, ist eine solche Kritik augenscheinlich keine beliebige Kritik, sondern verdient *agnostisch, immanentistisch, evolutionistisch* zu heißen: Und wer für sie eintritt und sich ihrer bedient, bekennt sich offenbar zu den Irrtümern, die sie einschließt, und tritt der katholischen Lehre entgegen. – Darum könnte man sich sehr verwundern, daß bei Katholiken diese Art Kritik heute so viel Achtung genießt. Das hat freilich eine doppelte Ursache: vor allem das enge Bündnis, das Historiker und Kritiker dieser Art miteinander geschlossen haben, ohne Rücksicht auf die Verschiedenheit der Völker und die Trennung der Religionen; sodann die große Keckheit, mit der die übrigen wie mit einem Munde in den Himmel heben und als Fortschritt der Wissenschaft preisen, was ein jeder von ihnen daherschwatzt; so greifen sie jeden mit geschlossenen Reihen an, der die ungeheuerliche Neuerung für sich allein beurteilen will; wer sie ablehnt, den beschuldigen sie der Unwissenheit; wer sie annimmt und verteidigt, den überhäufen sie mit Lobsprüchen. Dadurch lassen sich nicht wenige täuschen, die zurückschrecken würden, wenn sie die Sache schärfer ins Auge faßten. – Diese übermächtige Herrschaft der Irrenden, diese vorschnelle Zustimmung oberflächlicher Geister hat eine verpestete Atmosphäre geschaffen, die alles durchdringt und die Seuche ausbreitet. – Nun zum *Apologeten.*"[763]

---

[761] ⟨Durchgestrichen: „Doktoren".⟩
[762] ⟨Durchgestrichen: „Bildung".⟩
[763] D 2100.

⟨c. 7 Der Modernist als Apologet⟩

Dieser *hängt* bei den Modernisten *ebenfalls vom Philosophen ab*, und zwar *auf zweifache Weise.* Erstens *mittelbar,* da er als Stoff die Geschichte nimmt, die nach der Anleitung des Philosophen geschrieben ist, wie wir sahen; sodann *unmittelbar,* indem er von ihm die Dogmen und Urteile übernimmt. Daher jene in der Modernistenschule verbreitete Regel, *die neue Apologetik müsse die Streitfragen bezüglich der Religion durch historische und psychologische Untersuchungen entscheiden.* Darum versichern die modernistischen Apologeten den Rationalisten bei Beginn ihrer Arbeit, sie verteidigten die Religion nicht aus der Hl. Schrift und auch nicht aus den Geschichtsbüchern, wie sie allgemein in der Kirche in Gebrauch seien, den nach alter Methode geschriebenen, sondern mit Hilfe der *wirklichen* Geschichte, wie sie nach modernen Grundsätzen und moderner Methode erarbeitet werde. Und das führen sie nicht wie ein Argument *ad hominem*[764] an, sondern weil sie wirklich glauben, daß nur diese Geschichte die Wahrheit lehre. Mit der größten Sicherheit behaupten sie bei ihrer Schriftstellerei ganz ehrlich zu sein. Sie sind bereits bei den Rationalisten bekannt, es wird ihnen bereits nachgerühmt, daß sie unter derselben Fahne kämpfen: Zu diesem Lob, das ein echter Katholik verschmähen würde, wünschen sie sich Glück und halten es dem Tadel der Kirche entgegen. – Doch nun wollen wir sehen, wie einer von ihnen die Apologie durchführt. Er hat sich zum Ziel gesetzt, einen Menschen, der noch abseits vom Glauben steht, so weit zu bringen, daß er jene *Erfahrung* bezüglich der katholischen Religion erlangt, die nach den Lehren der Modernisten die einzige Grundlage des Glaubens ist. Dazu gibt es zwei Wege: einen *objektiven* und einen *subjektiven.* Der erste beruht auf dem Agnostizismus und zielt darauf ab, in der Religion, besonders in der katholischen, jene Lebenskraft aufzuweisen, die jedem vernünftigen Psychologen und Historiker die Überzeugung beibringen muß, der Geschichte jener [**Religion**] müsse etwas *Unbekanntes* innewohnen. Überdies ist es notwendig zu zeigen, daß die katholische Religion von heute durchaus dieselbe sei, die Christus gestiftet hat, oder doch nichts anderes als die fortschreitende Entfaltung jenes *Keims,* den Christus gepflanzt hat. Zuerst ist also zu bestimmen, welcher Art dieser Keim sei. Dies soll nun in folgender Formel zum Ausdruck kommen: Christus hat das Nahen des Gottesreiches verkündet, das binnen kurzem aufgerichtet werden sollte; und er selbst sollte dessen Messias, d. h. sein gottgesandter Stifter und Organisator sein. Danach ist zu zeigen, wie jener in der katholischen Religion stets *immanente* und *permanente* Keim allmählich, gemäß der Geschichte, sich entwickelt und den jeweiligen Umständen angepaßt habe, indem er sich aus ihnen *vital* aneignete, was ihm an Lehr-, Kult- und Kirchenformen nützlich sein konnte;

---

[764] ⟨Lat.: auf den Menschen, auf das unmittelbare Gegenüber gerichtet.⟩

gleichzeitig überwand er Hindernisse, die ihm begegneten, schlug Gegner nieder und überstand alle Angriffe und Kämpfe. Es wird gezeigt, daß all dies: Hindernisse, Gegner, Verfolgungen, Kämpfe und ebenso Leben und Fruchtbarkeit der Kirche solcher Art waren, daß die Geschichte sie nicht vollständig zu erklären vermag, obwohl die Gesetze der Entwicklung in der Geschichte dieser Kirche unversehrt hervortreten; und so wird man danach vor dem *Unbekannten* stehen, es wird sich von selbst aufdrängen. – So ist ihre Darstellung. In dieser ganzen Erwägung entgeht ihnen nur das Eine: daß sie jene Bestimmung des ursprünglichen Keims einzig dem *Apriorismus* des agnostischen und evolutionistischen Philosophen verdanken und daß sie den Keim selbst willkürlich so bestimmen, wie es ihrer Sache dient."[765]

„Jedoch während die neuen Apologeten daran arbeiten, die katholische Religion durch die angeführten Beweisgründe zu vertreten und zu empfehlen, geben sie aus freien Stücken zu, daß sie *mehreres Anstößige enthalte.* Ja sie betonen sogar öffentlich mit unverkennbarem Vergnügen, daß sie auch auf dogmatischem Gebiet *Irrtümer und Widersprüche fänden:* Sie fügen jedoch hinzu, das lasse nicht nur eine Entschuldigung zu, sondern – erstaunlicherweise! – es sei ganz mit Recht so gelehrt worden. So enthält nach ihrer Auffassung auch die *Hl. Schrift sehr vieles wissenschaftlich oder geschichtlich Irrtümliche.* Aber sie sagen: Es handelt sich hier nicht um exakte Wissenschaften oder Geschichte, sondern um Religion und Moral. Wissenschaft und Geschichte spielen dabei nur die Rolle von Deckmänteln, mit denen Religion und Moral umhüllt werden, um leichter im Volk Verbreitung zu finden; da nämlich das Volk es sonst nicht verstehen würde, hätte ihm eine vollkommenere Stufe der Wissenschaft und Geschichte nicht genützt, sondern geschadet. Im übrigen sei die Hl. Schrift, weil von Natur aus religiös, notwendig lebendig: Ihr Leben habe auch seine Wahrheit und Logik, freilich eine andere als die rationale Wahrheit und Logik, eine von völlig anderer Ordnung, nämlich eine Wahrheit der Angemessenheit und des rechten Verhältnisses sowohl zu dem *Milieu* (so sagen sie selbst), in dem man lebt, als ⟨auch⟩ zu dem Zweck, um dessentwillen man lebt. Sie gehen schließlich so weit, ohne jede Einschränkung zu behaupten, *alles, was durch das Leben zur Entfaltung komme, sei wahr und recht.* – Wir aber … kennen nur eine einzige Wahrheit und sind der Überzeugung, *daß die Hl. Schrift vom Hl. Geist inspiriert ist und Gott zum Urheber hat;*[766] und so behaupten wir, [jene Auffassung] sei dasselbe, als wolle man Gott eine Nützlichkeitslüge zuschreiben, und wir schließen uns den Worten Augustins an: *Hat man einmal bei der höchsten Autorität eine politische Lüge zugelassen, dann wird kein Teilchen in jenen Büchern übrig bleiben, das nicht auf die Absicht oder Rücksicht (consili-*

---

[765] D 2101.
[766] Vgl. D 1787.

um officiumque) eines lügnerischen Autors zurückgeführt würde, sobald es jemandem als lästig zu befolgen oder als schwere Zumutung für den Glauben erschiene.[767] So wird es kommen, wie derselbe heilige Lehrer hinzufügt: *Jeder wird glauben, was er will, und nicht glauben, was er nicht will.* – Aber die modernist⟨isch⟩en Apologeten gehen munter voran. Sie gestehen außerdem zu, man stoße ferner in der Hl. Schrift auf Beweisführungen einer Lehre, die keinerlei rationale Grundlage hätten; z.B. was sich auf Prophetien stütze. Doch auch diese verteidigen sie als Kunstmittel der Predigt, die durch das Leben gerechtfertigt würden. Was weiter? Sie geben zu, ja sie behaupten, Christus selbst habe bei der Angabe des Zeitpunktes für die Ankunft des Gottesreiches handgreiflich geirrt: Kein Wunder, sagen sie; denn auch er unterlag den Gesetzen des Lebens. – Wie steht es danach um die Dogmen der Kirche? Auch sie wimmeln von offenbaren Widersprüchen: Aber sie werden von der vitalen Logik zugelassen und stehen auch zur symbolischen Wahrheit nicht in Gegensatz; denn es handelt sich in ihnen um das Unendliche, und dafür gibt es unendlich viele Gesichtspunkte. Schließlich billigen sie und verteidigen alles so sehr, daß sie unbedenklich beteuern, man könne dem Unendlichen keine größere Ehre erweisen, als wenn man Widersprechendes von ihm aussage. – Was wird aber keine Billigung finden, wenn man den Widerspruch gebilligt hat?"[768]

„Wer jedoch noch nicht glaubt, der kann nicht nur durch *objektive*, sondern auch durch *subjektive* Argumente für den Glauben gewonnen werden. Zu diesem Zweck kehren die Modernisten zur Lehre von der *Immanenz* zurück. Sie suchen nämlich den Menschen zu überzeugen, daß in ihm selbst, in den innersten Schlupfwinkeln seiner Natur und seines Lebens eine Sehnsucht und ein Bedürfnis nach einer Religion verborgen sei, und zwar nicht nach einer beliebigen, sondern gerade nach einer solchen, wie es die katholische sei; sie werde von der vollkommenen Entfaltung des Lebens förmlich *gefordert.* – Hier aber müssen wir aufs Neue unser tiefes Bedauern aussprechen, daß so manche Katholiken zwar die Lehre von der *Immanenz* als Lehre zurückweisen, sie aber für die Apologetik benützen; und so unvorsichtig tun sie das, daß sie augenscheinlich in der menschlichen Natur nicht nur eine Aufnahmefähigkeit und eine Angemessenheit an die übernatürliche Ordnung zugestehen – das haben die katholischen Apologeten mit den nötigen Einschränkungen immer gezeigt –, sondern [die Übernatur durch die Natur] als im wahren Sinne des Wortes gefordert ansehen. – Um ganz wahrheitsgetreu zu sein, wird dies Bedürfnis nach der katholischen Religion nur von den Modernisten, die für gemäßigt gelten wollen, herangezogen. Denn

---

[767] S. Augustin, 28. *Brief*, Kap. 3 M⟨igne, Patrologiae cursus completus, Series⟩ L⟨atina⟩ 33 (Aug. II), 112,3.
[768] D 2102.

die, die man *Integralisten* nennen könnte, möchten dem noch Ungläubigen den Keim selbst, der im Bewußtsein Christi lebte und von ihm den Menschen übermittelt wurde, als in ihm selbst verborgen aufweisen. – So haben wir denn ... die apologetische Methode der Modernisten, kurz umrissen, vor uns; sie stimmt mit ihren Lehren völlig überein: eine Methode und Lehren voller Irrtümer, nicht zum Aufbauen, sondern zum Zerstören geeignet, nicht um andere zu Katholiken zu machen, sondern um die Katholiken selbst zur Irrlehre hinzureißen, ja zum völligen Verderben jeglicher Religion."[769]

⟨c. 8 Der Modernist als Reformator⟩

„Es fehlen noch einige Worte über den Modernisten als *Reformator*. Schon das bisher Gesagte zeigte mehr als genug, wie groß und wie heftig die Neuerungssucht in diesen Menschen ist. Diese Sucht erstreckt sich aber auf schlechthin alles Katholische. – Die *Philosophie* soll erneuert werden, vor allem in den Priesterseminaren: Und zwar soll die scholastische Philosophie mit den übrigen bereits veralteten Systemen zur Philosophiegeschichte abgeschoben werden; den jungen Leuten soll die allein wahre und unserer Zeit entsprechende moderne Philosophie beigebracht werden. – Zur Erneuerung der *Theologie*, die wir spekulative nennen, wollen sie die moderne Philosophie als Grundlage haben. Die positive Theologie aber soll sich besonders auf die Dogmengeschichte gründen. – Auch die Geschichte soll nach ihrer Methode und den modernen Grundsätzen geschrieben und gelehrt werden. – Die *Dogmen* und ihre Entwicklung sollen mit Wissenschaft und Geschichte in Einklang gebracht werden. – Was die Katechese angeht, so sollen in die katechetischen Bücher nur die Dogmen aufgenommen werden, die neu geformt und dem Verständnis des Volkes angepaßt sind. – Für den *religiösen Kult* wünschen sie Verminderung der äußeren religiösen Bräuche und Verhütung ihres weiteren Anwachsens. Allerdings zeigen sich andere, die mehr für den Symbolismus eingenommen sind, in diesem Punkte nachsichtiger. – Für die *Leitung der Kirche* rufen sie laut nach einer Reform in jeder Hinsicht, vor allem aber in disziplinärer und dogmatischer. Darum soll sie innerlich und äußerlich mit dem sogenannten modernen Bewußtsein in Einklang gebracht werden, das ganz zur Demokratie geneigt ist: Darum soll der niedere Klerus und sollen selbst die Laien ihren Anteil an der Leitung bekommen und die allzusehr konzentrierte Autorität aufgeteilt werden. – Die *römischen Kongregationen* zur Verwaltung der kirchlichen Angelegenheiten sollen gleichfalls verändert werden; besonders die des *heiligen Offiziums*[770] und

---

[769] D 2103.
[770] ⟨Seit dem 16. Jh. für die Inquisition eingerichtete ständige Behörden der römischen Kurie, unter Leitung von Kardinälen, kollegial verfaßt. 1981–2005 leitete Kardinal Joseph Ratzinger die Nachfolgeinstitution, die Glaubenskongregation.⟩

die *Index*kongregation[771]. – Ebenso bemühen sie sich, im Wirken des Kirchenregiments *auf politischem und sozialem Gebiet* Wandel zu schaffen: Es soll sich nicht in die bürgerlichen Verhältnisse mischen und doch ihnen anpassen, um sie mit seinem Geist zu durchdringen. – Auf *sittlichem Gebiet* nehmen sie jene Lehre des Amerikanismus an, daß die aktiven Tugenden vor den passiven den Vorzug verdienen und vor diesen durch Übung gefördert werden sollen.[772] Sie fordern einen Klerus, der zur Demut und Armut der Vorzeit erzogen sein und überdies im Denken und Handeln mit den Grundsätzen der Modernisten in Einklang stehen soll. – Es gibt schließlich welche, die den protestantischen Lehrern am liebsten aufs Wort folgen möchten und für das Priestertum selbst den heiligen *Zölibat* zu beseitigen wünschen. – Was lassen sie also in der Kirche unangetastet, was wäre nicht durch sie und nach ihren Lehren zu reformieren?"[773]

„… Schon beim Gesamtüberblick über das so umrissene System wird sich niemand wundern, wenn wir es eine *Sammlung aller Häresien* nennen. Gewiß, wenn jemand sich vorgenommen hätte, aus allen Irrtümern gegen den Glauben, die jemals vorgekommen sind, die Quintessenz herzustellen, so hätte er es nicht vollständiger zu Wege bringen können, als es die Modernisten fertig gebracht haben. Ja, sie sind sogar noch weiter gegangen: *Sie haben nicht nur die katholische Religion*, sondern – wie schon gesagt – *jede Religion* von Grund aus ⟨sic⟩ *zerstört*. Daher der Beifall der Rationalisten: Daher beglückwünschen sich diejenigen unter den Rationalisten, die ganz frei und offen reden, daß sie keine tüchtigeren Hilfstruppen finden könnten als die Modernisten."[774] –

„Kehren wir indessen … noch einmal zu der verderblichen Lehre vom *Agnostizismus* zurück. Durch sie wird für den Verstand jeder Weg zu Gott abgeschnitten; dafür glaubt man einen geeigneteren von der Gemütsbewegung und Handlung her gebahnt zu haben. Doch das ist augenscheinlich verkehrt. Denn die Gemütsbewegung ist nur die Antwort auf die Einwirkung der Dinge, die der Verstand oder die äußeren Sinne vor Augen stellen. Schalte den Verstand aus: Dann wird der Mensch den äußeren Eindrücken, zu denen er ohnehin geneigt ist, nur umso eher folgen. Es liegt noch eine andere Verkehrtheit darin; denn alle Phantasien über das religiöse Gefühl werden den gesunden Menschenverstand doch nicht unterkriegen. Der gesunde Menschenverstand aber lehrt uns, daß Verwirrung oder Eingenom-

---

[771] ⟨Von Pius V. (Papst von 1566–1572) errichtete Versammlung (1571), die bestimmte, welche Bücher unter die kirchliche Zensur fallen und daher in den Katalog (Index) der verbotenen Bücher aufgenommen werden. Der Index wurde in seiner bindenden Form 1966/67 unter Paul VI., Papst von 1963–1978, abgeschafft.⟩
[772] Vgl. D 1967.
[773] D 2104.
[774] ⟨D 2105.⟩

menheit des Gemüts kein Hilfsmittel, sondern ein Hindernis bei der Erforschung der Wahrheit ist; der Wahrheit, sagen wir, wie sie an sich ist; denn jene *subjektive* Wahrheit, die Frucht des inneren Gefühls und der Tat, mag gut sein zum Spielen, hilft aber dem Menschen nichts, dem es vor allem darauf ankommt zu wissen, ob es außer ihm einen Gott gibt, in dessen Hände er einst fallen wird oder nicht. – Nun führt man die *Erfahrung* als Helferin bei einem so großen Werk ein. Aber was könnte diese über das religiöse Gefühl hinaus bieten? Gar nichts, als daß sie es steigert; und die Steigerung bedingt eine umso festere Überzeugung von der Wahrheit seines Gegenstandes. Aber durch diese beiden Umstände hört die Gemütsbewegung nicht auf, Gefühl zu sein; sie heben dessen Natur nicht auf, die ohne Leitung durch den Verstand immer der Gefahr der Täuschung ausgesetzt ist; vielmehr stärken und fördern sie sie, denn je lebhafter das Gefühl ist, umso mehr ist es Gefühl. – Da wir aber hier vom religiösen Gefühl sprechen und von der darin enthaltenen Erfahrung, so ist … wohl bekannt, welche Klugheit auf diesem Gebiet nötig ist und wieviel Gelehrsamkeit nötig ist, um die Klugheit zu leiten. Es ist bekannt aus der Seelenleitung, besonders von Menschen, in denen das Gefühl überwiegt; es ist bekannt aus dem Studium der aszetischen Literatur; diese gilt zwar bei den Modernisten nichts, beweist aber ein viel solideres Wissen, viel schärfere Beobachtungsgabe, als sie selbst sich zuschreiben. Uns erscheint es als Torheit oder mindestens als höchste Unvorsichtigkeit, ohne Untersuchung solche Erfahrungen, wie sie die Modernisten ausbreiten, für wahr zu halten. Beiläufig möchte man fragen: Wenn die Kraft und Zuverlässigkeit dieser Erfahrungen so groß ist, sollte sie nicht auch *der* Erfahrung zukommen, die viele Tausende von Katholiken für sich in Anspruch nehmen: daß die Modernisten sich auf einem Irrweg befinden? Soll nur diese falsch und trügerisch sein? Der größere Teil der Menschheit hält aber daran fest und wird immer daran festhalten, daß man *bloß durch Gefühl und Erfahrung, ohne Leitung und Erleuchtung durch die Vernunft niemals zur Erkenntnis Gottes gelangen könne.* Es bleibt also wiederum nichts übrig als Atheismus und Religionslosigkeit."[775]

„Auch von ihrer *Symbolismuslehre* sollen sich die Modernisten nichts Besseres versprechen. Denn wenn alle verstandesmäßigen Elemente, wie sie sagen, nur Symbole Gottes sind, wird nicht auch der Name Gottes selbst oder einer göttlichen Persönlichkeit ein Symbol Gottes sein? Wenn ja, so wird man schon an der Persönlichkeit Gottes zweifeln können, und es ist der Weg zum *Pantheismus* frei. – Dahin, d. h. zum reinsten Pantheismus, führt auch die andere Lehre: von der *göttlichen Immanenz.* Wir müssen fragen, ob eine solche *Immanenz* Gott von Menschen unterscheide oder nicht. Wenn ja, was unterscheidet sie dann von der katholischen Lehre oder warum verwirft

---

[775] D 2106 f.

sie die Lehre von der äußeren Offenbarung? Wenn nein, so haben wir den Pantheismus. Nun will aber diese *Immanenz* der Modernisten und gibt zu, daß jede Bewußtseinserscheinung vom Menschen als Menschen ausgehe. Das richtige Schlußverfahren folgert also daraus, daß Gott und Mensch ein und dasselbe seien: d. h. den Pantheismus."[776]

„Auch die Trennung von *Wissen und Glauben*, die sie predigen, läßt keinen andern Schluß zu. Als Gegenstand des Wissens nämlich nehmen sie die Realität des Erkennbaren, als den des Glaubens dagegen die Realität des Unerkennbaren. Die Unerkennbarkeit rührt aber daher, daß der dargebotene Stoff und der Verstand in keinem Verhältnis stehen. Dieser Mangel eines Verhältnisses kann aber, auch nach der Lehre der Modernisten, niemals beseitigt werden. Also wird das Unerkennbare dem Gläubigen wie dem Philosophen immer unerkennbar bleiben. Gibt es also eine Religion, so wird ihre Realität unerkennbar sein; und warum diese nicht auch eine Weltseele sein könnte, wie manche Rationalisten annehmen, sehen wir wahrhaftig nicht ein. – Aber es ist genug gesagt, um mehr als deutlich zu machen, auf wieviel Wegen die Lehren der Modernisten zum *Atheismus* und zur Vernichtung aller Religion führen. Der Irrtum der Protestanten war der erste Schritt auf diesem Wege; der Irrtum der Modernisten folgt; als Nächstes wird der Atheismus kommen."[777]

⟨c. 9 Ursachen der modernistischen Irrtümer⟩

Nachdem die Enzyklika die Lehren des Modernismus dargelegt hat, wendet sie sich den *Ursachen* der Irrtümer zu:[778] Sie findet sie in *ungezügeltem Wissensdrang*, in *Stolz*, der sich unter keine Autorität beugen will und nur der eigenen Meinung vertraut, schließlich in *Unwissenheit*, besonders Unkenntnis der Scholastik. Da die Modernisten als Hauptgegner die scholastische Methode, die Autorität und Tradition der Väter und das kirchliche Lehramt zu fürchten haben, wendet sich dagegen ihr erbitterter Kampf. Als *Heilmittel* gegen das Übel werden darum empfohlen: die Dämpfung des Stolzes und Ausschaltung ungeeigneter Elemente aus der priesterlichen Laufbahn; die Pflege der scholastischen Philosophie als Grundlage der kirchlichen Studien, insbesondere das Studium des Hl. Thomas von Aquino, und darauf aufbauend ein gründliches Theologiestudium; (die Beschäftigung mit der modernen Naturwissenschaft, die an sich empfohlen wird, darf nicht auf Kosten der ernsteren und tieferen Studien gehen); größte Sorgfalt in der Auswahl der Lehrer für Priesterseminare und katholische Universitäten, die Bekämpfung und evtl. das Verbot modernistischer Schriften durch die Bischöfe.

---

[776] D 2108.

[777] D 2109.

[778] Vgl. die autorisierte Ausgabe *Rundschreiben unseres Heiligen Vaters Pius X. über die Lehren der Modernisten* (Herder, ⟨Freiburg⟩ 1907), S. 88 ff.

Wurde im Kampf gegen den Modernismus der Anteil des Verstandes am Glaubensakt gegenüber einer Theorie, die ihm einen gefühlsmäßigen und irrationalen Charakter zusprach, sichergestellt, so hatte einige Jahrzehnte vorher eine *Rationalisierung des Glaubens* abgewehrt werden müssen. In seinem Brief über die falsche Freiheit der Wissenschaft an den Erzbischof von München-Freising[779] schreibt Papst Pius IX.:

„… Der Autor lehrt vor allem, die Philosophie, wenn man ihren Begriff recht fasse, könne nicht nur jene christlichen Dogmen erfassen und verstehen, die der natürlichen Vernunft und dem Glauben gemeinsam seien (nämlich als gemeinsamer Erkenntnisgegenstand), sondern auch die, welche in erster Linie und in eigentlichem Sinn die christliche Religion und den Glaubensinhalt ausmachen, nämlich die Lehre vom *übernatürlichen Ziel des Menschen* und all dem, was darauf Bezug hat, sowie das hochheilige *Geheimnis der Menschwerdung* des Herrn gehörten zum Bereich der natürlichen Vernunft und Philosophie, und die Vernunft könne nach ihren eigenen Prinzipien auf wissenschaftlichem Wege zu ihnen gelangen, wenn ihr nur dieser Gegenstand gegeben sei. Der Verfasser macht also wohl einen Unterschied zwischen diesen und jenen Dogmen und weist diese letzte Gruppe mit minderem Recht der Vernunft zu, dennoch lehrt er klar und offen, daß auch diese in dem enthalten seien, was das echte und eigentümliche Stoffgebiet der Wissenschaft oder Philosophie bilde. Deshalb kann und muß aus der Anschauung dieses Autors durchaus der Schluß gezogen werden, die Vernunft könne in den verborgensten Geheimnissen der göttlichen Weisheit und Güte, ja selbst Seines freien Willens, wenn sie nur einmal den Gegenstand der Offenbarung setze, aus sich selbst, ohne das Prinzip der göttlichen Autorität, nur *auf Grund ihrer natürlichen Prinzipien und Kräfte* zum Wissen oder zur Gewißheit gelangen. Wie falsch und irrig diese Lehre des Autors ist, das wird wohl jeder sofort sehen und deutlich merken, der nur ein wenig in die Anfangsgründe der christlichen Lehre eingedrungen ist."[780] ⟨…⟩[781]

„Denn wenn die Forscher, die sich der Philosophie widmen, nur die wahren und alleinigen Grundsätze und Rechte der Philosophie schützen wollten, so müßte man ihnen gebührendes Lob spenden. Es hat ja die wahre und gesunde Philosophie ihren hochangesehenen Platz; denn ihre Aufgabe ist es, die Wahrheit sorgfältig zu erforschen und die menschliche Vernunft, die zwar durch die Schuld des ersten Menschen verdunkelt, aber keineswegs erloschen ist, richtig und eifrig auszubilden und zu erleuchten, ihren Er-

---

[779] ⟨Georg von Scherr OSB (1856–1877)⟩ 11. Dez. 1862, D 1666 ff., gegen die Schriften Frohschammers. ⟨Jakob Frohschammer (1821–1893), idealistischer Philosoph und Priester, Professor für Philosophie in München bis zu seiner Suspendierung 1862.⟩
[780] D 1669.
[781] ⟨An dieser Stelle fehlt die Hs-S. 565, evtl. von Stein in der Nummerierung ausgelassen; wie auch in ESW XVII (1995).⟩

kenntnisgegenstand, sehr viele Wahrheiten, zu erfassen, wohl zu begreifen und eine große Anzahl davon, wie *Gottes Dasein, Natur und Eigenschaften*, die auch der Glaube uns als Glaubenswahrheiten vorstellt, durch Beweise aus ihren Grundsätzen als gefordert abzuleiten, sie zu stützen, zu verteidigen und auf diese Weise den Weg zu bahnen, um diese Dogmen richtiger glaubend festzuhalten, und auch ⟨den Weg zu bahnen⟩ *zu jenen verborgeneren Dogmen*, die *zunächst nur mit dem Glauben erfaßt werden können*, um sie einigermaßen der Vernunft begreiflich zu machen. Darauf muß die strenge und herrliche Wissenschaft der wahren Philosophie ihr Bemühen einstellen. Und wenn die Gelehrten an den deutschen Akademien, gemäß der besonderen Neigung dieser erleuchteten Nation für die Pflege der strengeren und schwereren Sachgebiete, darauf ihr Streben richten wollten, dies zu leisten, dann würde ihr Eifer unsere Billigung und Empfehlung finden; denn dann würden sie das, was sie für ihre eigenen Zwecke ausfindig machen, für heilige Sachen nützlich und förderlich werden lassen."[782]

„Doch in dieser schwerwiegenden Angelegenheit können wir wahrlich niemals dulden, daß alles verwegen durcheinander gemengt wird, daß die Vernunft auch die Sachen, die zum Glauben gehören, mit Beschlag belegt und in Verwirrung bringt, da es durchaus sichere und allen bekannte Grenzen gibt, welche die Vernunft niemals rechtmäßig überschritten hat noch überschreiten kann. Und zu dieser Art Dogmen gehören vor allem und ganz offenkundig alle jene, die die übernatürliche Erhöhung des Menschen und seinen übernatürlichen Verkehr mit Gott betreffen und zu diesem Zweck durch Offenbarung bekannt gemacht werden. Und es ist selbstverständlich, daß diese Dogmen, als *über die Natur* hinausgehend, *von der natürlichen Vernunft und nach natürlichen Prinzipien nicht erreicht werden* können. Niemals wahrlich kann die Vernunft durch ihre natürlichen Prinzipien dazu tauglich werden, solche Dogmen wissenschaftlich zu behandeln. Wenn jene aber keck darauf zu bestehen wagen, so sollen sie wissen, daß sie von der allgemeinen und niemals veränderten Lehre der Kirche abweichen, wenn auch nicht von der Meinung der ersten besten Lehrer."[783]

„Denn aus der Heiligen Schrift und der Überlieferung der heiligen Väter steht fest, daß Gottes Dasein und viele andere Wahrheiten durch das natürliche Licht der Vernunft von Menschen erkannt werden können, die den Glauben noch nicht angenommen haben [vgl. Röm 1], daß aber jene *verborgeneren Glaubenswahrheiten* Gott allein offenbart habe, als er ,*das Geheimnis, das von Ewigkeit und von Geschlechtern her verborgen war*' [Kol 1,26] offenbaren wollte, und zwar so, daß Er, der *vielmals und auf vielerlei Weise einst zu den Vätern durch die Propheten gesprochen hatte ...*, in der

---

[782] D 1670.
[783] D 1671.

jüngsten Zeit ... zu uns durch Seinen Sohn sprach ..., durch den Er auch die Welt gemacht hat [Hebr 1, 1 f.] *...* Denn *,Gott hat niemand jemals gesehen: der eingeborene Sohn, der im Schoß des Vaters ist, er hat es uns erzählt'* [Joh 1, 18]. Darum sagt der Apostel, der bezeugt, daß die Heiden Gott durch die erschaffenen Dinge erkannt haben, wo er von der *Gnade und Wahrheit spricht, die durch Jesus Christus geworden ist* [Joh 1, 17]: *,Wir sprechen von Gottes Weisheit im Geheimnis, denn sie ist verborgen ... sie hat kein Fürst dieser Welt erkannt ... Uns aber hat sie Gott durch Seinen Geist offenbart: Denn der Geist erforscht alles, auch die Tiefen Gottes. Denn wer von den Menschen weiß, was dem Menschen eigen ist, als der Geist des Menschen, der in ihm selbst ist? So erkennt auch, was Gott eigen ist, niemand als der Geist Gottes'* [1 Kor 2, 7 ff.]."[784]

„An diesen und fast zahllosen andern göttlichen Worten festhaltend haben die heiligen Väter in der Überlieferung der Kirchenlehre ununterbrochen dafür Sorge getragen, die Kenntnis göttlicher Dinge, die kraft der natürlichen Verstandesausrüstung allen gemeinsam ist, von dem Wissen um jene Dinge zu unterscheiden, die vom Heiligen Geist im Glauben empfangen werden; und sie haben beharrlich gelehrt, durch diesen würden uns in Christus die *Geheimnisse* offenbart, die nicht nur die menschliche Philosophie, sondern *auch die natürliche Verstandesausrüstung der Engel übersteigen;* und diese [Geheimnisse] seien zwar durch göttliche Offenbarung bekannt geworden und im Glauben angenommen, dennoch bleiben sie noch durch den heiligen Schleier eben dieses Glaubens bedeckt und in dunkle Finsternis gehüllt, so lange wir in diesem sterblichen Leben fern von Gott auf der Pilgerschaft sind. Aus alledem ist klar, daß der Lehre der Kirche jene Ansicht durchaus fremd ist, die dieser Frohschammer unbedenklich vertritt: *Alle Dogmen der christlichen Religion ohne Unterschied seien Gegenstand der natürlichen Wissenschaft* oder Philosophie, und die nur historisch gebildete menschliche Vernunft könne aus ihren natürlichen Kräften und ihrem Prinzip zu einer echten Wissenschaft von allen, auch verborgeneren Glaubenswahrheiten gelangen, wenn nur diese Dogmen der Vernunft selbst als Gegenstand vorgestellt würden."[785]

„Nun herrscht aber in den erwähnten Schriften desselben Verfassers eine andere Ansicht, die der Lehre der katholischen Kirche völlig entgegengesetzt ist. Denn sie spricht der Philosophie eine Freiheit zu, die nicht Freiheit der Wissenschaft genannt zu werden verdient, sondern eine durchaus verwerfliche und *unerträgliche Willkür der Philosophie.* Sie macht nämlich einen Unterschied zwischen dem Philosophen und der Philosophie: Dem *Philosophen* weist sie das Recht und die Pflicht zu, sich der Autorität zu unterwer-

---

[784] D 1672.
[785] D 1673.

fen, die er selbst als echte Autorität anerkannt hat; der Philosophie aber spricht sie beides ab, und zwar behauptet sie, diese habe auf die offenbarte Lehre keinerlei Rücksicht zu nehmen und dürfe und könne sich niemals einer Autorität unterwerfen. Das wäre erträglich und vielleicht zuzugeben, wenn es sich nur auf das Recht der Philosophie bezöge, sich ihrer eigenen Prinzipien, ihrer Methoden und Schlußweisen zu bedienen, und wenn ihre Freiheit im Gebrauch dieses Rechtes bestünde, sodaß sie in ihrem Bereich nichts zugestünde, was sie nicht selbst nach ihren Bedingungen erarbeitet hätte oder was ihr selbst fremd wäre. Aber diese rechtmäßige Freiheit der Philosophie muß ihre Grenzen erkennen und erproben. Denn so wenig wie dem Philosophen wird es der Philosophie jemals erlaubt sein, etwas zu behaupten, was der Lehre der göttlichen Offenbarung und der Kirche widerspricht, oder etwas daraus in Zweifel zu ziehen, weil sie es nicht einsieht, oder ein Urteil nicht anzunehmen, das die kirchliche Autorität über eine Schlußfolgerung der bis dahin frei verfahrenden Philosophie zu verkünden beschließt."[786]

„Hinzu kommt noch die Schärfe und Verwegenheit, mit der dieser Autor die Freiheit oder vielmehr die zügellose Willkür der Philosophie verficht: Er scheut sich nicht zu behaupten, die Kirche dürfe nicht nur niemals gegen die *Philosophie* einschreiten, sondern auch, sie müsse *die Irrtümer der Philosophie dulden* und es ihr selbst überlassen, sie zu verbessern, was darauf hinauskommt, daß die *Philosophen* notwendig an dieser Freiheit der *Philosophie* Anteil hätten, also ebenfalls von jedem Gesetz befreit wären. Wer sieht nicht, wie durchaus verwerflich diese Ansicht und Lehre Frohschammers ist? Denn die Kirche muß kraft ihrer göttlichen Einsetzung das anvertraute Gut des göttlichen Glaubens mit der größten Sorgfalt rein und unversehrt bewahren und über das Heil der Seele unablässig mit dem größten Eifer wachen, darum mit der höchsten Fürsorge alles beseitigen und ausschalten, was entweder dem Glauben widersprechen oder auf irgend eine Weise das Heil der Seelen gefährden könnte."[787]

„Deshalb hat die Kirche kraft der Amtsgewalt, die ihr von ihrem göttlichen Stifter anvertraut ist, nicht bloß das Recht, sondern vielmehr die Pflicht, *alle Irrtümer*, statt sie zu dulden, *auszumerzen und zu verurteilen*, wenn *die Reinheit des Glaubens und das Heil der Seele das verlangen;* und für jeden Philosophen, der ein Sohn der Kirche sein will, ja auch für die Philosophie ist es Pflicht, nie wieder etwas gegen die Lehre der Kirche zu sagen und das zurückzuziehen, wofür die Kirche ihnen eine Mahnung erteilt hat ..."[788]

---

[786] D 1674.
[787] D 1675.
[788] D 1676.

In noch kräftigeren Worten hat sich Pius IX. in der Bekämpfung der Hermesianer[789] gegen den Rationalismus ausgesprochen.[790] – Ihre Behauptung, daß christlicher Glaube und Vernunft einander widersprächen, erklärt er als das „Unsinnigste, Gottloseste, ja der Vernunft selbst Widersprechendste, was man sich einbilden oder ausdenken könnte. Zwar geht der Glaube über die Vernunft, aber niemals kann sich eine förmliche Unstimmigkeit oder ein Widerstreit zwischen ihnen finden, da beide aus einer und derselben Quelle der unwandelbaren ewigen Wahrheit entspringen, dem allgütigen, großen Gott, und sich wechselseitig unterstützen, sodaß die *richtig vorgehende Vernunft die Wahrheit des Glaubens beweist*, schützt und verteidigt, *der Glaube hingegen die Vernunft von allen Irrtümern befreit* und sie durch die Erkenntnis des Göttlichen wunderbar erleuchtet, stärkt und vollendet."[791]

Gegenüber der Auffassung, Religion sei „*nicht Gottes-, sondern Menschenwerk*", wurde betont, daß „unsere Religion nicht von der menschlichen Vernunft[792]

---

[789] ⟨Anhänger des Georg Hermes (1775–1831), Philosoph und Theologe, Vertreter des erkenntnistheoretischen Psychologismus, Auseinandersetzung mit Kant, Anspruch eines vollkommenen Systems der wissenschaftlichen Grundlegung des Glaubens und der Theologie; kritizistisch verschärfter Psychologismus.⟩
[790] Enzyklika *Qui pluribus*, 9. Nov. 1846, D 1634 ff.
[791] D 1635.
[792] ⟨An dieser Stelle bricht das Manuskript ab.⟩

Literaturverzeichnis

Quellen

Augustini Sancti Aurelii *opera omnia*, studio monachorum ordinis S. Benedicti, 11 Bände, Paris 1679–1700

Augustinus, Aurelius, *Contra Julianum libri VI (Gegen Julianus, 6. Buch)*, Maur. X,1; PL 44

Augustinus, Aurelius, *De civitate Dei (Vom Gottesstaat)*, Maur. VII; PL 41

Augustinus, Aurelius, *De gratia et libero arbitrio (Über die Gnade und den freien Willen)*, Maur. X, 1; PL 44

Augustinus, Aurelius, *De immortalitate animae (Über die Unsterblichkeit der Seele)*, Maur. I; PL 32

Augustinus, Aurelius, *De libero arbitrio (Über den freien Willen)*, Maur. I; PL 32

Augustinus, Aurelius, *De praedestinatione sanctorum (Über die Vorbestimmung der Heiligen)*, Maur. X,1; PL 44

Augustinus, Aurelius, *De spiritu et littera (Über den Geist und den Buchstaben)*, Maur. X,1; PL 44

Augustinus, Aurelius, *De trinitate (Über die Dreieinigkeit)*, Maur. VIII; PL 42

Augustinus, Aurelius, *De vera religione (Über die wahre Religion)*, Maur. III, 1; PL 34

Augustinus, Aurelius, *Epistulae (Briefe)*, Maur. II; PL 33

Augustinus, Aurelius, *Sermones de carmine, Sermones (Predigten)*, Maur. V; PL 38–39

Augustinus, Aurelius, *Soliloquia (Selbstgespräche)*, Maur. I; PL 32

Bonaventura, *In Libros IV Sententiarum, Opera theologica selecta*, Florenz 1949

Cyprianus, Caecilius, *De dominica oratione*, PL 4

Duns Scotus, Johannes, *Quaestiones disputatae de rerum principio*, Florenz 1910

Ovid, *Fasten*, übersetzt von Rudolf Egger, Wien 1930

Platon, *Phaidon*, in: Werke in acht Bänden (griech./deutsch), hg. v. Gunther Eigner, Darmstadt 2001

Platon, *Gorgias*, in: Werke in acht Bänden (griech./deutsch), hg. v. Gunther Eigner, Darmstadt 2001

Platon, *Kratylos*, in: Werke in acht Bänden (griech./deutsch), hg. v. Gunther Eigner, Darmstadt 2001

Thomas von Aquin, *Die Vollkommenheit des geistlichen Lebens*, Vechta 1933

Thomas von Aquin, *Summa theologiae, Die deutsche Thomas-Ausgabe*, Salzburg 1933 ff.

Thomas von Aquin, *In IV Libros Sententiarum*, Stuttgart 1980

Thomas von Aquin, *Quaestiones disputatae de Potentia Dei (Untersuchungen über Gottes Macht)*, Turin 1965

Thomas von Aquin, *Quaestiones disputatae de Veritate (Des hl. Thomas Untersuchungen über die Wahrheit, QDV)* Breslau 1931–1932; ESW III–IV, Freiburg 1952–1955; ESGA 23–24

Denzinger, Heinrich / Bannwart, Clemens, *Enchiridion symbolorum, definitionum et declarationum de rebus fidei et morum*, Freiburg 16/17 1928

Denzinger, Heinrich / Hünermann, Peter, *Enchiridion symbolorum, definitionum et declarationum de rebus fidei et morum*, Freiburg 40 2004

Stein, Edith, *Beiträge zur philosophischen Begründung der Psychologie und der Geisteswissenschaften*, „Psychische Kausalität", 1–116; „Individuum und Gemeinschaft", 116–283; *JPPF* V, Halle 1922, Tübingen ² 1970; ESGA 6

Stein, Edith, *Untersuchungen über den Staat*, in: *Beiträge*, 285–407; *JPPF* VII, Halle 1925, Tübingen ² 1970; ESGA 7

Weitere von Edith Stein zitierte oder erwähnte Literatur

Adam, Karl, *Jesus Christus*, Augsburg 1932

Bartmann, Bernhard, *Grundriß der Dogmatik*, Freiburg i. Br. 1923

Beßmer, Julius, *Philosophie und Theologie des Modernismus*, Freiburg 1912

Bossuet, Jacques-Bénigne, *Betrachtungen über den Ablaß*, übersetzt u. herausgegeben von Balduin Schwarz, München 1925

Catechismus Romanus, Catechismus ex decreto Concilii Tridentini ad parochos: Pii V. et Clementis XIII. Pont. Max. iussu editus, Katechismus nach dem Beschluß des Konzils von Trient für die Pfarrer, lat.-dt. Regensburg 1908

Eichmann, Eduard, *Lehrbuch des Kirchenrechts*, Bd. I und II, Paderborn 1929

Eisenhofer, Ludwig, *Handbuch der katholischen Liturgik*, Bd. I *Allgemeine Liturgik*, Freiburg 1932/33, Bd. II *Spezielle Liturgik*, Freiburg 1933

Erdmann, Johann Eduard, „Idee des Menschen bei Augustin", in: *Grundriß der Geschichte der Philosophie*, Berlin 1930

Foggazzaro, Antonio, *Les ascensions humaines. Évolutionnisme et catholicisme*, Paris 1901

Gisler, Anton, *Der Modernismus*, Köln 1912

Goethe, Johann Wolfgang von, *Faust* I

Grabmann, Martin, *Die Grundgedanken des Hl. Augustin über Seele und Gott: in ihrer Gegenwartsbedeutung dargestellt*, Köln 1916

Hessen, Johannes, *Augustin und seine Bedeutung für die Gegenwart*, Stuttgart 1924

Hildebrand, Dietrich von, „Die Idee der sittlichen Handlung", in: *JPPF* III, Halle 1930

Hügel, Friedrich von, Essays and Adresses on the Philosophy of Religion, London 1921

Kant, Immanuel, *Kritik der reinen Vernunft*, Hamburg 1993

Kant, Immanuel, *Grundlegung der Metaphysik der Sitten*, Akademie-Ausgabe, Berlin 1907

Kleutgen, Joseph, *Philosophie der Vorzeit*, Innsbruck [2]1878

Koch, Anton, „Die Autorität des Hl. Augustinus in der Lehre von der Gnade und Prädestination", *Theologische Quartalschrift*, Tübingen 1891

Krebs, Engelbert, *Dogma und Leben*, Teil I: *Lehre von der Gottheit, der Schöpfung, der Sünde und der Erlösung. Mariologie*, Paderborn 1930 (1./2. Aufl. 1923–25), Teil II: *Fortwirken Christi durch die Kirche: im Lehramt, Priesteramt, Hirtenamt. Das Jenseits*, Paderborn 1925

Loisy, Alfred, *L'Évangile et l'Église*, frz. 1902, dt. *Das Evangelium und die Kirche*, München 1904

Loisy, Alfred, *Les évangiles synoptiques*, Amiens 1896

Müller, Johann Baptist, „Augustins Kritik an Ciceros Staatsphilosophie", in unbekannter Zeitschrift

Murri, Romolo, *La vita cristiana al principio del secolo 20*, Rom [2]1901; dt.: *Das christliche Leben zu Beginn des zwanzigsten Jahrhunderts*, Köln 1908

Pfänder, Alexander, „Motiv und Motivation", in: *Münchner Philosophische Abhandlungen, Festschrift zu Th. Lipps' 60. Geburtstag*, Leipzig 1911

Posselt, Teresia Renata, *Sehet und kostet die Früchte des Hl. Geistes*, Freiburg 1932

Rousseau, Jean-Jacques, *Du contrat social ou principes du droit politique (Vom Gesellschaftsvertrag oder Grundlagen des politischen Rechts)*, Paris 1762

Rundschreiben unseres Heiligen Vaters Pius X. über die Lehren der Modernisten, Freiburg 1907

Scheeben, Matthias, *Mysterien des Christentums*, Freiburg 1932

Schneider, Wilhelm, *Die Quaestiones disputatae de veritate des Thomas von Aquin in ihrer philosophiegeschichtlichen Beziehung zu Augustinus*, Münster i. W. 1930

Stolz, Anselm, *Glaubensgnade und Glaubenslicht*, Freiburg 1933

Theresia von Avila, *Schriften* II, *Das Buch von den Klosterstiftungen*, Regensburg 1913

Edith Stein

Troeltsch, Ernst, *Augustin, die christliche Antike und das Mittelalter: im Anschluß an die Schrift ‚De Civitate Dei',* München 1915
Tyrell, George, *External Religion,* London 1900
Windelband, Wilhelm, *Geschichte der abendländischen Philosophie im Altertum,* ⁴Tübingen 1923
Windelband, Wilhelm, *Lehrbuch der Geschichte der Philosophie,* ⁶Tübingen 1912

Von der Bearbeiterin ergänzte Literatur im Haupttext

Stein, Edith, *Der Aufbau der menschlichen Person. Vorlesung zur philosophischen Anthropologie,* ESGA 14, Freiburg 2004
Stein, Edith, „Natur, Freiheit und Gnade" (1921), bisher fälschlich unter dem Titel „Die ontische Struktur der Person und ihre erkenntnistheoretische Problematik", in: Stein, Edith, *Welt und Person,* Freiburg 1962, ESW VI, 137–197 [ESGA 9]
Stein, Edith, *Welt und Person,* ESW VI, Freiburg 1962
Stein, Edith, *Kreuzeswissenschaft,* ESGA 18, Freiburg 2003
Stein, Edith, *Endliches und ewiges Sein,* ESW II, Freiburg 1986
Stein, Edith, *Potenz und Akt,* ESW XVIII, Freiburg 1998

Beckmann, Beate / Gerl-Falkovitz, Hanna-Barbara (Hg.), *Edith Stein – Themen, Bezüge, Dokumente,* Würzburg 2003
Heidegger, Martin, „Phänomenologie und Theologie. I. Teil: Die nicht-philosophischen als positive Wissenschaften und die Philosophie als transzendentale Wissenschaft" (Vortrag Tübingen), in: *GA* 80
Scheler, Max, „Liebe und Erkenntnis", in: *Krieg und Aufbau,* Leipzig 1916
Wulf, Claudia Mariéle, „Rekonstruktion und Neudatierung einiger früher Werke Edith Steins", in: Beckmann, Beate / Gerl-Falkovitz, Hanna-Barbara (Hg.), *Edith Stein – Themen, Bezüge, Dokumente,* Würzburg 2003, 249–268
Enzyklika *Humani generis* (12. 8. 1950)

Weitere Literatur in der Einführung

Stein, Edith, *Selbstbildnis in Briefen I (SBB I),* ESGA 2, Freiburg 2000, ²2004
Stein, Edith, *Bildung und Entfaltung der Individualität (BEI),* ESGA 16, Freiburg 2001, ²2004
Stein, Edith, *Die Frau (F),* ESGA 13, Freiburg 2000, ²2002
Stein, Edith, „Wie ich in den Kölner Karmel kam", in: *Aus dem Leben einer*

jüdischen Familie und weitere autobiographische Beiträge (LJF), ESGA 1, Freiburg 2002

Stein, Edith, *Endliches und ewiges Sein. Versuch eines Aufstiegs zum Sinn des Seins*, *(EES)*, ESW II, Freiburg 1986 [ESGA 11/12]

Stein, Edith, *Wege der Gotteserkenntnis. Studie zu Dionysius Areopagita und Übersetzung seiner Werke* (1940/41), ESGA 17, Freiburg 2003

Stein, Edith, *Einführung in die Philosophie (EPh)*, ESGA 8, Freiburg 2004

Stein, Edith, *Kreuzeswissenschaft (KW)*, ESGA 18, Freiburg 2003

Beckmann, Beate, „„An der Schwelle der Kirche' – Freiheit und Bindung bei Edith Stein und Simone Weil", in: *Edith Stein Jahrbuch* 1998, 531–548

Beckmann, Beate, *Phänomenologie des religiösen Erlebnisses. Religionsphilosophische Untersuchung im Anschluß an Adolf Reinach und Edith Stein*, Würzburg 2003

Beckmann-Zöller, Beate, „Phänomenologie der Gotteserkenntnis und Gottverbundenheit", in: *Edith Stein Jahrbuch* 2005, Würzburg 2005, 33–55

Beinert, Wolfgang, *Glaubenszugänge*, Bd. 1–3, Paderborn 1995

Berger, Klaus, *Jesus*, München 2004

Breid, Franz, *Der Mensch als Gottes Ebenbild: christliche Anthropologie*, Buttenwiesen 2001

Bröker, Werner, *Was ist der Mensch? Theologische Anthropologie aus dem Dialog zwischen Dogmatik und Naturwissenschaften*, Osnabrück 1999

Brunner, Emil, *Gott und sein Rebell*, Hamburg 1958

Daßmann, Ernst, *Augustinus: Heiliger und Kirchenlehrer*, Stuttgart 1993

Deleuze, Gilles, *Lust und Begehren*, Berlin 1996

Descartes, René, *Discours de la Méthode*, Hamburg 1997

Descartes, René, *Prinzipien der Philosophie*, Hamburg 1992

Eliade, Mircea, *Das Heilige und das Profane*, Frankfurt a. M. 1998

Frey, Christofer, *Arbeitsbuch Anthropologie: christliche Lehre vom Menschen und humanwissenschaftliche Forschung*, Stuttgart 1979

Gelber, Lucy, „Einleitung", in: Stein, Edith, *Was ist der Mensch?*, ESW XVII, Freiburg 1994

Herbstrith, Waltraud (Hg.), *Edith Stein. Wege zur inneren Stille*, Aschaffenburg 1987

Horn, Christoph, *Augustinus*, München 1995

Hummel, Gert, *Theologische Anthropologie und die Wirklichkeit der Psyche: zum Gespräch zwischen Theologie und analytischer Psychologie*, Darmstadt 1972

Köhler, Hans, *Theologische Anthropologie*, München 1967

Kuhlmann, Gerhard, *Theologische Anthropologie im Abriß*, Tübingen 1935

Lammers, Elisabeth, *Als die Zukunft noch offen war. Edith Stein – das entscheidende Jahr in Münster*, Münster 2003

Lange, Günter, *Was ist der Mensch? Aktuelle Fragen der theologischen Anthropologie*, Bochum 1993

Meis, Peter, *Studien zur theologischen Anthropologie: die Impulse Bonhoeffers für das christliche Menschenbild auf dem Hintergrund biblischer und lutherischer Tradition*, Leipzig 1994 (mikrofiche)

Menke, Karl-Heinz, *Das Kriterium des Christseins*, Regensburg 2003

Moltmann, Jürgen, *Mensch: christliche Anthropologie in den Konflikten der Gegenwart*, Gütersloh 1983

Pannenberg, Wolfhart, *Was ist der Mensch? Die Anthropologie der Gegenwart im Lichte der Theologie*, Göttingen 1995

Pesch, Otto Hermann, *Frei sein aus Gnade: theologische Anthropologie*, Freiburg 1983

Pfänder, Alexander, *Phänomenologie des Wollens*, Leipzig 1900

Schneider, Michael, *Theologische Anthropologie*, Köln 2001 (Bd. 1–4)

Schopenhauer, Arthur, *Die Welt als Wille und Vorstellung*, Berlin 1924

Seifert, Edith, *Was will das Weib? Zu Begehren und Lust bei Freud und Lacan*, Weinheim 1987

Silva-Tarouca, Amadeo, *Praxis und Theorie des Gottesbeweisens*, Wien 1950

Trillhaas, Wolfgang, *Vom Wesen des Menschen*, Stuttgart 1949

Walter, Armin, *Der Andere, das Begehren und die Zeit: ein Denken des Bezuges im Grenzgang zwischen Emmanuel Levinas und der Dichtung*, Cuxhaven 1996

Wulf, Claudia Mariéle, *Freiheit und Grenze: Edith Steins Anthropologie und ihre erkenntnistheoretischen Implikationen; eine kontextuelle Darstellung*, Vallendar-Schönstatt 2002

Personenregister

Adam XVIII, XXIX, 13 f.,
18, 20, 27, 43, 51, 64 f.,
67 f., 72–75, 83, 90–93, 95,
149
Adam, Karl XIV, 28, 249
Agathon 85
Albertus Magnus X, 47
Aristoteles, aristotelisch
XXVI, 6, 10, 28, 34, 87
Arius (Arianer, arianisch)
79, 113
Athanasius 10, 79
Augustinus, Aurelius XV f.,
XIX f., XXII, XXIV, XXX,
XXXII, 13, 19, 21, 29, 34,
43 f., 46 f., 50–54, 57, 63,
70, 199 f., 210–214

Bajus / de Bay, Michel 28, 43,
70
Bannwart, Clemens X, XXX,
3, 211
Bartmann, Bernhard XV,
XXVI, 14, 16, 19 f., 89,
211
Beckmann, Beate XIX, XXII,
XXV, 86, 213 f.
Beinert, Wolfgang XXVIII,
211
Benedikt XII. 12
Benedikt XIV. 131, 154
Berger, Klaus XXV, 214
Beßmer, Julius 173, 211
Bonaventura, Johannes X, 7,
90, 210
Bonhoeffer, Dietrich
XXVIII, 215
Bonnetty, Augustin 43
Borgmeyer, Otto 12
Borsinger, Hilde Vérène XII

Bossuet, Jacques-Bénigne
XV, 137, 211
Breid, Franz XXVIII, 214
Bröker, Werner XXVII, 214
Brunner, Emil XXVIII, 214
Buddha 8

Cicero XIX, 212
Clemens XIII. 211
Coelestin I. 133, 163
Conrad, Theodor XII
Conrad-Martius, Hedwig
IX f., XII–XIV
Cornelius (Papst) 143
Cornelius (Hauptmann)
165
Cyprianus, Caecilius 55, 210

Dackweiler, Edgar Werner
IX
Daßmann, Ernst XX, 214
David 57, 130
Denzinger, Heinrich X,
XXX, 3, 17, 211
Descartes, René XXIV, 46,
214
Dionysius Areopagita XXII,
214
Duns Scotus, Johannes X,
XX, 50, 61, 210
Dursy, Elly XII

Eck(e)hart, Meister 9
Egger, Rudolf 210
Eichmann, Eduard XV, 153,
156, 160, 211
Eisenhofer, Ludwig XV, 144,
211
Eliade, Mircea XXVI, 214
Epiphanios von Salamis 85

Erdmann, Johann Eduard
XX, 211
Eva 14, 18

Fénelon, François de Salignac
de la Mothe 117, 167
Flavian 76
Foggazzaro, Antonio XXV,
173, 211
Franziskus, Franziskaner
XXX, 15
Frey, Christofer XXVIII,
214
Frohschammer, Jakob 205,
207 f.

Gelber, Lucy XXIX, 214
Gerlach, Bernhard XI
Gerl-Falkovitz, Hanna-Bar-
bara 86, 213
Gisler, Anton XXV, 173,
211
Goethe, Johann Wolfgang
von 24, 212
Gordon, Werner XII
Gott XV–XIX, XXII–XXVI,
XXVIII f., 5–9, 11 f., 16–
19, 21, 23–32, 36–39, 41–
70, 72–107, 110–115, 117–
127, 129–133, 135–149,
152, 154 ff., 160–176, 178,
180 f., 183 ff., 187 f., 191,
193 f., 197–200, 202–204,
206 f., 209–212, 214 f.
Gottschalk von Orbais 19
Grabmann, Martin XV, 212
Gregor I. 80, 86
Gregor IX. 184
Gregorius von Nazianz 80
Günther, Anton 10

Heidegger, Martin 35, 213
Heiliger Geist / Hl. Geist 37,
  61, 69, 74, 78, 80f., 85f.,
  91, 93–95, 98f., 105f., 109,
  123, 125, 128, 130, 134f.,
  143f., 146, 149, 153, 161f.,
  164, 169f., 199, 207, 212
Hermes, Georg (Hermesia-
  ner) 209
Hessen, Johannes XV, XX,
  212
Hildebrand, Dietrich von 59,
  212
Hinkmar von Hautevilliers
  19
Hitler, Adolf X
Honorius I. 80–82
Horn, Christoph XXIV,
  214
Hrabanus Maurus 19
Hügel, Friedrich von XXIV,
  173, 212
Hummel, Gert XXVIII, 214
Hünermann, Peter 17, 211
Hus, Jan (Johannes) 11
Husserl, Edmund XXIV,
  XXXII, 46, 59

Innozenz I. 163
Innozenz III. 150, 152

Jakobus 134f.
Jansenius, Cornelius (janse-
  nistisch, Jansenisten) 13,
  117, 119, 164
Jemini / Schimi 57
Jesus Christus XI, XVf., XIX,
  XXV, XXIX, 8, 28, 38, 59,
  69, 72–77, 79–86, 93–95,
  97–100, 106, 110, 114f.,
  117, 121f., 126, 130f., 138,
  143, 147, 164, 171, 207,
  211, 214
Johannes IV. 82
Julian 29, 210

Kant, Immanuel XVIII, 44,
  88, 184, 209, 212
Kleutgen, Joseph 6, 8, 212
Koch, Anton XIX, 212
Köhler, Hans XXVIII, 214

Kopf, Callista XII
Krebs, Engelbert XV, 132,
  137, 212
Kuhlmann, Gerhard XXVIII,
  214

Lammers, Elisabeth XIII,
  214
Lange, Günter XXVII, 214
Leo I. 76, 80
Leo XIII. 6, 13, 167
Lipps, Theodor 59, 212
Loisy, Alfred XXIV, 173, 212
Lüke, Emmy X
Luther, Martin XXVIII, 107,
  184, 215

Mager, Alois XIX
Malachias / Maleachi 139
Mani (Manichäer, manichäi-
  stisch) 8, 44, 58, 79
Maria 13f., 59, 78, 85, 103
Meis, Peter XXVIII, 215
Melchisedech 138
Miriam 168
Molinos, Miguel de 117,
  137, 167
Moltmann, Jürgen XXVIII,
  215
Moses 67, 97, 130, 169
Müller, Johann Baptist XIX,
  212
Murri, Romolo XXV, 173,
  212

Nestorios 83
Neyer, M. Amata XXXV,
  61
Novatian, Novatianer 123,
  133

Olivi, Petrus Johannes 6, 10,
  106
Origenes 9, 11, 79
Ovid 188, 210

Pannenberg, Wolfhart
  XXVII, 215
Paul VI. 202
Paulus 28, 55, 57, 11, 138–
  140, 143, 147, 150

Pelagius (Pelagianer, pelagia-
  nisch) 20, 29, 43, 54f., 58,
  64, 68–70, 163
Pesch, Otto Hermann
  XXVIII, 215
Petrus 69, 97, 123, 136, 140,
  144
Pfänder, Alexander XXI,
  212
Pius V. 202
Pius VI. 157
Pius IX. 5, 6, 159, 183, 205,
  209
Pius X. XXV, 77, 116f.,
  119f., 153, 173, 204,
  212
Pius XI. XI
Platon, platonisch 11, 21, 25,
  210f.
Posselt, Teresia Renata 170,
  212
Priscillian 9, 11
Ptolemaios Philadelphos II.
  56

Quesnel, Pasquier 13, 70

Ratzinger, Joseph 201
Reinach, Adolf XXV, 214
Rickert, Heinrich 44
Rosmini, Antonio 6, 10, 12,
  38
Rousseau, Jean-Jacques 13,
  212

Scheeben, Matthias XV, 87,
  108, 212
Scheler, Max 41, 213
Scherr, Georg von 205
Schneider, Michael XXVIII,
  215
Schneider, Wilhelm XIX,
  212
Schopenhauer, Arthur XX,
  215
Schröteler, Josef XI
Schwarz, Balduin XV, 137,
  211
Sergius I. 80ff.
Silva-Tarouca, Amadeo XV,
  215

Siricius 144
Smithon, Sarah XV
Sommer / Sommer-von Sek-
kendorff, Ellen XIII
Stein, Edith IX–XXX,
XXXII f., 3, 6, 10, 12, 17,
22, 31, 39, 42, 46 f., 54, 86,
89, 103, 132, 153, 157, 160,
168–170, 173, 205, 211,
213–215
Stolz, Anselm 170, 212

Teufel 49, 52 f., 62 f., 72, 98,
130, 163
Theresia von Avila 212, 114
Thomas von Aquin X, XV–
XVII, XIX, XXII, XXVI,
XXXI f., 6–8, 10, 12, 20–
22, 24–29, 32–37, 47, 51,
61, 71, 90 f., 161, 167, 204,
211 f.
Trillhaas, Wolfgang XXVIII,
215
Troeltsch, Ernst XIX, 213
Tyrell, George XXV, 173, 213

Waldes, Petrus (Waldenser)
146
Walzer, Raphael XI
Windelband, Wilhelm XXI,
44, 53, 213
Wulf, Claudia Mariéle X-
VIII, XXXIV, 86, 213,
215

Zarathustra 8

Sachregister

Ablaß XV, 136 f., 211
Agnostizismus 173–175,
177, 182, 186, 188, 193,
197–199, 202
Akt, -akt XIV, XXII, XXIV,
10, 14, 17, 23, 27–30, 32–
40, 42 f., 46, 53, 57–63, 66,
69, 75, 101 f., 106, 117,
124 f., 128, 152, 161–164,
167–170, 178, 189, 191,
205, 213
aktiv XI f., 25, 148, 202
akzidentell XVII, 6, 10 f., 24,
101
Albigenser 12
analog, Analogie, analo-
gisch 23, 26, 34, 39–41,
51, 71, 89, 171
Anfang XIX, XXIII, 5, 14, 21,
27, 36–39, 44, 46, 51, 53,
57 f., 93, 95, 101, 103, 110,
162, 164, 173, 175–177,
186, 188, 195, 205

anima 6, 10, 19, 21, 210
Anthropologie, anthropolo-
gisch X f., XIII f., XVI–
XIX, XXV, XXVII–XXIX,
XXXIII, 3 f., 5 f., 213–215
Atheismus 174, 181, 203 f.
äußerlich, außen, außer-
XXV, 15, 19–23, 25, 27, 42,
50, 115, 142, 170, 180, 183,
187 f., 191

barmherzig, Barmherzig-
keit XII, 51, 55, 57, 62, 68,
73, 92–95, 99 f., 115, 122 f.,
125 f., 130, 133–137, 139,
161 f., 164 f.
Begehren, begehren XVIII,
15, 25–27, 83, 214 f.
Begierde XVIII, XXI, 13,
44 f., 64, 69, 101 f., 117,
163, 168, 180
Beichte XXVII, 114–116,
120, 126–128, 134, 157

Beruf, berufen, Berufung IX,
XI–XIII, XIX, XXI, XXVII,
13, 28, 45, 55, 67, 93, 97,
102, 120, 135, 143, 147 f.,
158, 160
Besitz, besitzen, -besitz
XVIII, XXVIII, 12 f., 14 f.,
19, 24, 27, 34, 39, 45–47,
51, 88, 102, 114, 162, 167
Beweis, beweisen XV,
XXIV f., 21, 37, 43, 46, 52,
55, 67 f., 81, 131, 169, 172,
182, 196, 199 f., 203, 206,
209, 215
bewußt, Bewußtsein XIV,
XVIII, XIX, XXI, XXIV f.,
XXIX, 18, 23, 44, 46, 53,
59, 77, 88, 100, 114, 126,
175–178, 185 f., 188–193,
201, 204
Bibel, biblisch (siehe auch
Hl. Schrift) XXVIII, 17,
56, 188, 195, 215

Bischof 10, 55, 83, 90, 109, 117, 134, 144–146, 205

Blatt XX, 28, 103, 157, 160, 168–170

Böse, böse XVII, 8, 10, 43–45, 68 f., 71, 110, 123, 125, 135, 148, 153, 166

Buße XXVI, 94, 98 f., 103 f., 122–126, 128–131, 133 f., 137–139, 142, 156, 165 f.

Chalkedon 121

constantinopolitanisch / Konstantinopel, konstanti-nopolitanisch 10, 83, 113

deuten, Deutung X, XXII f., 17 f., 40–42, 48, 57, 123, 175 f., 185, 196

Diakon XXVI, 106, 142–145, 147

Diesseits XX, XXII

Diskussion XVI, 10, 20, 89

Dogma, dogmatisch, Dog-matik X, XIII–XV, XVII, XXVII–XXIX, 3–7, 9–11, 14, 17–23, 25, 33–36, 49, 64–66, 76 f., 85, 88 f., 132, 137, 160, 167, 178–180, 186–191, 195, 199, 201, 211 f., 214

Du 39

Einheit, -einheit XV f., XVIII, XXVIII f., 5–7, 11, 17–19, 21 f., 37, 56 f., 66, 75 f., 81, 83–86, 89–91, 102, 106, 108, 110, 115, 121, 125, 136, 148–150, 170, 190

Entwicklung XI f., XXV, 10, 15, 17, 27, 83, 90, 103, 179, 183, 186, 190–193, 195 f., 199, 201

Enzyklika XI, 13, 15, 17, 103, 168, 173, 189, 204, 209, 213

Erbsünde XVIII, XXII, 50 f., 53, 57, 65–67, 71 f., 75, 106

Erfahrung, erfahren XXI, XXIII, 15, 22, 25, 34, 36,

40, 81, 101, 104, 128, 152, 162, 165, 168 f., 173, 180–183, 185, 187 f., 191 f., 196, 198, 203 f.

Erkenntnis, erkennen 34–42, 46–48, 51, 54, 56, 60–63, 66 f., 69, 71, 79–82, 85 f., 93, 102 f., 193, 196, 203–205, 207–209, 213 f.

Erlösung, erlöst, Erlöser XV f., XXI f., 10, 15, 29, 42, 53, 64, 71–73, 75–77, 83, 90–93, 101, 103, 106, 109–113, 133 f., 136, 138 f., 162 f., 166, 212

Empfängnis 74, 86, 92, 95, 105, 107, 148, 162, 165, 194

Engel 24, 38, 113, 115, 165, 207

erschaffen 30, 50, 171, 207

Essenz 5, 20, 202

ethisch XXVIII, 11

Eucharistie XXVI, 103–105, 108–110, 112–122, 138, 140 f., 145 f.

ewig, Ewigkeit 10, 12, 16, 19, 21, 25 f., 31, 33–39, 42, 45, 48, 53–55, 57, 60 f., 66, 68, 74–76, 84, 94 f., 97, 99 f., 113, 122, 132 f., 136, 138, 160–162, 170, 180, 206, 209, 213 f.

Existenz XV, XXVII f., 9, 11, 41, 46, 67, 79, 111, 174, 180

Fasten 98 f., 122, 128, 188, 210

Firmung XXVI, 103 f., 108 f., 122, 138, 142 f.

Fleisch, fleischlich 18, 51, 69, 76, 78–86, 96, 98, 107 f., 111, 115, 147, 149, 163, 168

Form, formal XV, XIII, XXVI, 5–8, 10, 14, 17, 21, 23–25, 35 f., 40, 47, 74, 80, 84, 88–90, 94, 101, 103–106, 108, 110, 112, 118 f., 122, 124, 127, 132, 134,

146, 152, 154–156, 158–161, 163, 167, 175, 177, 179, 187, 189, 191, 202

Frau, -frau, Frau- X, XVI, XXVII, XXXII, 17, 71, 78 f., 85 f., 106, 146, 150 f., 153, 155 f., 158 f., 213

fühlen, Gefühl, Einfühlung IX, XVI, XXIII, XXV, 58, 97, 119, 175–182, 187, 191, 202 f., 205

Gebet XI, XIII, XXI, XXVII, 29, 60, 70, 98 f., 102, 113, 117 f., 122, 124, 134, 147, 156

Gebot 13, 51 f., 56, 58, 61, 63 f., 66, 68, 94–96, 108, 115, 120, 126 f., 135, 148, 162 f., 166 f.

Geheimnis, -geheimnis XIII, XVIII, XX, XXIII, 54, 60 f., 77, 82, 86, 97, 115, 118, 120, 128, 131, 135, 141, 149, 159, 171 f., 175, 177, 183, 191, 205–207

gemeinsam, Gemeinschaft XVVV, XVIII, XXVI–XXVIII, 5, 12 f., 38, 46 f., 55, 59, 65, 67, 81, 84, 86 f., 95, 112 f., 118, 122, 136, 138, 145 f., 148–150, 161, 170, 188, 190 f., 205, 207, 211

Genuß, Genuß-, genießen XVIII, 25 f., 38 f., 45 f., 48, 52, 88, 110 f., 114–119, 133, 138, 197

gerecht, Gerechtigkeit, Ge-rechter, gerechtfertigt 19, 37, 45 f., 49 f., 54 f., 56 f., 64, 69, 72–75, 92–100, 103 f., 123–125, 136 f., 152, 161 f., 165, 171, 200

Gericht XVIII, XX, XXIII, 12 f., 25, 38, 54, 57, 100, 114, 119, 122, 124, 128 f., 131, 147, 154, 159

geschaffen XVII, 6 f., 9, 18–20, 26 f., 30, 32, 40, 51–53, 56, 62, 64, 80, 83, 85, 107,

149, 160–162, 171, 195, 197

Geschöpf, geschöpflich- XVI, XXVIII, 5 f., 9, 14, 18, 21, 27 f., 30 f., 33, 38 f., 41, 45, 50, 52 f., 61, 69, 80, 124

Gesetz XXV, XXX, 13, 21, 23, 28, 34, 44 f., 49, 55, 72–74, 76, 80 f., 99 f., 103 f., 127, 129, 133, 139, 141, 147, 150, 153, 157–159, 166, 176 f., 183, 186, 190 f., 193–196, 199 f., 208

Gewissen 118, 122, 124, 127, 143, 147, 157, 196

Gewißheit XI, XX, XXII, 31 f., 34, 44, 50, 67, 95–98, 112, 205

Gleichheit, gleich XVIII, 5, 7, 13, 40, 49, 55, 67, 74, 76–78, 83, 87, 101, 107, 123, 130, 143, 171, 178 f., 194

Glorie XX, XXIX, 30–32, 37 f., 42

Gnade XIV, XVI, XVIII–XXII, XXVIIXXIX, XXXII, 11–13, 15 f., 19 f., 23–25, 27–32, 36–38, 43 f., 48, 51, 53–63, 68–71, 73 f., 83, 91–110, 112, 115, 118–123, 125 f., 130, 134–136, 139, 142, 146, 148–150, 160–173, 207, 210, 212 f., 215

Grenze XVIII, XXII f., 15, 31, 40, 137, 173–176, 182, 192, 206, 208, 215

gut, Gut XII, XIX, XXI, XXIX, 8–11, 19, 26, 29, 33, 35–37, 43–49, 53–58, 62 f., 69–71, 74, 83, 96–100, 110, 116, 119, 126, 128, 132, 143, 148 f., 157, 161, 163–165, 169 f., 173, 179, 188, 203

Häresie, Häretiker XVIII, 12 f., 64, 78 f., 82, 101, 106, 113, 123, 133, 150–158, 160, 166, 196, 202

Herz 36, 56 f., 60, 68–70, 74, 93–95, 97 f., 100, 113 f.,

118 f., 121 f., 161, 163–165, 168, 175, 179 f., 193

historisch XXV, 15, 19, 27, 83, 174, 176 f., 183 f., 187, 191, 193–198, 207

Hölle 66, 125

Hoffnung 22, 35, 37 f., 74 f., 93–96, 98 f., 101, 111, 120, 122, 125, 162, 167, 171

Hypostase, hypostatisch XV, 80, 83, 85–88, 90, 112

Idee XIII f., XIX f., XXVIII, 3, 10, 27–29, 34, 43 f., 53, 59, 61, 103, 121, 129 f., 138, 146, 148 f., 183, 187, 211 f.

Individuum, Individualität, individuell IX f., XV f., XXVII f., XXXII, 5, 7 f., 13 f., 35, 40, 59, 86–88, 90, 101, 138, 161, 211, 213

Inkarnation 86

Intellekt XXVIII, 9 f., 60 f., 102, 174, 183, 191

Irrationalismus 10, 205

Irrtum 27, 31, 44 f., 64, 66, 68 f., 77, 83, 85, 101 f., 119, 130, 140, 151, 164 f., 188, 204

Jenseits XV, XX, XXII, 38, 42, 136, 176, 212

katholisch IX–XI, XIII, XV–XVII, XIX f., XXV, XXVII, XXIX, 54, 95, 101, 103, 105, 107, 112 f., 123 f., 126, 138, 140–142, 144, 151, 153–159, 167, 170 f., 178, 181, 184, 188, 197–204, 207, 211

Kenntnis, Kenntnis- XXII f., 27, 32, 34–37, 39–41, 58, 120, 126, 178, 207

Kind, -kind XIX, 13, 18, 25, 27–29, 55, 57, 65 f., 72 f., 77, 92 f., 95 f., 99, 101, 106, 115 f., 120 f., 130, 138, 156 f., 162–164, 167, 170, 184

Kommunion 113–122, 131, 133 f., 144

Konkupiszenz XXVIII, 15, 20, 23, 25, 65, 107

Körper XVI f., 6–10, 13, 20–24, 26, 33, 39 f., 47 f., 50, 52, 64, 67, 78, 84 f., 87, 90, 104, 110, 120, 149, 152, 158

Kranker, Kranken- 104, 113 f., 128, 134 f.

Lateran 6, 12, 85, 127 f., 152, 172

Leib XVI–XVIII, XXIII, XXVI, XXVIII, 5–12, 14 f., 17 f., 20–27, 38, 40–42, 47, 52, 64 f., 67, 75, 78 f., 84–86, 88–90, 95, 97, 101–103, 106, 108–112, 114–116, 118, 121, 124, 135 f.

Leiden, leiden, Leiden- 20, 22, 24 f., 27, 38, 53, 69, 73–78, 80, 83, 85, 92, 94 f., 97, 101, 104, 110, 130, 135 f., 139, 150

Liebe, lieb- XX f., XXIV, 29 f., 36, 41 f., 51–53, 56, 59, 62, 69 f., 74 f., 77, 80, 92–96, 99–102, 107 f., 110–112, 115, 117, 119 f., 125, 129, 131, 133, 137 f., 140, 142 f., 149 f., 155, 161 f., 164 f., 167, 170, 213

Logik, logisch 22, 25, 34, 88, 168 f., 183, 186, 194, 199 f.

Lohn XXIII, 13, 34–38, 46, 53–55, 57, 60, 94, 97, 99 f., 117, 119, 165

Macht, mächtig X, XVIII, XXVIII, 12–14, 19, 24, 32, 40, 45, 48 f., 51 f., 60, 62, 64, 77–79, 90, 92, 98, 119, 136 f., 139, 143, 145, 157, 159 f., 169, 187, 190 f., 197, 211

Mann XXVII, 17 f., 150, 153, 155 f., 158 f., 178

Materie, materiell XVII, 7 f., 12, 17, 21–23, 35, 39, 88–

90, 104 f., 109 f., 122, 124, 134, 146, 177, 190
modern XVII, XXVI, 5, 20, 22 f., 34, 167, 175, 201, 204
Modernisten, Modernismus XXIII–XXV, 36, 77, 173–194, 196–198, 200–205, 211 f.
Monophysiten 78, 121
Mutter XII, 58, 78 f., 85 f., 121, 135, 140, 149, 155, 173

Natur, -natur, Natur- XIV–XIX, XXI f., XXVII–XXIX, XXXII, 5, 7, 9–16, 19–31, 36–38, 45, 48–51, 53, 55, 58, 60 f., 64–91, 101, 103, 117, 129, 138–140, 150, 159, 166, 171, 176–178, 185–188, 191 f., 194, 199 f., 203, 206, 213 f.
Naturwissenschaft 20, 204, 214
Nizäa, nicaeno- 10, 113, 145

Objekt, objektiv XXVI, 32–34, 38, 40, 171, 176, 180, 193, 198, 200
Offenbarung XXII, XXV, 5, 32 f., 36, 38, 41, 51, 53, 55, 67 f., 98, 103, 141, 162, 169, 171, 174–176, 178, 204–208
Ölung, letzte 104, 134 f., 138
Opfer, -opfer, opfern XIII, 77, 86, 92, 98, 103, 121, 130–134, 146–148, 186, 192

Paradies XVIII, 26, 38, 130, 165
Person, personal XVIII, XXIII, XXXII, 3, 7, 30, 35, 39–42, 67 f., 76 f., 81–89, 91, 103 f., 128, 145 f., 153, 175, 177, 194, 213
Persönlichkeit, persönlich X, XII, XXI, XXVI, 9, 32, 38, 41, 51, 54, 65 f., 73 f., 84,

88, 90, 92 f., 149, 158, 177, 203
Philosoph, Philosophie, philosophisch X, XIII f., XVI f., XIX–XXV, XXIX, XXXII, 3–6, 8–10, 12, 20 f., 28 f., 35, 43 f., 50 f., 53 f., 57, 59, 68, 86, 90, 172–176, 180, 183–185, 193–199, 201, 204–209, 211–215
Prädestination XIX f., 11, 19, 57, 60 f., 97, 212
Priester, Priestertum, Priesteramt XV, XXVI f., 29, 99, 104, 106, 109 f., 114–117, 122, 124, 126–129, 131, 134–136, 138–149, 153, 156 f., 160, 201 f., 204 f., 212
Psychologie X, XXVIII, 54, 59, 194, 198, 209, 211, 214

rational, Rationalismus 6, 10, 19, 180 f., 184, 198–200, 202, 204 f., 209
Rechtfertigung XIX, XXI, 43, 74, 92–96, 98–101, 104, 106, 125, 161 f., 165 f., 170, 200
rein, Reinheit XIV f., XXVIII, 3 f., 7 f., 14 f., 19 f., 23–29, 35, 39, 50, 52, 64, 75, 83, 95, 102, 107, 117, 129, 134, 137, 139 f., 146, 148, 184, 191, 203, 208, 212
Reinigung XIV, 12, 38, 65, 106, 116, 122–124, 136

Schöpfung, Schöpfung- 6, 8, 17, 27–29, 39, 42, 212
Scholastik, scholastisch XIV, XIX, 5–8, 10, 20, 28, 98 f., 101, 167, 201, 204
Schrift, Hl. 13, 17 f., 27, 43, 54, 58, 64 f., 81, 93, 96, 99–101, 130
Schuld, -schuld, schuld- XXII, 22, 48 f., 51, 63, 65–68, 72, 75–77, 80, 90, 117, 119, 124, 126, 129, 131 f.,

147, 154, 159, 192, 197, 199, 205
Schwäche 20, 45, 59, 63, 76 f., 96, 118–120, 138
Schweigen, schweigen XI, 24, 188
Seele XV–XIX, XXVI, XXVIII, 5–12, 14, 17–25, 38, 40, 45, 47, 49–52, 58, 64–67, 69, 75, 78–80, 84 f., 88–90, 101–104, 108, 110–112, 114–116, 120, 125 f., 128, 130, 132–135, 138, 141, 148, 155 f., 160–162, 164 f., 167, 179, 190, 203 f., 208, 210, 212
Selbsterkenntnis XXIII, 12, 40
Sinne, Sinnen-, sinnlich XV, XXIV, 8, 10, 15, 20, 24–27, 35, 39, 46 f., 52 f., 79, 102 f., 111, 175, 182, 187, 189, 202
Sozial XVI, XVIII, 12–14, 160, 173, 185, 189, 202
Spüren, spüren XXIII, 26, 42, 175, 189 f.
Status 14–16, 31, 64, 71, 166
Sterblichkeit, sterben XVII, XXVIII, 20–22, 38, 64, 76, 78, 83, 96–98, 101, 106, 112, 133–136, 172, 207, 210
Strafe, Straf- 20, 22, 25, 45 f., 50–53, 57, 63, 65–67, 97, 99, 106, 121, 125–127, 129–131, 136 f., 139, 154 f., 192
Subjekt, subjektiv 38, 81, 87, 174, 178, 194, 198, 200, 203
Sünde, Sündenfall (Fall, gefallen) XIV f., XVII–XX, 11 f., 15, 19 f., 22, 26 f., 31, 43, 46, 48–53, 55–57, 62, 64–75, 78, 80–83, 85, 90, 101 f., 104–108, 111, 114 f., 117, 120–139, 141, 151 f., 157, 161–166, 212
Subsistenz, subsistieren XVII, 7 f., 84 f., 87–89, 101

Substanz, substanzial XV, XVII, XXVIII, 6–10, 12, 22, 28, 35, 76f., 84f., 87f., 90, 101, 105, 110–112, 152

Symbol, Symbolik, symbolisch X, XXIII, XXXIII, 3, 40–42, 104, 111f., 138, 144, 179, 181, 185, 187, 200f., 203, 211

Taufe XVI, XXI, XXVI, 25, 39, 57, 60, 62, 65f., 68, 94f., 98f., 101, 103–108, 115, 122–126, 130, 133, 138, 142, 145, 147, 151, 156f., 162f., 165, 167

Theologe, Theologie, theologisch Xf., XIIIf., XVI, XVIII–XXI, XXV, XXVIIf., XXXIf., 25, 28f., 35, 43f., 50, 53f., 57, 80, 90, 107, 117, 119, 123, 167, 173–175, 184–188, 193, 196, 201, 204, 209–215

Theorie XV, XXIII, XXV, 8, 13f., 33, 51, 61, 86, 88, 167, 196, 205, 215

Tier 8, 18, 29, 89, 91

Tod, tot XXI, 11f., 15, 20–25, 27, 38, 48, 53, 62, 64–67, 72f., 75f., 78, 82f., 86f., 89f., 92, 95, 99, 101f., 103, 105–107, 111–114, 116, 120, 123, 126, 128–130, 133, 138, 146, 151f., 157, 166, 168, 175, 191

Trient, Tridentinum (tridentinisch) 73, 92, 103, 105, 107, 110, 114f., 117f., 121, 134, 137, 140, 144, 146, 152–155, 161, 187, 211

Trinität 52, 77, 84, 86, 88, 106, 210

Tugend 32f., 37, 45, 47f., 51, 61, 96, 101, 106, 110, 117, 119, 130, 163, 167–169, 189, 202

Ursache 28, 41, 49f., 74, 91, 94, 97, 106, 136, 149, 153, 161, 174, 176, 185, 191, 195, 197, 204

Ursprung XXVIIIf., 14, 49, 54, 63, 66f., 69, 89, 91, 164, 177–179, 186–188, 191, 195f.

Vater, Väter 13, 20, 41, 51, 55, 58, 69, 72–80, 82, 84–86, 92, 94, 96, 98, 101, 109–111, 113–115, 118–121, 123f., 127, 129–131, 134f., 138–140, 142, 145f., 149f., 153, 163, 165, 171, 173, 184, 204, 206f., 212

Vatikanum 6, 104, 168

Verdienst XXI, 28, 38, 54–57, 60, 73–75, 92–95, 98–100, 128, 131, 136f., 162f., 165, 169

Vernunft, vernünftig XIV, XXIVf., XXVIII, 3, 5f., 10, 19, 26, 32, 43, 45–47, 50f., 55, 58, 67–69, 78f., 84, 102, 113, 115f., 127, 136, 155, 168f., 171f., 174, 180, 183f., 198, 203, 205–207, 209, 212

Versöhnung 72f., 122–125, 131, 133, 136, 139, 143, 184

Verstand XXI, XXIII, 24, 26, 32–35, 37, 46, 62, 67f., 102, 167f., 171, 178f., 181, 202–205, 207

Vertrauen XXIII, 41f., 67, 75, 93f., 101, 125, 134f., 144, 162f., 169

Vital 175, 177–179, 186–189, 191f., 195f., 198, 200

Vorsehung 22, 26f., 47, 57

Wahrheit XI, XIV–VI, XVIII, XXI–XXIII, XXIX, 3, 12, 21f., 29, 31–36, 38, 46f., 53, 61f., 67f., 74, 82, 92f., 95, 97, 100, 102, 108, 111, 113, 128, 132, 135, 162, 168–172, 179–182, 185, 189, 193, 198–200, 203, 205–207, 209, 211

Weib (s. Frau) XVIII, 18, 83, 149, 215

Weisheit 38, 45, 51f., 57, 79, 171, 173, 205, 207

Wesen, wesenhaft XVIII, XXVIII, 6, 8, 10–12, 17, 20–22, 27–30, 38f., 42, 45, 53f., 58, 78, 80f., 84, 87f., 124, 152, 160f., 190f., 215

Wille XIX–XXI, XXIII, 18–20, 25f., 30, 32–34, 36–38, 40, 43–64, 66, 68–70, 78–83, 85, 93, 99, 101, 108, 125, 161–163, 166–168, 193, 205, 210, 215

Wissen, wissen, Wissenschaft IXf., XII–XIV, XX–XXV, XXVIIIf., XXXII, 3–5, 7f., 27–29, 34f., 41f., 45f., 49–51, 54, 61, 63, 65, 75, 82, 96, 98, 102, 126, 130, 143–145, 156, 159, 162, 167, 169, 172–175, 177, 180–187, 190, 192f., 197, 199, 201, 203, 204–207, 209, 211, 213f.

Zeit, zeitlich IXf., XIIf., XV, XVIIIf., XXVII, XXIX, XXXIII, 4–6, 15, 32f., 38, 44f., 54, 68, 72f., 75–78, 84–86, 90, 92, 99–101, 105f., 109f., 115f., 118, 122f., 125, 128f., 131–134, 136f., 139, 142, 148, 150, 160, 162f., 168, 173, 177, 184, 186, 188f., 191, 194–196, 200–202, 207, 212, 215

Zettel XIV, XIX, XXV, XXVIIIf., 6, 10, 12, 17, 23, 47, 49, 132, 144, 153, 173

Ziel XII, XVIII, XXIII, 3, 13–16, 29, 31, 34, 36f., 60, 70, 92, 102, 125, 162, 171, 185, 188, 190, 198, 205, 211

Zwang XVII, 20, 23, 66, 107, 158, 183

Edith Stein